# 日本の古代山寺

久保智康 編

高志書院

# 目　次

## 第2部　山寺の歴史的展開

目　次

# 日本の古代山寺

# 序　古代山寺の本質と多様性理解に向けて

久保智康

編者が拠を置く北陸四県の古代寺院に関心をもつ研究者が集い、軒瓦から平瓦の小片に至るまで、古代瓦の出土遺跡を徹底網羅した『北陸の古代寺院』（桂書房）を上梓したのが一九八七年であった。その時には、瓦を葺かない山寺が瓦葺寺院と平行し、あるいは入れ替わるように、あちこちに建ちだしていたことは想像もつかなかった。それから三十年を経た今日、北陸はもとより北海道と沖縄を除く日本列島全域で、そのような山寺の存在を無視して、各地域の古代寺院の動向を語ることはできないとの共通認識が、ほぼ定着をみたように思われる。前書発刊の直後、二、三のきっかけから、自分の足元に古代に遡る山寺跡がいくつも存在することに気づき、いらい細々ながら各地の山寺を歩いてきた編者としては、まさに隔世の感を禁じ得ない。とはいえ、事例が増え続けている割に、それらに対する理解が深められてきたかといえば、はなはだ心もとない。

山寺は仏教施設であるから、当然にして何らかの尊格を本尊に祀り、しかるべき法会が勤修されたはずだ。それが山寺をめぐる議論では、たんなる「山林修行」「山林抖擻」に矮小化されていまいか。問題はその内実である。また神仏習合の思想が定着をみる過程で、近くの神社とも何らかの関係を結んでいた可能性が高いが、山寺と神社、あるいは山頂の磐座を結ぶ空間論は聞いたことがない。

そもそも、古代の山寺や神社にどのような人々が参詣し、何を願っていたのか。このような問いにも、考古学や文献史学の大方の研究は、寺を創建、維持した僧尼と壇越、あるいは官と、彼らをめぐる地域政治論に議論は終始してきた。それ以外の人々、とくに地域民衆とでもいうべき人々が、山寺といかなる関わりをもっていたのか。また山寺をとりまくすべての人々にとって、そこは宗教的にいかなる存在だったのか、といった本質的問題に、どれだけの研究者が向き合ってきたであろうか。

一方で、美術史学の仏教彫刻史や絵画史においても、古代に創建され今日まで法灯を継ぐ山寺の本尊をはじめとする仏像や仏画に対して、伝統的な様式論や図像論による精緻な論及は数多挙げられるが、それらがどの時点で寺にもたらされたかが証明できないという理由からか、各山寺の存在意味と歴史に結び付けて考察しようという研究はきわめて少ないのが現状である。

なお、山寺の存在様態はすこぶる多様で、ある分野の一面的指標に拠るだけの安易なモデル化を拒否しているように思われる。編者の踏査経験に即していえば、ある山寺で、平坦面の構造や、現存する寺社を含む周辺域の関連遺跡の空間分布、あるいはそこに祀られる仏像の尊格など、いくつもの要素で過去に見た事例との共通性は認めるのだが、これを自分の頭の中で組み立てた理屈に当てはめてみると、どこかで合致しない何かが見出されるということだ。しかしこのことも、古代であれどの時代であれ、山寺が人間の仏教信仰の所産であるということに思い至るならば、多様であるのは至極当然というべきであろう。

古代山寺の研究についてかくのごとく感じるのは、編者が考古学と仏教美術史を合わせて進めてきて、仏教教学も含む多分野の研究者との語らいを重ねてきたことによっている。山寺の本質と多様性を理解することは、簡単なことではないが、決して不可能なことでもない。その研究の新たな道筋を多少なりとも明らかにしたいと考えたことが本書を編んだ動機である。具体的には、以下のような構成と内容となった。

**第1部　座談会 古代の山寺を考える**

考古学を専門とする時枝務氏、大西貴夫氏と久保、美術史のとくに仏教彫刻を専門とする井上一稔氏、そして仏教史を専門とする上川通夫氏の五名が、ほぼ一日をかけ語り合った座談会の記録。とくに山寺という「場」に即した議論を展開したかったので、意識を共有すべく、前日に山城・摂津国境の山寺と神社の巡検を行い、座談はその感想からスタートした。山岳寺院、山林寺院ではなく、あえて「山寺」という言葉を用いることの意味を了解し合い、本論で山寺の成立事情、空間構造、儀礼、仏像・神像の尊格、そして山寺に集う人々と宗教機能など、多岐にわたる問題について議論を重ねた。

一読されれば、一つの課題あるいは個々の山寺についてさえも、各分野、各研究者の間で見方、考え方が大きく異なることがよくわかるであろう。これは、山寺研究ではきわめて大切なことで、その多様性を理解するためには、研究者側の問題意識もまた多様であるにしくはない。今回の座談で、提示された個々の課題について、無理に結論を求めることを意識的に避けたのもそのためである。

**第2部　山寺の歴史的展開**

本書の中核をなす論文を第2部にまとめた。考古学、仏教史、仏教彫刻史、建築史の研究者九名の論考からなる。

**大西貴夫「宮都と周辺の山寺―飛鳥・奈良時代を中心に―」**

考古学の立場から、古代山寺が早くに造営された飛鳥・奈良時代の動向を論じる。飛鳥宮・藤原宮周辺の山域に七世紀に次々と山寺が建立された状況と、その共通要素として岡寺式軒瓦が葺かれたことを取り上げた。その年代観を従来説通り七世紀末と認めた上で、岡寺を創建したとされる義淵とこれらの山寺との関わりについて注意喚起する。とくにこの段階の山寺と、次の奈良時代の山寺が造営された環境が、いずれも宮都の東方山中であったことに留意した。また義淵と岡寺その他の山寺の関係、さらに奈良時代の室生寺建立などの背景に確実に存在する龍・水源信仰への言及は、後掲の井上一稔氏論文の主題と共鳴している。加えて興味深いのは、奈良時代の官人墓、火葬墓の分布と山寺のそれへの言及である。大西氏は両者の微視的なずれを「山寺の清浄性と墓の穢れ」という思想背景で説明するが、後掲の久保論文では、むしろ両者の近接性に注目し、神祇信仰における忌穢の観念の深化と関連付けて考えた。

**時枝　務「山寺と山岳祭祀遺跡」**

宝満山、大峰山、日光男体山という三山の山寺と山岳祭祀遺跡について、儀礼と空間両面から分析を加える。とくに宝満山内の諸遺跡で出土した仏教系遺物を洗い出し、山岳祭祀に僧侶が積極的に関わる、という従来より踏み込んだ認識論が注目される。また山中と山麓という二元空間論ではなく、磐座を中心とした山頂祭祀と山麓の山寺の間の山腹に展開する祭祀遺跡への評価は、次掲の久保智康論文の空間論とも通底している。

大峰山と日光男体山については、僧侶が実修した儀礼を、出土憤怒形三鈷杵と三鈷鐃を元に古密教のそれと明確に位置付け、関東を中心に福島・流廃寺から香川・中寺廃寺まで事例を示して、平安時代まで、台密・東密に重なりながら広汎に展開したことを明らかにした。ただ、かねてから編者も試みる『陀羅尼集経』をはじめとする古密教経典で示される事相と、遺跡の実態との突き合わせの作業は、いまだ道半ばという状況ではある。

とくに全体の論旨に関わる留意点は、日光男体山山頂で古密教仏具のみならず古墳時代から平安時代後期にわたる長期間に製作された銅鏡など、さまざまな器物が大量に出土したことの意味づけであろう。仏教的なのか神祇信仰的なのか。前者であるとすれば、それが古密教儀礼で説明しうるのか。後者であるとすれば、従前説のように奉賽品なのか、儀礼後の撤下品なのか。見極めなければならない重要課題であろう。

**久保智康「山寺と神社の構成―神仏習合の空間論序説―」**

各地で山寺が造営され始めた頃、すでにそこかしこで神祭りが行われ、神社も存在していた。同じ山域で、有意の関係をもちつつ営まれたと思しい山寺と神社の位置関係を軸として、そのような空間構成のもつ宗教的意味について考察する。両者の位置関係はおおむね四つのパターンに分けられるが、平安時代前期までに創建されたことがほぼ確実な事例の大多数は、山寺の手前の山麓もしくはやや平地に出たあたりに神社が存在する。それは山寺を営もうとする僧尼が、山頂から山麓社の間をすでに神の座す清浄な空間であるとの認識をしていたことに起因すると考えた。

神祇における忌穢観は時期によって一様でなく、それが強まったのが平安時代に入ってからであるとの先行研究を踏まえると、奈良時代以前における古墳や火葬墓群と山寺の近接は説明しやすい。また山寺に多い本尊、薬師如来や観音菩薩が果たしたであろう国域や郡域から小地域までの厄災消除の役割は、神社が果たした払穢との間で相互補完的な関係だったとの見通しを示した。

**上川通夫「伊勢国近長谷寺と地域社会の胎動」**

「近長谷寺資財帳」という史料により、建立の事情や堂舎・本尊・仏具の詳細、墾田の施入者などまで知られ、かつ今日まで法灯を継ぐ山寺である伊勢国多気郡近長谷寺について分析する。上川氏は、第1部の座談会でも述べているように、山寺の造営・維持について、仏教活動の側面より、その政治、経済的側面を重視するのを基本姿勢とする。本論文でも、創建期の近長谷寺を、本願の飯高宿禰諸氏が一族のみならず周辺諸郡の豪族たちに呼びかけて建立した本格的な山寺であるとみて、農民層が自発的な仏教信仰を契機として「堂」「村堂」的な山寺に集ったとみる従来説を退ける。飯高諸氏の近長谷寺造営の動機も、周辺豪族の政治的結集と、国衙への官物免除といった経済的実利を求めることにあったと結論づける。

近長谷寺が建立された十世紀を、飛鳥時代以来の伝統的な地方豪族が造営・維持した山寺が退転し、新興の豪族が国衙と関わりつつ新たな山寺を営みはじめた画期とみる点や、同寺を相当規模の堂舎を構えた本格的山寺とみる点は編者も同感である。ただ、近長谷寺で営まれた主たる法会が、十一面観音を本尊とする悔過と論議であったことを指摘する一方で、飯高諸氏のモデルに『日本往生極楽記』で阿弥陀浄土に往生した飯高郡に居住する「尼某甲」や「一老女」を比定するのであるから、例えば後者が布施を施したところの「郡中仏事」の内実も含め、当時の地方豪族たちの信仰内容の仏教史的見通しも聞きたいところである。それにも関連し、民衆が自発的に山寺を営むのを、いま少し下った院政期と見通したことも留意され、次掲の菊地大樹氏論文、さらに後掲の藤井恵介氏論文と比較し読まれると、平安時代後半期の山寺の動態を読み解く本質問題が明確になろう。

**菊地大樹「里山と中世寺院―民衆仏教の展開―」**

古代山寺の大多数が里山に存在したことについて、編者ら北陸の研究者間では、九〇年代後半に越前・加賀などの考古学事例を元にすでに大方の了解がされており、その具体的意味について議論する段階に入っていた（久保論文、参考文献等を参照）。やや遅れて始まった平安京など畿内における「里山寺院」論は、それを地方の動向にすぎないとみたのか、あえて取り上げることもせず（江谷寛編『平安時代山岳伽藍の調査研究　如意寺跡を中心として』〔古代學協會二〇〇七〕は唯一の例外）、史料に登場する有名山寺を典型として、新たな概念を提示してきたように見える。

一方の非畿内でも、信濃において「里山系寺院」なる言葉が「霊山系寺院」との対比概念として提示されたように（「第1部　座談会」及び久保論文、註（4）参照）、似て非なる「里山」寺院の概念が乱立し、状況は混乱の方向へ向かっているというのは考えすぎだろうか。

菊地論文は、このような里山寺院論と距離を置きつつ、里山を主たる活動の場にした山林修行者（持経者）の、平安前期から院政期、そして中世、近世へと向かう動向を叙述する。国家的得度授戒制に積極的に応じ、経典暗誦などの行業をもとに王権に奉仕していた持経者が、十世紀を画期として、書写山性空のように山林に留まるようになった、とする従前の論考を踏まえ、本論では九世紀の山林修行者の典型として相応を取り上げた。伝記『天台南山無動寺建立和尚伝』から山籠修行の実態を読み取り、さらに彼が僧綱位辞退と内供奉十禅師補任に至った内実を論じ、山寺と王権を含む世俗社会との往返を繰り返す中世的持経者の先駆と位置づけた。確かに相応の動向はリアリティに満ちているが、同じ九世紀にきわめて多くの山寺が営まれた各地の里山の状況も、はたしてそれと同様だったのだろうか。そもそも、相応が活動した比叡山・比良山という場を、籠山という行業を担保するという意味で里山とみるべきなのか、高山とみるべきなのか。さらに最澄が比叡山一乗止観院（延暦寺）にあって規定した十二年籠山制の教学的理念にまで遡及したとき、そのような理相・事相のうち何がどれくらい地方の山寺に敷衍されたのか、十世紀画期論の前提として知りたいと思った。

後半では、平安前期に成立し、十二世紀に拡大発展を遂げて今日まで法灯を継ぐという、いわば里の山寺の典型例である出羽・慈恩寺について、法会、堂塔・本尊、印信にまで目配りしながらその動態を追う。この時期に中世的な民衆の山寺へと移行する、といった通説的理解はとらず、鳥羽院御願寺との伝を肯定し、常行堂の存在や如法経供養など天台宗の要素を基軸としつつも、諸像胎内文書にみえる禅宗系勧進僧や真言宗系の印信の存在などを指摘して、中世顕密仏教を体現する山寺の多面性を明らかにした。

**井上一稔「室生寺からみた古代山寺の諸相」**

本序文の冒頭でも述べたように、本書の当面の目標は、古代山寺が営まれた本質的動機を探ること、である。そのために有効な方法論を本来的に持ち得ているのは仏教美術史で、なかでも重要なのは、個々の山寺の存在意味を語っているはずの本尊を直接研究対象としている彫刻史である。したがって本書では、仏教彫刻史を専門とする三名の研究者に論文執筆を仰いだ。

井上論文は、初期山寺が胚胎した大和南部の事例、室生寺の初期動向を探るべく、一方の軸に岡寺(龍蓋寺)を据えて、多方面から考察を加える。山林修行者の実像として人口に膾炙した、薗田香融氏による虚空蔵求聞持法を旨とする自然智宗論が、少なくとも初期山寺には当てはまらないことを確認し、改めてそれらの山寺を「治病」、「龍と祈雨」というキーワードで探っていくと、葡萄文の岡寺式軒瓦を葺く山寺が義淵と深くかかわっていたことが明らかとなり、室生寺もまた龍穴信仰の存在から義淵の思想に連なった山寺であったという結論に至る。さらに龍への信仰は仏舎利を祀る塔の具体的造形に結果し、『海龍王経』や『最勝王経』に説く龍王の教説を意識したものだという。そして龍の存在は本尊の用材譚にまでつながり、長谷寺観音を典型として、初期山寺に祀る本尊の多くが十一面観音であったという見通しが提示される。

井上論文の所論は、個別には先行研究で指摘されてきた問題も含むが、『日本霊異記』などの説話や経典に説く教説をも積極的に読み込んで、山寺の造営と本尊の造像動機に迫ろうとする。まさに仏教美術史の方法論の真骨頂というべきである。なお、氏は注意深くこの所論を初期山寺に限って展開するが、実際にはその後の奈良時代から平安前期にかけ全国各地で営まれた山寺でも、龍神や水源への信仰があてはまりそうな事例、そして十一面観音を本尊とした山寺がすこぶる多いことが逆に問題として浮上しよう。かかる信仰が、何故に時代と地域をまたいで山寺の造営動機としてひろまったのか、さらなる議論を期待したい。

**長岡龍作「山寺と仏像」**

古代の山寺は「勝地」に営まれた「霊験」寺院である。長岡論文は、その「勝地」と「霊験」の内実について考察する。初期山寺の立地を中国、朝鮮由来の風水思想によるとしたのは、勝地たる環境の第一前提であろう。前半で強調されるのは、東大寺法華堂や石山寺の観音が坐す石・岩の山が補陀落山の見立て、という点である。前掲の井上論文も取り上げた長谷寺もまた風水の地に建ち、本尊十一面観音の造立譚も、従前の霊木論からの霊験像という評価だけでなく、徳道が方八尺で表面が平らな石を掘り出して、盤石座の上に観音像を立てた、という譚に注目した。久保論文でもふれたように、磐座を含む石山、岩山は、間違いなく古代山寺造営の誘因である。観音と補陀落山というイメージ同調は、おそらく釈迦・多宝塔と霊鷲山、さらに蔵王権現を典型として神仏習合像と山岳へと連鎖していく。

長岡氏は後半で、一転して最澄が比叡山上で自刻したと伝える薬師如来像にまなざしを移す。最澄の思想を踏まえ、この薬師造立の意味を、大乗菩薩戒、像法、法華経などを柱に説明した。ただ、最澄が比叡山に登って以来在世中のどの段階で薬師を造立したか、にもよるのだが、薬師を祀る一乗止観院、すなわち現東塔の根本中堂は、法華経読誦をしながら、密教修法を厳修する円密双修の道場であり、それが最澄自身の融合主義的思考に発したものであることは、彼が帰朝後に上表した「天台法華宗年分縁起」で述べる十二年籠山の止観業・遮那業併修の規定からも明らかである。したがって、中堂本尊の薬師に、密教尊格としての意味がどのように読み取れるか、あるいはどのように発現したかが重要で、その点で氏がかねてから論及する神護寺薬師如来像との意味関係に興味がもたれる。

全国の山寺で、蔵王権現の像を祀るところは少なくない。また蔵王権現に関する伝承をもつ山寺にも関わらず、古い像が見当たらない場合もみられる。そもそも蔵王権現の発祥と平安時代における展開すら不明瞭な点が多いので、山寺に蔵王権現が祀られたとしても、その歴史的、宗教史的意味を解明するのは容易ではない。藤岡論文は、氏が長年取り組んできた蔵王権現について、現段階での研究の到達点をまず概観し、未解決の問題に言及する。さらに、銅鋳製蔵王権現像について、最近の構造調査と蛍光X線分析成果も踏まえ造像の実態に考察を及ぼした。

藤岡氏の論点は多岐にわたるが、山寺と蔵王権現をつなぐ、という意味で留意すべきは以下の二点であろう。まず、聖宝が蔵王権現像を如意輪観音の脇侍として祀った金峯山にせよ、そのイメージソースと思しい石山寺にせよ、やや下って喧伝された金峯山山頂での蔵王権現湧出譚も合わせて、堅固な金の御嶽というイメージと具体的な盤石座という場が蔵王権現の舞台として常に用意されているということである。これは前掲、長岡論文で指摘される観音と補陀落山の見立てとしての盤石座と磁場を同じくしているように思われる。

二点目は、ほぼすべての蔵王権現説話の底流に法華経持経者の意識が見え隠れするということである。とくに藤原道長が金峯山山頂に埋納した埋納経典は法華経主体に弥勒経と阿弥陀経が含まれ、経筒銘の願文を読んでも、その構成は明らかに当時の天台宗教学を体現したもので、道長にかかる作善を勧めたのが天台僧であった可能性はきわめて高い。聖宝に発する真言密教の法脈が金峯山に流れていたのは否定できないが、遅くとも道長が詣でた十一世紀初頭には、天台の法華経信仰、そして浄土教へと大きく転回したと考えるべきであろう。とすれば、蔵王権現が釈迦の垂迹であるとの伝は素直に理解できるし、道長埋経の三年前に奉安された大型三葉形の蔵王権現鏡像の裏面の種子構成も、上方に胎蔵界大日を据えるのは天台密教の志向と気づく。藤岡氏は、中央種子の阿弥陀を蔵王権現と像容の類似する黄金剛童子の化身とする見方を示す。しかし天台の円密一致の理論に照らせば、胎蔵界大日は釈迦（蔵王権現の本地）と同体になる法身にほかならず、諸尊の中心であることは動かない。阿弥陀種子はその他の尊格とともに手前に配された、いかにも天台的な創意による立体曼荼羅という評価に至るのである（ちなみに、阿弥陀種子の周りは先学のいう六字とはならず五字である。詳細は久保「天台宗の造形世界」『天台学探尋』法藏館、二〇一四年を参照）。

これら二点を合わせ考えるならば、十一世紀には法華経持経者の間で蔵王権現が釈迦の垂迹との教説が広まった公算が大きく、金峯山や各地の蔵王権現を祀る山寺の背後の山は、堅固な盤石座との意味に加え、釈迦の説法する霊鷲山、すなわち霊仙浄土との含意を強めることになったのではあるまいか。

**藤井恵介「礼堂・板敷・夢見―平安初期の仏堂と参詣作法―」**

建築史学では、福山敏男氏の研究を嚆矢として、天台・真言両宗の山寺の現存建物と史料の分析が早くから行われてきた。とくに平安時代山寺における礼堂の付設という事象は、静岡・大知波峠廃寺の発掘調査における山岸常人氏の分析により、考古学者にもこの問題の重要性が知られるところとなった。密教建築空間論の一環で礼堂研究を牽引してきた藤井恵介氏による本論文は、まず従前の研究史を踏まえ、礼堂が早くも平安初期に出現し、しかもそれは参詣した俗人のための内部空間の創出であったことを確認した。そして『更級日記』『今昔物語集』の参詣記事を分析し、参詣の目的が三日にわたる参籠で、板敷の礼堂は、礼拝に加え夜間にまどろんで夢見をするための装置だったと結論づける。

夢見は、現代人にとってはあまりにおぼろげなものだが、平安時代の俗人にとってははるかに重い意味をもっていた。とくに仏教僧にとって、それは修行に等しい宗教体験だったらしい。よく知られているのが、比叡山横川の二十五三昧結衆のそれで、先に亡くなった者は、自分が極楽往生したか悪道に堕したかを此世の会衆に夢告することが求められた（「二十五三昧式」）。この結衆は在俗を問わないものであったから、藤井氏の述べる夢見の場としての礼堂は、僧侶にとっても俗人同様の期待が込められていたことになろうか。

藤井氏はまた、礼堂をもち霊験仏を祀る寺院が必ずしも山寺だけではなく、俗人側からは山寺ゆえの特殊な期待もないようなので、山寺の特質は仏教者側の論理が最優先に検討されるべきだ、という。しかし、参籠の場として耳目を集めた清水寺や長谷寺は、本書で各氏が関心を示したまぎれもない里山の山寺である。俗人（あるいは僧侶も）が霊験仏の前で夢見を期待するのは、やはりこの里山という環境が相応しかったのではないか。それはともかくも、氏が最後に示した「礼堂の有無は俗人の広範な信仰の成立を証明する」という啓示を重く受け止めたい。藤井氏のいう俗人とは貴賤を問わないそれであるが、前掲の上川・菊地論文では、彼らの貴賤が問題視される。それはわれわれ研究者の視点の違い、というだけでは済まされない、おそらく古代山寺に居した仏教者たちの在俗者への目線、あるいは山寺における仏教者と在俗者の主体性の見極めにもつながっていく重要な論点だと思うからである。

# 第1部　座談会 古代の山寺を考える

座談会
場　所：京都国立博物館
日　時：二〇一三年六月二日　09：00〜16：00
参加者：
久保智康（京都国立博物館名誉館員・考古学、美術史）
時枝　務（立正大学教授・考古学）
大西貴夫（奈良県教育委員会・考古学）
上川通夫（愛知県立大学教授・文献史学）
井上一稔（同志社大学教授・仏教美術史）

# プロローグ

久保　古代の山寺に焦点をあてた論集を提案したのは、最近の山寺研究が、中世のたとえば都市論などといった即物的な視点からのみで語られることがあまりに多いので、やはり古いほうから考えないと見えないことがたくさんあるな、と思ったのが一つです。もう一点は、古代的な山寺と中世的な山寺という捉え方があり得るのだとすれば、その転換点は十一～十二世紀だろうと思うのですが、そもそも本質論・意味論として古代的山寺と中世的山寺という捉え方があり得るのかどうか、というのがかねてから考えている中心的な問題でした。

　この企画ではそこまで踏み込めればよいなと思っています。中世の山寺を研究する人たちは、常に中世段階の目にみえる範囲で話が止まってしまうことが多いのですが、中世だけではわからないことがたくさんあることを知ってもらうためにも、古代の山寺がどういう始まり方をしたのか、そして中世へとどう変わっていったのか。そこまで射程に入れたいというのが企画当初からのねらいです。

　この企画を実現するためには、現時点での課題や問題点を確認し合うことが先決だと考えて、考古学・文献史学・美術史の専門家に集まってもらい、座談会を開くことにしました。私と時枝さん、大西さんが考古学で、上川さんが文献史学、井上さんが美術史のご専門ですが、このメンバーでの討論をふまえたうえで、古代山寺の論文集を作ろうと企画したのです。通常のシンポジウムや研究会とは逆のやり方ですが、こうすることで論集としての共通認識や問題意識が読者にもうまく伝わるのではないかと考えました。

　さらに、今回は、討論をするに前に、実際にいくつかの山寺を歩いてみることにしました。昨日は、討論でも話題になる七高山《しちこうさん》の一つ、山城・摂津の国境にある神峯《かぶ》山寺《さんじ》（高槻市）と本山寺《ほんざんじ》、さらに実態としてはやや特殊なケースかもしれませんが、非常に精細な調査が行われ

石清水八幡宮　石清水神社

た石清水八幡宮（京都府八幡市）と西山廃寺を見学できました。それぞれのご専門の視点からこれらの山寺や神社を見学されたと思いますので、具体的な討論に入る前に、率直にどんな印象を持たれたか、まずはお願いします。

## 石清水・神峯山寺・本山寺の見学

**井上**　石清水は、八幡さんの印象が強すぎたのか、それ以前のことをあまり深く考えたことはありませんでしたが、あの場所の原点は、やはり境内の一つの社として残る石清水神社であることを改めて感じました。八幡さんが来た後に仏教があの場所に集まってくるのですが、石清水と神社の原点になるようなものが何かみつかると良いと思いましたね。

神峯山寺と本山寺ですが、今回初めて本山寺さんを訪ねることができ、ゆっくりと立派な仏像を拝見させてもらって、今後はもう少し調査をさせていただきたいと思いました。山寺からの眺望も気にしていたのですけど、本山寺では樹木が生い茂っていて、そこからどこがみえるのかは難しかったですね。みえるのでしょうけど、みえにくくなっているので、そこは難しいなと感じましたね。

**時枝**　石清水は古代の山寺ではなくて、近世の香りが全山を覆っているというのが第一の印象です。護国寺のトレンチ調査の結果をみれば明らかですが、現在、われわれがみることができる姿から、石清水神宮寺の古い姿を推測するのは、ほとんどできないのではないか、というくらい厳しいものがあります。

それに対して神峯山寺と本山寺は、中世のものですね。どの段階かはみえてこないのですけど、やはり古代ではなくて、中世の山寺のあり方です。役行者のお姿などを

神峯山寺境内の道

みると、山梨県の大善寺《だいぜんじ》と同じように怖いお顔をしていたので、多少古いタイプなのでしょうけど、修験道が形成されてくる頃、つまり十四世紀から十五世紀のあわいの当たりの雰囲気なのかな、という印象を受けました。

石清水の場合、古代に遡るのは文献史料では確認できますけど、残念ながら遺跡とか整地のあり方から古代を偲ぶのは難しい。神峯山寺も古代というのには数百年遅れてしまっています。今回は、図らずも中世・近世の山寺の景観、あるいは実態を見学できたのかなと思います。

**大西**　奈良県で山岳遺跡の研究をしている立場からいうと、金剛山・葛城山に沿う葛城二十八品の経塚や行場を巡る葛城修験があり、一旦、大和川で終わりますが、さらにそこから北の生駒山をたどる「葛木北峯宿」が『諸山縁起』に記されています。そして、その修行の最後は、石清水に至ります。大和の葛城修験と石清水との関連を具体的に示すものはないのかなと思ったのですが、遺跡や遺物でははっきりわかりませんし、今回の見学でもよくわからなかったですね。

その山林修行は中世までには遡るのでしょうけど、古代にまで遡るという根拠はありません。奈良県の遺跡だけでなく、石清水を含めて修行形態を考えると面白いのかなと思います。さらにまた、生駒から交野の山は淀川の南側の山で、神峯山寺と本山寺はその対岸の山になります。奈良県側からたどる山林修行との関連性も考えてみたいなと思いました。

**上川**　大阪に十九年、京都に十四年いたのですけど、国境《くにざかい》をあまりみていなくて、昨日はとても新鮮でした。石清水の南側の西山廃寺からは、生駒山がよくみえて、広い意味では葛城のつながりも感じました。そこから神峯山寺に行く途中で愛宕山がみえたり、本山寺のご住職からは善峯寺《よしみねでら》や金蔵寺《こんぞうじ》とのつながりについてのお話もお聞きしました。私は七高山に興味があるのですけど、伊吹山からぐるっと巡って大和までつなげられるのかな、そんな実感を少し得られたような気がしました。

気になったのは、本山寺です。ご住職の話の端々から、伝えられてきた聖教《しょうぎょう》のことを推測しました。『高槻市文化財調査報告書』第三〇冊には戦国期の本山寺文書十一通が掲載されていますが、文献史学の人ならこれで全部かと思ってしまいます。そうではなく、仮に本山寺の文献でなくても、本山寺で写したという聖教の奥書があるかもしれません。調査をすればもっと拾えるだろうと思います。

本山寺 毘沙門堂

もう一つは、山寺には五間堂みたいな建物が共通してあるのだということを建築史学の藤井恵介さんに教えてもらったので、昨日も建築が気になりました。

久保　西山廃寺は礎石などの場所が動いていることは聞いていたのですけど、あれほど大きく場所が動いているのは現地に行ってみて初めて知りました。ただ、南西方向のかなり急な斜面の途中に平場を設けているのは間違いないですね。そうすると、西山廃寺は私などが考えるところの典型的な古代の山寺ということになります。私は以前から、「里山をめぐる信仰空間」とい

西山廃寺 礎石跡

石清水八幡宮　石垣跡

う言い方をしていたのですが、まさにそうしたところで成立してくる、一番よくありがちな山寺の立地、眺望、景観をみることができる場所だなということを改めて思いました。

　最近、京都国立博物館で担当した「大出雲展」で、出雲の来美《くるみ》廃寺を事例として取りあげたのですが、ここをいままで山寺として捉えている人はいなかったと思います。その場所に立ってみたら、西山廃寺とは全然違います。来美廃寺のケースは、谷あいに入った閉塞空間の中にあって、小高い茶臼山がすぐ目の前に眺望できるパターンです。これもまた奈良時代にスタートする典型的な山寺の立地環境なのですが、眺望が広域に見渡せるということだけが違うのです。でも、立地高度とか地形との絡みあいをみると、西山廃寺もまたいかにも古代の山寺だなという印象を持ちました。

　石清水は、時枝さんがいわれたように石垣も近世の初頭にいまの状態になったのは確かです。いまの状態から即物的に時代を遡っていこうとすると、どうしても途中でイメージ形成が止まってしまうのです。護国寺の発掘調査も、国史跡指定を前提にしていたため、下層まで掘り下げずに近世で止めています。結果的に近世の「安鎮《あんちん》家国法《かこくほう》」の遺構が出たから地元では盛りあがったのですが、おそらくあの下層に古代の遺構があります。

　さらに石清水の坊院構成（本書久保論文参照）にしても、中世の山寺を研究している人でしたら、あの形は中世後半のどこかで成立していて、それが現在の形になったのが近世だろうということは、坊院配置図をみてすぐさま推測されるだろうと思います。ただ肝心なことは、平安時代よりも前に遡っていった場合、どこに収斂・集約していくのかという見方に立つと、本殿の位置があまり動いていないのは間違いない。本殿のすぐ東側に護国寺が存在しているのだから、宝塔院あたりまで含めたあの界隈は、私は平安時代のイメージをオーバーラップさせてみても良いのかなと思っています。宝塔院・護国寺よりも下、あるいは手前は中世以降のイメージなのだろうと思います。

一つ一つの山寺を考えるとき、とくにかなり広域な寺域をもつ山寺の場合、どこが古代まで遡るところなのか、という視点でみていくと、あくまで印象論ですけど、本堂や本殿は動いていないケースが多いですね。そのようなところから平安時代の遺物が出土するケースが多いので、石清水もそうなのかなという気がしています。

それとともに、古代の山寺は、国境に存在することがあります。石清水の史跡指定の評価ポイントでもいわれたのがこの点でした。けれども、「日本文化と史跡・石清水八幡宮」のシンポジウム(八幡市教育委員会、二〇一二年三月)で上原真人さんが書いているのを読むと、国境にあることを非常に行政的な政策として捉えてらっしゃいます。すなわち、山寺で修行をする僧侶があちこちに居られたら困るので、国境に集中させたのだといったような評価しかされていず、賛成できません。七高山や石清水の存在意義は、国境に存在することが第一なのであって、その宗教的意味合いを考えていかないと、山寺の存在を突き詰めて考えるのは難しいと思ったりもします。

その点からしても神峯山寺は、あまりにも不可解です。私の問題意識は常に古代の仏堂がどこだったのかというのがあって、どの山寺を歩くときもそれを考えているのですけど、神峯山寺や本山寺は古代の香りがあまりしないんですね。あの環境、ずっと不思議に思っていました。文献史料では平安初期に七高山に列せられて、薬師悔過《やくしけか》をやっていることは確実な場所であるにも関わらず、その香りがしてこない。いったい、古代の神峯山寺はどこなのかということが未だにわからない。かといって、本山寺がその場所だとも思えない。山麓の谷口あたりのどこかにあるのではなかろうかな、という気もしますが、字名をみてもその形跡がない。山下のお寺が中世にあまり展開していかなかったために、そうした現象になったのだろうと思いますが、いずれにしても、もう少し通ってみないと古代の実態はみえてこないな、というのが正直な感想です。

## 用語の使い方

久保　見学の感想はこれくらいにして、今回の討論を進める前に、用語の使い方を確認しておきたいと思います。

時枝さんが中心になって編集された『山寺の考古学』（季刊考古学一二一号）は、山寺を研究している方たちの問題意識を知るうえで非常に最適な本ですけど、この中で山寺に対する呼び方がまちまちで、読者が混乱する恐れがあるので、この討論ではそのあたりを押さえてほしいという要望が高志書院さんからありました。

たとえば奈良方面の研究者は「山岳寺院」と表現する傾向が強いと思いますし、中世の山寺を研究する方は「山寺」といいますね。「山林寺院」と表現する研究者は、古代を射程においている傾向があります。呼び方がまちまちなのは別段悪い話ではなくて、問題意識のあり方によって違ってくるのは当たり前なので、個人的には無理に統一をとる必要はないと思っています。

ただ、九〇年代に『考古学ジャーナル』で山岳寺院特集が編まれたときに、山岳寺院という言い方はあまりしないほうが良いと書いたことはあります。それほどややこしい意味ではなしに、山寺の景観論や立地論、つまりどれくらい高い山にあるとか、里に近いところにあるとか、考古学者はそこを常に気にするのですけど、そのときに山岳寺院と最初にいってしまうと、大きな誤解を与えかねない。

「山寺」という言い方には多様なイメージが重層的にあって、いろんなタイプの山寺を含むことができます。これも山寺だったんだ、という捉え方をして概念を広げていかないと、なかなか実態がみえない対象だと思うのです。さきにとても高い山の上にある、という印象を与える「山岳寺院」といってしまうと、そこから漏れ落ちてしまう遺跡が大量に出てくるので、その頃私は、「山林寺院」と呼ぶのが当面は良いのではないですかと書いたのです。でも最近では、「山林寺院」は古代史料にしか出てこない用語だから時代幅をもって使わないほうが良いという論調も出てきています。そうすると、落としどころは、「山寺」です。「山寺」といっておけば拾える遺跡も多くなりますし、あまり細かいことを考えなくてもすむので、私はいま、「山寺」を使うようにしています。

用語の問題は、それぞれのご専門の立場で、結果としてその使い方が研究の進め方にも絡んできますから、お互いのために確認しておくほうがよいと思いますので、最初に文献史学の立場から、上川さんお願いします。

上川　先行研究をみると、いろんな使い方があって、私自身も定まった見解は持っていません。文献史学でも、古代と中世はどう違うのかということを考えようとしていて、古代山林寺院、中世山林寺院という区別はありま

す。山岳寺院という言葉は、世俗離れさせすぎた表現だと思いますので、少し抵抗があります。里に近いということでは、古代でもその面がありますが、中世ではもっと本質的に山寺と里の新しい生活とが結びついています。そこでたとえば、「里山寺院」ということばも成り立つのかなと思います。固定するつもりは全くないのですが、上野記念財団の研究会で概略を話したことはあります(1)。

久保　上野財団では聴衆から何か反応はありましたか？

上川　わからないです。求められたのは十二天画像のことでしたが、少し違う話をしました。

久保　目が点になっていませんでしたか。上野財団は圧倒的に美術史の研究者が聴衆なので、美術史研究者が上川さんの議論を聞いたとき、自分の研究の射程の範囲内の問題として反応する人がどれくらい居たのかなと気になったものですから。たぶんあまりいないと思いますけどね。

上川　その会で報告された建築史学の藤井恵介さんは、

結びつく例もあるとおっしゃって、そこで初めて五間堂のことを教えてもらったのです。

井上　私は美術史の立場であまり山寺を意識せずに、山寺に伝来した仏像そのものの歴史を研究してきましたけど、やはり美術史ではこれまで山寺の仏像にこだわった研究は少ないと思います。長岡龍作さんが七高山の薬師如来を指摘しておられますけど、そうした視点で捉える研究はないものですから、今回の企画をきっかけに考えさせてもらっているというのが正直なところです。

久保さんがいわれたように、用語としてはアバウトな感じの緩い概念として、山寺が適当なのかなという感想を持ちましたね。お寺の名前をみても、たとえば、善峯寺は峯ですね。神峯山寺は峰と山の両方が入っています。本山寺は山であったり、高雄山寺も山であったり、岡寺の岡もあったりと、ほんとうに多様ですよね。岩間寺《いわまでら》は全くの山寺ですけど、名称だけからすれば山寺ではないような名前も存在しますので、お寺の名前だけからしても、山寺は多様だなと思います。その意味では緩い概念の山寺は、いろんなものを対象にできる言葉ですね。

時枝　考古学では概念は時代とともに変わっていて、大正末期から昭和初年に石田茂作さんが山岳寺院を唱えられて、最初は天台系と真言系だけだったのですけど、戦後になって修験系を加えて、三類型の山岳寺院を作られました。(2) それに対して大阪の藤井直正さんが共鳴して、山岳寺院という概念で大阪の神感寺《しんかんじ》(大阪府枚岡市)などが取りあげられ、(3) 丘陵のものまでも山岳寺院と呼ばれるようになります。それからかなり経って、大知波《おおちば》峠《とうげ》廃寺(静岡県湖西市)の整備委員会のときだと聞いていますが、講演会で斎藤忠さんが「あんな低いのは山ではない」とおっしゃられて、山寺とか山岳寺院という言い方はあまりにも漠然としすぎるので、山林仏教の人が営んだ寺院なのだから、山林寺院と呼ぼうと斎藤先生はいわれたわけです。

それを受けた京都大学の上原真人さんが、山寺というのは牧歌的で童謡を聞いているような気がして、そんなものは取りあげるに値しない。山岳寺院では確かに標高が高すぎるイメージがあるので、山林寺院以外にはありえない。山林寺院以外は学術用語として適切ではないとまで断言されるに至って(4)、最近では山林寺院という用語が広まっているという状況があります。

ところが、大阪の仁木宏さんが科研を組んだときには山寺になっている。なぜそうなるのか。山林仏教というのが古代から連綿と近代まで続いているかというと、そうではないですね。釈尊に帰れということでアーラーマの世界(サンスクリット。寺院の原型。山野に起居して修行した)に戻れという意味で考えれば、近代の仏教運動も含めて、山林仏教だといえるのかもしれませんが、あまりにも偏った見方になってしまう。上原さん自身もガンダーラの山林寺院という言い方までしていますから(5)、それに近いものがあります。でも、山林仏教だから山林寺院だとするのは、落ちていくものもあるし、意味づけが変なものに固定してしまうのではないかという気がするのです。それを考えると、やはりごく一般的にいわれている山寺のほうが安全だろうとする見方があっても、仕方ないのかなと思います。

いままでは、あまりに概念にこだわって、いろいろ考えてきた挙句、なんだか少し揺れ動いています。たとえば、『山寺の考古学』に寄稿してもらった牛山佳幸さんは、霊山系寺院と里山系寺院として山と里の二つに分けようと提案しています。高い山の霊山の山寺と丘陵部にあって集落に近いところの里山にお寺があって、その二つは性格が全く異なるのだといっています。けれども、どこが里でどこが山かを考えると、限りなくよくわからなくなってきますね。長野県の松本平からみえる山が里山だとすれば、北アルプスは里山だったのかということになってしまいます。

それを考えると、概念を無理に規定しないで、ニュートラルに考えたほうが現実的で学術的な成果をあげられるのではないかな。そんな見方が当然あってしかるべきだと思います。

久保　牛山さんの説を補足しますと、時枝さんがいわれたとおりなのですが、一つの寺が里山的な性格を持ちつつ、霊山的性格も持つのは当たり前の話であって、牛山さんの分類では、一つの遺跡がまた裂き状態になってしまいます。

**時枝**　牛山さんは松本平にある牛伏寺《ごふくじ》を、山の上の部分にあったものを霊山系として、現在の牛伏寺があるところを里山系だといっていますね。

**久保**　そうなんです。上寺・下寺を一つの宗教空間として捉えなければ、お寺の本質はわからないという立場で考えるならば、牛山さんの分類は全く逆ベクトルなので、私には残念ながら受け入れにくい説ですね。私もずい分以前に、越前の古代の山寺の展開について、「里の山をめぐる信仰空間」から「白山をめぐる信仰空間」へ、という書き方をしましたが(6)、両者は対置概念ではまったくない。

用語の使い方に拘泥すればするほど、話が混乱するというのは、たぶん山寺だけのことではないはずです。大西さんはどう考えますか。

**大西**　時枝さんがいわれたとおりですね。奈良県では飛鳥・藤原・平城京周辺の近くにある丘陵のお寺であれば、当然、山林寺院・山寺といった概念で考えるほうがよいと思います。奈良県南部には、大峰山《おおみねさん》という近畿最高峰の峰々が連なる山があります。山中にあるお寺はあまりないのですが、大峰山の山中の遺跡は奈良時代まで遡るものもあります。その遺跡がお寺になるのかというところが難しいですけど、山寺という用語で包括的に考える方向でよいと思います。

## １　山寺の成立事情

### 飛鳥・藤原京の周辺

**久保**　少なくともこの討論では、「山寺」を共通用語として本論に入っていきたいと思いますが、最初の話題として、古代の山寺がどのように成立してくるのかを考えてみましょう。一番事例が多いのは、奈良盆地とその南の飛鳥周辺だと思いますので、そのあたりから大西さんを中心に討論を進めたいと思います。

比曽寺西塔礎石跡

大西　飛鳥・藤原京周辺の山寺の概略から始めましょうか。飛鳥には平地に飛鳥寺が作られて、平地の寺院を中心に飛鳥・斑鳩と展開していくわけです。飛鳥寺と同じ時期にまで遡るような山寺はありません。やはり山中に寺院が立地するのは、飛鳥寺より若干遅れるかと思います。そのなかで取りあげたいのが、吉野地域の山中にある比曽寺《ひそでら》ですね。飛鳥から南に離れ、丘陵に囲まれた中にポツンと立地していて、周辺には遺跡も少なく、何らかの古代豪族の氏寺であったとも考えにくいのです。文献などにも奈良時代以降ですけど、そうしたところで修行を行ったこともみえますので、山寺的な性格をもつものの最初の例として、比曽寺を考えたいと思います。

比曽寺では、飛鳥時代の七世紀初頭まではいかないのですけど、それより若干遅れるくらいの古い軒丸瓦の細片が出土していますから、その頃からお寺が存在していたことは確かだろうと思います。

比曽寺以外に事例を求めようとすると、飛鳥・藤原京周辺では七世紀後半になってようやく岡寺が創建され、東側の丘陵に点々とお寺が展開していきます。その一方で、西側の葛城山や二上山でも展開していきます。そのあたりは出土する瓦などから跡付けることができます。

宮都との関わりでいいますと、奈良県ではありませんが、近江・大津宮と崇福寺《すうふくじ》の例は七世紀の六六〇年代になるかと思われる山中に寺をつくる例です。飛鳥・藤原京周辺の状況はそんなところです。

久保　大和盆地の南半分で藤原京の東側に岡寺があり、盆地の西側、生駒・葛城山麓でも山寺が展開していくということですが、その時間差はどれくらいの感じなのですか。

大西　七世紀前半はあまりなくて、六八〇～六九〇年にかけての藤原京の成立頃から東西に分かれて成立します。岡寺から始まり、藤原京周辺のお寺も少し遅れて集中して作られるだろうと思うのです。

久保　その動きは、平地と山の中で連動してお寺ができてくるというイメージですか。

大西　そうです。

久保　比曽寺は氏寺の要素が感じられないといわれましたね。比曽寺が何者かというのも重要ですけど、岡寺なりどこなりの山寺が七世紀後半の後ろ寄りで増えてくるというのは、例外を除けば、基本的に氏寺だと考えられていますよね。

大西　そうですね。

久保　山寺成立の意味合いとしては、平地伽藍とさほど変わらないのですか。

大西　なぜ山の中にお寺ができるのかということですが、確かに平地に氏寺的なお寺がある一方で、岡寺のように山中の寺でも造営氏族がわかるケースもあります。その周辺にある高田廃寺や青木廃寺あたりも、某氏族の氏寺だとされています。これまでの説明では、京内の平地にお寺を作れないから山の中に作るのだということですが、そのあたりはもっと整理しないといけないでしょう。そのうえでそれらの寺々に岡寺に共通するような葡萄唐草文をもつ軒瓦も使われていて、共通する信仰的な背景があるのではないかという指摘(7)も昔からありますね。

久保　具体的にどんな信仰背景なのでしょうか。

大西　そこがわからないのです。

久保　そこまで指摘されているのであれば、何かあるのでしょうかね。

大西　山寄りに立地しているから、山に関わる信仰なのでしょうか。それが何だといわれると難しい。

## 比曽寺と自然智

時枝　比曽寺はよく自然智宗《じねんちしゅう》の本拠地だといわれていますけど、何か根拠があってのことなんですか。

久保　いま、その話をしようと思ったところです。薗田香融さんの論文(8)があまりにインパクトが強く、見事に言い切っているので、いろいろな方が論文の書き出しで引用し、山寺の内実として紹介するケースがいまも多いですね。でも、私は古代の山寺に関心を持ったごく初期に、かねて有名な比曽寺に行ったのですよ。そのときに比曽寺って全然、山岳寺院じゃないじゃないか、というのがファースト・インプレッションでしたが、史料のうえでは比曽寺は明らかに山寺ですよね。山寺、山坊などと明確にいわれているが故に、山岳寺院という言葉の使い方がおかしい、という考えを最初に抱いたのが比曽寺を訪れたときの印象だったのです。

元興寺極楽坊

薗田さんは、主に南都の元興寺あたりのお坊さんが、普段は元興寺に居てたまに比曽寺に修行に行くという図式を語られました。私もかなりそれに影響を受けている口かもわからないのですけど、そうやって図式化してしまうと、必ずしもそうとはいえない事例がどんどん増えていきます。むしろ官寺と山坊というような、平地寺院と一対一の関係で説明できるケースというのは、きわめてレアなのではないかとすら思います。

薗田説の一方で、大和のお寺でいえば、本来、京内にお寺を建てられない連中が山中に寺を作ったというい われ方もします。それもなくはないとは思いますが、もう少し、薗田さんがいわれていることを批判的に受けとめた論の立て方も必要だと思うのです。薗田さんの示した図式だけだと、比曽寺があまりに有名であるだけに、古代の初期の山寺の本質が矮小化されてしまうと思うのです。

**時枝**　同じような議論をしていたのは近江昌司さんで

すね。[9]葡萄唐草文の軒平瓦の同笵関係で論じていますけど、同じイメージで語っていますね。

久保　自然智宗に関しては、仏教学研究者が検討し直しています。とくに前谷彰・恵紹さんは、最澄が『顕《けん》戒論《かいろん》』などの著作で記した「自然智」は「生知(生まれながらにして知る)」と同義で、薗田さんの提起した「自然智宗」の存在、あるいはそこで虚空蔵求聞持法《こくうぞうぐもんじほう》を修したという想定に否定的な見解を示しています。[10]比曽寺や、ましてほかの初期山寺で何をやっていたのかを、もっと幅を広げて考える必要があるように思います。

　その場所で何をやっていたのかという視点は、文献史料から読み解かれると、その影響力は非常に大きくて、考古学者が追随するケースがままあります。比曽寺もそのような早い事例なのでしょうが、そこまで考えていくと、比曽寺じたいを本当に山寺の概念として捉えていいのかどうか、という堂々めぐりの議論にもなりかねないですね。結局、何も結論めいたことは出てこないのですけど、井上さんはどう思われますか。

井上　比曽寺は七世紀初めにできあがってくるのですか。

大西　伽藍の整備はもっと遅れると思うのです。仏教的な瓦葺の建物は少し下がるでしょう。

井上　そうすると、伽藍整備は遅れるとしても、最初から自然智みたいな修行をやったのかというと、日本の仏教の歴史からいえば、早すぎますよね。

大西　ですよね。

井上　どう考えても早すぎるから、藤原京くらいになって自然智のような修行をやっていたことは文献的に出くるのでしょうけど、比曽寺の成立はそれと切り離して考える必要があるのでしょうね。

　『日本書紀』(欽明十四年五月戊辰条)には、泉郡の茅渟《ちぬの》海《うみ》に浮かんでいた楠木《くすのき》を比曽寺に置いて仏像を作ったという説話がありますね。その説話が何を意味するのか。そういう問題になるのかなと思うのですがね。

久保　やはり問題は、お寺で何を修したのかでしょう。本尊と儀礼のことが問題だと思うのです。山寺の成立も本気でその意味を読み解くためには、そのあたりを見極めないとわからないのではないでしょうか。十一面観音の話がでましたが、長谷寺などもそうですし、非常に早い時期から各地の山寺に十一面観音が登場してくる。そして、そこで何のために、何を修したのか？　という問題が浮かびあがってきます。

**井上**　茅渟の海に流れてきた楠木が、どうして吉野の比曽寺に持ち込まれるのか？　そのあたりに何か糸口があれば、山寺の成立を考えるヒントもあるのかなと思うのですが、大西さんに何かいい考えはないでしょうか。

**大西**　よくいわれることですが、吉野は飛鳥・藤原という都に対して、南にある高い山の向こう側、仏教というか道教的な仙境と捉えられていたという考えもあります。吉野はそうした特別な地であった。だから吉野宮が営まれて、古人大兄王などが蟄居させられたりもするのですが、そうした神聖な場所としてのイメージが古代にはあったのでしょうね。

**久保**　里よりも神聖で、清らかな浄所ということなのでしょうかね。

**大西**　だからお寺も営むことになるのでしょうけど。

## 古代山寺の成立はいつか

**上川**　薗田さんの論文で注目されているのは、山寺は僧尼令の制度の中で認められていて、手続きをとればその修行は許可されているということですから、研究者が思い描きがちな、国家仏教に対立する私度僧《しどそう》の拠点ではない、というように私は理解しています。平地の寺院との関係で、修行する場として山寺があるのだと指摘されたのだと思います。

検討は必要ですけど、取るべきところは多いと思います。七世紀代から八世紀初頭くらいの寺院について、氏寺だとする見解が最も多いようです。けれども、特定の政治力をもった氏が中心になって造営したとはいえても、全く中央政府と無関係な、自立した独自の信仰施設を自由勝手に営めたかというと、そんなことはないでしょう。おそらく政策の枠組みの中で、政治的に中央に結集するということの表現の一つとして、寺院が建立されたのではないか、と私は思っています。

ただ、僧尼令の意図がどこにあるのかということは、踏まえておかないといけないと思っています。許可申請したら山林で修行してもよいという程度のことなのか、あるいはむしろ奨励しているのか、両者はかなりニュアンスが違うと思うのです。僧尼令は独自のところがあるとしても、中国の事例なども参照しながら考えて作っていますので、山林寺院やそこでの僧侶の生活に、中央政府が仏教政策の中で政治的に意図していたところも考える必要があろうと思うのです。もちろん、本尊の前でどういう儀礼が行われているのかも大事ではあるのですけど、一方では政治的側面もみておく必要があります。

さらに僧尼令がどこまで、いつまで、実効性を保っていたかということも、山寺の展開には大きく関係するでしょう。古くは僧尼令に抵抗したのが鎌倉新仏教だという意見もありましたけど、さすがにいまは影を潜めています。現在多く支持されているのは、平雅行さんの研究(11)で、僧尼令は、十世紀に朝廷が放棄したという説です。なし崩し的になくなるのではなくて、政策的に放棄したのが十世紀だという説です。戸籍を作らなくなったのと同時に、度縁《どえん》・戒牒《かいちょう》を発行しないことと関連する政策だと指摘されました。

私はそれでも遅いと思っていて、七三〇年頃に僧尼令のある部分はすでに放棄されている。申請すれば山林寺院での修行を認めるということすらいわなくなって、ドンドンやれってことで許可申請の手続きすらも省略したという意味での大きな動きは、七三〇年くらいに出てくるのではないかな。

考古学の成果と合うかどうかはわかりませんが、文献をみる限り、奈良時代の半ばくらいから、山寺がたくさん出てくるようにみえます。しかも悔過もやるという事例は、それ以降に目立ってくるのではないか、という印象を持っています。

久保　考古学の事例からいうと、大和盆地の遺跡では瓦がありますね。平地寺院と同じように七世紀後半以降

大谷寺大長院

の天武・持統朝あたりから山寺が増えてくると大西さんはいわれましたけど、多くの地方では、山の中の寺は瓦葺の建物でないことが多いので、どこまで遡るのかを考古学的にたどるのは簡単ではない。かなり真面目に発掘しないと難しいのですが、その微々たる発掘事例からすると、いま上川さんがいわれたような八世紀前半にまで遡る事例はそう多くはないという印象をもっています。

福井県の大谷寺《おおたんじ》（丹生郡越前町）は八世紀半ばから遺構・遺物が確認できますが、養老年間に活動したとされる泰澄《たいちょう》大師（伝六八二〜七六七）までは遡らない。北陸はそれでも発掘事例が多いほうで、最近では、石川県小松市の松谷寺跡で八世紀第2四半期の天平頃の土器が出土し、北陸最古の山寺と報道発表されました。松谷寺よりも古い事例はそう簡単には出てこないでしょう。

むしろ地方で山寺が急速に増えていく時期は、少なくとも遺物からみる限り、奈良時代の末から平安時代の初期あたりの八世紀後半ですね。上川さんがいわれる七三〇年代は、確かにお坊さんの史料からいえば、その時期はたくさんみえてきます。たとえば若狭の神宮寺でも神身離脱の話が七一〇年代にあって、考古学的にそこまで遡らないにしても、八世紀半ばの平城宮式の瓦が持ち込まれています。そんな事例もなくはないのですけど、もっと増えてくる時期は、もう少し後ではないかなと思うのです。

時枝　上原さんが岩波講座の『日本考古学』の中で説かれた話だと、七世紀後半から八世紀前半の比曽寺や興福寺で形成された平地寺院と山寺の関係が国分寺の設置とともに地方にもたらされて、国分寺の僧侶が各地で山寺を開いている。それが繁栄するのは十世紀だという論を展開されています(12)。

久保　その説も半分はそうかなと思うのですが、違和感もなくはありません。国司や国衙が絡む山寺というのは、確かに上原さんがいわれるとおり、そうした目でみれば事例は多いのですけれど、各地の国分寺建立と連動して山寺が造営された、とまで言い切れるところはそう多くないと思います。また、平安時代初期以前に始まった中小の山寺には、上原説とは裏腹に十世紀頃に廃絶してしまう場合がけっこうあるんです。山寺がいつから始まるのかという問題は、上川さんの説と直結する大事な問題なのですが、考古学ではなかなかそこまでは遡れない。というのが現状ですね。

## 2　山寺の空間構造

平地寺院と山寺の構造

時枝　山寺の成立事情や空間構造とも深く関わる話ですが、最初に久保さんがいわれた古代と中世のイメージのどこが違うのかを、明確にしたほうがよいでしょう。

少なくとも、中世史の仁木宏さんが研究されたのは平《へい》泉寺《せんじ》(福井県勝山市)でした。仁木さんは平泉寺を中世の山寺だと思い込んでいて、平泉寺のイメージで他所の地域の山寺を考えようとする感じがします。

高野山のことを考えると、山中にあれほどの宿坊が作られたのは何時かといえば、少なくとも十二世紀以後という時期が求められていると思います。壇上伽藍だけの段階ではなくて、奥之院が独自の展開をしていく過程で、現在もみることができるような山寺としての高野山のイメージができてきたわけです。でもじつは、空海(七七四〜八三五)ががんばっていた頃とか、真済《しんぜい》(八〇〇〜八六〇)ががんばっていた頃の実態は、全くわからない。壇上伽藍と大門あたりのところに、伽藍があったらしいことはわかるけれども、それ以上のことはわからない。

そんな目でみると、中世の山寺というのは、宗教都市みたいなイメージでかなり多くの研究者たちが語っている。ところが、彼らのイメージの中に古代はほとんど組

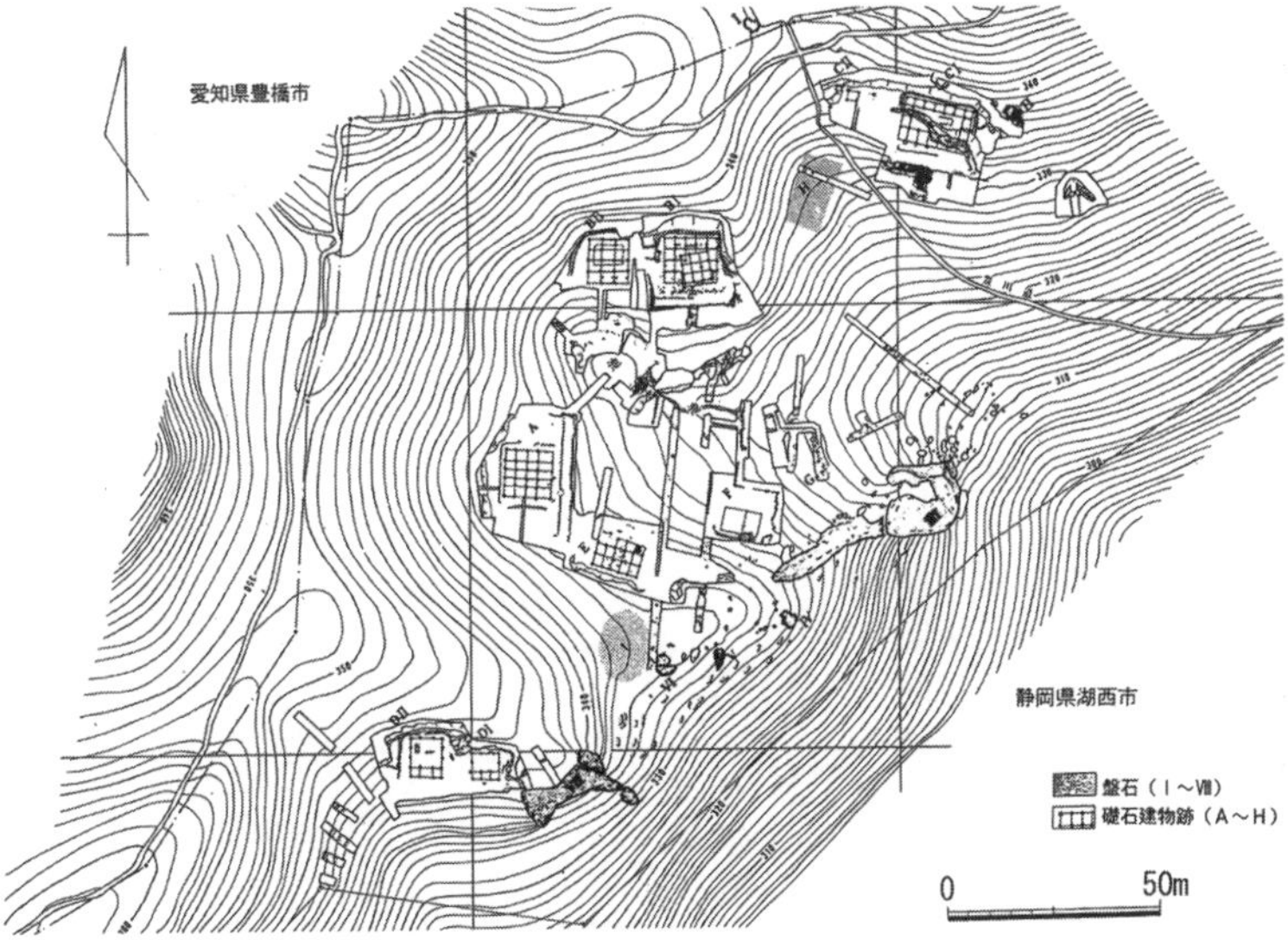


大知波峠廃寺遺構配置図（湖西市教委 1995 より）

高野山 大門

み込まれていないのです。古代のことはほとんど何もわかっていないのに、中世的であるとか、山岳寺院の典型であるとか、山寺の本質などが語られています。

では、古代に廃絶した山寺の実態はどうかというと、まずよく取りあげられるのが大知波峠廃寺です。大知波峠廃寺は真ん中に池があって、仏堂自体は中世仏堂の直

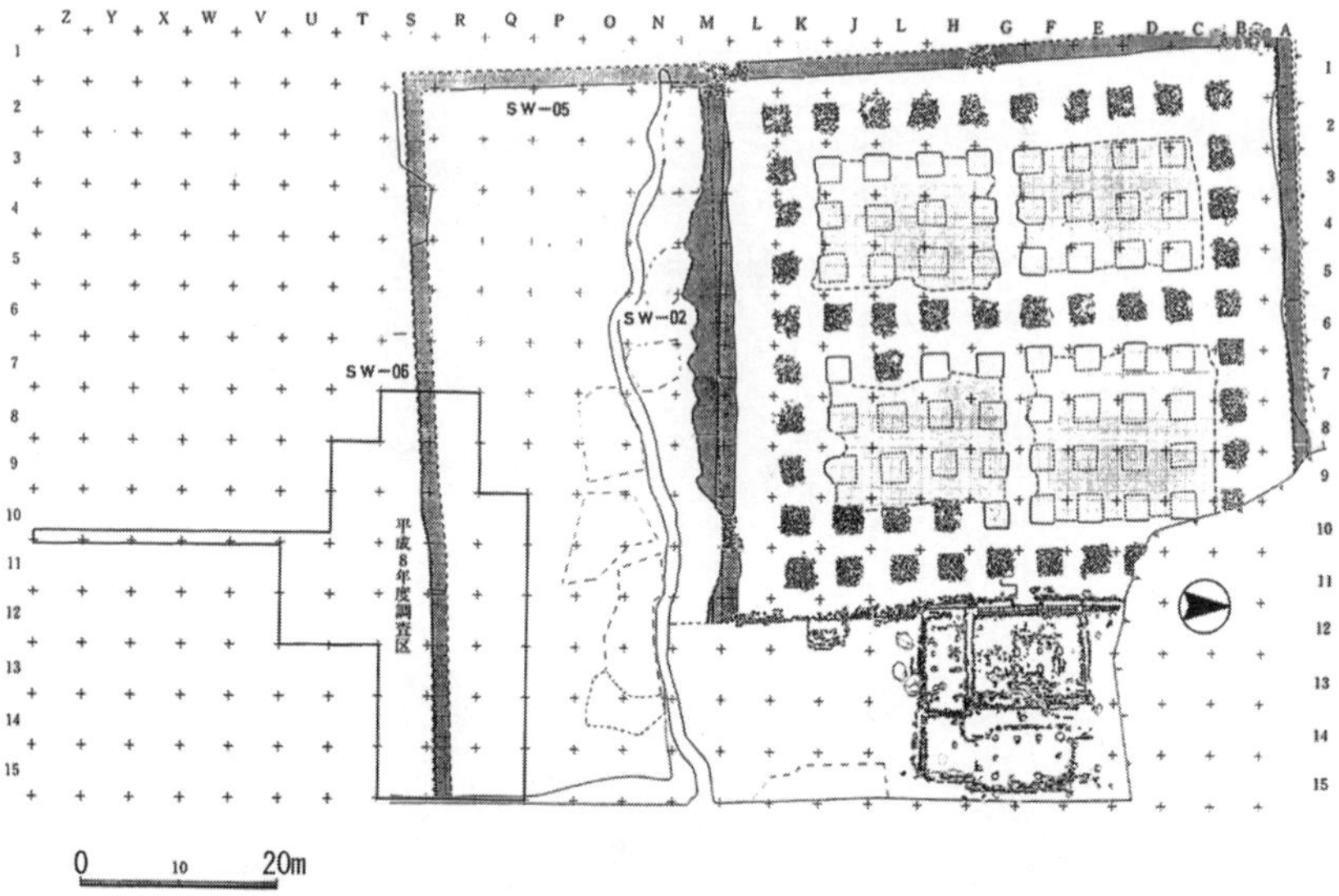


池辺寺跡百塚Ｃ地点実測図（熊本市教委 1999 より）

前の段階に入っているということなので、古代的な山寺をイメージするのには少し違うのかもしれないという部分もあります。

もう一つ最初のころによく取りあげられていたのが池《ち》辺《へん》寺《じ》（熊本県熊本市）です。池辺寺の百塚地区が取りあげられるたびに、ボロブドゥールだとかいう人もいたりして、あまりにも特殊過ぎて古代の具体的なイメージが結べなかった。

そのなかで上原さんは、どの事例を取り出してきたかというと、香川県まんのう町の中寺《なかでら》廃寺です。上原さんは中寺廃寺を古代的な伽藍の部分と、神社祭祀と民間信仰というそれぞれ場を異にした三つの要素が一つのエリアの中に組み込まれているのだと主張し始めます[13]。

上原さんは、古代というのは神と仏と民間信仰がそれぞれ別のビジョンを持っていて、施設としても機能分化しているという説を出しています。それがいま定説になっているかどうか知りませんが、かなりの人がその説を受け売りしているのが実態です。

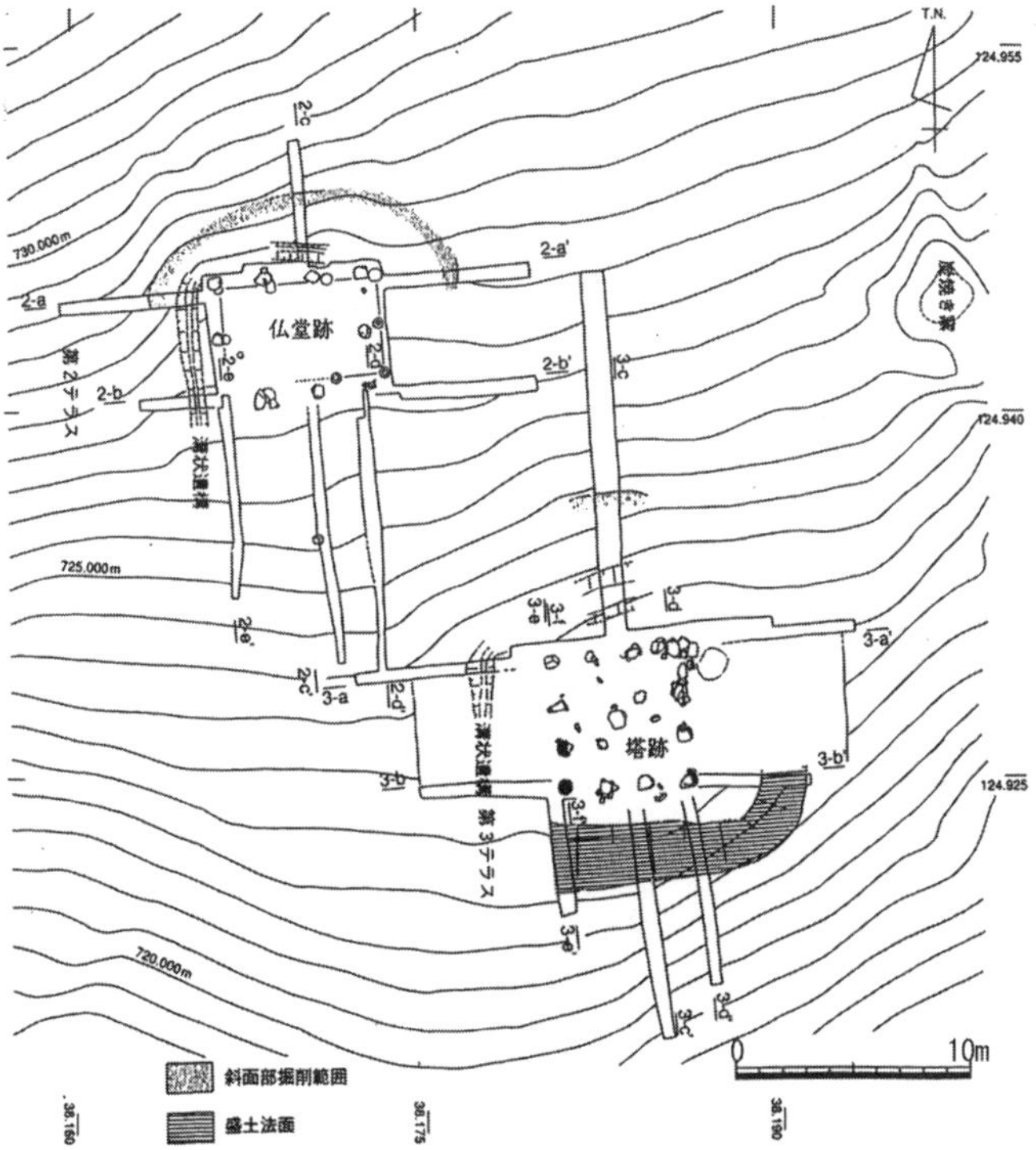


中寺廃寺Ａ地区遺構配置図（まんのう町教委 2007 より）

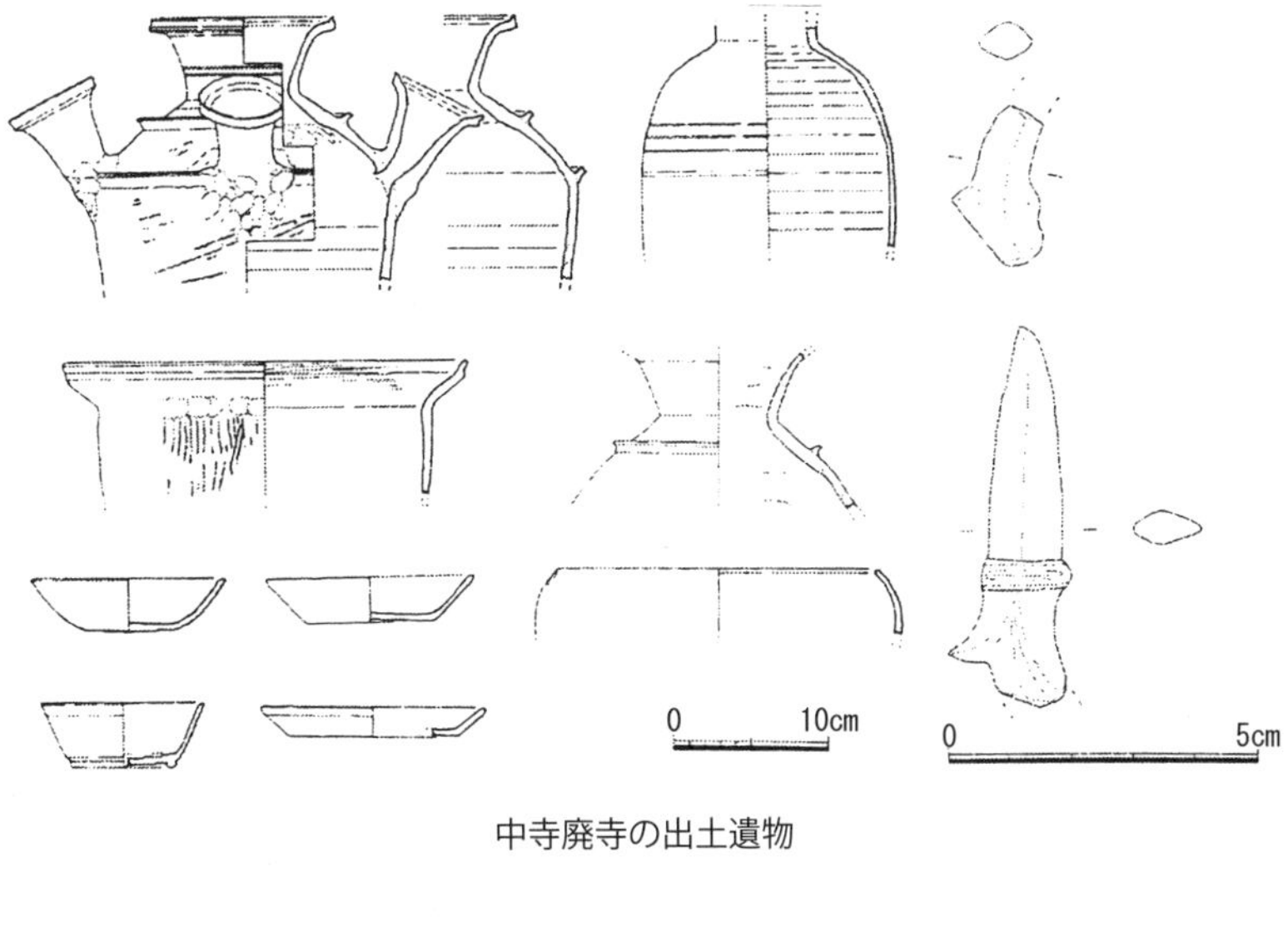


中寺廃寺の出土遺物

ところが、古代の寺院をみると、たとえば、黒熊中西《くろくまなかにし》遺跡（群馬県高崎市の古代寺院）の場合では、きちんとした堂塔が分布していて、その下に竪穴住居からなる宿坊・僧坊に匹敵するような遺構から、仏具などが出土しています。その下が崖になっていて、一般集落が広がっている。黒熊中西遺跡は、上原さんがいうような機能分化はとても想定し難い。

あるいは流《ながれ》廃寺（福島県棚倉町）の場合は、一直線に僧坊とお堂が並んでいて、上原さんがいう機能分化はおそらくないでしょう。福井県越前町の大谷寺は、お寺なのかお堂なのかという問題もありますけど、山の上に大きなお堂らしきものがあるだけで、そこから墨書土器などが出てくる。だから、お寺だとは思うのですが、大谷寺も上原さんがいうような機能分化は見出し難い。上原さんの論理でいえば、大谷寺のすぐ向こうにある越知山《おちさん》の越知神社が神の空間だという話になりかねないのだけど、そんな機能分化を明確に捉えることはできない。

ということでいま、古代的な山寺というのは、いろんなパターンがあって、上原さんが定義してくれた理論はありがたいのだけど、それだけで捉えられるような様相ではないのです。というところがいまの学界の到達点です。そこからどう考えていくのかが、これからの課題だと思います。

**久保**　いつもながら適確な整理をありがとうございます。いま、上原さんの話が出てきました。上原さんの説は、平地寺院の空間構成が山寺にもそのままの持ち込まれたというところから始まっています。伽藍の中心が仏地たる金堂、その背後の講堂は坊さんの活動する僧地で、伽藍全体が清らかな聖地であり、そのまわりが俗地だという概念を提起されています。時枝さんがいうとおり、上原さんは中寺廃寺など適用できそうな事例を挙げられていますが、それに合わない山寺の方がじつは圧倒的に多い。

根本的に違うと思うのは、山寺が営まれだした直後から、どういう方向に向かって堂舎が展開し、空間的に広がっていくのかという問題です。大方の山寺は、寺域の

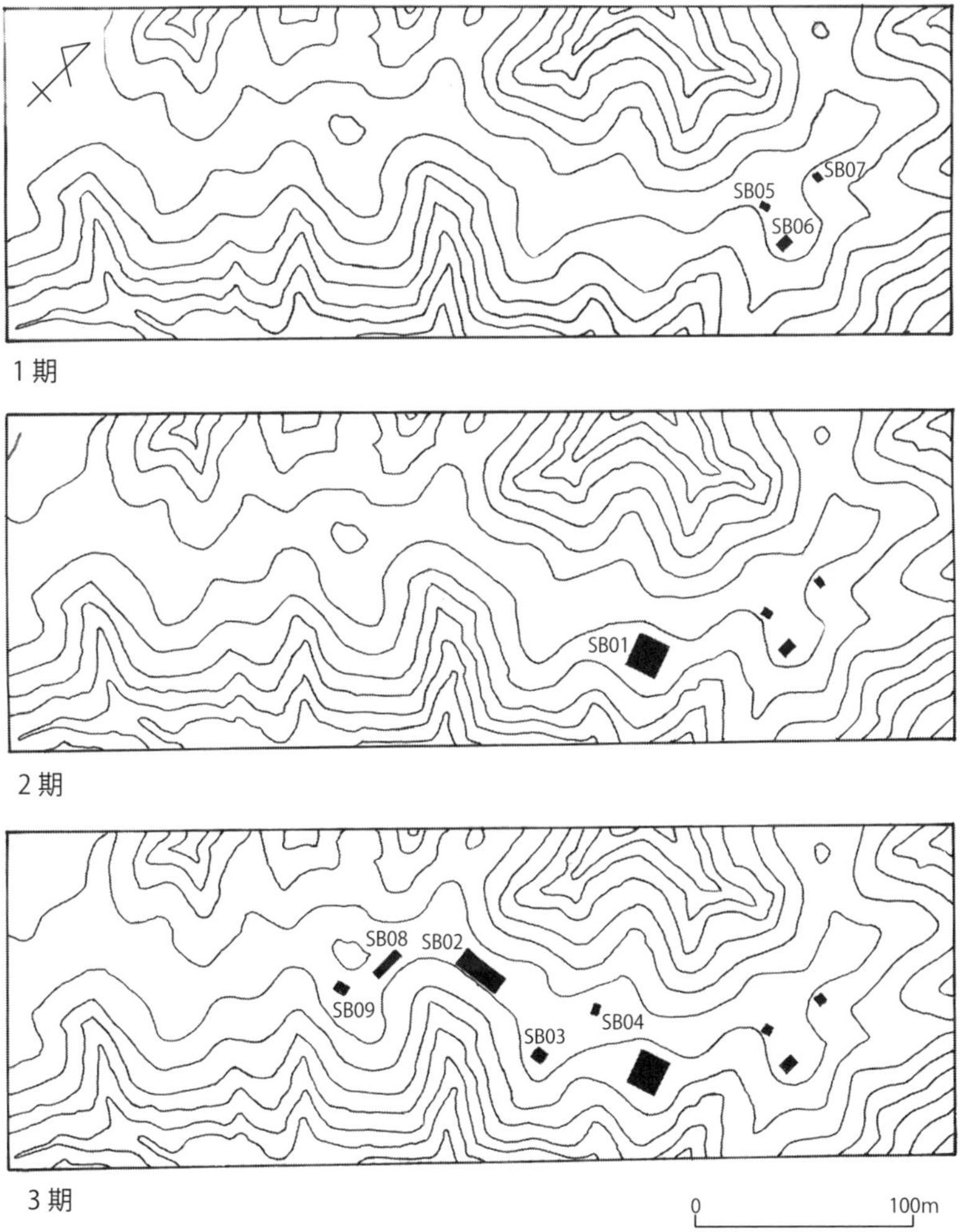


流廃寺の建物変遷(棚倉町町教委 2011 改変)

一番奥に(必ずしも山奥という意味ではない)主堂が先に建つようです。飛鳥・奈良時代の平地伽藍は主堂の後ろに僧坊が展開しますけど、山寺では基本的にそれはない。山寺の場合、最初から主堂の手前に僧坊が展開していくというケースがきわめて多い。これは考えてみれば当たり前の話で、主堂のすぐ後ろには山があるわけですから、そこに無理して僧地を作る必然性はありません。主堂の前面に諸施設が展開していくという要件は、仏地と僧地という対置概念を超えて、なぜ山寺が成立するのか、山寺で何を祀って何を行ったのか、という本質的テーマと深く関わっているという気がします。

外堀を埋める意味でかねてから書いていますのは、意外と早い時期に山寺の手前に神社が営まれているということです。とくに注目すべきは出雲の状況です。この地図(72頁)は大ざっぱですが、古代に遡る山寺と神社の分布を示したものです。出雲はめずらしいところで、七世紀後半にお寺があまり建てられていません。特殊な神の領域だといえばそれまでなのですが、ほかの畿内でも北陸でも、七世紀後半以降の天武・持統朝にお寺がどんどん建つのに、出雲ではそのケースが極めて少ない。

天平五年(七三三)に編纂された『出雲国風土記』によると、三九九社にのぼる神社が列せられているのに、寺院は一一カ寺しか書かれていない。これは本当なのかというのが『出雲国風土記』を読んだ第一印象です。山寺の遺跡と神社をプロットしてみると、少なくとも平安後期以前に遡るところをあげるならば、ざっとこれだけの山寺は最低限確認できる。しかも山寺の近くには、ほとんど例外なく『出雲国風土記』でかなり上格とされている神社が存在しています。

『出雲国風土記』を信用するならば、出雲に関してはまず神社が先に存在していて、神仏習合といってよいのかどうかも漠としかわかりませんが、神の空間に寄り付くように、山寺が営まれ始めたとしか考えられない。

さきほどの飛鳥の話にしても、飛鳥あたりでも意外に早くにそうした神社が存在していて、山寺がそこに寄り付くようなことがあったのではないかな、という気がしています。七世紀末と八世紀・九世紀では、たぶん山寺の始まり方の意味は全然違っていて、結局は年代を押さえないと緻密な話はできないのですが、傾向としては飛鳥周辺でも神社との関係があってもいいのかなと思っています。

最近、あちこちの講演で山寺探しのコツ、みたいな話をします。土地のなるべく詳しい地形図を手元に置いて、寺の存在を思わせる小字名をプロットするという方法をまず紹介するのですが、一番手っ取り早いのは、山の近くの延喜式内社、あるいはそれ以前の神社を探すべしといいます。そのような神社を押さえて、山のほうへ登って行けば古代に遡る山寺があるよ、といった話をして実際にやってみると、けっこう当たるのですね。

山寺の空間構造は、主堂が先にあり、そこから中世に向かっていろんなものが前面に増設されていくという流れも間違いでないと思いますが、一度それを棚上げして、最初から神社と山寺がセットとして、あるいは山寺がむしろ後に成立するという発想に立つと、いままでみえていなかった山寺の空間構造がわかってくるのではないかと、最近強く感じています。

たとえば、福岡・大宰府の宝満山《ほうまんざん》もそうですね。その目でみれば、山の高いところに磐座《いわくら》があって、そこで非常に早い時期から仏教的な儀式かどうかはわかりませんけど、何らかの祀りをしている。さらには平安前期くらいの土器が採集されるような場所もあり、その下に古代まで遡る山寺があって、そこに平安仏がお祀りされていて、さらにそこからみえるところに大宰府、各地でいえば国衙なり郡家があるというイメージです。そうやって図式化して説明するのはあまりよくないとは思いつつも、そうしたケースが多いという気がしています。

ですから、空間構成を考えるうえでも、何が山寺に求められて、どんな儀礼を行っていたのか、ということを読み解かなければならないのです。その一つが悔過という法会であったり、十一面観音という本尊であったりするのです。さきほどの霊木の問題にしても、山全体に何らかの聖性が見出されて、磐座信仰のようなものがスタートしていて、神社が営まれていたということなんかがあるのかもしれない。国家の仏教政策といった捉え方も当然必要なのですが、それとは全然違うベクトルも、山寺の成立事情としてありはしないのかな、などと空間論的に想像したいと思っています。そのあたりに関して、ご意見があれば、お願いします。

井上　山の聖性というのは、非常に重要な視点で、比曽寺にしても吉野山は神仙境的な捉えられ方をされていたのだという話がありましたね。根本的なことで山の持つ力とは、何なのかは重要です。山の霊力とは何かを押さえておかないと、山寺もなかなかみえない部分があります。でも、それをどうやって押さえるのかです。一つは道教的・神仙的な考えが山にどう表現されているのか、ということを探る手立てに、民俗学的な見解に注意すべきなのかなと思っているのです。

久保　早い時期の山寺成立の動機として、民俗学的な観点から水神信仰などはよく取りあげられますね。たとえば、伊吹山の上で平安時代の龍の冠が出ていますが、これはおそらく水神としての龍神信仰に関係するものです。越前・平泉寺を調査している寶珍伸一郎さんの話ですけど、九頭竜《くずりゅう》川の水源近くに古代の平泉寺が営まれた。泰澄大師のお母さんの里が九頭竜川を遡ったところにあったという話で、大局的にみると、確かにそれもありかなという気がします。

もっと個別具体的な必要条件で、多くの山寺研究者も認識しているところかと思いますが、寺域の中の水源の問題があります。当然、閼伽水《あかみず》を仏様にあげなければいけないから、水源のないところにお寺を作るなどは、よほどの奇特なお坊さんでないとやらないでしょうね。それだけではなしに、水の信仰、水神信仰が基層として早い時期からあると考えたほうがよいのかなというのは、最近強く思っています。

井上　私もそう思います。清水寺もそうですしね。昨日の本山寺でも、コンコンと水が流れ出ていたり、石清水八幡宮もはやり、石清水なんですよね。

久保　そうしたことは、現地を訪れると、やはりそうだよねと実感されますね。

井上　山は、山だけでなくて、水と関係をしていて、民俗学でいうところの山の神や田の神の関係であるとか、比曽寺の仏像の楠木の話にしても、長谷寺の十一面の木の話にしても、そうですね。比曽寺は外国からのものかもしれませんが、長谷寺の場合は、高島の山から木が流れ出てきて、祟りを起こして、現在の長谷寺の地に引きあげられて十一面観音にされる。そこでなぜ、木が流れてきて祟りを起こすのか？　理由としては明確ではないですよね。事実としては、そのように語られているのだけど、誰か説明した人がいるかというと、あまり聞かないのです。なぜ、木が祟りを起こすのかね――本書所収井上論文第6節で国文学研究の成果に言及――。

それを解こうとすると、民俗学でいうところでは、木を伐る儀礼をしないで山から木が出てくると、山の霊力が祟るという説があります。きちんと儀礼をして木を伐らないといけないんだということが民俗学の成果として得られているのを援用すると、初めて解けるような気がします。そんな視点も取り入れて、山の霊力を捉えなおして、山寺を改めてみるのも必要なのではないかと思うのです。

### 天台の山寺の個性

久保　山寺の立地を成立事情と絡めて考えるうえで、おもしろいと思っている例に、七高山の一つ比良山《ひらさん》の山寺があります。七高山阿闍梨《あじゃり》がいたのは比良山のてっぺんだと思っている方が結構多いと思いますが、じつはそれだけでもなさそうです。

比良山系の尾根にはいくつかピークがあって、その一番南端に標高七五〇メートルの比較的低い山が霊仙山《りょうぜんさん》です。非常にきれいな神奈備《かんなび》形の姿で遠方からもよくわかります。その麓には大教寺野《だいきょうじの》遺跡（元志賀町・現在大津市）と、そのすぐ西方に西性寺野という地名があります。大教寺野遺跡に関しては簡単な発掘調査が行われていて、平安時代前期に遡る礎石建ちの仏堂があったことが証明されています。

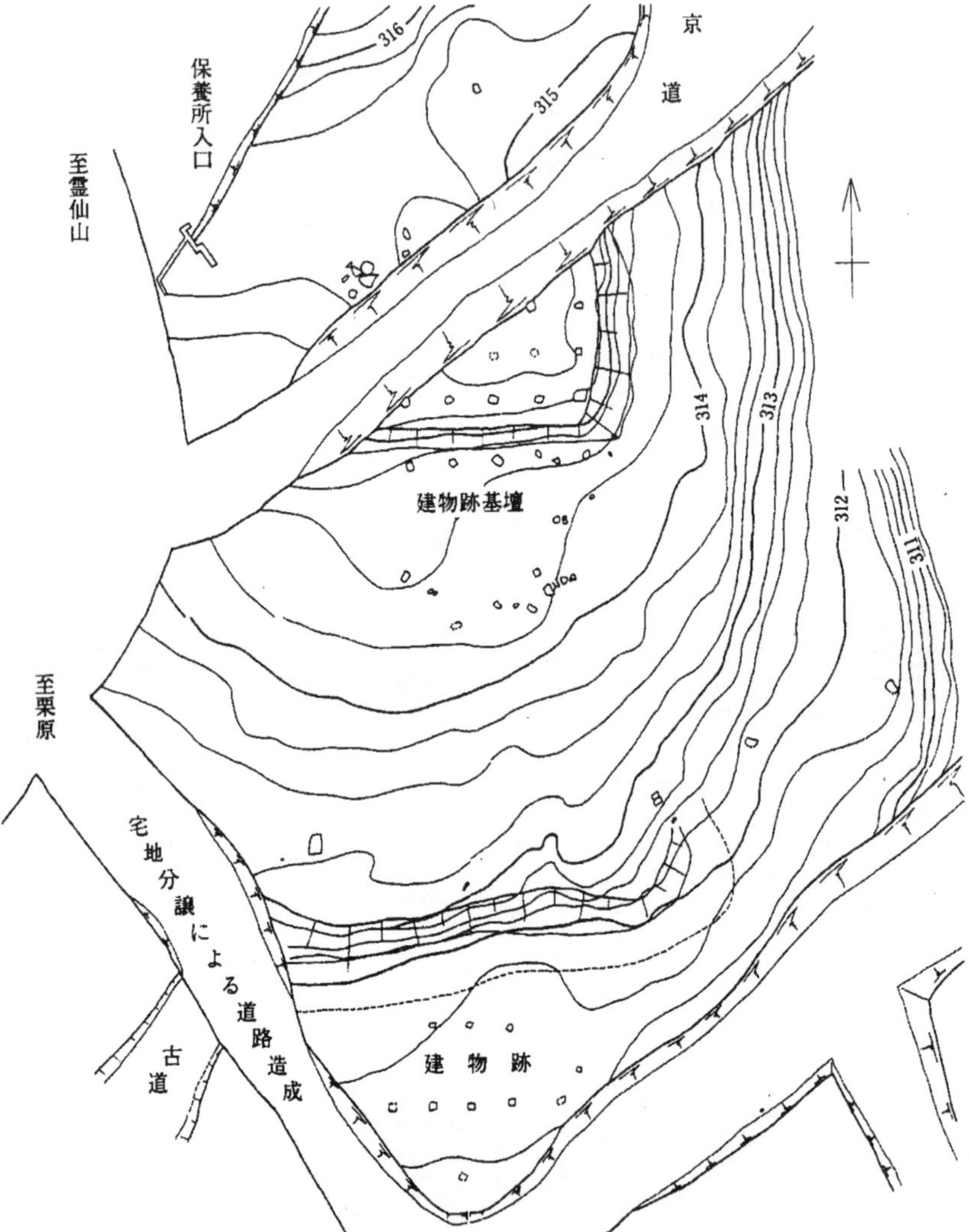


大教寺野遺跡地形測量図

西性寺野には、太政官符で南都元興寺の静安《じょうあん》(七九〇～八四四)が承和九年(八四二)以前に建てたことのわかる「最勝寺《さいしょうじ》」があった可能性が高い。一方、大教寺野遺跡では、発掘調査で礎石建ちの仏堂跡が確認され、「霊山」と墨書のある灰釉《かいゆう》陶器も出てきています。ここを静安が最勝寺と共に建てた妙法寺とする見解もあります。これらと関係しそうな神社としては、少し手前に水分《みくまり》神社があって、本殿背後に霊仙山の山容を眺めることができます。この神社がいつ頃成立したのかは押さえ切れていませんが、大教寺野遺跡や伝最勝寺と合せ、南都の僧侶の活動した宗教空間が霊仙山麓に展開したとみていいと思います。

天台宗の僧侶たちも、みんな競って比良山の周辺を修行地にして入り込んで、山寺を建てています。文献あるいは遺跡としても押さえられているお寺もあります。確かに山麓部にも寺はあるのですけれど、非常に高いところに仏堂が建てられている。ケーブルで打見山《うちみやま》の山頂に登ったら、すぐ横に寺屋敷遺跡と呼ばれる平坦面があります。ここは西方寺という山寺の跡で、ここに祀られていたとされる像が、奈良時代末まで遡る乾漆の十一面観音像だということが、最近明らかにされました(大津市歴史博物館『比叡山―みほとけの山―』二〇一五年)。やや降ったところから平安後期の経塚遺物も出土しています。

そもそも最澄自身が早くから、比叡山の大比叡と称される山頂(標高八四八メートル)の八合目、いまの東塔というとても高いところに登って一乗止観院《いちじょうしかんいん》を建てています。私は近江の古代の山寺というのは、ほかの地域の山寺と比べると違和感があって、とても早い時期から天台の僧侶が高いところに登っているのです。大教寺野遺跡であれば、いかにも山麓部の典型的な山寺、霊山信仰の山寺の姿を持つのに、天台僧たちはそれと対照的に、平安時代の前期から半ばまでに、みんな競ってもっと北の高いところに入って、しかも早い時期に寺を建ててしまう。なぜ、こんなことになるのか。伊吹山もそうですよね。米原《まいばら》の南東にも真言系といわれている松尾寺と霊仙寺がありましたが、こちらも相当な高所で、平安時代

比叡山 戒壇院

前期にはスタートしている。

近江の山寺を気に留めるまで、古代の山寺は里の近くにあって、里の山寺の信仰空間というのが圧倒的大多数だという考え方でみていました。でも近江の天台系の山寺は、どうみても早くから山の高いところに寺地を整備している。

確たる証拠はないのですが、このあたりの感性は、最澄の思想・性格と絡むのではないかと思います。最澄の後に続く僧たちは、天台の伝統として最初から高い山をめざしていたのではないか。そうすると、なぜ最澄は、高い山にいきなり入ったのだろうかと疑問に思うわけです。もちろん、最澄の前にも、比叡山中で修行している僧はいたでしょう。けれども、比叡山の八合目・九合目に、最澄がいくつもの堂宇や大乗戒壇《だいじょうかいだん》までを含む大寺院、延暦寺の整備を構想するというのは、何かほかの僧とは違う動機があったはずです。その動機が何かをずっと考えていて、ふと有名な最澄の「願文」が浮かんだのです。

天台僧であれば誰でも諳《そら》んじられるくらい有名な「悠悠たる三界は」から始まる「願文」ですが、これは最澄が青年時代、一説に二十歳、一説に十九歳に書いたものとされています。いわば比叡山に入るにあたっての所信表明のような意味合いの文章です。

その中で、「我れ未だ六根相似《ろっこんそうじ》の位を得《え》ざるより以還《いかん》、出仮せじ。」あるいは、「未だ浄戒《じょうかい》を具足《ぐそく》することを得ざるより以還、檀主《だんしゅ》の法会に預からじ。」、「未だ般若の心を得ざるより以還、世間の人事縁務に著せじ。」といった誓願がみえます。最澄がここで何をいいたいのかというと、要するに最澄は完璧主義者で、修行が完成しないうちは山を下りない、ということなんですね。ふつうは山の中で修行しても、布教するために、あるいは生活するために、しばしば山を下りて行って活動します。それゆえに、そんなに高い山ではなく、そこそこの山に入ったところに修行地を求めているのかなと考えるのですけど、最澄はそうではない。

最澄は、山に入った以上、最低限でもある程度の完成された人間に至らない限りは、簡単に山を下りずに修行を続ける。そして六根相似の位に至った暁には、積極的に里に下りて衆生を化度《けど》しようという決意なのです。こうした覚悟であれば、山から下りることを想定していないのですから、山の高いところのほうがよいのです。天台の学僧は最低限、十二年籠山せよというのも、『山家《さんげ》学生式《がくしょうしき》』などでいっている。だから、近江の高い山に寺があるのは、後の天台僧が最澄の性格に影響を受け、引っ張られたというところから出た地域性かなと思っています。

## 3　山寺の儀礼と修行

### 天台の止観業と遮那業

久保　話題が天台の修行の話になりましたので、ついでに天台の止観業《しかんごう》と遮那業《しゃなごう》の話をしておきたいと思います。

天台の修行として、誤解されることが多いのですが、よく信者の方から「山林抖擻《とそう》をする回峰行《かいほうぎょう》をやっているのですか？」と聞かれます。私はそのとき「いままで三回だけ歩いたことがあります」と答えるのですが、これは行中の義務で、歩かなければいけないから歩いただけのことで、正直のところ、自ら積極的に歩いたわけではありません。

最澄もひょっとしたら私と同じで、あまり歩くことは好きじゃない、と思ったりします。というのも、『山家学生式』の中の、これまた極めて有名な「天台法華《てんだいほっけ》宗年分学生式《しゅうねんぶんがくしょうしき》」と呼ばれている文章です。「国宝とは何物ぞ」という書き出しで、「径寸十枚これ国宝にあらず」という天台のお坊さんなら法話で最初に語る話なのですが、この文中で籠山している間に何をせよ、ということが細かく書いてあります。

「およそ大乗《だいじょう》の類は、すなわち得度《とくど》の年に、仏子戒《ぶっしかい》を授《さず》け菩薩僧《ぼさつそう》となし、その戒牒《かいちょう》に官印《かんいん》を請《こ》わん。大戒《だいかい》（大乗菩薩戒）を受けおわらば、叡山《えいざん》に住《じゅう》せしめて、一十二年山門《さんもん》を出《い》でず、両業《りょうごう》を修学《しゅがく》せん」とあります。

この両業が止観業と遮那業です。止観業は、「年年《ねんねん》毎日《まいにち》、法華《ほっけ》、金光《こんこう》、仁王《にんのう》、守護《しゅご》、諸大乗等《しょだいじょうとう》、護国《ごこく》の衆《しゅ》経《きょう》を長転長講《ちょうてんちょうこう》せん」と、いかにも天台宗らしいラインナップの経典を中心にした顕教的な修行です。ご承知のように天台は、顕密一致を旨としていますので、一方の遮那業も重視されます。「歳歳《さいさい》毎日、遮那《しゃな》、孔雀《くじゃく》、不空《ふくう》、仏頂《ぶっちょう》、諸真言等《しょしんごんなど》、護国の真言を長念《ちょうねん》せん」、つまり密教系の修行をせよということです。

ところが、最澄の文章を読んでいても、どこにも山の中を歩けとは一言も書いていない。というか、これだけの顕密の修行をやれば山の中を歩いている暇はないですね。だから全く山林抖擻を志向していないのです。有名な回峰行は最澄が始めたわけではありません。少し後の相応《そうおう》和尚（八三一～九一八）が葛川の滝で不動を感得して始めたといわれています。ですから、本来、最澄という人は、籠ってひたすら黙々と修行せよというタイプのお坊さんだったわけです。よくよく考えると、じつはそういったこともお寺の立地の環境を規定する大事なファクターになってくるのだと思います。

天台系だけでなく、真言系でもそれ以外でも、中世では禅宗のお寺にも山寺が多いのですが、山寺の立地環境というのは、けっこう建立した僧の理念的な部分が反映されているのではないか、ということも近江の山寺を眺めていて思ったのです。

時枝さんは、修験を旨とされているので、そのあたりをどう思われますか。考古学的な視点からみた山寺の儀礼と修行についてお願いします。

## 遺物からみた儀礼と修行

**時枝**　山の中を歩くかどうかは、遺物や遺構では、わかりません。古代の修行や儀礼といったものは、ほとんどみえません。民衆かどうかはわからないけど、聖地で修行する人たちがいて、それに対して執行した儀礼については、物とか遺物が残っているのでみえてくるのかな。久保さんが話されたようなことは、お坊さんご本人はわかっているのだろうけど、ほとんど形として残っていないので、かなり難しいですよね。

たとえば、天台にも真言にも属さないけど、遺物としては三鈷鐃《さんこにょう》(本書時枝論文参照)があります。三鈷鐃が遺跡から出ているのをみると、かなり限定されていますが、山寺でも出ていますので、ある程度、何をやっていたのか多少は見当がつきます。どこで出ているのかというと、山寺かどうか微妙ですけど、十世紀頃の寺家《じけ》ヤシキダ遺跡(石川県羽咋市)は、後ろが山になっているから、山のほうに主体があるのでしょうね。また井戸みたいな変な遺構もあって、桜井甚一さんなどは閼伽《あかい》井と名前を付けていますけど、その中から三鈷鐃と錫杖《しゃくじょう》と水盤《すいばん》が出ています。

三鈷鐃が何に使われているかというと、東大寺のお水取りのときの呪者走《じゅしゃばし》りとか、テレビでもよくやっていますよね。振り鳴らしてガラガラと音をたてる法具です。雑密・古密教の仏具の典型です。最近では、流廃寺でも確認されましたので、山寺で用いていることが明らかになってきました。石川の浄水寺《きよみずでら》(石川県小松市)のものは、報告書では三鈷杵《さんこしょ》であるとはいうけど、恰好が少し怪しいのですが、あれも可能性はありますね。

そんなことを考えていくと、どうも山寺で行っていた儀礼は、三鈷鐃を使う法会なのか、救済儀礼みたいなものなのか、そのあたりはわかりませんが、確実に何か儀礼を行っている。しかも、日光男体山《なんたいさん》からは九世紀代頃の十本を越える三鈷鐃が出ています。日光男体山の山頂に行って、よくわからないけど何かをやっていたのは明らかです。三鈷鐃が儀礼に関わってくることは間違いないのです。

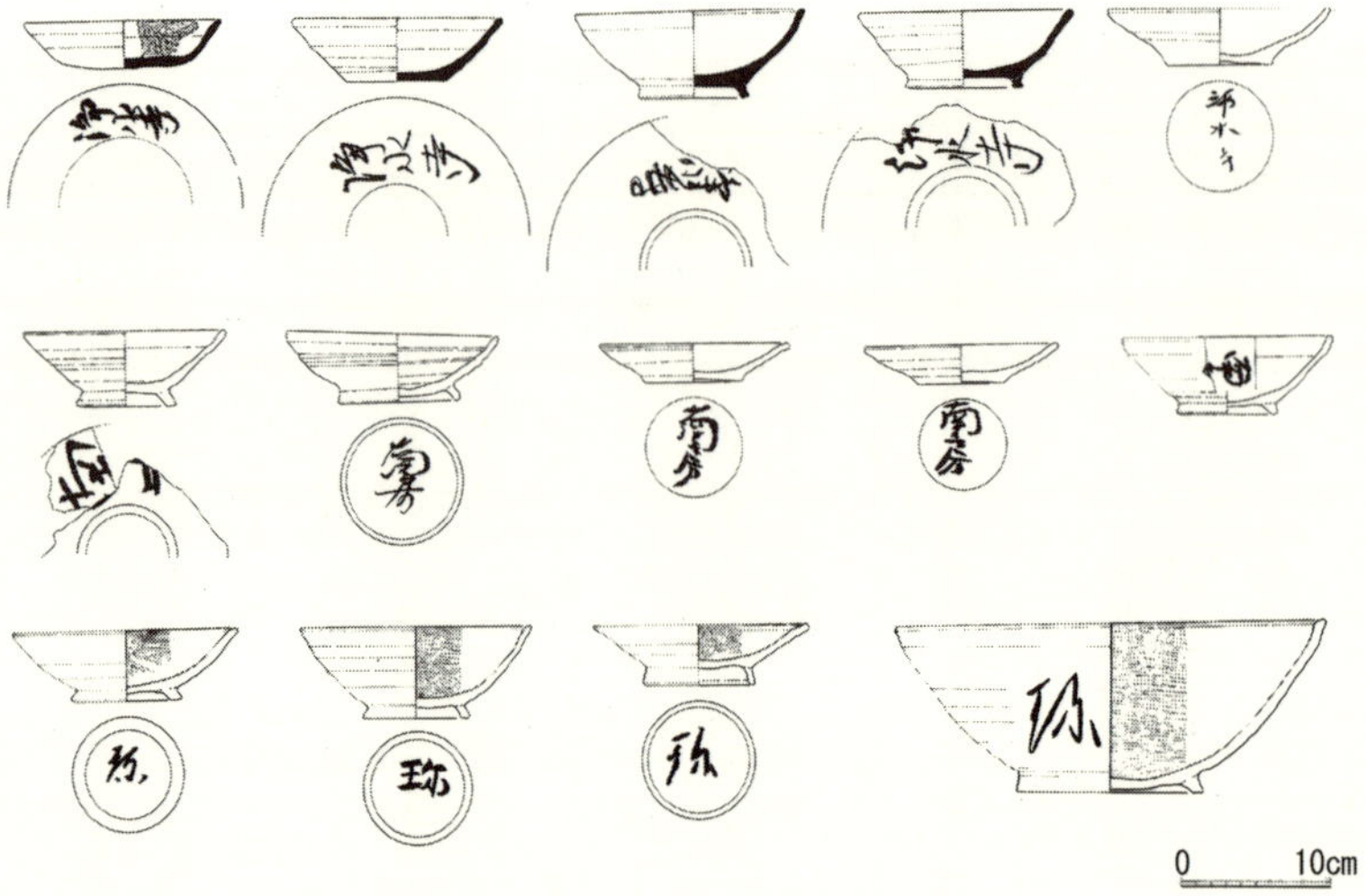


浄水寺跡出土の墨書土器(垣内 1989)

しかも鉄製のものが青森県田舎館村五輪野遺跡と岩手県宮古市山口館遺跡でも出ています。ともに時期は十世紀くらいです。その頃に、北東北まで怪しげな古密教の験者《げんじゃ》が入り込んで、布教活動に専念していたようです。仏教の中でも特定の儀礼を執行する人たちが北に向かって歩んで行った、その歩みの跡です。遺物からみた儀礼としては、そんなことが一つわかります。

もう一つ、山寺からいっぱい出てくるのが、墨書土器です。大知波峠廃寺でも、なぜこんなに重たい土器を持っていくのだと思うくらい、ガラガラと出てきます。それらに寺の名前が書いてあったり、吉祥句《きっしょうく》、おめでたい文句を書いていたりします。どんな使い方をしていたかはわかりませんが、土器の内面に墨書している例が多いので、墨書した土器を使っているわけではないですね。ふつう、墨書は土器の外面とか外底面に書くのですけど、そうではなくて、内側の底部分に文字を書いているので、墨書した後に使おうとすることは考えていないと思います。供物《くもつ》を盛っていたのか、水などを入れたのか、そのあたりはわかりませんが、何かを供えたものと考えてよいのでしょう。

さきほどの石川の浄水寺の谷の中からも、墨書土器が膨大に出ています。単なる流れ込みではなくて、やはり儀礼の一環として投げ込むのか、置いてくるのか、よくわからないのですけど、谷の水が湧くような場所に配置しているようなことをやっていた可能性が考えられます。

同じような例は、福島県の磐梯山《ばんだいさん》山麓の慧日寺《えにちじ》で最近、トレンチを開けたところ、墨書土器が山のように出ています。土器といっしょに水もたくさん湧き出ています。出土状態がよくわからないのですが、水が湧き出る部分に大量の墨書土器が集積していることがわかってきました。慧日寺も石川の浄水寺も、時期的には九～十世紀くらいです。

ですから、水に関わる儀礼と墨書土器には、何か縁があったようですね。具体的な儀礼の内容はわかりかねるのですけど、明らかに山寺において行っていた水をめぐる儀礼が若干みえてきているかと思います。

ほかにも注意していれば、たくさんあると思うのです。一般の人が参加したかどうかはわかりませんが、山寺の僧侶たちは施主から委託された儀礼を執行していたことは間違いないようです。しかも、水に関わる儀礼はかなり濃厚にみられるのかなという感じがします。遺物からみた儀礼としては、こんなところですね。

久保　古密教の仏具は、確かに山寺からよく出るという感じはしますね。古密教の経典で跋折羅（バシラ、金剛杵）はよく出ますけど、三鈷鐃は、そんなによく出てくるのですかね。

時枝　よくわからないですが、お水取り関係のかなり古い写本の中には、鈴という形で出てきますね。鈴を鳴らすのですね。それも現実に行われている三鈷鐃を用いる場面なので、三鈷鐃とか鐃とは書かないで、鈴と書いてあるのがポイントです。鈴と書いてある例をよく探すと、どんなものを使ったのかはわからないけど、古い聖教の中に結構あります。鈴・三鈴などと書いてあるので、その中に三鈷鐃が含まれている場合もあるのでしょう。もう少し丁寧に聖教文書を読まないとわからないと思いますけど、読み解くなかで何かの手がかりは出てくるのだと思います。

久保　このあいだ一九七〇年代に網干善教先生などが発掘された川原寺の裏山で出土した遺物をみてきましたが、その中に古密教の三鈷杵の破片が含まれていました。川原寺は山寺ではないですけれど、九世紀に入ってから真言密教化するのですが、それとは別に古密教の修法をやっていたことがわかりました。でもそんなに古めの形ではないのですね。三鈷の中鈷部で、逆刺《かえり》の形がかなりあいまいなので、平安時代かなとも思いました。

時枝　弥山《みせん》(奈良県天川村)でもかなりよい恰好のものが出ていますよね。大西さんが壺坂寺《つぼさかでら》でかけらをみつけたり、けっこう流布しているのだと思いますね。

久保　南都系はもともと古密教が盛んなのでしょうけど、東日本のほうに古密教法具の事例が多いような気がしますが、どうなんでしょうね。

時枝　西日本にもあるでしょう。鳥取の大御堂《おおみどう》廃寺(倉吉市駄経寺町)でも出てくるし。

久保　ただ、何となく事例としては東のほうに多いかなという気はするのですが。

時枝　憤怒型三鈷杵だと、そうでもないでしょう。本当かどうかわからないけど、中寺廃寺もそうだといいますよね。憤怒型三鈷杵だと東は日光と慧日寺にしかないので、そんなに多いわけではない。

大西　正倉院にはありますよね。

時枝　正倉院は一番立派なもので、三つくらいありますね。

久保　山岳寺院の提唱者である石田茂作先生の天台系・真言系という分類あたりから、山寺は天台・真言が始めたという大きな誤解が生じたようです。さすがに最近はそれを鵜呑みにしている人はいないと思いますが、天台・真言より前の山寺で何をやっていたのかというと、思い浮かぶのは古密教の儀礼ですね。

なぞの古密教

時枝　大峰山の山頂遺跡をみると、まるでキャンプファイアーみたいな護摩を焚いています。太い丸太を使った五メートル四方くらいの大きなキャンプファイアーで、その中から出てくる仏具は、よりによって融けています。仏具の形が残っていれば、もっといろいろなことがわかるのだけど、なんだかわかりません。でも間違いなく、キャンプファイアーの燃え盛る炎の中に仏具を投げ込んでいるので、ふつうの修法ではないですね。

大峰山

久保　なんだかよくわからないけど、火を燃やしている例は確かにありますよね。

時枝　土器類も焼けていますね。表面が赤変したり、泡吹いてボコボコと融けています。明らかに現在の聖護院《しょうごいん》でやっているような護摩ではないです。もっとすごい護摩です。聖護院の護摩は、青葉をかけて煙をモワモワと出していますが、炎はあまり出さないですからね。いまの柴燈《さいとう》護摩の作法とは全く違った護摩みたいなことがやられていたことは確かです。

その護摩の遺構というのは、黒熊中西遺跡の山寺でもみつかっています。炭窯だと報告されているのですが、炭窯ではありません。大峰山流の何か野性的なものが、あちらこちらに伝わっていたことも確かですね。それも息災か何かを頼むものなのでしょう。いまのやり方とは違うけど、息災法関係の儀礼だとは思います。

その遺構も中世初めの十二世紀くらいまでは残るのですけど、そのあとは消えてしまいます。十三世紀以後、ほとんどみることはありません。真言の作法に従った護摩が普及すると終わるのかな。そのあたりはよくわかりませんが、巨大なキャンプファイアーはなくなります。

井上　古密教の法具で一番古いのは、いつくらいから出ているのですか。

時枝　渡来品もありますからね。中国物が日本に来ている例では、七世紀くらいまでいくのですかね。

久保　確実な年代づけは、事例が少なすぎて難しいでしょう。中国でも年代がわかるのは、舎利塔・仏塔から出てくるものは仏塔の年代が一応与えられていますが、法具の類は紀年銘といった明確な根拠がないのです。

時枝　実物は残っていませんが、インドのレリーフの浮彫の中に彫られているものは、紀元以前に遡る古いものがありますね。発生は古いのでしょうけど、実物はあまり残っていない。日本はむしろ豊富に残っている国で、中国もあまりないですね。最近、遼代のものが出ていますね。遼あたりからかもしれない。遼のものは日本のものに似ているので、モデルになっている可能性はあります。韓国もあまり出ていないですしね。

久保　遼のものは古密教とは全然違いますよね。

時枝　そうですねえ。

上川　さきほどの私が発言したこととの絡みで、僧尼令下の仏教はすごく限定的で、大規模ではあるのですが、本当は多様な仏教の一部しか認めていない。その方針を放棄して八世紀中頃くらいからは、中国仏教の多様なものを一気に取り入れているという気がします。その中でもいままで禁止していた呪術性の強いものも、むしろ積極的に取り入れます。則天武后期の古密教にも注目したのかな、という点が気になっています。

稲本泰生さんが関係することを少し述べておられます(14)。呪術色の強い古密教を探れば、何かわかるかもしれません。悔過についても、この点に関わってくるのではないかなと思います。

時枝　遺跡であれば、東大寺の裏山にある丸山西遺跡や天地院《てんちいん》跡あたりに、古密教の匂いがしますよね(15)。香山堂《こうざんどう》とか、あのあたりは怪しいですね。僧尼令がきちんと確立されているはずの官寺である東大寺の裏山には、怪しげなものがありますね。

井上　正倉院には錫杖がありますよね。この錫杖は歩くときに使うのでしょうから、そうした視点で捉えるとおもしろいかもしれませんね。

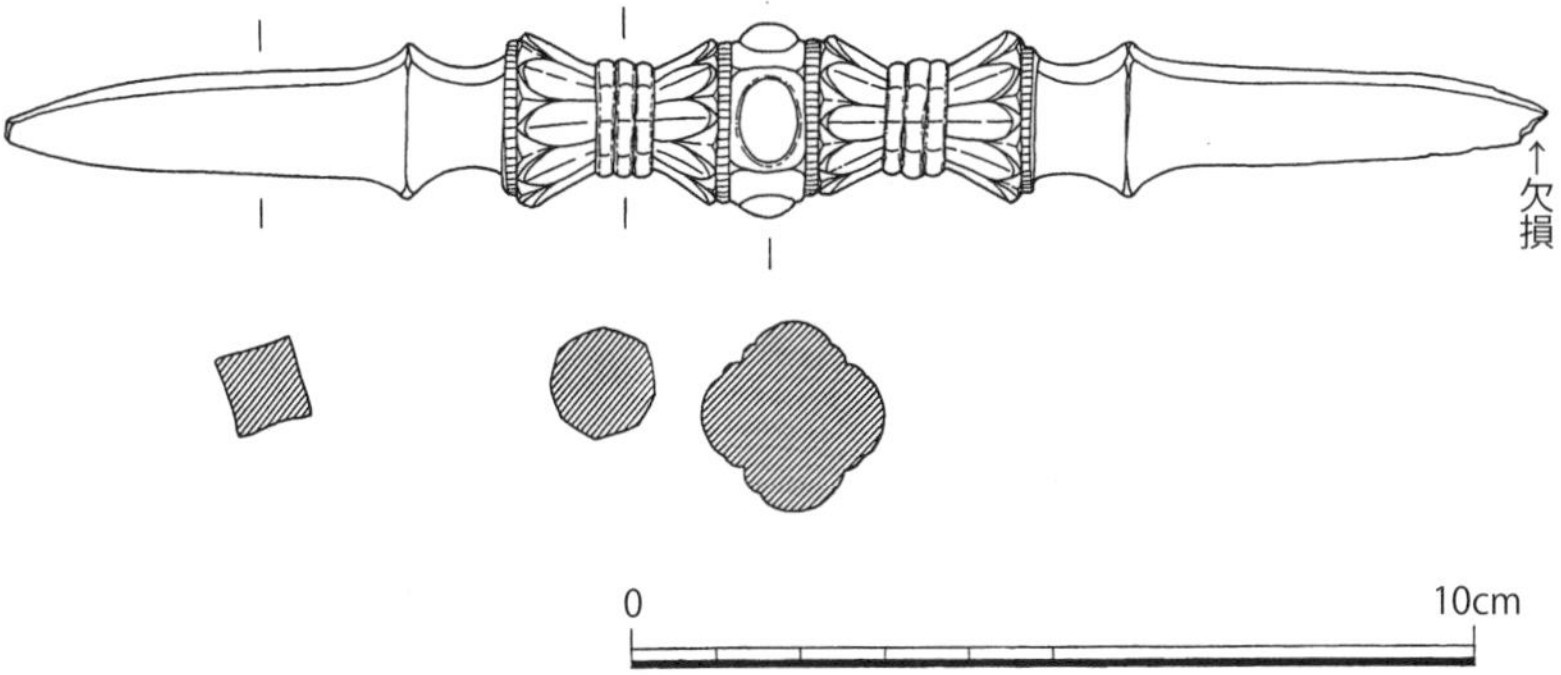


先端が欠けた独鈷杵（富山県上町円念寺山経塚出土、上市町教委 2002）

**時枝**　錫杖は、日光男体山から大量に出ています。那智経塚にもありますが、那智は相当に長い伝世品です。八世紀か九世紀初頭の錫杖が十二世紀の経塚に埋められているわけですから、どこに持ち歩いていたのかはわからないです。

さきほどいった寺家ヤシキダ遺跡の錫杖は、手錫杖ではないですね。中途半端な大きさで、三鈷鐃とセットで埋められていますので、この例も古密教と呼ばれているわけのわからない奴らが愛用していた可能性は高いですね。

**久保**　よく引かれる陀羅尼呪経《だらにじっきょう》などには、こんなことをすべしと、すごくリアルに書いてありますね。作壇《さだん》のやり方なども書いてありますが、泥を塗ってどうしたこうしたって、具体的に出てきますからね。ほんとうにやっていたのかな、とも思います。

**時枝**　遺跡から出る場合は、きちんと壇を組めるような状態で、一通りそろうのは那智経塚くらいで、あとは一面器しかない。立派な台座を組んだような儀礼は、道具が足らなくてほとんどできない。あれも何か意味があるのだろうな。

よくある変なものといえば、山寺や経塚から出てくる独鈷杵《とっこしょ》で、だいたい先端が割れているのです。まともな形では出土していなくて、よくみると大きな衝撃を与えたために、めくれているようなものもあります。これも何をやったのだろうと、よくわからないものです。

それから六器《ろっき》の内側にも、らせん状の使用痕跡があるケースがありますね。これもよくわからない。ふつうだと閼伽香水のときに、長い散杖《さんじょう》でランランランラン・バンバンバンバンって鳴らしますよね。でもこれくらいの使い方だったら、あんな傷はつかないから、現在の密教修法の理解では、たぶん難しいですよね。

久保　天台では、どこまで遡るかは確認していませんが、護摩供で合物《ごうもつ》というのがあります。芥子《けし》や胡麻、供米などを火炉に投入するんですが、壇がかなり進んだ段階で合物があって、芥子・胡麻・供米を一つに寄せてしまうわけです。それを混ぜるときに独鈷杵を使うのです。

時枝　それで傷がつくかな。

久保　つくでしょうね。とくに鍍金されているものなら、簡単に剝げてしまうでしょう。そのタイミングくらいしか思いつかないですね。それから合物を百回くべるという作法がありますが、二、三度じっさいに合物をくべたあと、独鈷で六器を叩くのです。そのときに叩きながら数珠を百粒繰って、百回くべたことにするわけです。このときはけっこう、六器の口や独鈷杵に傷がついたりします。音は、儀礼の中ではすごく大事だからね。

時枝　三鈷鐃も良い音しますよ。

久保　天台宗の修法で五鈷鈴を鳴らすのは、明確な目的があって、仏を勧請するとき、仏を呼ぶときに鳴らすのです。

時枝　古密教では、羊が首にぶら下げているような、ベルみたいな鐘鈴《しょうれい》がありますね。不思議なものがありますよね。

久保　鐘鈴はよく出ますよね。里の集落でも富山で出土しています。

時枝　確か三個くらい出ていますね。

## 修験の要件

久保　古密教の儀礼は、とにかくよくわからないですが、お坊さんも研究者も、修験という言葉をあいまいに使っていますね。古代に限定した場合に、何がどうだったら修験なのですか。

時枝　修験というのは、験力《げんりき》を得たこと。験力がついた人は修験です。

久保　いや、現象的にどうかです。自分たちは修験をやっているよ、といった言い方をしますね。

時枝　自分たちで修験だというようになったときは、もう修験道でしょう。自ら修験の行をしているとか、修験が私の課題だといった表現をするとしたら、修験道の意識が確実にあるので、早くても十四世紀の半ば以降です。

久保　古代の場合だと、要件としては修験を規定できない？

時枝　自分でいっているわけじゃないですからね。むしろ、第三者があの人は修験の人だとか、験力のある人だといっているわけです。それはだから、どういう修行の内容かも関係ない。

久保　記録とか史料では出てくるのですか。

時枝　一番古い事例は、九世紀です。『三代実録』貞観十年(八六八)条に道珠《どうじゅ》を「修験の聞こえ有る」者とみえています。

久保　修験という言葉はさんざん独り歩きしますからね。

時枝　修験道ではない、ということです。験者とセットで考えればよいのです。修験は験者とセットの言葉だと思います。それと修験道を区別しないと混乱します。修験者という言い方も、近代の学者が使う言葉です。

久保　回峰行もイメージ的には、世間の人からみて修験と全然区別つかないですよね。たまに聞かれると、うまく答えられないのですが。

時枝　修験道というときは、大峰山みたいに峰入りして、山岳修行から出てきた人に限定しないとだめです。なんでも修験道にしてしまうとわけがわからなくなります。

久保　回峰行は修験とは違うと思うのですけど。

時枝　違います。葛川で籠ったりしますね。あのやり方で最初小廻りをやって、かなり馴れてきたら大廻りで京都まで入ったりするのを考えると、やはり違いますね。京都市中を修験道の人が行くかというと、違うでしょうね。

久保　そうですか。あまり街には出ない？

時枝　街には出ないでしょう。入峰修行の中で街に出る場面はないです。

久保　京都の街中では修験の格好をした人が法螺貝《ほらがい》吹きながら歩いていますよ。

時枝　あれは偽物です。修行の過程で街には出ないでしょう。パレードなんじゃないですか。

久保　以前に伏見に住んでいましたが、長建寺《ちょうけんじ》というお寺で、お祭りのときに修験の格好をした人が柴燈護摩をやってました。

時枝　祭りのときには出てきますよ。それは山で得た力を里で行使しているという解釈です。

久保　修行のためにやっているという意味合いはないのですね。

時枝　そうです。むしろ、里でやっているときは救済する側に立っていると位置づけられています。

久保　その意味では大廻りも完全にデモンストレーションですね。里に下りてきて信者さんに功徳《くどく》を与えるのだから目的が違うのですね。

時枝　そう、信者の方の頭をなでたりして、力を与えるのですから、修行とは違います。回峰行自体は、相応和尚がやった九世紀前半の早い時期なのかもしれないけど、大峰山の峰入りで、いまのような入峰の仕方をするようになったのは、もっと後の時代です。むしろ大峰は道賢上人《どうけんしょうにん》（日蔵《にちぞう》、九〇五？〜九六七？）もそうだけど、籠っている人が多いのです。それが平安時代の験者のイメージです。

参籠行まで含めて修験道だといえば、修験道の発生は十世紀や十一世紀に行くかもしれませんが、現在の大きな峰入りをもって山伏の修行と位置づけると、十四世紀以降です。十三世紀にできたとされる「山伏帳」は江戸時代の偽文書の可能性が高いのです。聖護院が下巻だけ持っていますが、室町時代の写本とされていますから、それより前に作られたことは事実だとしても、鎌倉時代まで行かないと思います。上巻はさらに怪しいです。ただ、宮家準先生など(16)は本物だと位置づけたうえで議論されているから、十一世紀から修験道があったという書き方になっているのです。
久保　昨日の巡検で本山寺に役行者《えんのぎょうじゃ》のお像がありましたね。
時枝　古ければ十二世紀のものでしょうね。
久保　役行者のお像をもって修験云々の話にはならないのですか。
時枝　修験道の中でも本山派は役行者にはこだわらなかった。当山派が十五世紀ころに結成されるのですけど、三十六正大先達衆《さんじゅうろくしょうだいせんだつしゅう》が大和で生まれます。その人たちが何をやったかというと、聖宝《しょうぼう》(八三二〜九〇九)を祀るのです。聖宝尊師を必ず役行者とセットで祀るというのを始めます。これは教団の象徴みたいなものです。醍醐寺《だいごじ》三宝院《さんぽういん》も聖宝ですね。
久保　役行者のお像自体はもっと早いですよね。
時枝　お像は十二世紀からあります。だけどお像と修験道は、そのままつながらない。
久保　単なる役行者への信仰ですか？
時枝　そうだと思います。山伏にとってもより所ではあったかもしれないけど、いまの入峰修行をきちんとやっている修験道ではない。その前段階です。
久保　そうすると、ほかの祖師像と同じようなニュアンスなのですか。
時枝　本山派自体がきちんとできるのは、聖護院が本格化した後ですから、そんなに古いものではない。だから、園城寺《おんじょうじ》の段階で熊野三山検校を増誉《ぞうよ》(一〇三二〜一一一六)あたりがやったことを重視すると、確かに平安後期までは行くのだけど、どうやら事実ではないらしいのです。修験道の文献にはたくさん出てくるのですけど、教団形成の視点でいえば、新しいものであるのは間違いない。教団よりも前に宗教があると考えても、鎌倉時代かな。
上川　『日本三代実録』(貞観五年十月十三日条)には、真如《しんにょ》親王の言葉として「斗藪」という言葉が出てきます(「跋諸国之山林、渇仰斗藪之勝跡」)。文献での明証は少ないかもしれません。
井上　『日本霊異記』下巻第十四縁の中で、越前加賀

郡のことで、京戸の小野朝臣庭麿《にわまろ》というものが千手陀羅尼の呪《じゅ》を業として、加賀郡内の山に展転《てんてん》して修行すと出てきますが、これはおもしろいなと思っていたのです。山を転々として修行するわけですからね。

## 4　山寺の仏像と神像

### 薬師・観音・毘沙門天

久保　山寺を考えるうえでもう一つ大事な本尊の問題に話題を変えたいと思います。美術史を専門にしている井上さんの立場からみて、山寺の仏像・神像はどう捉えられるか、お願いします。

井上　神像の話はあまりできないかもしれませんが、従来、七高山の薬師如来や十一面悔過《けか》がよく話題にのぼり、古代の山と仏は薬師如来と十一面観音が中心に語られてきたような感じです。

山寺の仏像を美術史的な視点からみると、薬師如来と十一面観音の考えをより深めていく方向のほかに、ほかのどのような尊格の仏像が山寺に関わるのかを探していく方向の二つがあるのかなと考えています。

その中で薬師如来と山の関係で興味深いと思っているのは、山で修行をして力を得て看病禅師といわれるような治癒力を得たお坊さんがいることです。それは山の持っている力を民俗的な視点から考えることとも関連してくると思うのです。

治癒力というのは、山と山寺の関係を考えていくうえで重要な視点です。そこに南都の葡萄唐草文の問題が結び付くのではないかと考えています(この問題に関しては、本書井上論文第3節参照)。なぜ葡萄唐草文なのかということです。美術史的にみると、薬師寺薬師如来像の台座にある葡萄唐草文のほかに例はないのですが、ここはおもしろい点だと思っています。

インターネット的な知識ですけど、葡萄には薬効があるのです。古代エジプト以来、薬効がいわれていて、ヒポクラテスは葡萄には解熱や利尿、疲労回復などの薬効があると書いているらしいのです。ローマでは、葡萄の葉は外傷の治療薬になるらしいのです。東洋医学でも、どこまで古いかはわかりませんけど、葡萄の効用みたいなものがあるらしいのです。発想が刺激される情報ですね。なぜ、奈良の南の山寺と薬師寺本尊像の台座に葡萄唐草の文様があるのか。その意味を考えていくうえでは、病気の治癒という視点はおもしろいと思います。

奈良の葛城でしたか、地光寺《じこうじ》というお寺にいつのものかわからないのですが、「国分尼葛城山施薬院慈光寺由緒」という文書が残っているようです。ここに施薬院というのがある。地光寺も山寺で葡萄唐草の瓦が出土していますね。

**大西**　出ていますね。

**井上**　施薬と葡萄です。山には薬園であるとか薬効のある植物があって、そんなところで山と薬師如来が結び付いていくといった視点が提供されてきます。

もう一つは、山ではないのですが、新薬師寺本尊の薬師如来像の光背もおもしろいのです。樹葉の形をした珍しいもので、京都の西山の勝持寺《しょうじじ》にも、小さな檀像《だんぞう》のお薬師さんがおられるのですが、その光背も樹様の格好をしているのです。この光背のことを考えたことがあるのですが、経典上で「薬王樹《やくおうじゅ》」と書くものがあって、薬王樹は光を発して、透視能力があるらしいのです。その光で身体を通せばどこが悪いのかわかると記されています。このような薬王樹がお薬師さんの光背についている。お薬師さんは医王ともいわれますけど、まさに医王そのものの力を象徴するような光背になります（拙論「勝持寺薬師如来檀像について(下)」〈『博物館学年報』47　同志社大学、二〇一六年〉を参照されたい）。

十一面観音に関しては、長谷寺の十一面観音像の用材となる木が祟りを引き起こして、その祟りを鎮めるのが十一面観音であるという関係になります。そこで十一面観音に期待されているのは何かというと、祟りを鎮める力なのですが、具体的には疫神を押さえる力、すなわち疫病を押さえる力なのです。山寺と本尊の関係を考えるには、本尊に何を期待しているのかを知ることが重要になります。

室生寺金堂

十一面観音に関しては悔過の本尊として有名で、悔過というものは、自分のいままでの罪・穢れを祓って、リセットすることから始まるのですけど、そのリセットした先に何を望んでいるのかを考えないといけません。その視点をもう少し取り入れてみたらよいだろうと思っています。

薬師如来・十一面観音とは別に、奈良時代から平安時代の初めにかけての山寺の一つの典型として、私は室生寺《むろうじ》がおもしろいと思っています。吉野と室生はいままでもいわれてきたことなのですが、室生にはいろいろ考える要素が残っていると思います。一つは、山部《やまべ》親王（後の桓武天皇）の病気を治すために室生で祈っていますし、室生の場合、祈雨の問題もあります。室生の龍穴神《りゅうけつしん》に雨を祈るのです。室生という山寺に治病と祈雨という二つの要素が期待されているのです。

龍穴神がいるところは、仙境的なイメージがある場所で、山寺の中でも深山《みやま》といわれる場所です。高い山に対する深い山という場所ですね。これもおもしろいと思うのです。室生の美術をそうした条件とあわせて考えてみると、金堂やほかのお堂にもたくさんの仏像や板絵がありますから、もう少し考えを深めていくべきだろうと思うのです。

## 平安の千手観音、仏像群と本尊の配置

井上　薬師如来と十一面観音は、平安の初めまでの視点としてはあるのですが、平安時代に入った後、京都を中心とした山寺を考えるとき、梶川敏夫さんが作成された京都の山寺のリストが役立ちました。(17) このリストでおもしろいのは、清水寺をはじめとして、千手観音を本尊にするお寺が多いことに気づくことです。奈良時代に千

手観音が山寺になかったかというと、東大寺には千手観音がいらっしゃいますし、二月堂十一面観音像の光背にも千手観音がいたりしますが、山寺では奈良時代には限られた存在でそれほど目立った存在ではないように思うのです。

　ところが、平安時代になると、千手観音さんを本尊とするお寺の数が増えてきます。梶川さん作成の平安期創建の山林寺院一覧の順番でいくと、峰定寺《ぶじょうじ》は平安時代後期の白檀《びゃくだん》の千手観音坐像（重文）が本尊、補陀落寺《ふだらくじ》跡は文献から千手観音の存在がわかり、月輪寺《がちりんじ》には少なくとも十世紀には遡る千手観音像がおられます。それから善《よし》峯寺《みねでら》、如意寺《にょいじ》、清水寺、その奥にある清閑寺《せいかんじ》、法厳寺《ほうげんじ》は共に千手観音像を本尊とします。像は古いものは平安の初め、新しいものでも鎌倉の古像です（法厳寺は詳細不明）。このリストの二三例中では、遺跡の存在だけで本尊等の詳細は不明なものもあり、本尊が毘沙門天・妙見菩薩・薬師如来・如意輪観音などと判明している寺もありますが、少なくとも八例を数える千手観音像は他尊に比べて非常に多いといえます。

　さらにもう少し近畿でほかの視点を導入すると、西国三十三観音の札所の本尊は、千手観音が一番多いのです。次いで十一面観音、次に如意輪観音なのです。千手観音は一五～一六例あります。十一面観音は六～七例、如意輪観音が六例です。時代もバラバラだし、三十三所が全部山寺かというとそうでもないのですけど、山寺が多いことは確かですね。その中でも千手観音が多いという事実があります。

　そうしてみると、なぜ、山と千手観音のセットなのかという問題が大きく浮かんできて、この問題を解決しないといけないなと思っています。

　ほかに興味深いのは、京都の奥の福知山《ふくちやま》にある威徳寺《いとくじ》です。山中の寺院ですが、尾根の先端が伸びた先にお寺があるのです。ここには十世紀くらいの千手観音を本尊にして、かなりの仏像群があります。

　山寺にそれほどたくさんの仏像が必要なわけがないのに、なぜ仏像群があるのか。いったい仏像群は何を意味しているのか。その視点でいうと、兵庫の達身寺《たっしんじ》にも仏像群がある。達身寺は山上のお寺ではないのですが、かなり山奥にある場所です。こうした仏像群で山の中でいったい何をやっているのかを考えるのも、視点として大事だと思います。

最後に昨日行った高槻の本山寺・神峯山寺と京都の善峯寺の本尊をみると、一つの山を分けるように、京都側は千手観音、その向こうが毘沙門天というように棲み分けをやっているのですね。京都の西山の勝持寺や金蔵寺、善峯寺などは全部天台寺院で、地誌によると十世紀くらいに、それ以前からあったお寺を天台化していくと考えられる歴史があります。金蔵寺も本尊は千手観音です。その西山を越えると、本山寺・神峯山寺は毘沙門天になっている。この両寺も天台の寺で、天台宗寺院において千手観音と毘沙門天の機能を使い分けていると考えられることになります。

これは何かというと、毘沙門天は、大阪の海から来る疫神を防ぐ機能が期待されているのではないでしょうか。京都側の千手観音は、清水寺をはじめとして水を提供したりして、人々の生活を見守る機能というものがあるのではないでしょうか。もちろん、毘沙門天・千手観音ともに共通した機能もあるでしょうが（毘沙門天は福神でもある）、あえて特化していえば、見張り防ぐ毘沙門天と見守り慈しむ千手観音ということが、ポンポン山（本山寺の上の山）と釈迦岳（善峯寺の上の山）を中心とするそれぞれの山側でみえるのではないかなと思います。

**久保**　千手観音と水の関係ですが、なにかお経でうまいこと説明できないのですか。

**井上**　お経で説明できるかどうかはこれからの検討課題です。千手観音の場合は、千手陀羅尼が治病に最も効果があるみたいです。『日本霊異記』で越前の話をしましたが、千手陀羅尼を唱えながら行者さんが歩いて、治病の効果があるという話ですね。ほかにもいくつかあります。粉河寺《こかわでら》もそうです。粉河寺の行者も千手観音の陀羅尼で娘を治したりしています。

観音と水は非常に結びつきが強いことはすでに指摘さ

れていますけど、千手観音と水というのは、まだもう少し考えたいと思うのです。京都の東山と西山に千手観音が配置されているのはおもしろい現象です。

上川　井上さんがあげられた例の中で一番古い仏像はどれでしょうか。

井上　如意寺像ですね。九世紀の終わりくらいかな。

上川　八世紀には遡らないのですね。

井上　八世紀にまで遡る千手観音や毘沙門天は、京都では思いつかないですね。

上川　仏像自体が残っているということではなく、お寺の創建時期ということではどうなんですか。

井上　八世紀代のお寺ですか。京都にはないでしょう。奈良では東大寺の千手観音が古いですけどね。

久保　延暦寺の千手観音は、どうなんですか。

井上　延暦寺の千手観音は難しいですけど、九世紀初めでよいと思います。

上川　東大寺はいつ頃なのですか。

井上　東大寺は古い千手観音としては三月堂の南にあった銀堂(千手堂)が、いつの時点かで焼けてしまうのですが、少なくとも八世紀の半ばと考えてよいのではないでしょうか。

大西　「東大寺山堺四至図」に載っていますよね。法華堂とその堂が。

井上　はいそうです。

上川　玄昉《げんぼう》(生没年不詳)は『千手千眼陀羅尼経《せんじゅせんげんだらにきょう》』を千巻写経させていますね。玄昉が中国から日本に帰ってくるのが七三五年です。中国から帰ってきたら大スターになったのは、たぶん、その段階の国家が古密教を含めた中国仏教全般を重視したので、タイミングがよかったと思うのです。しかも玄昉は当初、五台山に行く予定はなかったのに、どうやら連れていかれた形跡があります。先方の意向も受けて、密教もたくさん持って帰ったようです。七三五年に日本に帰ってきて、『千手千眼陀羅尼経』を千巻写経したのは七四一年です。その頃から、千手観音を祀るような山寺が実際に出てくるのは、タイミングがあうと思いますが。

井上　現存する千手観音像では、そこまで早い時期に山寺と結び付く例はないと思いますよ。あるいはさきの東大寺銀堂千手観音像が関係するかもしれませんが。むしろ早いのは、十一面観音です。十一面観音であれば、七世紀末頃の金銅仏があり、二月堂本尊が考えられます。そして、矢田寺《やたじ》の十一面観音は奈良時代の後半です。壺坂寺の千手観音は現在、室町期の坐像ですが、もともとの本尊がどこまで遡るのかを考えると、壺坂寺もおもしろい事例です。

上川　千手観音にこだわらず、変化観音という括り方だと、どうでしょう。

井上　奈良時代の山寺に変化観音はいらっしゃいますね。東大寺法華堂不空羂索観音《ふくうけんさくかんのん》は山寺の像といえますよね。

久保　毘沙門と千手のテリトリーのような話ですが、鞍馬寺の本尊も毘沙門ですね。見張る毘沙門なんでしょうね。延暦寺の根本中堂の本尊は薬師ですけど、その横に毘沙門も祀っています。よくいわれるのは、都の東北なので、毘沙門をお祀りして、都を護っているという説明ですね。たぶん、その通りだと思うのですけど、そうすると、本山寺・神峯山寺は毘沙門のオールスター勢ぞろいという感じです。あそこまで毘沙門が勢ぞろいだと、もはや薬師の入り込むすきもないくらいですね。そうなると、その南西側に何があるのか、ついつい考えてしまうのです。

井上　本山寺・神峯山寺の下方を通って京都に疫神が入ってくるのでしょう。

久保　一番狭いところですからね。

井上　古代では、疫神が入ってくるのを一番恐れていたのではないかと考えています。薬師如来のことでいうと、七高山の薬師悔過は、天台が毘沙門天を祀っていく以前のことと思われます。神峯山寺に古代の痕跡が残っていないのは、おかしいことはおかしいのですけど、天台以前のことは不明で、およそ十世紀くらいから毘沙門天を祀るようになったのではないでしょうか。

七高山に関していうと、忍頂寺《にんちょうじ》も候補の一つです。神峯山寺も含めてどこが七高山に入るのか、いろいろ説がありま す。忍頂寺の本尊は薬師如来です。薬師如来と七高山を結びつけるのだったら、忍頂寺の可能性も考える必要があります。

久保　なぜ七つかというと七仏《しちぶつ》薬師という説明がありますね。どうなんでしょうか。たまたまなんですかね。

井上　わかりませんね。そうかもしれませんけど。

本尊の効験

久保　薬師のなかでも七仏薬師が、厄災を除く効験が一番強いとされています。叡山でも御修法《みしゅほう》でやるのは七仏薬師法です。

ただ、薬師にせよ毘沙門にせよ、あるいは十一面観音や千手観音など、強力な効験を発揮する尊格が境界のどちら側にお祀りされているのかを私は気にしています。

というのは、出雲の地図(次頁)をみると、点線で表した旧郡境の近く、たとえば、一畑山《いちはたやま》に37と35の寺院跡があります。ここは秋鹿《あいか》郡と楯縫《たてぬい》郡の郡境ですが、楯縫郡側に薬師がいて、隣の秋鹿郡側にも仏や神がいるという感じです。方向性とでもいうのでしょうか、どっちがどっちを守っているのか、というのが気になっています。

井上　なるほどね。

久保　かと思えば、法王寺《ほうおうじ》と禅定寺《ぜんじょうじ》(25・27)は神門《かんど》郡と飯石《いいし》郡の郡境の山中にあって、いずれも天台のお寺です。法王寺は蔵王権現の懸仏を伝えるお寺で、平安時代の聖観音を祀り、摩多羅《またら》神も存在します。一方の禅定寺もやはり平安の聖観音を祀り、時期は降りますが薬師も祀ります。こちらは境内から出雲・備後の国境の山々まで一望に眺めることができます。私自身、郡域を守ると文章で書いてはいるのですけど、郡の内・外という観点からは、こもごもの事情があったのかもしれません。

たとえば弥山がありますが、その中腹の峯寺《みねでら》(29)は、平安時代の聖観音の仏画を伝えます。どうもこれらの郡境周辺には聖観音が目立つのも気になるのですか、それはともかく、ここの境内から木次《きすき》廃寺(31)という古代寺院がみえて、そのすぐ横が大原郡の郡家なのです。弥山、

枕木山
澄水山
島根郡
茶臼山
意宇郡
能義郡
大原郡
仁多郡
伯耆
0
10
20km

出雲の山寺と神社、関係遺跡分布図

●寺院　■神社　国境 ―・―・―　郡境 ‐‐‐‐‐‐‐‐

| | | | | | | | | | |
|---|---|---|---|---|---|---|---|---|---|
| 1 | 六所神社 | 11 | オノ神遺跡 | 21 | 忌部神社 | 31 | 木次廃寺 | 41 | 大井谷Ⅱ遺跡 |
| 2 | 出雲国国分寺跡 | 12 | 美保神社 | 22 | 伊賀多気神社 | 32 | 佐太神社 | 42 | 般若寺 |
| 3 | 四王寺跡 | 13 | 仏谷寺 | 23 | 横田八幡宮 | 33 | 朝日寺 | 43 | 築山遺跡 |
| 4 | 来美廃寺 | 14 | 華蔵寺 | 24 | 岩屋寺 | 34 | 成相寺 | 44 | 出雲大社 |
| 5 | 八重垣神社 | 15 | 澄水寺 | 25 | 法王寺 | 35 | 一畑寺 | 45 | 鰐淵寺 |
| 6 | 神魂神社 | 16 | 往生院跡 | 26 | 里坊村 | 36 | 佐香神社 | 46 | 鹿蔵山遺跡 |
| 7 | 能義神社 | 17 | 虫野神社 | 27 | 禅定寺 | 37 | 馬場遺跡 | 47 | 韓竈神社 |
| 8 | 野方廃寺 | 18 | 坊床廃寺 | 28 | 日倉神社 | 38 | 青木遺跡 | | |
| 9 | 宮嶋神社遺跡 | 19 | 堤平遺跡 | 29 | 峯寺 | 39 | 大寺谷遺跡 | | |
| 10 | 清水寺 | 20 | 熊野大社 | 30 | 三屋神社 | 40 | 三田谷Ⅰ遺跡 | | |

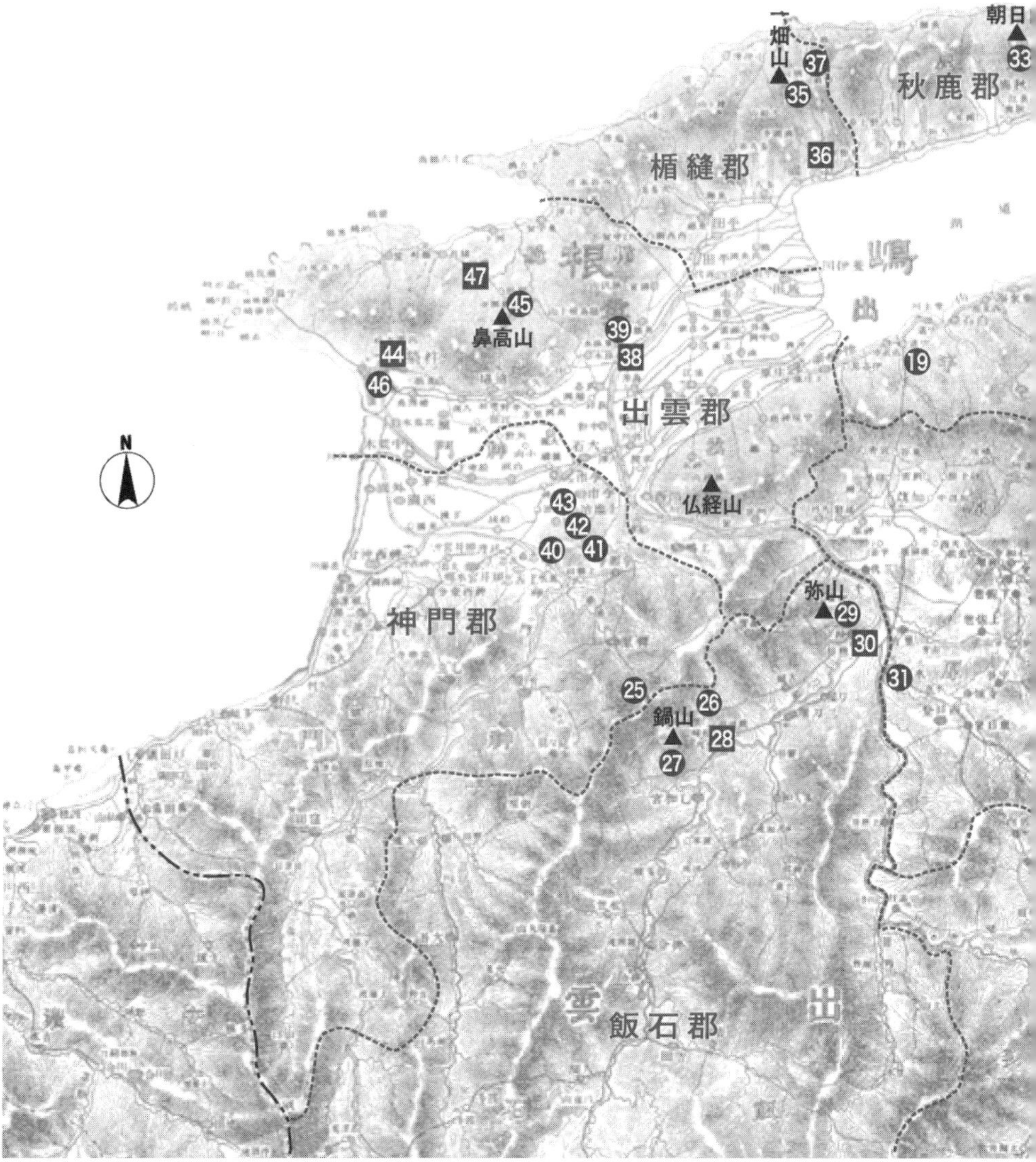

峯寺から隣の郡の郡家を眼下に眺めるというのは、何か意味があるのだろうと思います。

山寺が郡境にあるということをもう少し細かく考えると、どこの何を薬師なり観音なり毘沙門なりがガードしようとしているのか。つまり、どこの郡家が、あるいはどこの国衙が、あるいは民衆でもいいのですけど、山寺の本尊にガードしてくれることを期待していたのかを考えることも、大切だと思うのです。

大阪の神峯山寺の場合、毘沙門が海から入ってくるものを防いでいるとしたら、護る対象は平安京でしょう。平安京の場合は比較的説明しやすいのでしょうが、地方の場合、もう少し深読みができないのかなと考えたりします。

少し政治的なことをいうと、出雲国意宇《おう》郡の茶臼山の北と南の山麓部に来美《くるみ》廃寺(4)があり、四王寺《しわじ》跡(3)があります。六所神社(1)は国府のすぐ横にある神社で、意宇郡家もこのあたりと考えられています。つまり出雲国造氏の本貫地がこの地区で、神魂《かもす》神社(6)は出雲国造氏の邸内斎館とされ、杵築大社(出雲大社)の遙拝場でもあったといわれます。井上寛司さんの研究(18)によれば、十世紀にいまの出雲地域に出雲国造が移るといいます。おそらく十世紀を境にして、護ろうとする対象エリアの方向性が変わっている可能性がありそうです。出雲の東端に目をやると、安来・清水寺(10)もあと少しで伯耆・出雲国境ですし、いかにもという感じです。

来美廃寺と茶臼山

**井上**　清水寺は十一面観音を祀っていますね。

## 牛頭天王・蔵王権現

久保　そうでしたね。薬師・十一面・千手・毘沙門と山寺の本尊となる仏様のラインナップが出てきましたが、牛頭《ごず》天王や蔵王権現も山寺と関係が深いですね。そのあたりはいかがですか。

井上　牛頭さんは、毘沙門天と関連すると思っています。牛頭さんはご承知のように疫神を防ぐ役割が期待されています。石清水の麓にもとは大きな社家である善法《ぜんぽう》律寺《りつじ》があって、そこにずいぶん壊れてしまっているのですが、十世紀くらいの牛頭天王と思われる木彫があります[19]。石清水周辺の歴史を探ってみると、史料から鎌倉時代の寛喜二年(一二四四)まで遡り、いまも続いている疫神を祀る青山祭りがあります。これは宿院で正月十九日に牛頭天王に般若心経をあげる法会で、その宿院にこの像は伝来した可能性が高いと思っています。京都の入口に疫神を防ぐ彫像があるとみてよいのではないでしょうか。

その牛頭さんの出自がわからないのです。祇園精舎の守護神だともいっていますが、経典的な証拠として牛頭関係が出てくるのは、全て中国の偽経なのですから、インドにまで遡ることはないのです。その中で興味深いのは、宮崎市定さんが「毘沙門天信仰の東漸について[20]」という論文を書かれていて、于闐国(ホータン)で毘沙門天信仰が盛んであったことに注目されています。そして寺本婉雅さんの『于闐国史』の研究から、于闐《うてん》に牛頭山があり、そこの伽藍を毘沙門天が守護することを指摘され、牛頭天王と毘沙門天の関係を推測された。さらに、『本朝神社考』が『祇園縁起』を引き、その中に牛頭天王は吉祥に住まいすると書かれ、吉祥は『于闐国史』に毘沙門天の妃とされ、『宋史』于闐伝には于闐僧吉祥来朝の記事があること、『雑談抄』に毘沙門経を読誦する祇園の犬神人《いぬじにん》がいたことなどから、祇園と牛頭天王との関連を推測され、祇園はかつて毘沙門天が本尊だと思われていた時代があるらしいとされています。祇園の毘沙門天はちょっと確証のない話ですが、于闐には毘沙門天—牛頭天王の関係を生みだす要素が認められることは注意できます。于闐についてもう少し『于闐国史』からみておくと、于闐の牛角山に迦葉仏《かしょうぶつ》(過去七仏の第六の仏)が出現したという記事があります。そして唐の遍智《へんち》(七〇五～七七四)が書いた『勝軍不動明王四十八使者秘密成就儀軌』という偽経の中の第十四番目に「牛頭密呪王」が出てきて、「迦葉仏の所変身」とあって、迦葉仏と牛頭さんを同体と捉えているのです。于闐国を中心として毘沙門天、迦葉仏を仲介して牛頭天王というものが、このあたりで結び付く可能性があります。

久保　大ざっぱな印象ですが、毘沙門天よりも牛頭天王のほうが山の入口にいるみたいな気がするのです。石清水の善法律寺もそうでしょう。八坂神社も考えてみれば、都の守り神さんというイメージが強いのですが、それよりも比叡山への登り口みたいな意味合いがひょっとして強いのかなと思ったりもします。そのほか、越前の大谷寺に入っていく入口にも八坂神社があります。

井上　ありますね。

久保　あの八坂神社に祀る牛頭天王の像は、実像がよくわかっていません。それとは別に、頭部に十一面の化仏を戴く女神像も、牛頭か、あるいは白山神かと、その性格が問題視されています。いずれにしても、山寺への入口に牛頭天王が祀られているのです。それに比べると、毘沙門天はお寺の中枢部に祀られますね。最終的にはもう少し下がる時期のいろいろな信仰のあり方の帰結なのかもわかりませんけれど。それに対して、蔵王権現はどうなのでしょうか。

井上　蔵王さんは、なかなか難しい。その成立からして難しい尊像です。山寺の仏像を考えるには、役行者が山中で感得するのが蔵王さんですから、蔵王さんを入れて山寺を考えないといけないのでしょうが、私には蔵王さんに対する考えは、いまあまりないのです。

ただ、蔵王権現のお姿が量的にたくさん作られる時期があります。平安後期から鎌倉頃ですね。その量と時期の問題をどう考えたらいいのかが、蔵王権現にはあると思うのです。

久保　蔵王権現が流行するのは、かなり局所的であるという感じがしますね。

時枝　蔵王に関連して北野天満宮のところに、ふんどし一丁の訳のわからない変なのがたくさんいますよね。蔵王権現のとりまきなのでしょうか。きっと、もとは本尊もあったのでしょう。とりまきだけが天井裏からいっぱい出てきています。これは道賢《どうけん》上人が冥界に行ったときにお会いになった方々だといわれています。『道賢上人冥土記』の内容と、へんな眷属《けんぞく》を含めて、たぶん京都と金峯山《きんぷせん》との間の情報の共有化が進んでいたとみていいのでしょうね。

金峯山経塚から大量に出ている吉野曼荼羅と関わる神仏の御正体も含めて、神々のお像の中で突出しているのは蔵王権現ですが、このお像を作った場所は、やはり京都でしょう。道賢上人の文学的な世界と工芸史なのか彫刻史なのかよくわからないけど、ミックスしている部分に、山寺に関わるお坊さんとか神主とか、あるいは職人さんも含めて、何か手がかりがありそうです。何か独特の御嶽詣《みたけもうで》の世界が見出せればいいなとは思いますね。

久保　同じ蔵王権現でも、流行った土地や場所で少し違うのかな。というのは、金峯山の藤原道長の経筒銘に、蔵王権現が山頂の岩の中から湧き出てくるという表現がありますね。蔵王

大峯山頂遺跡出土の銅板鋳出蔵王権現像（縮尺6文の1）

権現の本地仏は、銘文を読むとたぶん釈迦だと思うのです。釈迦と蔵王権現を並記しているようにも読めるのですけれど、金峯山は法華経埋納の一番早い時期の聖地ですから、ここはやはり釈迦かなと。

時枝　道長の銘文には、蔵王権現は守ってくれると書いてありますね。

久保　金峯山の場合はそうですが、果たして山陰の蔵王権現は同じなのかな。釈迦信仰というか、法華経信仰と一緒に広まっているのかどうか。なにか違うような気もするのです。

時枝　鰐淵寺《がくえんじ》（島根県出雲市）の金剛蔵王窟は、経典を安置する場所なのですか。

久保　鰐淵寺には確かに十二世紀前半の経筒があったことは間違いない。という意味では、金峯山と一緒かも知れませんが、なんだか話が出来過ぎているなと思ったりするのです。

関連して気になるのは、総持寺蔵の金峯山出土・蔵王権現鏡像の裏に線刻された種子の配置です。これまでは六尊の種子曼荼羅という捉え方がされていて、中央に阿弥陀、まわりを大日や釈迦が取り巻くということになり、尊格配置が金峯山のニュアンスにそぐわないので、なんか変だと思っていたのです。円密一致を旨とする天台宗では、当初から大日如来と釈迦が同体だといっているので、大日からみて左手に釈迦、右手に蔵王だとみると、ここでは三尊が阿弥陀を取り巻く種子構成ではなしに、斜めからみた立体曼荼羅と考えたほうがいいのではないか。そうするとこの尊格の中心は、阿弥陀ではなく、大日＝釈迦が一番奥に存在していて、蔵王を大日＝釈迦の垂迹と考えたほうが、金峯山の神・仏の位置づけからすれば、理解しやすいと考えたのです。

蔵王権現の本地仏が何かということも、山寺の存在意義の本質に関わる大事な問題ですね。

## 5　山寺に集う人々と宗教機能

### 文献史学の問題点

久保　時間も少なくなってきましたので、話題を仏様から人に移したいと思います。山寺に集った人々と、寺の宗教機能に関して、上川さんお願いします。

上川　山寺の研究を文献史学の立場でみて問題だと思ったのは、活発な考古学の研究を文献史学が受け止めていないことがあります。とはいえ、これまでにも文献史学からの発言はたくさんあります。薗田香融さんの有名な論文(21)で、山林修行は僧尼令で認可されていて、山林寺院で能力を獲得して、平地の官大寺で能力を発揮するということは、古代仏教を研究している人は念頭に置いていると思います。

井上光貞さんの研究は少しニュアンスが違っていて、「山林修行」は史料用語（『続日本紀』宝亀元年十月丙辰条）であることをあげられ、その解釈は「民間、特に山林徳行僧」の活動だといっておられます(22)。私は民間だとは思わないのですけど、空也や一遍といった鎌倉仏教につながっていくという流れで民間仏教の発展の出所を山林修行に認めるという論調です。

一方、中世史では寺院史研究と呼ばれる研究潮流が八〇年代にありました。この寺院史の場合、ほぼ平地の権門寺院が対象で、荘園領主である権門寺院の末寺が地方を中心に生み出され、しかも網の目を張りめぐらしたような寺院の系列が中世仏教である顕密によって、民衆を呪縛するというものです(23)。寺院については、平地の権門大寺院や、または地方の寺院でも平地の寺院を対象としていて、山寺への研究視点は希薄だったと思います。

最近の菊地大樹さんの研究は、井上光貞説と黒田俊雄説との間で格闘されている感があると思うのですが、往生伝などに描かれた山林修行者を重視されています。持《じ》経者《きょうしゃ》論に特徴ある研究です。『法華経』を丸暗記した持経者たちの活動が『法華験記』等に出てきます。持経者は世俗の里の民衆と仏教を媒介する存在で、この仕組みが平安中期にできていると指摘されています。菊地さんは、奈良時代から鎌倉時代まで見渡して、中世の原形を古代に見出されています(24)。

文献史学では全体に、山寺は人里離れた信仰空間として、非社会的存在だとみなす傾向が濃厚です。そのために、あまり主要な問題とも考えられず、傍観されがちです。

一方で山林については、社会経済史研究での議論があります。古代は律令制が平地支配ですので、「山川藪沢《やませんそうたく》」は、律令制度の盲点でした。これを何とかするという政策が奈良時代後半に出てくる。『続日本紀』や『続日本後紀』には、この問題に関するたくさんの史料があって、これを分析する研究があります。山林政策として研究されているところです。けれども、山寺と絡ませた研究はまだないと思いますので、今後試みる必要があると思うのです。山林をどのように囲い込んで現実的に支配を貫徹するのかという国家の政策と、山寺が無関係かどうかは考えてみる必要を感じます。

中世史研究では、平地の農耕生活と山野の生産活動は、構造的に密接に結びついて成り立っているとみています。古代ではなくて中世に、そうした村落が成立してくることが解明されています。(25) ただ、山野には古い伝統的な神が存在し、農業民や非農業民にとっての山野・山林は「神」の世界であるという意見は根強くあります。最近の大山喬平さんの説では、村には「敷きます神」がいるのだといわれています。(26) 大山さんは、仏教は山林に介入できなかったといわれていて、少しびっくりしたのです。

文献史学の研究者の視野には、古代史でも中世史でも山寺はあまり入っていない。一方で中世史研究には、「村落寺院」という言い方が定着しています。和泉国黒鳥村の安明寺がよく知られた例です。(27)

## 古代国家の仏教政策と山寺

上川　山自体の聖性や世俗国家の政策などとは違い、仏教とは何か、山寺の存在の本質は何か、ということを考える必要を感じます。けれども、そのためには、現実に厳然と存在した国家の仏教政策は、無視できません。まずはそこを押さえて、国家の仏教政策に対する研究史をくぐり抜けて初めて、仏教や山寺の本質を見出していけるのではないか。私の場合はそういう研究方法をたどろうとしています。ですから一旦は少し上から目線になります。

古代仏教の悔過は、私は七三〇年以降の仏教政策の基本だと考えています。あくまで仏教政策だと思うのです。その時期には、国際情勢の大変化がありました。対立していた新羅と唐が連合します。そしてそれまで五〇年ほど友好関係にあった新羅と日本の決別が七三〇年くらいです。つまり、新羅と日本の軍事緊張は、いつ戦争になってもおかしくなかった。その段階に日本は、いままで僧尼令で中国仏教を限定的に導入していたものを全面導入に切り替えて、新羅には負けないという政策をとったのではないかと思うのです。

国分寺や大仏そのほかの古密教の導入も、それに関係しているのではないか。つまり、唐仏教の全面的模倣、再現に転じ、いままで僧尼令で押さえていた則天武后時代の古密教なども積極的に取り入れる。以前は中国仏教をよく知っている道慈や行基の意見は取り入れられませんでした。役行者が六九九年に追放されたのも、それに関係するかもしれません。

ところが、行基などは七三〇年代に国家に重用されます。それは国家の政策転換ではないかとみています。その流れでみると、玄昉が日本に帰ってきたのが七三一年で、持って帰ってきた古密教の経典も相当なものでした。この古密教関係の『千手千眼陀羅尼経』や『尊勝《そんしょう》陀羅尼経《だらにきょう》』などで、のちに道鏡《どうきょう》(?〜七七二)などが禅師《ぜんじ》として活躍する機会も生まれてくるのではないかと思っています。

問題は悔過をどんな構造で作るかです。

宮中(大極殿)―都(東寺・西寺)―七高山―国府・
国分寺―国境郡境の山寺

という図式を考えてみたのですが、これは上から目線の国家が行おうとした政策を復元した場合です。宮中は大極殿《だいこくでん》の設えだけ変えて、正月儀礼として仏教行事を行う。都の入口で(平安京の時代ですけど)、東寺と西寺の悔過の本尊を本堂に置き、七高山の薬師悔過がぐるっと平安京をとりまいている。地方に行くと国府と国分寺がセットになって定期的に薬師悔過・吉祥悔過をやり、さらにそれと無関係ではない国境・郡境の山寺というものが一連の結びつきをもっている。そうだといっている史料はないのですけど、つなげるとこうなる可能性がある。

もしそうだとすると、かなり求心的で行政的な構造になります。点を線で結んでいる形ですから、あくまで造語ですけど、「蜘蛛の巣的な構造」になります。寺院はその前線基地のような意味をもっていたのではないか。世の中には、まだそれほど民衆の世界に仏教は浸透していない可能性があって、そこにどうやって古密教を網掛けするかという仕組みを、実態よりもさきに国家側が制度として作った可能性がある。

山林は律令制の盲点ですから、その盲点部分に仏教を網掛けして、中央からの求心的・行政的な構造を作るという考え方です。国家の領域区分と密接な悔過の構造としてみることもできます。しかも、国内だけでなくて、対外政策とも関係します。悔過すべてが外を向いているかどうかはわかりませんが、東寺・西寺は間違いなく平安京の外を向いている。地方の国境・郡境の寺院についても、新羅との緊張関係を背景とする対外政策と関係したのではないか。八四〇年代や八六〇年代に新羅とのいざこざが起こると、北九州や日本海側で一斉に仏名悔過をやるという史料が何度も出てきます。

それが全てだと無味乾燥なのですけど、これは無視できない事態ではないかと思うのです。なぜ仏教かという問題も大事で、悔過を行うことで懺悔し、滅罪するという仏教思想を借りて、しかもサンガのような結束を政治的に中央官人が求めるという現実的意図を、少なくとも政治を動かす中枢部は考えたのではないかと思います。対外関係の悪化の際に、観念的な仏教政策をやって、そんなものが効くのかと思われがちですが、実は人間の結束という現実性を意図したのかもしれません。仏教を信じていたかどうかという話ではなくて、少し寂しい気はします。しかしこの点を見据えたうえで、仏教や山寺を意義付けてみたいと思っています。

古代に民衆仏教・民間仏教が広く展開したことについ

ては、常識・通説になっています。「山林」と出てくれば民間だと解釈されるのはなぜなのか、私にはわかりません。ほかにも「知識」や「勧進」について、文献史学では民間ないし民衆だと思い描く癖があります。

本当に早い段階から民衆仏教はあったのか。その用語もバラバラなのです。庶民仏教・在地仏教・反律令仏教・非律令仏教と、いろいろあります。それらが七世紀からあったという人もいますけど、奈良時代にはほぼ認められています。吉田一彦さんの見解ですけど、仏教と律令は同じくらいの比重を持っていた。律令を守っていない人はいっぱいいる一方、仏教思想をより所とした自由な民衆がたくさんいた、という解釈です(28)。その証拠にあげられているのが『日本霊異記』です。

『日本霊異記』は、八世紀後半から九世紀にかけて編纂されています。私は七三〇年以後の状況で書かれた文献をもって、七三〇年以前を判断しては全く見誤ると考えています。『日本霊異記』に地方で民間人が仏教を信じて、千手観音悔過をやっている人がみえるとしても、七三〇年以後の国家がやろうとしたことをわかりやすく書いた書物の可能性があって、それを書いてある年代に遡らせて実態視するのは難しいと思います。

民衆と仏教の接点はもちろんあったに違いないのですが、どの程度でどれほどの質かを考えなければなりません。もし古代仏教が民衆に受容されているとすれば、その理由を説明しなければいけない。あるから飛びつくというのではなく、拒否したり無視したりすることもあり得る。生活から違和感があれば、そうなると思うのです。ですから説明しないといけないのは、一般民衆の日常生活における仏教受容の必要水準が満ちていたかどうかです。

津田左右吉さんのように、古代、中世の仏教は「文弱《ぶんじゃく》浮華《ふか》」な貴族の知識に過ぎない、という説もあります(29)。頭ではとりあえず理解しているという知識程度と、生活に密着した信仰とは違うということです。古代仏教史を考えるときに、くぐらなければならない指摘だと考えます。また、黒田俊雄さんは、十二世紀の中世仏教こそ、民衆仏教の第一段階だと述べられています。黒田説は一方の通説ですが、この点はあまり受け止められていないようです。

## 中世山寺の成立

上川　中世への道筋については、古代寺院の発展から中世寺院の成立へといく場合もあれば、中世になって初めて設定されるケースもあります。

大知波峠廃寺（静岡県湖西市）のように廃絶した古代寺院をどうみるか。廃絶せずに発展するものもありますけど、その場合は質が転換して同じ場所で同じ名前で、同じ本尊で続いている場合もあるかもしれません。廃絶した寺院を念頭に置きながら、発展した寺院を考える必要もあると思います。十二世紀に「中興」と表現されるケースもありますが、実際には出発点であることもあれば、前からあるものの質が変わることもあります。

私自身は平安時代後期の十二世紀を追いかけていますが、山林と平地の有機的な構造は難解です。なぜかというと、戦後の社会経済史研究や村落史研究は、十一世紀後半から十二世紀にかけて、日本列島の社会の質が根底から変わることを解明しました。(30) 具体的にいいますと、今日から想像できないくらい荒れ地だった土地の開発が進む。その主体となった百姓が自立し始めて家が形成されて、男女一対の家族が出始める。百姓の家ができる。しかも大きな変化は、家々が村を作って、さらに村連合という地縁社会の形成が起こり始めることです。そんなものが日本列島に初めてできるという根本的な社会変動が、十一世紀後半から十二世紀です。

それは寺院史とは関係なくいわれているところで、古代の自然村落とは違った自立達成の政治的表現としての中世村落です。その百姓たちの作る新しい村落が、「後山《うしろやま》」（里山）の近くに営まれます。しかも山野を用益することを構造的に組み込んだような村々です。(31) そこに寺院が生成されるというようなことも重ねて考えると、村落史との関係でみても、山寺を組み込んだ説明が必要ではないかなと思っています。

中世成立段階になれば、もう民衆仏教といってもよいと思います。その場合でも、なぜ仏教なのか、なぜ山寺なのかということも、考える必要があります。山寺の本質、仏教の本質を十二世紀末くらいまではたどりたいとは思っています。

## 悔過の目的

久保　ありがとうございます。井上さん、いかがですか。

井上　まだきちんと理解できていないところがあるのですが、大変おもしろい話です。古代仏教の悔過の話で、悔過の懺悔・滅罪が人の結束になるというのは、新たな視点です。悔過をするのは間違いなくスタートなのですけど、上川さんの話では、新羅をやっつけるための悔過ですよね。

上川　平安京の東寺や西寺、平城京の寺院、国府や国分寺でやる悔過の場合は、お坊さんがお堂の中で閉じ籠ってやっているわけではなく、官人が一斉に参加する。そこを想定する必要があるかなと思っています。仏教思想を借りて意思統一を図る、そんな場面を想定しています。ただ、郡境の山寺がどうかといわれると、わからないのですけど。

久保　井上さんの話の続きですけど、上川さんのお考えのかなりの部分は東大寺のグレート・ブッダ・シンポジウムで話されていますね。(32) そのときの資料集を読んでいたときに、出雲の地図作りなどをしていたのですが、山寺が郡境に分布することが典型的にみえる出雲をみて感じることと、上川さんの主張される対外政策というところに、リアリティをもってどこかでリンクできないかなと思っていたのです。なかなかうまく頭の中で回線をつなげることができないままに、地図を描かざるを得ない状況になったのですが、これは大事な問題だと私自身も思っています。

悔過でいうと、史料に出てくる○○悔過、その○○にもよるのだと思うのですが、たとえば薬師悔過の場合、天皇不予のために悔過会をやる、というふうに個別具体的に目的が書かれて行われています。

でも、そういうのが果たして地方にも通じるのかどうか。七三〇年代の画期論が現実問題として、地方の山寺に適用できるのかどうか。ここがすっきりしないと、悔過をやった宮中大極殿から国境・郡境の山寺へという具合に本当に機能展開したのかどうか。あるいは畿内周辺では機能していたけど、地方では理念形だったのか。やはり遺跡をみている立場からいうと、もどかしいですが、まだちょっと年代に開きがあるかな。八世紀末、九世紀初めならば、現象的にはぴったりなんですけど、対新羅の話は八世紀前半の問題でしょうからね。

上川　七三〇年代以前に、もし地方の民間で仏教が根づいていたとすれば、こんな構造は作れないというか、違う動きが別に出てくると思うのです。民間仏教のような実態は、まだこの段階ではあまりないのではないかな、と思っています。

## 民衆への仏教の浸透

久保　民間仏教のことで、日常生活における仏教受容の必要水準云々といわれましたが、具体的にいうと、何なのですか。

上川　信じるにはそれなりの理由が必要ではないのかということです。

久保　宗教的にですか。

上川　現実と密着したものが何か。いまところ古代では私も説明できないので、もどかしいのですが、説明できそうなのが十二世紀です。中世村落の形成期には、より強い結束が求められたのではないか。しかも、社会的に自分たちで守らなければいけないという状況の中、結びつきを確かにする役割をもつのが仏教じゃないかな。

久保　私は僧侶でもありますから、いつ民衆仏教の時代に突入したのかという問題は、すごく気になるところです。山寺との連動性も絶対にあると思うのです。みだりに罪福を説いて民を惑わす優婆塞《うばそく》・優婆夷《うばい》がいたのというのは、事実なのではないでしょうか。

だから、意外と民衆はメンタルの部分で、お坊さんのいうことにシンプルに反応するというのは、時代性を問わずともあり得るのではないかという気がします。もちろん、それと国家の政策的な意図が構造としてあったのかなかったのかは、位相を別にする問題ですね。

上川　みだりに罪福を説くというのは、行基を弾圧する一連の記事の中で、僧尼令を切り貼りしたような記事が『続日本紀』に書かれているのですけど、それをそのまま実態を反映したものと読むのかどうか、だと思うのです。

久保　行基だけでなしに、地方の名もないような優婆塞・優婆夷も同じような書かれ方をしていますよね。

上川　優婆塞・優婆夷と出てくる場合に、たとえば優婆塞貢進文で、誰を優婆塞に推薦するかという書類が正倉院文書にありますけど、だいたい民間人を対象にしたものだと解釈されています。沙弥《しゃみ》と出てくれば、もう民間人だとみなすのです。でも、それは本当に民間人かということは、検討していないと思うのです。要するに地方豪族クラスは、仏教推進主体として指名されていて、この一族の可能性もあるのではないかな。

久保　その可能性が一番高いでしょうね。

上川　知識には、被支配民衆層はほとんど関係していないと私は思っています。

久保　人間集団の位相をどこにとるかですね。それはその通りだと思います。ただ、優婆塞・優婆夷になるのに豪族層クラスが関与していたとすると、罪福を説かれた側がお経をありがたがって聞いていたみたいな、それより下位の人々がいなければ、そんな話は出てこないと思うのですけど。

井上　優婆塞の実態を探るには優婆塞貢進文くらいしかないかもしれませんが、千手陀羅尼の話をしたときに『日本霊異記』下巻十四縁をとりあげましたが、改めて読んでみると、「京戸小野朝臣庭麿」と出てくるのです。個人名がわかっている優婆塞で越前の加賀郡内を歩いている。この「京戸小野朝臣庭麿」は、どんな人物なのでしょう。

上川　だいたい地方豪族クラスですよね。

井上　地方豪族ね。

久保　越前の足羽郡にも似たような優婆夷がいます。生江臣家道女《いくえのおみいえみちめ》という者が都で罪福を説いていたので、越前に送還されています。生江臣は、足羽郡の大領《たいりょう》の一族で、しかも造東大寺司にも関わった中央直結型の豪族です。その親戚筋でも、実名入りで、よからぬことをしたからと国に送還されているのです。地方と京の周辺でも民衆の水準が違っているという話になるのかもしれませんが。

井上　いまの生江臣家道女の事例は『日本霊異記』ですか。

久保　別の史料ですね。『日本後紀』延暦十五年（七九六）七月二十二日条に出ています。

上川　『日本霊異記』についての国文学研究をみていると、経典をベースに貼り付けたような編集の形跡が確認されています。経典の話を日本人の名前や地名や年代に当てはめつつ、うまく構成しなおしている。その場合の経典は、古い研究では法華経だとされていたのですけど、どの経典から引いてきたのか文章を細かく割り出していくと、戒律関係の経典だったりしています。『日本霊異記』に書いてあることが全て経典をベースにした作り話であるとはいえないですけど、実態をそのまま映したものではなく、伝承を書いているものでもなく、かなりの操作が入っているということを、一度、史料批判としてくぐり抜けていく段階だと思うのです。

久保　『日本霊異記』はそうですよね。いまの話に関わる事例でいえば、若狭の多田《ただ》寺と神宮寺でしょうか。多田ヶ岳の麓に多田寺があり、神宮寺が多田ヶ岳の北尾根二三一メートルの反対側の谷あいに置かれています。そこから八世紀半ばくらいの平城宮式の瓦が出ています。平城宮式の瓦は各地に飛んでいる様式なのですが、神宮寺でも何点か出土しています。

神宮寺といえば、『類聚国史』巻一八〇の天長六年（八二九）三月十六日条に、養老年中（七一七～七二三）のこととして、若狭国比古神で始まる記事があります。上川さんの七三〇年画期説の前夜の話なので、内容的にはとても意味深長だと思うのですが、話自体はいわゆる神身離脱譚で、罪業から逃れるため仏道に帰依したい、という若狭彦比古神のために神願寺を建てたというストーリーです。神宮寺型の山寺の一番早い事例になりますが、その神宮寺から平城宮式の瓦が出てくるとなると、本当に出来過ぎというくらいの話です。しかも神宮寺から少し遡った鵜《う》ノ瀬《せ》というところが、実忠《じっちゅう》(七二六〜?)の若狭井の伝承の起点になっています。要するに東大寺が若狭あたりと非常に早い時期から関係を結んでいた。東大寺＝中央政府になるのでしょうが、そんな見方を裏打ちするような平城宮式の瓦が出てくる事例です。

こうしたケースが日本のあちこちで出てくると、上川さんの話のように、山寺成立に中央政府の宗教政策が絡むのかもしれません。少なくとも若狭神宮寺、あるいは多田寺も造営者は地元の豪族なのでしょうけど、それも勝手にやったことではないというのは、その通りだと思います。この界隈では、神宮寺のある谷を出たところが若狭国分寺で、最近の発掘調査成果から、国分寺よりももう少し西側の西縄手《にしなわて》遺跡あたりが若狭国庁ではないかといわれています。

ですから、国庁・国分寺のポジションから谷に少し入ったところに、国家の宗教政策にもとづいた神宮寺タイプの山寺が造営されるという、非常にわかりやすいケースです。

こんな見方が各国単位、郡単位で成り立つのかどうか。またそれが八世紀前半まで遡れるのかどうか。本当に興味深いところです。

考古学で山寺の研究をしている人でも、上原さんのいわれていることとは別の位相で、国府・国庁あるいは郡家と山寺の関係性を気にしている方が各地で増えています。そのうち、上川さんの話を証明するような実態がみえてくるのかもしれませんね。

**井上**　神宮寺は谷のずっと奥まったところで、山寺と捉えてもよいですね。

**久保**　典型的な早い時期の古代の山寺ですね。この時期の山寺の具体的なイメージが浮かばない方は、若狭神宮寺を訪ねてもらうと、よく実感できると思います。神宮寺の境内は、中世の段階でも大きな変容を受けていないので、とてもいい例です。

井上　神宮寺に対して、多田寺はどうなんでしょうね。

久保　芝田寿朗さんが図録に書いていますけど、寺の周辺に平坦面がかなり展開していますね。(33)

井上　山の上のほうに展開しているのですか。

久保　多田寺のすぐ裏手ですね。多田寺は山の上にどう展開したのかあまりわからないのです。小浜市教育委員会の方が山中を調査したのですが、めぼしい平坦面はないとの話です。

井上　多田寺の立地では、山寺といっていいのかどうなのか。現在の位置では微妙ですね。

久保　原位置は動いていないと思いますが、山寺でよいと思います。

井上　多田寺にはご本尊が三体あります。その中の十一面観音は薬師如来よりも古い様式になっていて、『類聚国史』の八世紀初めの養老年中でもよいと私は思うのです。飛鳥仏みたいなところがあって、木彫の中で薬師さんより古い。薬師さんはもう少し後で、八世紀の終わりくらいに位置づけてもよいのですけど、十一面観音はとくに古くて、この史料を裏付けるような仏様です。ただ若狭比古神の記述とどう結びつくのか。神宮寺に結びつけるべきなのか、あるいは神宮寺を整備する前に多田寺あたりにあったと考えるのか。

久保　多田寺の手前には多田神社がありますが、古代史の吉永壮志さんの調査では、少なくとも若狭比古神と多田神社の接点はあまりないとのことです。

井上　ないのですか。

久保　多田神社は多田神社で早くにスタートしている別の神です。やはりエリアを分けている。

井上　谷も違いますしね。

久保　そうみたほうがよいのでしょうね。

## 関東の村落内寺院と山寺

上川　考古学の論文で、笹生衛さんが官衙でもなんでもない、村落らしいところの近くから瓦塔《がとう》が出ると書いていますね[34]。その瓦塔は、村落の寺院に違いない、しかも尊勝陀羅尼につながるという評価なのですけど、そうした評価が本当にできるのかどうか。文献史学の通説では支持される可能性は高いのですが、私はどうも少しひっかかるのです。

久保　瓦塔が出るとよく引かれる影響力の強い論文ですね。瓦塔は山のてっぺんでみつかる場合があります。瓦塔を建てて、その上に覆い堂を作るというスタイルとしか思えない出土の仕方です。愛知県瀬戸市の桑下城跡の発掘をしていたら、高所で瓦塔の破片がいっぱい出てきました。似たようなことは埼玉県嵐山町の柳沢Ａ遺跡など、東国でしばしばみられる瓦塔の営みの仕方だと思うのです。

その城跡の直下の山麓部の集落の上品野蟹川《かにかわ》遺跡で、「山寺」という墨書土器が出てくるのです。山寺の上に何かがある。それはひょっとしたら瓦塔かと。山頂部にはろくな平坦面がなくて、ポツンと瓦塔だけを建てている。だから、平坦面探しだけでなく、だらだらとした丘の上にも何かがあるぞという目で考える必要がある。

井上　その瓦塔はいつの時代のものですか。

久保　平安の前半です。だいたいその手の瓦塔は八世紀後半から九世紀だと時代付けされています。東国では非常に瓦塔出土遺跡が多いですね。

もう一つ、東国の特質はやはり竪穴遺構ですね。竪穴住居か竪穴仏堂なのかはわかりませんけど、とにかく竪穴から仏教系の遺物がやたらに出ます。西日本では考えられない状況です。

上川　その竪穴は民衆のものと解釈されているのですか。

久保　関東では民衆につながる議論になりますね。関東の人はよく村落内寺院という概念で説明しますね。奈良・平安の民衆仏教説をそのまま信じて理解している人にとっては、村落内寺院というのがまさにそれであるとね。そこに瓦塔が置かれているのだという解釈です。『日本霊異記』では寺と堂を言い分けていますよね。

『霊異記』を引用する人の中には、村落内寺院では堂が建っていて、寺とは概念が違うと主張する人がいます。ですが、東国の遺跡の様態をそのまま『霊異記』に出てくる言葉に当てはめるというのは、あまりにも乱暴だと思います。

井上　村落内寺院といったときの私のイメージは、平地寺院として読んだり聞いたりしていたのですが、山寺のことを村落内寺院といっているケースもあるのですね。

久保　そういうケースもあります。これは概念論でしかないのですが、関東で村落内寺院と呼ばれているものの中で、段丘の直下に営まれた村落であれば、私の感覚ではふつうに山寺といっていいケースもある。もちろん関東以外でも、全くの平地に立地する遺跡もふつうにありますよ。

富山で最近教えてもらった事例に東木津遺跡(高岡市)があるのですが、二上山の麓に越中国分寺があって、その山を見通す平野の真ん中に遺跡があるのです。ここはふつうの村落です。少し仏教系的な遺物が多いかなという感じですが、その遺跡で「悔過」と書いてある墨書土器が出ています。悔過はこんなところでもやっているんだ、という例ですね。

富山の池野正男さんが、富山県内の平野部で掘られた、いわゆる関東で村落内寺院といわれている遺跡の綿密な地名表を作っています[35]。そうすると、ものすごい数の事例があがっています。瓦出土地はほとんどないのですけどね。そんな事例をみると、これらの遺跡ははたして意図的に張り巡らされた網の目のごとき寺々だったのか、と思ってしまいます。

上川　いや、もちろん網の目からはみ出るものが多いことも、十分あり得ると思いますよ。

## エピローグ

近年、文化庁が文化財を地域活性化に活用する事業を推奨していることもあり、市民を対象とする啓蒙的な歴史シンポジウムが各地で盛んに行われている。そのこと自体は喜ばしいことなのだが、聴衆へのわかりやすさを前提とするあまりに、解決できていない問題点を明示するのを避け、ありきたりの結論だけをパネラーが述べ合って、大御所がそれらをまとめ、若干の展望を述べて終わる、という展開も少なくない。そんな予定調和的な討論を聴いて、ストレスを感じた経験を持つのは編者だけではあるまい。

ほぼ一日に及んだ古代山寺をめぐる座談会は、それとまったく逆の方針をとった。専門や扱う領域の異なる研究者五人が、多様性に富んだ山寺について議論するのであるから、新たな課題が提示されることはあっても、それが座談のみで容易に結論に向かうはずもない。むしろ各人の問題意識の差異を明らかにすべく進行に意を尽くしたが、それらを同じ方向に向けることは極力避けた。古代山寺について何らかの今日的結論を得たいと思われた読者には期待を裏切ることになったかも知れないが、このことこそ、山寺に関心をもつわれわれが共有すべき重要な意識だと考えるので了解されたい。

結果として、従前の各分野の古代山寺研究において、何が視点として欠落していたかが、十分すぎるほどにあぶり出されたと思う。あえてここでそれをまとめることはしないが、第２部掲載の各論文の執筆者全員が、この座談の内容を事前に読んで、テーマを立て、筆を進めたことは強調しておきたい。

真っ当な研究は、進めば進むほどに新たな問題が生まれ、どんどん深い山の中に入っていくものである。それを恐れず、自分だけでなく他分野の問題意識もコンパスにしながら、山頂に至る道々のディテールを観察するのを楽しむ。そんな感覚を、座談参加者と論文執筆陣、そして読者の間で共有できたらと願った。

（久保智康）

註

（1）上川通夫「院政期真言密教の社会史的位置―大治と建久の間―」（『仁和寺御流を中心とした院政期真言密教の文化と美術』二〇一五年）
（2）石田茂作「伽藍配置の研究」（『新版仏教考古学講座』第二巻、一九八四年、雄山閣出版）
（3）藤井直正「山岳寺院」（『新版仏教考古学講座』第二巻、一九八四年、雄山閣出版）
（4）上原真人編『皇太后の山寺―山科安祥寺の創建と古代山林寺院』（柳原出版、二〇〇七年）
（5）上原真人「山岳寺院の考古学・総説」（『山岳寺院の考古学』摂河泉古代寺院研究会、二〇〇〇年）
（6）久保智康「古代の信仰と寺院」（『福井市史　通史編1古代』福井市、一九九七年）
（7）近江昌司「葡萄唐草紋軒平瓦の研究」（『考古学雑誌』五五―四、一九七〇年）
（8）薗田香融「古代仏教における山林修行とその意義」（『平安佛教の研究』法蔵館、一九八一年）
（9）近江昌司前掲註（7）「葡萄唐草紋軒平瓦の研究」
（10）前谷彰・恵紹「最澄の著作に見える自然智の概念」（『密教文化』二〇三号、一九九九年）、同「『憑依天台宗』における「生知」をめぐる問題」（『仏教学会報』二一号、二〇〇二年）
（11）平雅行「中世移行期の国家と仏教」（『日本中世の社会と仏教』塙書房、一九九二年）
（12）上原真人「仏教」（『岩波講座日本考古学』第四巻、岩波書店、一九八六年）
（13）まんのう町教育委員会『中寺廃寺跡発掘調査報告書』（まんのう町教育委員会、二〇〇九年）
（14）稲本泰生「奈良朝古密教の前史に関する覚書―中国武周期前後の状況を中心に―」（『特別展　古密教』奈良国立博物館、二〇〇五年）
（15）吉川真司「東大寺の古層―東大寺丸山西遺跡考―」（『南都仏教』七八号、二〇〇〇年）
（16）宮家準『熊野修験』（吉川弘文館、一九九二年）
（17）梶川敏夫「平安京周辺の山林寺院と安祥寺」（上原真人編『皇太后の山寺』柳原出版、二〇〇七年）
（18）井上寛司「中世」（『大社町史』上巻、一九九一年）
（19）井上一稔「平安時代の牛頭天王」（『日本宗教文化史研究』第十五巻第一号、二〇一一年）
（20）宮崎市定「毘沙門天信仰の東漸について」（『中国文明論集』岩波文庫）
（21）薗田香融前掲註（8）「古代仏教における山林寺院とその意義」

(22) 井上光貞『日本古代の国家と仏教』（岩波書店、一九七一年）
(23) 黒田俊雄『日本中世の国家と宗教』（岩波書店、一九七五年）、中世寺院史研究会編『中世寺院史の研究　上下』（法蔵館、一九八八年）
(24) 菊地大樹『中世仏教の原形と展開』（吉川弘文館、二〇〇七年）
(25) 水野章二『日本中世の村落と荘園制』（二〇〇〇年、校倉書房）
(26) 大山喬平『日本中世のムラと神々』（岩波書店、二〇一二年）
(27) 三浦圭一『中世民衆生活史の研究』（思文閣出版、一九八一年）
(28) 吉田一彦『日本古代社会と仏教』（吉川弘文館、一九九五年）
(29) 津田左右吉『文学に現はれたる我が国民思想の研究』（岩波文庫）
(30) 大山喬平『日本中世農村史の研究』（岩波書店、一九七八年）
(31) 水野章二『中世の人と自然の関係史』（二〇〇九年、吉川弘文館）
(32) 上川通夫「神身離脱と悔過儀礼」（『論集カミとほとけ―宗教文化とその歴史的基盤―』東大寺、二〇〇五年）
(33) 芝田寿朗『若狭・多田寺の名宝』（龍谷大学龍谷ミュージアム、二〇一三年）
(34) 笹生衛「瓦塔の景観と滅罪の信仰―瓦塔が建てられた景観と経典との関連を中心に―」（『日本古代の祭祀考古学』吉川弘文館、二〇一二年）
(35) 池野正男「古代集落における仏教施設と関連遺物」（『大境』30、富山考古学会、二〇一一年）

# 第2部　山寺の歴史的展開

# 宮都と周辺の山寺——飛鳥・奈良時代を中心に——

大西 貴夫

## はじめに

本格的な最初の仏教寺院とされる飛鳥寺は、飛鳥の狭小な盆地の中心に造営された。造営開始は崇峻天皇の時であり、宮は飛鳥の地ではなかった。しかし間もなく崇峻天皇が廃され、豊浦宮で推古天皇が即位し、六〇三年には小墾田宮に遷ることから宮と寺が並び建つことになる。その後の宮は基本的に飛鳥に営まれ、飛鳥時代の中では難波宮、大津宮への一時的な遷都を経て、藤原京に至る。奈良時代は平城京を中心に、恭仁宮、紫香楽宮、難波宮への遷都があり、長岡京を経て平安京へと都は遷っていく。

大和に営まれた宮都は、盆地の中に立地することから、周辺には丘陵や山地が迫っている場合もあり、仏教寺院は宮都の中だけではなく周辺の山中にも営まれる。本稿ではこのような宮都の中に営まれた平地寺院に対し、その周辺の丘陵や山中に立地する寺院を山寺とし、その成立と展開、性格について考える。また、範囲としては宮都周辺だけでなく、盆地の周囲全体を含めることにする(1)。

# 1　飛鳥時代

## （1）飛鳥宮、藤原京と山寺（図1）

飛鳥は奈良盆地の中のさらに狭小な盆地に位置し、宮は基本的にその中心の平坦地に営まれる。周辺には多くの寺院が営まれ、厳密な区別が難しいものもあるが飛鳥宮・藤原京周辺の寺院は立地から次のように分類できる。

〈A類〉平坦地の中央に位置するもの
飛鳥寺・和田廃寺・奥山廃寺・吉備池廃寺・安倍寺・田中廃寺・大窪寺・塔垣内廃寺・小山廃寺・膳夫寺・日向寺・本薬師寺・久米寺・大官大寺
※定型化された伽藍配置をもち、主要な伽藍は同一平坦面に造営される。小山廃寺以下は藤原京の造営開始以後に藤原京内に営まれた寺院である。

〈B類〉平坦地に位置するが、丘陵に寄せて立地するもの
豊浦寺・山田寺・橘寺・川原寺
※部分的に閉塞されているが、基本的に周囲は開けている。

〈C類〉丘陵斜面や低い尾根上に位置するもの
坂田寺・立部寺・檜隈寺・軽寺・朝風廃寺
※周囲は開けており、変則的ではあるが平地寺院に則した伽藍配置をもつものがある。

〈D類〉周囲を丘陵に囲まれた中に位置するもの

呉原寺・高田廃寺・青木廃寺・香具山寺（興善寺）

※斜面地や低い尾根上に適宜堂塔を配置している。

〈E類〉高い尾根上や山中に位置するもの

岡寺・南法華寺

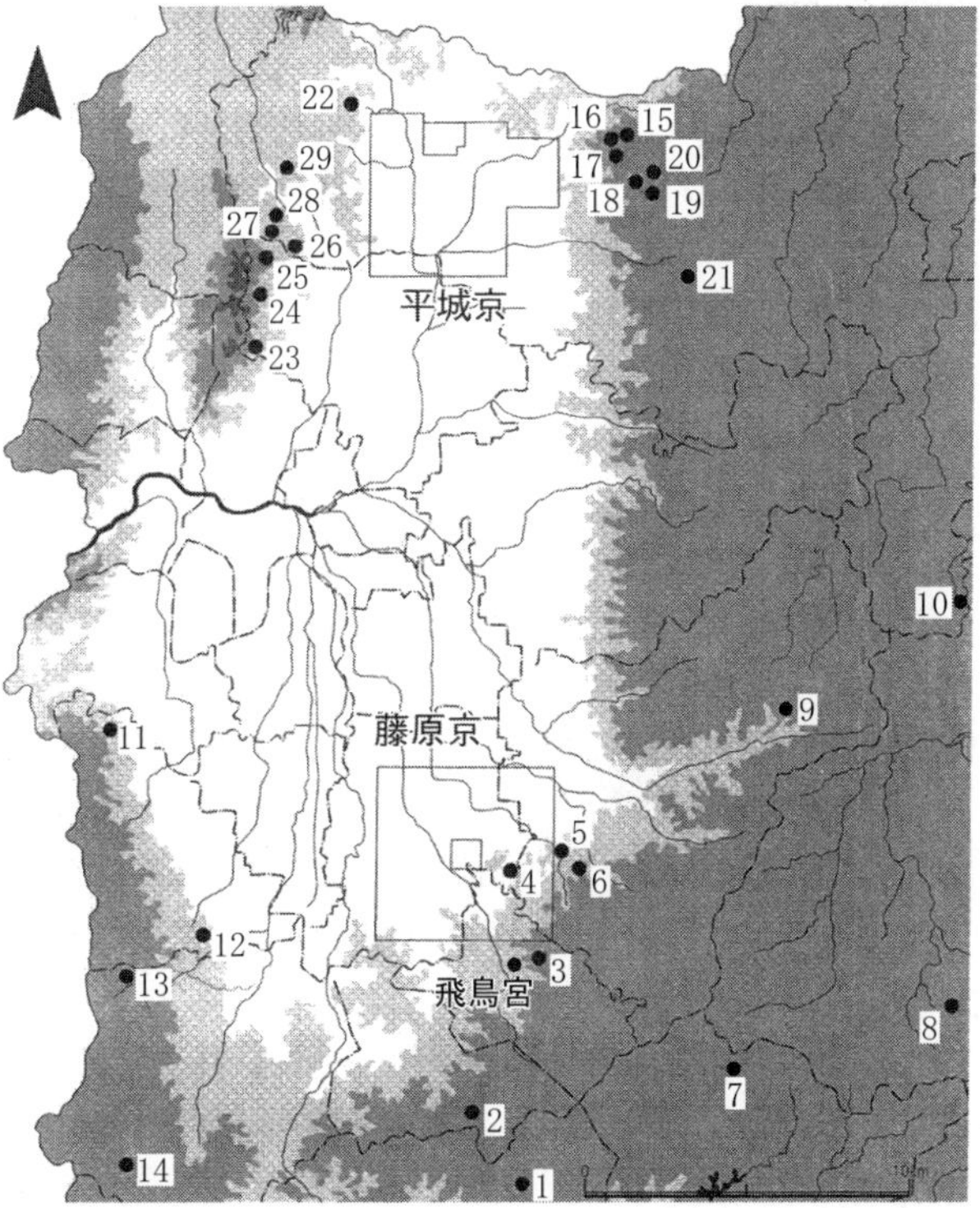


図1　取り上げた山寺の分布

1：比曽寺跡　2：南法華寺　3：岡寺　4：香具山寺　5：青木廃寺
6：高田廃寺　7：龍門寺跡　8：駒帰廃寺　9：長谷寺　10：飯降磨崖仏
11：掃守寺跡　12：地光寺跡　13：戒那山寺　14：高宮廃寺　15：天地院跡
16：丸山西遺跡　17：東大寺上院地区　18：香山堂跡　19：地獄谷聖人窟
20：芳山石仏　21：塔の森　22：阿弥陀谷廃寺　23：松尾寺　24：金剛山寺
25：東明寺　26：滝寺磨崖仏　27：追分廃寺　28：霊山寺　29：追山廃寺

各寺院の造営者については、藤原宮期以前のA・B類は、蘇我氏とその一族などの有力豪族・天皇家にほぼ限定される。C・D類は渡来系の氏族が推定され、周辺に各氏族の集落が営まれたことも想定される。またC・D類は従来から指摘されるように、飛鳥の盆地が狭いため有力豪族以外は平地に寺院を営むことができなかったことから周辺の丘陵地に立地したと考えられている［上原 一九八六］。ただしD類は、後述するように山寺としての機能ももつ。E類については、平地寺院と異なる特異な性格が推定され、明らかな山寺であることから先に詳細に検討する。

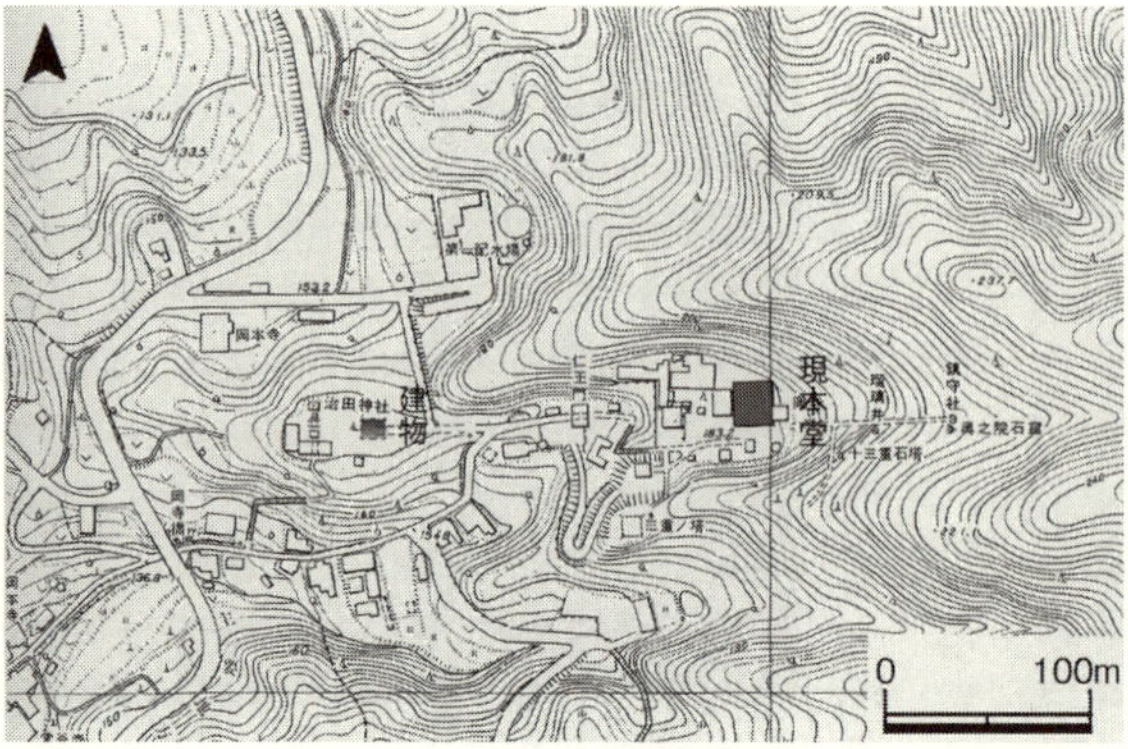

図2　岡寺平面図

岡寺（図2）は、義淵僧正による創建とされ、年代については再度検討するが七世紀末から八世紀初頭頃と考えられている。現在の本堂の西側尾根上に壇正積基壇の一部が確認されており、本来はその場所で堂塔が創建されたが、奈良時代になって現在の場所にも寺域が広がったと考えられる［亀田 一九八三、明日香村 二〇〇六］。その立地は飛鳥宮のほぼ真東の山中であり、この山は現在岡寺山と言われ、文献に記される「飛鳥岡」そのものとされる。少し北には酒船石遺跡があり、丘陵の周囲にめぐらされた石垣や亀形石槽が確認されている。これらは、斉明天皇が築かせたと考えられており、祭祀空間であった。岡寺山の東は多武峰につながり両槻宮の推定地でもある。西山麓の飛鳥宮の北には飛鳥寺、西には川原寺、橘寺といった大寺院が営まれている。以上のような状況から、岡寺が一氏族の氏寺と考えることは難しいのではないだろうか。本来的に神聖な場であり、その山中に営まれた仏教施設と考えておきたい。

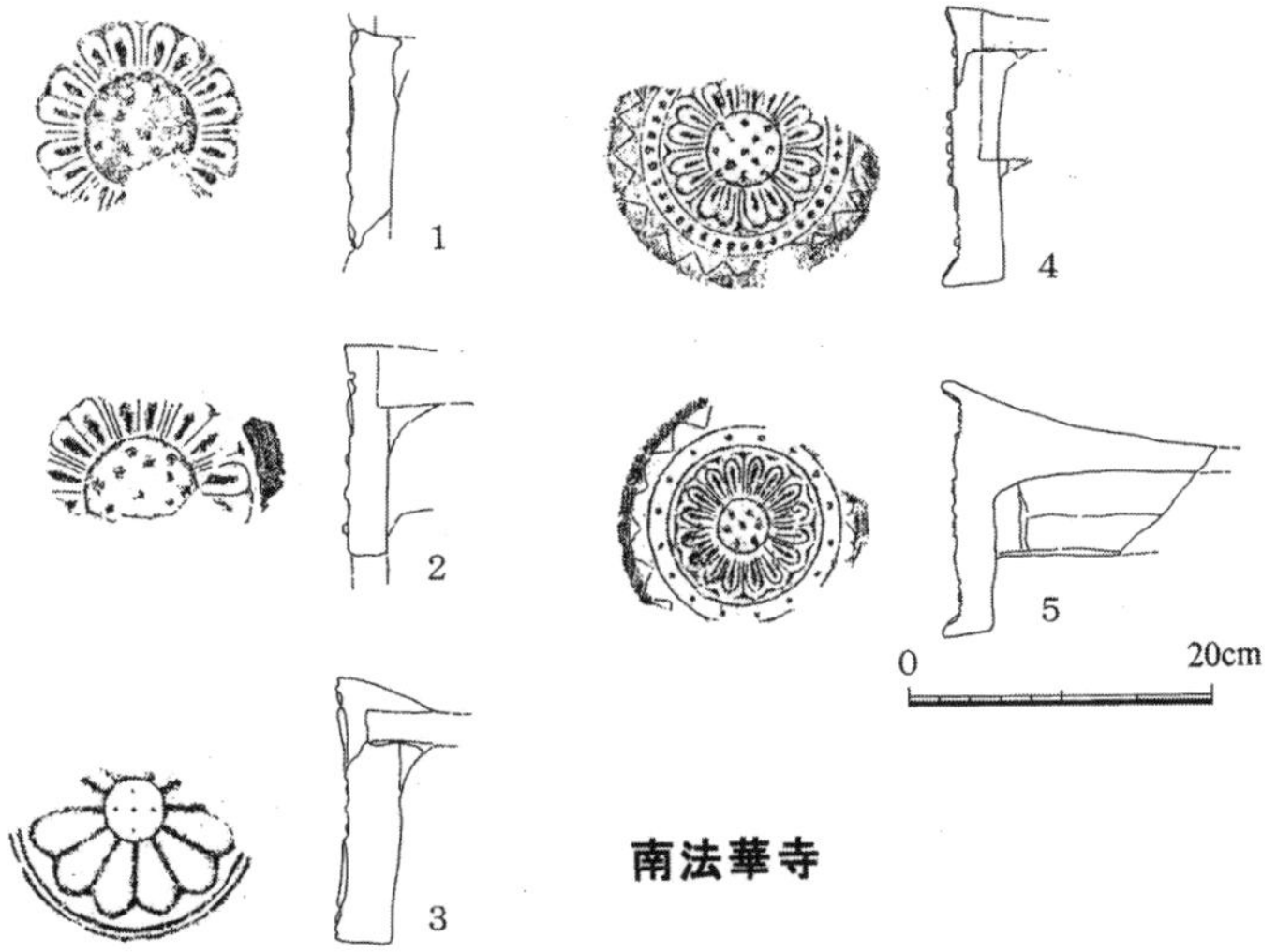


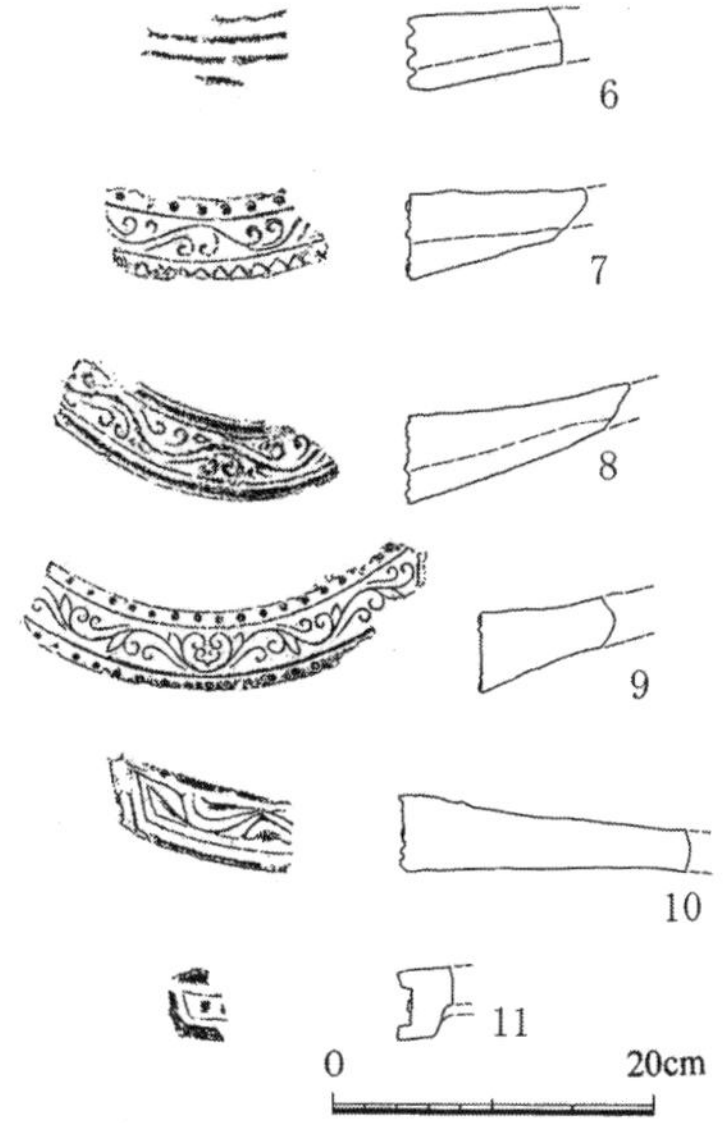


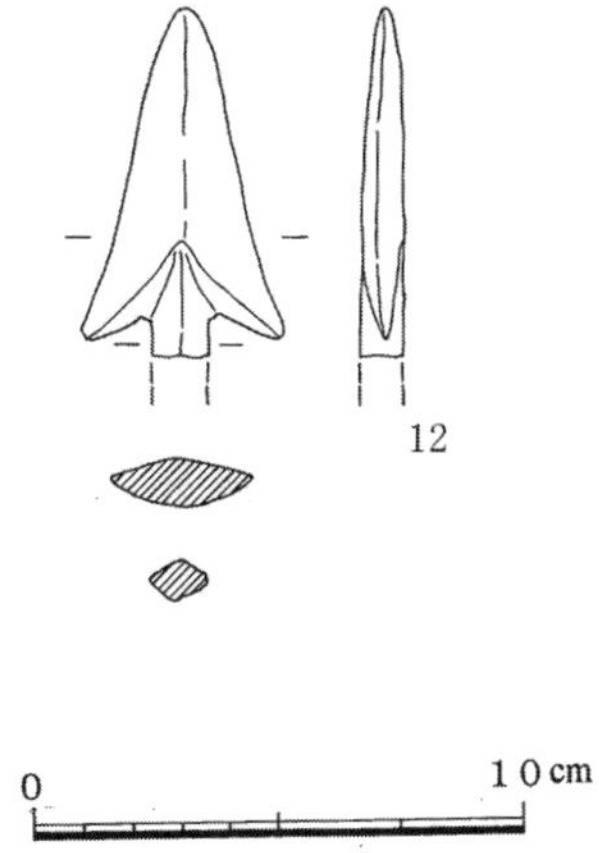


図３　南法華寺出土軒瓦、三鈷杵

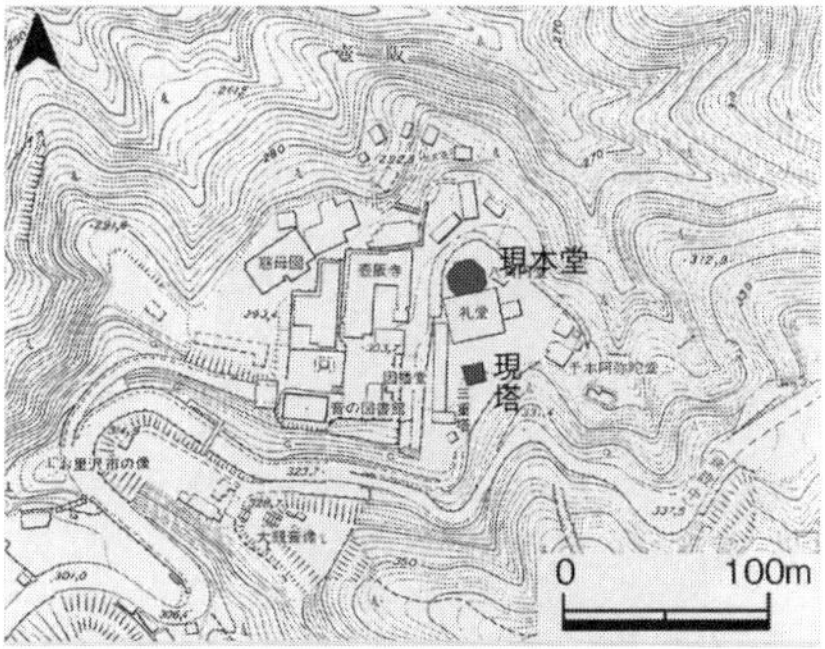


図４　南法華寺平面図

南法華寺（壺坂寺、図4）は、飛鳥南方の高取山の山中に位置する。『南法華寺古老伝』に大宝三年（七〇三）に弁基によって建立されたと記される。現在の伽藍は本堂と室町時代再建の礼堂、三重塔が中心であり、礼堂の地下で創建時と見られる八角円堂と礼堂の凝灰岩製基壇の一部が確認されている［奈良県教委　一九六五］。出土する軒瓦は、点数は少ないが飛鳥時代後半から奈良時代のものが数種類あり（図3）、文献に記される創建年代と矛盾しない。同笵関係は飛鳥寺・岡寺・藤原宮・本薬師寺・薬師寺・興福寺に見られる一方、南法華寺独自のものもある［大西　二〇一〇］。他に川原寺裏山遺跡や橘寺から出土している方形三尊塼仏や、山麓の子嶋寺や大分・虚空蔵寺から出土している独尊塼仏と同形式の塼仏が出土している。特に方形三尊塼仏は量的にまとまるようである。また古式三鈷杵の破片（図3—12）が出土していることは、奈良時代には古密教の儀礼が行われていたことが推測される。瓦や塼仏から飛鳥の寺院とのつながりの中で営まれた初期の山寺と考えられよう。

## （2）山寺の起源

飛鳥周辺のE類と同様な山寺の中では、天智朝の大津宮における崇福寺が先行する例と言える。崇福寺は大津宮から二キロメートル東北の山中に位置し、尾根を造成して塔と金堂、弥勒堂が営まれる［肥後　一九二九、柴田　一九四一］。二つの尾根に分かれているが、川原寺式の伽藍配置を踏襲している。『続日本紀』に記される「志賀山寺」と考えられ、塔心礎からは良好な舎利容器が出土し、川原寺創建軒丸瓦と同笵の瓦も出土している。宮の北側の平地に立地する南滋賀廃寺からも同じ軒丸瓦が出土し、川原寺式の伽藍配置を持つことからも両者の深いつながりが推定される。さらに、平地寺院と山寺の組み合わせの典型例とされている。

大和における最古の山寺として、比曽寺（比蘇寺・世尊寺、図5）があげられる。奈良盆地と吉野を隔てる竜門山地

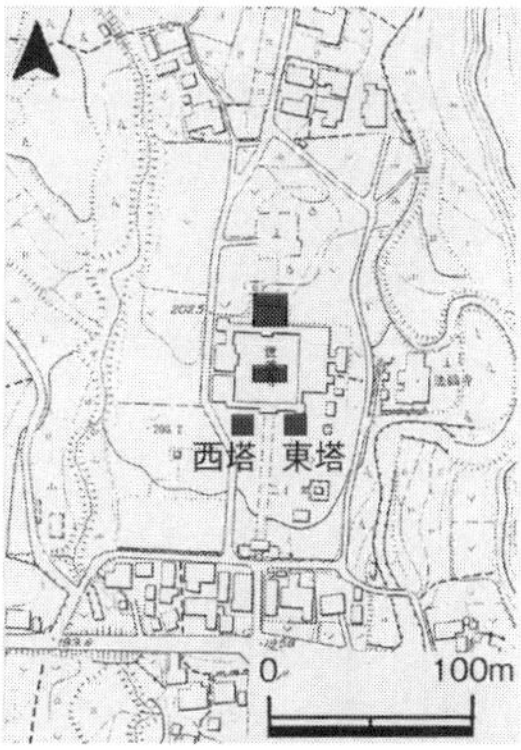


図５　比曽寺平面図

図６　比曽寺軒丸瓦

の南麓、飛鳥の中心から八キロメートルほど離れた吉野川の北側に位置しており、南以外の三方を丘陵に囲まれた平坦地に伽藍が営まれ、先のＤ類に属する。東西両塔の礎石が残りその北側に金堂、講堂が推定され、薬師寺式伽藍配置の可能性も考えられている。飛鳥時代前半の素弁軒丸瓦（図６）が採集されており、創建もその頃に求められよう［保井 一九三二］。しかし双塔伽藍が整備されるのは、飛鳥時代後半以降である。出土する軒丸瓦は川原寺式や岡寺式があるが、主となるものは明らかでない。『日本書紀』に記される吉野寺がこの比曽寺と考えられており、飛鳥池遺跡出土の天武朝の木簡にも寺院名としての「吉野」が記されている［伊藤・竹内 二〇〇〇］。奈良時代には神叡の入山以後、自然智宗という山林修行の拠点とされ、元興寺法相系の一派が比曽寺の活動の中核を担っていたとされる［薗田 一九五七］。後には大安寺の僧・道璿も入寺している。

　飛鳥時代の吉野には斉明天皇や持統天皇らが度々行幸した吉野宮があり、宮滝遺跡に比定されている。また大化の改新の時、古人大兄皇子は飛鳥寺で剃髪、出家して吉野に入っており、天智天皇の崩御の時の大海人皇子も同様であった。比曽寺は山中の平地に営まれており、周辺の遺跡の状況からも特定の氏族が造営したと考えることはできない。このように飛鳥を追われた皇子が仏道に入った寺が比曽寺である可能性は高いと思われ、山寺の性格の一端を示すものであろう。また奈良時代における飛鳥寺の後身の元興寺や大官大寺の後身である大安寺との関係を考えた時、その関係は前時代の飛鳥時代にまでさかのぼることは十分考えられよう。

吉野の南方の紀伊半島を縦断する大峰山脈は、平安時代以降、金峯山信仰が盛んになり、修験道の拠点になっていく。この大峰山脈においても奈良時代の出土遺物として、山上ヶ岳山頂出土の須恵器や和同開珎、弥山山頂遺跡の古式三鈷杵が知られており、奈良時代における何らかの活動の痕跡が見いだせる。飛鳥時代の様相は全く不明であるが、吉野郡の中心寺院である比曽寺の僧の山林修行の場としては、北側の竜門山地だけでなく南側の大峰山脈も想定でき、基地としての役割を担っていた可能性も考えられる。

### （3）葡萄唐草文軒平瓦について

葡萄唐草文軒平瓦は特徴的な複弁五弁または六弁蓮華文軒丸瓦と組み、岡寺式とも称される（図7・8）。飛鳥・藤原京周辺で本型式が出土しているのはE類の岡寺の他に高田廃寺・青木廃寺（軒丸のみ）・香具山寺（軒丸のみ）があり、全てD類である。奈良盆地周辺では宇陀地域の駒帰廃寺・葛城地域の掃守寺・地光寺・戒那山寺（軒平のみ）・吉野地域の比曽寺（軒丸のみ）・龍門寺（軒丸のみ）、河内では河内国分寺（軒丸のみ）がある。従来から指摘されるように、これらの寺院は全て山中あるいは山に近い場所に立地していることから、山岳寺院的な性格が指摘されている［近江 一九七〇］。その後も瓦の詳細な検討が行われている［中嶋 一九九〇、近江 一九九六］が、ここでは再度年代と性格について検討したい。

葡萄唐草文軒平瓦は均整唐草文であり、左右に三回反転する茎の間に葡萄の実房や花、葉を配する。実房は写実的に表現するものから形骸化したものもあり、この文様の退化が年代の経過を示すとされている。上外区に線鋸歯文を配し、脇区、下外区が無いのも特徴である。その中で最も古く位置付けられるのが岡寺1であり、実房と花を交互に配し、実房の表現は写実的である。桶巻き作りで作られ、顎部は貼りつけ削り出し段顎である。これらの特徴は藤原

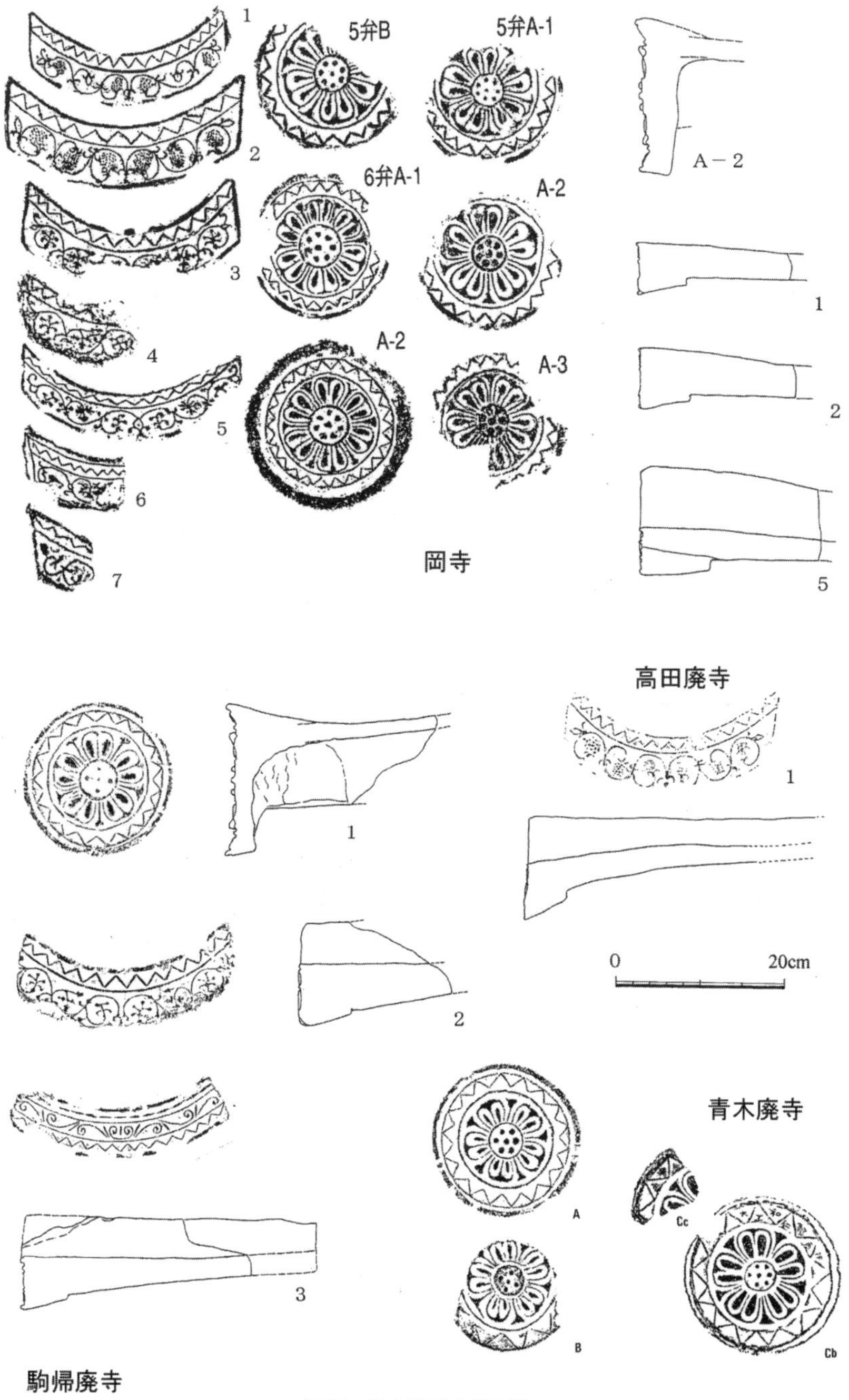
1
5弁B
5弁A-1
A－2
2
6弁A-1
A-2
3
1
4
A-2
A-3
2
5
6
7
岡寺
5
高田廃寺
1
1
0
20cm
2
青木廃寺
3
A
Cc
B
Cb
駒帰廃寺

図7　各寺院出土軒瓦①

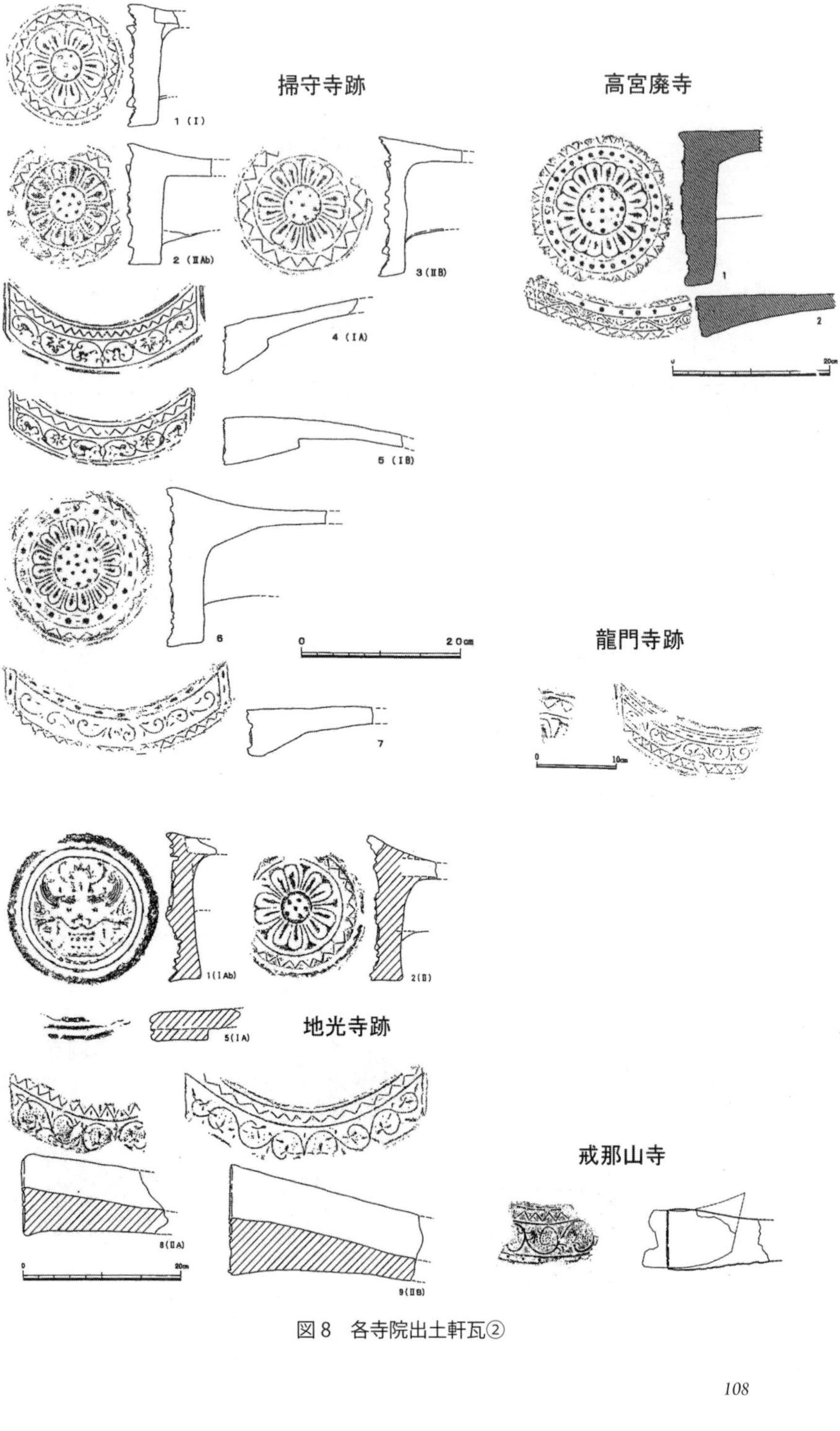
掃守寺跡
高宮廃寺
1 (I)
2 (ⅡAb)
3 (ⅡB)
4 (IA)
5 (IB)
6
7
0 20cm
龍門寺跡
0 10cm
1(IAb)
2(Ⅱ)
5(IA)
地光寺跡
8(ⅡA)
9(ⅡB)
0 20cm
戒那山寺

図８　各寺院出土軒瓦②

宮式の偏行唐草文と同様であり、年代も同時期に考えられる。同笵関係については、退化した岡寺3と駒帰廃寺2、高田廃寺と駒帰廃寺、地光寺と戒那山寺で見られる。以上のことから、分布の中心に岡寺が位置付けられるとともに、それぞれの寺院の相互のつながりもうかがえる。

次に軒丸瓦の特徴としては、①通常の軒丸瓦に比べやや小ぶりで、②複弁五弁という変則的な弁数、③外区内縁の珠文はなく外縁には大きな線鋸歯文を配す、④鋸歯文の外側に無文の外縁を持つという点がある。川原寺式から藤原宮式、平城宮式という同時期と考えられる軒瓦の系譜の中に位置付けることは難しいが、従来から指摘されるように④の特徴が藤原宮式の一部や興福寺式に共通すること、③の特徴から初期のものは七世紀末にはさかのぼると考えられる。これは④の特徴をもつ藤原宮式の軒丸瓦が、藤原宮中枢部の主要建物ではなく外周の大垣から出土し、藤原宮造営の最終段階以前に操業を停止している日高山瓦窯産であること、駒帰廃寺からは方形三尊塼仏が多数出土しており、同じ塼仏が二光寺廃寺や夏見廃寺からも出土し、七世紀末から八世紀初頭の創建と考えられることからもうかがえる。ただし、個々の個体の年代差もうかがえることから、八世紀前半程度の時期幅は考えておく。

以上のことから岡寺式の製作開始年代としては、従来通り七世紀末と考えて問題はないであろう。岡寺を創建したとされる義淵は、大宝三年(七〇三)から神亀五年(七二八)まで僧正の地位にあった[横田 一九七九]。それを前後する時期と岡寺式の年代幅はほぼ一致することから、両者の関わりは深いと推測される。また、岡寺と宮都との関係では、岡寺式の年代観からは藤原京の時期に創建されたこととなり、飛鳥に宮があった時期には寺は存在しなかったと言える。しかし岡寺式にさかのぼる複弁八弁蓮華文軒丸瓦の出土も知られており、その創建は飛鳥浄御原宮の段階である可能性もある。宮都の西方ではなく東方の山中に山寺が営まれる例は、藤原京に対する東方の香具山山中に位置する香具山寺や、さらにその東方山中の青木廃寺・高田廃寺があり、全て岡寺式が出土している。また後述する平城京では、東方の春日山山中から山麓の東大寺前身寺院、香山堂などがあげられる。宮都の立地にもよるのであろうが、このような共通性は、宮都と山寺との関係の系譜が飛鳥から引き継がれたことも想定できる。宮都から遠方でもなく少し離れた山中に僧の山林修行の場、あるいは山岳自体を対象とする信仰の場が東方に営まれたのではなかろうか。

## （4）岡寺式出土寺院について

岡寺式の出土寺院の中で、発掘調査などである程度遺跡の内容が明らかになっている寺院をここではとりあげる。

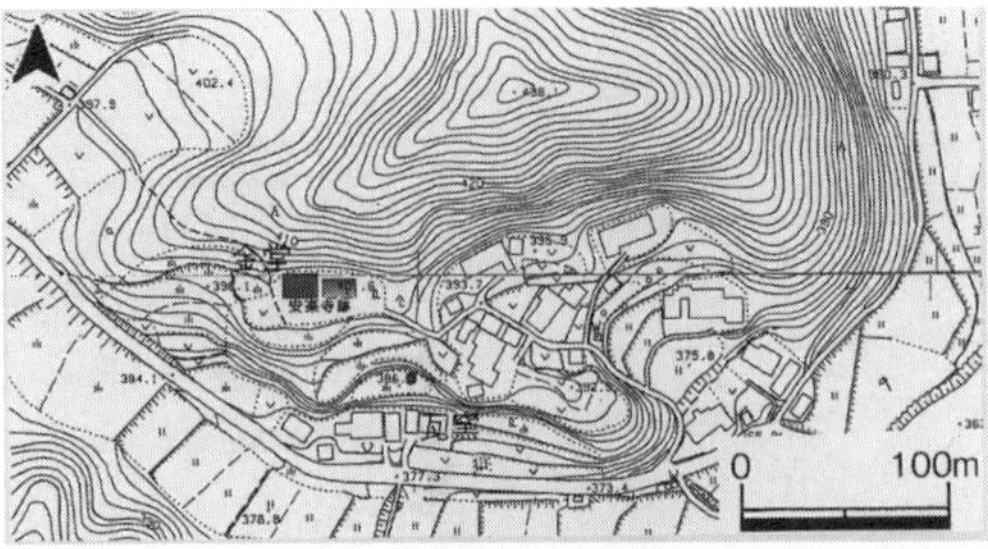

図９　駒帰廃寺平面図

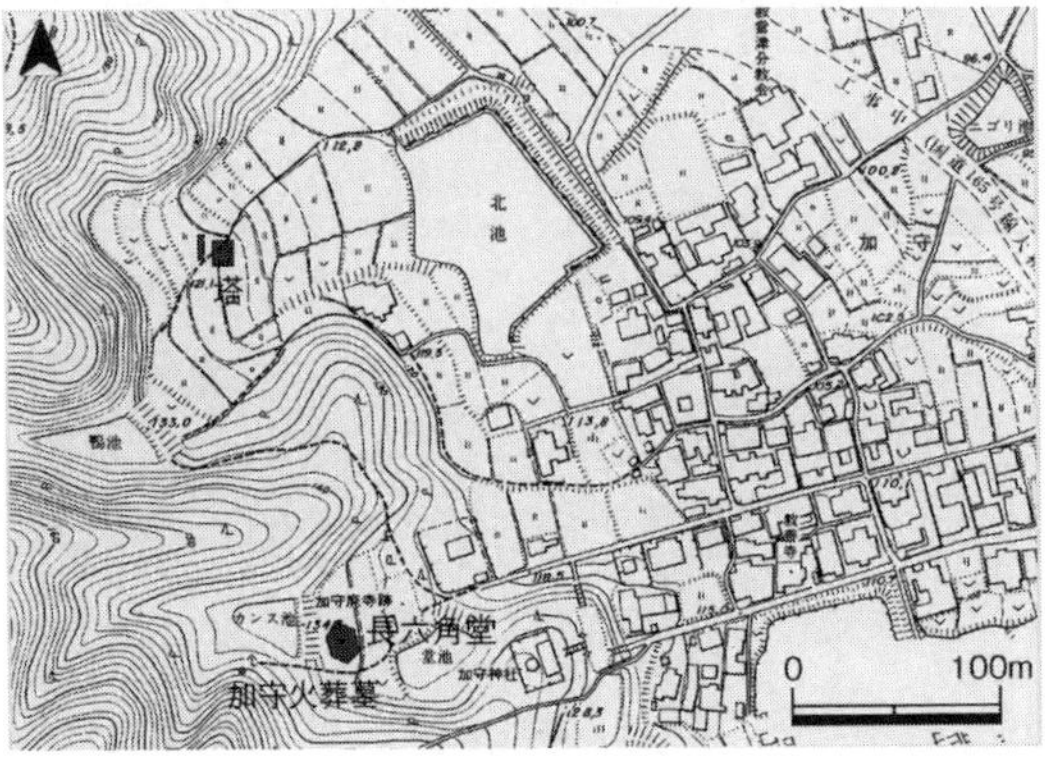

図10　掃守寺跡平面図

駒帰廃寺（図７・９）は、宇陀山中の丘陵南斜面に位置する。確認された礎石建物は、五×四間の規模で基壇外装は瓦積と見られる。またその東でやや小規模な礎石建物が確認されている［菟田野町他　一九七二］。葡萄唐草文軒平瓦は、実房だけが配されるが葉状に退化しており、他に均整唐草文軒平瓦が出土している。また方形三尊塼仏や小型独尊塼仏、塑像の螺髪も出土している。造営氏族は明らかでない。葡萄唐草文は岡寺例に比べ年代が下るもので、創建年代は八世紀初頭と考えられよう。

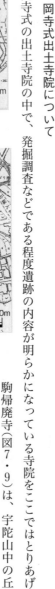

掃守寺跡(図8・10)は二上山の北東麓に位置し、堂塔は二つの谷に分かれて配置されている。南の谷では長六角堂、北の谷では塔と回廊が確認されているが、他に堂などはないようである。長六角堂は特異な形態の堂であり、凝灰岩製の壇正積基壇をもつ［近江 一九九五］。平面形が当麻寺の当麻曼荼羅厨子に類似することが指摘されており、仏像ではなく仏画が置かれていた可能性もある。岡寺式は小ぶりであり、葡萄唐草文は退化した実房と花を交互に置く。以上のことから、長六角堂の創建年代は八世紀初頭と考えられる。塔も凝灰岩製の基壇をもち、興福寺式軒瓦のセットが創建瓦である。『掃守寺造御塔所解』の記述から天平勝宝二年(七五〇)頃の造営であることは言える。また『薬師寺縁起』では、殺された大津皇子を弔うために建てられたこと、掃守寺が龍峰寺とも称されることなどが記されている。また掃守氏の氏寺であることも指摘されている。

地光寺跡(図8・11)は葛城山の東麓の緩斜面に位置する。東西に伽藍があり、東遺跡では東西に並ぶ塔心礎が確認され、双塔伽藍と考えられている。西遺跡では、凝灰岩の地覆石列が確認され、これも塔基壇と推定されている。その他の建物は明らかでない［大西 二〇〇二］。創建瓦は新羅系の鬼面文軒丸瓦と重弧文軒平瓦の組み合わせであり、七世紀後半と考えられる。鬼面文軒丸瓦は大官大寺や雷丘北方遺跡出土の三重圏縁を彫り直したものである。岡寺式は一種、葡萄唐草文は三種あり、三種とも実房だけを配している。戒那山寺と同笵(図8)のものも出土しており、岡寺式は八世紀前半の時期が考えられるが、本例はややさかのぼると思われる。地光寺は忍海氏の氏寺とされ、天智天皇と忍海造小龍の間に生まれた川嶋皇子に関わることも指摘されている［吉村 一九八六］。また施薬院が置かれた記録も知られる。飛鳥の官寺と同笵品を持つ点は、この寺の性格の一端をうかがわせるものかもしれない。

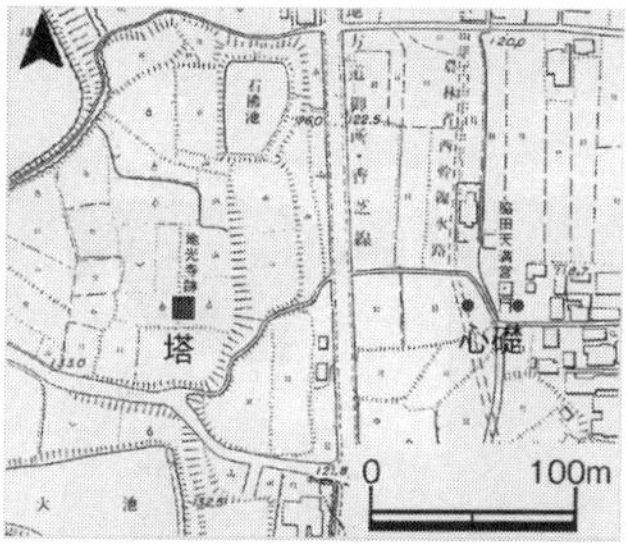

図11　地光寺跡平面図

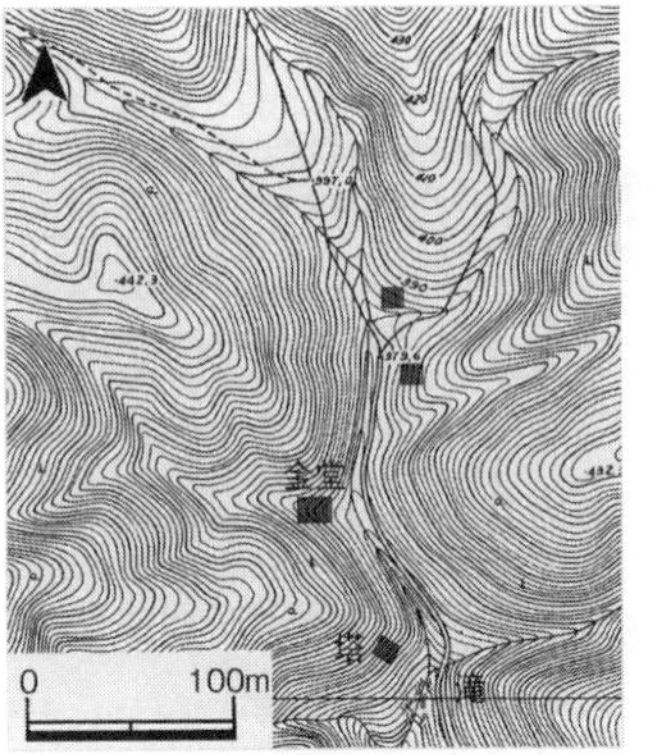


図12　龍門寺跡平面図
（建物位置は推定）

また、戒那山寺については葛城山中に中世以降の大寺院の跡を残すが、古代にさかのぼる遺物は葡萄唐草文軒平瓦一点であり、その実態は明らかでない。近くには滝もあり、行場と見られる。地光寺と戒那山寺は飛鳥池遺跡出土の寺名木簡に記される「日置寺」の可能性も考えられている［伊藤・竹内 二〇〇〇］。

龍門寺跡（図8・12）は奈良盆地と吉野を画する竜門岳の南側中腹の谷部に位置する。堂塔跡は谷に散在しており、竜門滝も近くに所在する。塔跡が調査されており、基壇の外装は乱石積で心礎の周りには四天柱がないことが特異である［奈良県教委 一九五三・一九五四］。岡寺式軒丸瓦と均整唐草文軒平瓦、連坐塼仏などが出土している。『諸寺縁起集』では義淵僧正が龍蓋寺と龍門寺を国家と藤原氏の繁栄のために建てたことが記される。また飛鳥池遺跡出土の寺名木簡には「龍門」が記される。出土遺物から知れる年代は八世紀初頭であるが、木簡からは天武朝までさかのぼることになる。小規模な堂がその頃には存在したことが考えられる。

以上、岡寺式の出土した寺院跡の中で、ある程度遺跡の状況がわかるものについて述べてきた。それらの寺院の立地は従来から指摘されるように岡寺と岡寺山、香具山寺・青木廃寺・高田廃寺と多武峰の山々、駒帰廃寺と宇陀の山々、掃守寺と二上山、地光寺・戒那山寺と葛城山、龍門寺跡と竜門山というように、奈良盆地周囲の主要な山々にそれぞれが配置されているように見える。またそれらの山々は考古学的な証明は難しいが、古い信仰の場をある程度反映している延喜式内社が近在することから、寺院が建てられる以前から信仰の対象であったことも推測される。『扶桑略記』などの義淵の五龍寺の伝承や岡寺の龍蓋池、戒那山寺や龍門寺の滝、駒帰廃寺と宇陀水分神社というように山岳に対する信仰は水源に関わった水に対する信仰に重なり、山寺の機能の一端もそのような信仰にあると考えられる。

　また各寺院の造営者としては、D類のようにそれぞれの造営氏族が考えられるものもあるが、一方で全く推定できないものもある。氏族が建立した寺が山寺である理由は明らかでないが、基壇構造など中央官寺との関わりから官に関する施設であることも指摘される［近江 一九九六］。さらに義淵と藤原氏との深いつながりが指摘されているが［横田 一九七九］、岡寺式出土寺院には興福寺式やその系統の軒瓦が伴う例が見られ、考古学的にも裏付けられる。奈良時代には興福寺につながる山寺であったことが指摘できよう。文献からは、岡寺と草壁皇子、掃守寺と大津皇子、青木廃寺と高市皇子、地光寺と川嶋皇子というように天武朝の皇子たちを追悼するという性格も推測され、その点からは天皇や国家（官）との関わりが推定される。

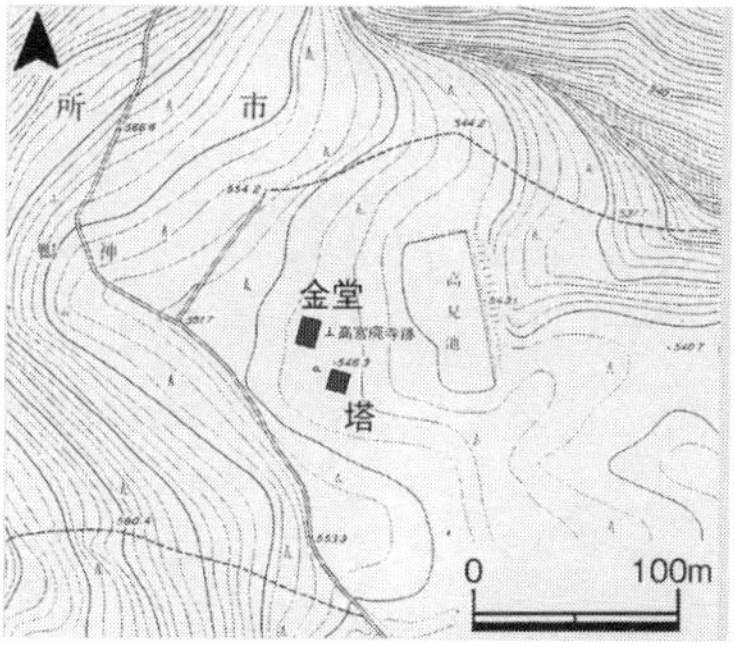


図13　高宮廃寺平面図
（建物位置は推定）

### （5）その他の山寺

　飛鳥時代の山寺の全てから岡寺式が出土するわけではなく、先にふれた南法華寺のように山中に立地しながら岡寺式が全く出土しない山寺もある。比曽寺も葡萄唐草文は出土せず、岡寺式は量的に少ない。

　奈良盆地南西の金剛山中に位置する高宮廃寺（図8・13）では、金堂とその南東に塔の基壇が遺存している［上田 一九二八］。出土する軒丸瓦は、藤原宮式の影響がうかがえる複弁八弁蓮華文であるが、花弁が接して間弁が無いのが特徴である。また組み合う軒平瓦は偏行唐草文であるが、上から面違鋸歯文、珠文、

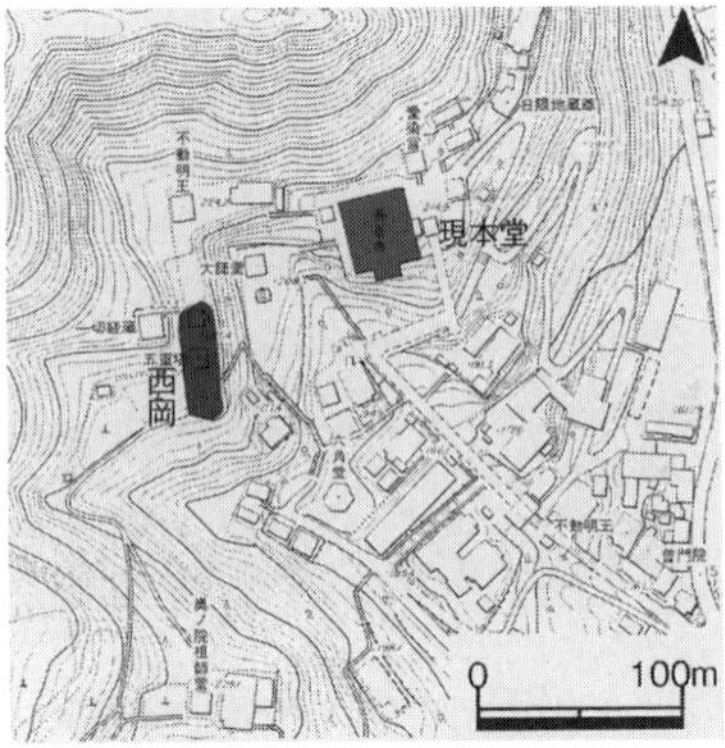

図14　長谷寺平面図

唐草文、線鋸歯文と四区構成になっている点が特徴である。これと同じ瓦は、同じく金剛山斜面の開けた場所にある二光寺廃寺から出土している。二光寺廃寺は周辺の朝妻廃寺や飛鳥の檜隈寺とも瓦の同笵関係があり、それぞれで推定される造営氏族から渡来系氏族とのつながりが指摘されている。高宮廃寺もそのような寺院に対する山林修行の場と位置付けられるのではなかろうか。また『日本霊異記』には「高宮山寺」が、『行基菩薩伝』には行基が高宮寺徳光から具足戒を受けたことが記され、それぞれこの高宮廃寺のことを指すと考えられている。

藤原京東方の長谷寺（図14）は、古代の遺構は明らかでなく、少量の奈良時代の軒丸瓦の出土が知られる程度であるが、七世紀末に制作された銅板法華説相図が伝えられている。『法華経』見宝塔品で説かれる釈迦・多宝の二仏が並ぶ状況を表現しており、銘文からは道明（川原寺の僧とされる）が、飛鳥清御原大宮治天下天皇（天武または持統天皇）のために作ったことが知られる。本来は西岡にまつられており、奈良時代になって徳道により東岡に新たな堂塔が営まれ、現在の伽藍に整備されたと考えられている。

さらに東方の宇陀の山中には、白鳳から奈良時代の制作とされる飯降磨崖仏（図15）が知られる。遺存状況は悪いが、凝灰岩の岸壁に縦二・五メートル、横三・八メートルほどの範囲に二体の仏坐像を中心に多くの仏像が彫られる［川勝一九五八］。あるいは長谷寺の銅板法華説相図と共通する図像かもしれない。磨崖仏は山に囲まれた中の平坦面の北側奥の崖面に位置し、周囲に堂などが存在したことも考えられる。その他の遺構や遺物は知られておらず、遺跡の実態や時期の詳細は明らかでない。

図15　飯降磨崖仏見取図（川勝1958を改変）

以上のような状況から、山中に営まれた仏教施設でも全てが瓦葺きの堂塔を備えたものではなく、小規模な堂や磨崖仏を中心としたものがあったことが知られる。また先に岡寺式軒瓦と義淵の関係を述べたが、岡寺式出土寺院は官との関わりを推測させる一方で、ここで述べた諸寺院は渡来系氏族や、義淵とは異なる流派の山寺であったことも推測できる。

### (6) 百済・新羅と山寺

飛鳥時代の宮都周辺の山寺の状況は以上であるが、日本に仏教を伝え、その後も影響を与えた朝鮮半島の百済、新羅の山寺の状況をここでは概観したい[北野 一九七八、福士二〇一〇]。

百済の寺院の立地についても日本と同じような傾向を示す。都である扶余では定林寺・軍守里廃寺など、益山では帝釈寺がA類である。山寺に関わるD類では益山・弥勒寺や保寧・聖住寺などがあげられる。弥勒寺は百済でも最大規模の伽藍をもつが、立地はA類ではなく背後の弥勒山に関わった造営背景が考えられる。聖住寺も規模の大きな伽藍であるが、扶余から二〇キロメートルほど離れた山中の平坦地にあり、日本における比曽寺と同様な位置付けが考えられる。E類では、公州　南穴寺・西穴寺・舟尾寺は隣接して石窟がある。確認された堂塔は統一新羅以降のものであるが、西穴寺・舟尾寺からは百済の時期の素弁軒丸瓦が出土しており、創建はこの時期までさかのぼると考えられている。日本に比べ、より本格的な山林修行の場が古くから設けられていたと言える。また、山中の石仏として奉安や瑞山の磨崖三尊仏像が知られる。以上のことから、百済においては六世紀の前半には都の扶余において本格的な伽藍が営まれるが、その頃には少し離れた公州などの山中に山林修行に関わる仏教施設が営まれていたと言える。百済においても仏教信仰の初期から本来的な姿として両者は並立しており、日本に伝えられたのだろう。

新羅の寺院も同様である。都である慶州では皇龍寺がA類の代表である。E類では慶州自体が周囲を山に囲まれるため、山林修行の場の代表とも言える南方の南山だけではなく各所に山寺が営まれる。西方の断石山　神仙寺磨崖仏などは古新羅の瓦が出土しており、古い段階の山林修行の場と言える。東方の仏国寺は、統一新羅以降であるが山中に大規模な平地式の双塔伽藍が営まれる。これに付属して山頂近くには石窟庵が営まれており、寺院と石窟のセット関係は百済の公州の寺院に通じるとも言える。このように新羅でも七世紀段階という新羅仏教の初期から山中にも仏教施設が営まれている。そして八世紀以降は大きく展開し、新羅仏教には欠くことのできない地位を占めることになる。

## (7) まとめ

以上、飛鳥時代の宮都とそれに関連する山寺の状況を概観した。またその源流である朝鮮半島の状況にもふれた。日本においては、六世紀末の飛鳥寺造営に少し遅れて比曽寺のような山寺が営まれた。その後、山寺はあまり展開しなかったが、七世紀の末になって多数営まれるようになる。その段階ではいくつかの流派があり、多様な姿が想定される。律令制の整備という七世紀から八世紀の流れの中で、仏教においても制度の整理も行われた。このような変革の中で、山林寺院も整備され、正当に位置付けられていったのではなかろうか。

## 2 奈良時代

### (1) 平城京と山寺(図1)

ここでは、平城京遷都後の奈良時代についてのべる。平城京は南が開け、北・東・西を丘陵や山地に囲まれている。北は平城山丘陵、東は春日山、西は西ノ京丘陵と富雄川を隔てた矢田丘陵である。京内には遷都当初から飛鳥・藤原京に起源をもつ官寺である四大寺が移転、整備され、中頃以降には新たに外京に接して東大寺が、右京に西大寺が天皇の勅願によって造営される。その他に貴族の氏寺も多く建てられた。さらに、京外の丘陵や山中にも寺院が営まれており、ここではそれらを順に見ていきたい。

### (2) 春日山周辺の山寺

平城京の東方の山中においては、東大寺の造営以前にさかのぼる山寺が存在した。東大寺の中心伽藍は丘陵を大きく削って造成されたようで、もとは外京に丘陵が迫っていたと考えられ、京から見ても山深いところであったのだろう。

行基が和銅元年(七〇八)に造営したと推定される天地院跡は、若草山の山頂に近い山中に位置する。塔基壇が調査されており、出土する瓦は少量であることから檜皮葺きと考えられている。東大寺講堂の東方に位置する丸山西遺跡は、平場が造成されており興福寺式の軒瓦が主として採集されている。二月堂・法華堂(三月堂)周辺の上院地区では、現在も法華堂が残っており、天平十二〜十九年(七四〇〜七四七)の創建と考えられている。北側の仏餉屋の調査では

図17　芳山石仏

図16　地獄谷聖人窟

八世紀第2四半期の平城宮式軒瓦が多く出土しており、その頃の建物が周辺に存在したことが推定される。出土する軒瓦は平城宮東院や法華寺下層で比較的多く出土するものである。これらの建物は、東大寺の前身寺院とされる金鐘山房・金鐘寺・福寿寺・金光明寺に関わると考えられている。金鐘山房は聖武天皇によって神亀五年(七二八)に創建され、福寿寺は天平十年(七三八)頃に皇后宮職が造営に関わっていたことが指摘されている［吉川二〇〇〇、菱田二〇〇〇、上原二〇〇一］。

以上の春日山北西の寺院に対し、南西では香山堂跡が知られる。山中に五段の平場が造成され、大型の建物が建っていたようである。出土する軒瓦は平城宮式で、時期としては仏餉屋出土のものと同じ頃であるが同笵ではない。天平勝宝八歳(七五六年)の『東大寺山堺四至図』では、法華堂や千手堂とともに香山堂とそこに至る山房道が描かれており、文献からは光明皇后の造営であることや天平十七年(七四五)の薬師悔過所に関わることが考えられている。また後に山麓に造営される新薬師寺との関連も推定されている〔森・牛川・伊東 一九六七〕。春日山中には他に奈良時代の石仏として地獄谷聖人窟(図16)や芳山石仏(図17)が知られる。これらは都に供給する石材の石切り場でもあった。また水源の祭祀に関わる春日大社の末社も各所に分布しており、中世の遺物が採集されている。さらに東方には鶯の滝や奈良時代と考えられる軒丸瓦や礎石が出土している誓多林廃寺、南方の国見山の山頂近くの塔の森には奈良時代の凝灰岩製の六角十三重石塔(図18)が残されている。『東大寺山堺四至図』には春日山の尾根筋に「南北度山峯」の記載があり、法華堂から香山道に至る山林抖藪が奈良時代にさかのぼって行われていたことが指摘されている〔山本 二〇〇八〕が、春日山にはさらに広く山林修行の場が奈良時代に展開していたことが考えられる。春日山中の山林修行については東大寺法華堂だけではなく、中世には興福寺の東・西金堂の僧侶も行っていたことが知られる。丸山西遺跡の興福寺式軒瓦からは、奈良時代でも最初のころからこの地が興福寺と関わりがあったことを推定させるが、その後聖武天皇や光明皇后によって山寺が築かれ、総国分寺としての東大寺に発展していく。奈良時代から東大寺、興福寺両寺の山林修行の場であったことは十分考えられよう。

図18　塔の森石塔

国分寺と山寺の関係では、河内国分寺から岡寺式軒丸瓦が出土していることも注意される。河内国分寺は大和川南岸の明神山中に位置し平地伽藍ではない。全国の国分寺の中では特異な立地をもつが、東大寺のように山寺が国分寺に発展した状況を考えた時、最初期の国分寺は山寺であったことが考えられるのではなかろうか。東大寺上院地区からは岡寺式は出土しないが、河内国分寺とともに国分寺の草創期の姿を示しているのではなかろうか。

### (3) 西ノ京丘陵、矢田丘陵の山寺

平城京の西方は低い丘陵が続く。西ノ京丘陵で一三〇メートル程度、西側の富雄川の谷を隔てた矢田丘陵の最も高いところで三四〇メートル程度であり、さらに西側に生駒山地が高くそびえることになる。ただし生駒山地には飛鳥・奈良時代の寺院は少なく、この点については後述する。

西ノ京丘陵では、平城京の北西の場所に阿弥陀谷廃寺がある。東面する南北棟と考えられる礎石建物が南北に二棟並んで確認されている。建物は小規模であるが、軒瓦は奈良時代前半の平城宮式である。火頭形三尊塼仏や方形三尊塼仏も出土している。『西大寺資材流記帳』に見られる阿弥陀山寺あるいは瑜伽山寺と推定されている［宮原・廣岡 一九九八］。

矢田丘陵では、南から松尾寺・金剛山寺（矢田寺）・東明寺・滝寺・追分廃寺・霊山寺がある。松尾寺からは平城宮式の軒丸瓦が出土し［関川 一九八七］、霊山寺には方形三尊塼仏が伝えられている。金剛山寺・東明寺からは古代の遺物の出土は知られていないが、松尾寺・東明寺は舎人皇子の創建と伝えられる。滝寺は奈良時代の磨崖仏（図19）があり、平城宮式の軒平瓦、小型塼仏が出土している［河上・木下・松本 一九八七］。周辺にも平場が展開し、ある程度の規模を持っていたと考えられる。追分廃寺は堂塔の存在は明らかでないが、奈良時代初頭の平城宮式や興福寺式軒瓦、小型塼仏が出土している。また谷をはさんだ北東に位置する追山廃寺からも同型式の軒瓦が出土しており相互の関連がうかがえる。これらの寺院は『行基年譜』に記される行基が養老二年（七一八）に建立した隆福院（登美院）や天平三年（七三一）に建立した隆福尼院であることが推測されている。

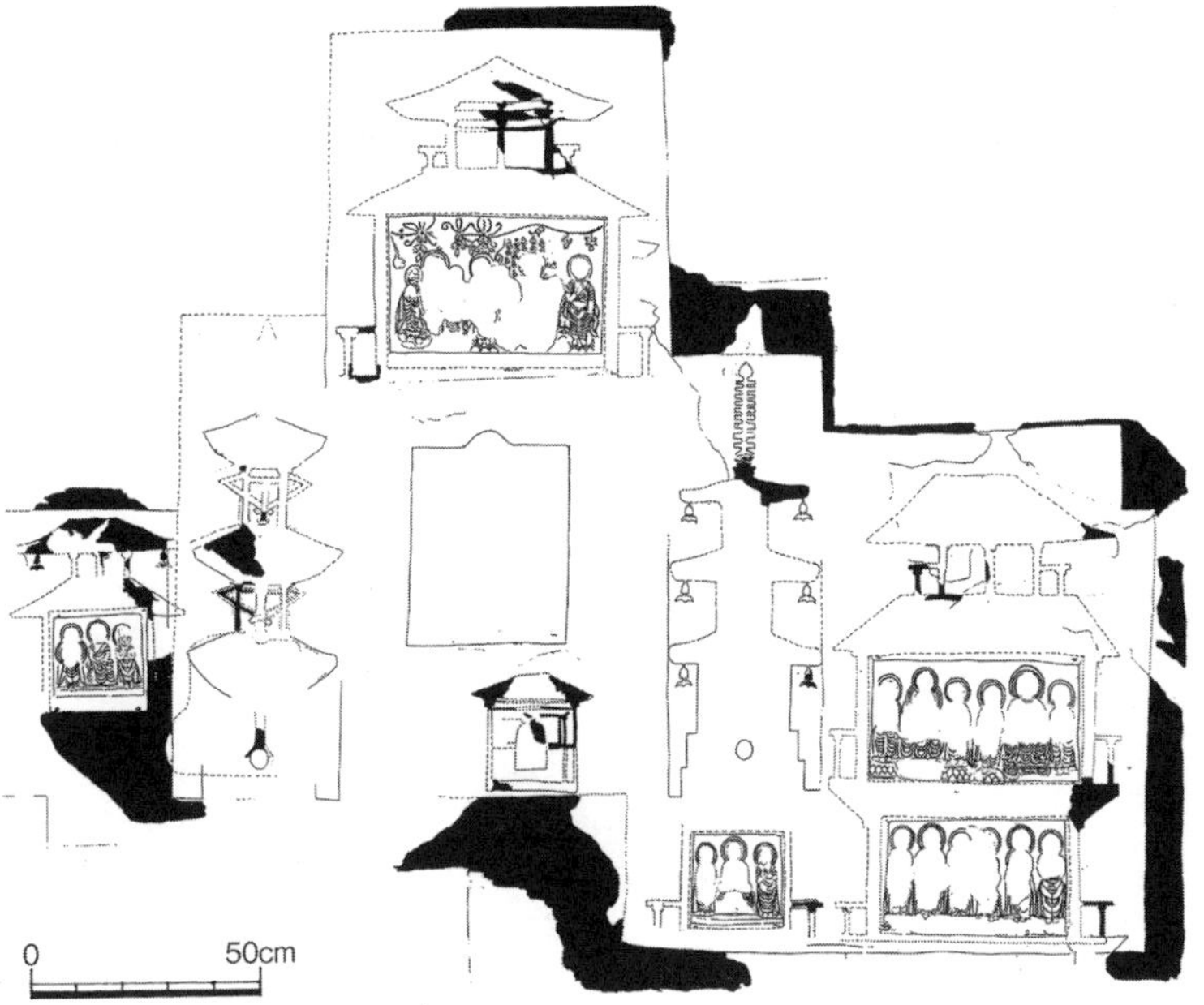


図19　滝寺磨崖仏見取図（河上・木下・松本 1987 より）

矢田丘陵の寺々の造営背景については、松尾寺が法隆寺に対する山寺であることや、共通する舎人皇子の創建伝承から相互のつながりは推定できる。また、これらの寺々をたどる山林抖藪が行われていたことも推定されるのではなかろうか。追分廃寺は行基建立寺院の可能性がある一方で、平城宮式や興福寺式の軒瓦を持つ点は官との関わりを推測させる。

### （4）山寺に関連する諸問題

ここでは平城京周辺の山寺と墓の分布について検討する。奈良時代の官人の墓については、都の周辺で地域的なまとまりが指摘されている〔金子 一九八四〕。平城京の北側は天皇陵を主とした最も格の高い墓域であり、そこに寺は存在しない。東方では、山寺の分布する春日山中に墓は確認されておらず、さらに東の田原地区で太安萬侶墓などの火葬墓が確認されている。西方では矢田丘陵に墓は見られず、山寺の存在しない生駒山地に行基墓や美努岡萬墓などが営まれる。墓の分

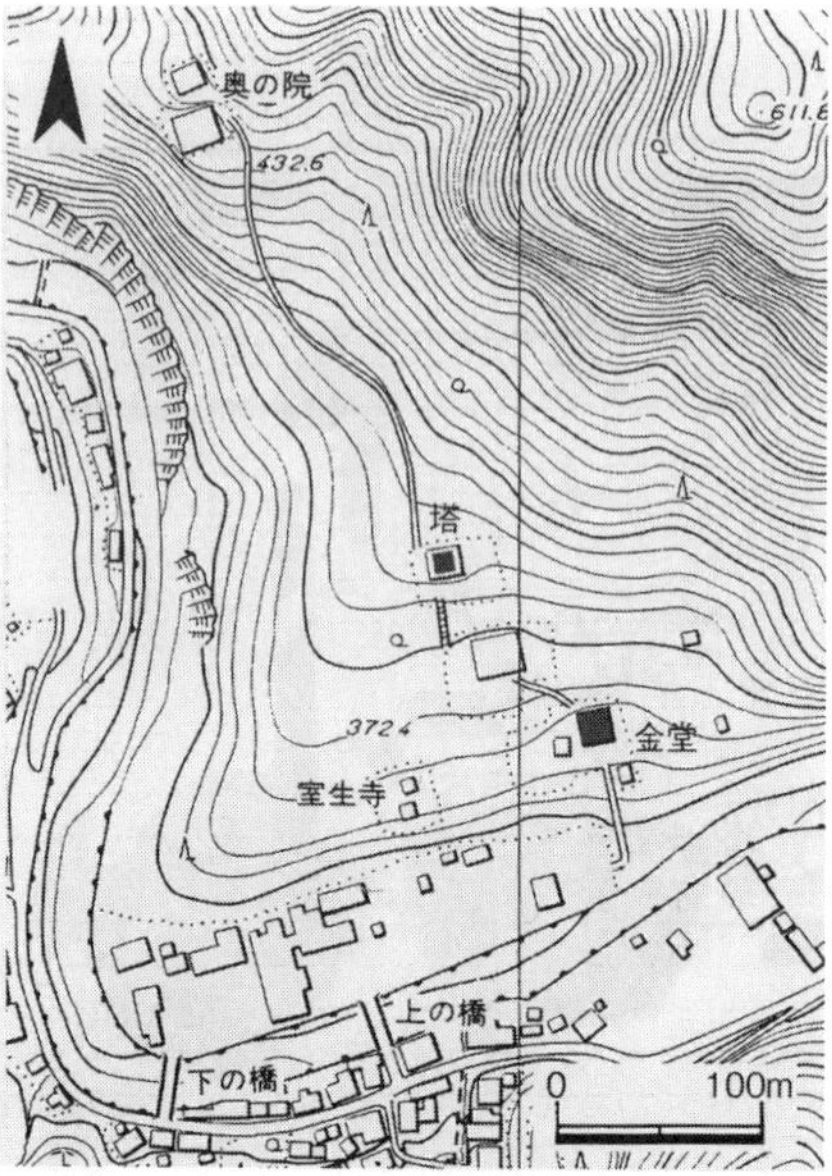


図20　室生寺平面図

布と山寺の分布は重ならないように一定の距離がおかれていたことがうかがえ、おそらく墓の穢れと山寺の清浄性が明確に区別され、地域が規制された結果と思われる。

山寺の分布については、奈良盆地東南の三輪山やその周辺の山中には存在しないことも注意される。古くからの祭祀の場であり、仏教が介入できなかったのであろう。神仏習合という意味では山麓に大御輪寺が造営されるが、それも山麓にとどまった。

次に奈良時代終末に建てられた室生寺（図20）についてもふれておく。宇陀山中の斜面を雛壇状に造成し、下から平安時代初頭の金堂、本堂、奈良時代末の五重塔を配する。瓦は一切出土しておらず、屋根は柿葺や檜皮葺である。これまで見てきた山寺は何らかの瓦葺建物があったと推定されるのに対し、室生寺は特別と言えよう。単純に時期差ととらえるのか、性格の違いを考えるのかは問題であるが、このことは平安時代以降の山寺の起源ととらえられるのではなかろうか。創建については、興福寺僧の賢璟と修円が当たったとされ、興福寺との関わりが指摘できる。また寺が建てられた場所に隣接して、古くから水の神として信仰されていた室生龍穴神社があり、それらの信仰が結びつく点は、先にふれたいくつかの山寺と同じ性格をうかがわせる。

## （5）まとめ

以上、奈良時代の宮都とそれに関連する山寺の状況を概観した。瓦を出土する寺院の多くで平城宮式の軒瓦が見られ、官との関わりを推定させる。また平地寺院との関わりでは、東大寺や興福寺とのつながりは推測できるものの、その他の大寺である大安寺・薬師寺・元興寺とのつながりは直接にはうかがえない。奈良時代になっても大安寺や元興寺は前節で述べたように比曽寺が山林修行の場であった。ここにも前時代から引き続く旧来の官寺と新しく建てられた官寺の差が表れているのかもしれない。

飛鳥時代には見られなかったが、それぞれの山寺が単独で存在するのではなく、山林抖藪でつながる姿も推測できた。比叡山における回峰行や吉野・大峯・熊野をたどる大峯奥駆の起源が奈良時代にさかのぼる可能性が指摘できるのである。

## おわりに

平安時代になって国の仏教政策の転換の中で、宗教的にも新たに密教が重要な位置を占めるようになった。新しい平安京においては、東寺と西寺の造営しか認められなかった。ただし、周辺の丘陵や山中には多くの寺院が造営される(2)。東方では清水山寺(清水寺)や上醍醐寺(醍醐寺)、北東では比叡山の比叡山寺(延暦寺)、北西では愛宕山周辺の高雄山寺(神護寺)などである。平安京は長期間存続するため、平安時代初頭の山寺の姿は必ずしも明らかでないが、日本の仏教において山寺はさらに重要な位置を占めることになる。

平安時代初期における重要な山寺として高野山もあげられる。都の仏教界に多大な影響を与える空海が、あえて都を離れて造営した山寺である。仏教の広がりにともない平安時代には各地に山寺が営まれるが、中央に影響を与える教団の中心となるような寺院が都を離れて築かれる最初と言えるのではなかろうか。平安時代は都が山城に遷ったとは言え、大和にも旧来の寺院が存続し活発な活動を続けていた。山林修行の上でもその浸透と広がりがうかがえるのである。

日本における山寺の成立は、飛鳥時代であるが、仏教伝来や本格的な伽藍造営の最初の段階まではさかのぼらない。渡来人の私的な仏教信仰が古くからあったことは考えられるが、後に広まったのは百済の王から日本の大王に伝えられた仏教であった。朝鮮半島の山寺の状況からその中には山林修行も含まれ、伝えられた可能性は考えられる。また、山寺は単独で存在するものではなく、平地寺院と密接な関わりの中で存続した。山寺の本格的な造営は飛鳥時代でも終末に近い頃であり、岡寺式という特徴的な軒瓦をもつグループが登場する。その背景には官の中でも僧正の義淵や藤原氏の存在が考えられた。その一方でこの系統に属さない山寺があり、別の官寺の系統や渡来系氏族の存在も推測できた。

山寺の造営背景には、平地寺院の僧の山林修行の場であったことは当然ながら、従来の山岳や水源信仰に結びつくものや、天皇が近親者の鎮魂を祈る場というように様々な要因が推定できた。山林修行については当初は参籠が主体であったが、奈良時代には山林抖藪の萌芽がうかがえた。

平安時代以降についてはほとんどふれることはできなかったが、平安京周辺の山寺の一方で、大和における古代の山寺がどのように変貌していったかも問題である。山寺の発掘調査例は少ないことから、基礎資料の集成を含め、今後の課題としておきたい。

註

（１）山寺の定義、研究史については、［古江 一九五四・逵 一九九一・上原 二〇〇二］を参考にした。各寺院の参考文献は代表的なものに止めた。

（２）平安京周辺の山寺については、［梶川 一九九四・二〇〇七］において集成、研究されている。

参考文献

明日香村編　二〇〇六年『続明日香村史』上巻
伊藤敬太郎・竹内亮　二〇〇〇年「飛鳥池遺跡出土の寺名木簡について」『南都佛教』第七九号　南都佛教研究会・東大寺
上田三平　一九二八年「高宮廃寺址」『史蹟調査報告第四　奈良縣に於ける指定史蹟　第二冊』内務省
上原真人　一九八六年「仏教」『岩波講座日本考古学』第四巻　集落と祭祀　岩波書店
上原真人　二〇〇一年「東大寺法華堂の創建—大養徳国金光明寺説の再評価—」『考古学の学際的研究』昭和堂
上原真人　二〇〇二年「古代の平地寺院と山林寺院」『佛教藝術』二六五号　毎日新聞社
菟田野町・菟田野町教委・奈良県教委・関西大学文学部考古学研究室編　一九七一年『駒帰廃寺（伝安楽寺跡）発掘調査概要』
近江昌司　一九七〇年「葡萄唐草紋軒平瓦の研究」『考古学雑誌』第五五巻第四号　日本考古学会
近江俊秀　一九九五年「加守寺跡の発掘調査」『古代寺院の移建と再建を考える』帝塚山考古学研究所
大西貴夫編　二〇〇二年『地光寺—第三次・第四次調査—』奈良県文化財調査報告書第八七集　橿考研
大西貴夫　一九九六年「岡寺式軒瓦出土寺院をめぐる二、三の問題」『考古学雑誌』第八一巻第三号　日本考古学会
大西貴夫　二〇〇三年「岡寺式軒瓦に関する一考察」『山岳信仰と考古学』同成社
大西貴夫　二〇一〇年「古代の山寺の実像—南法華寺を例に—」『山岳信仰と考古学』Ⅱ　同成社
梶川敏夫　一九九四年「山岳寺院」『平安京提要』角川書店
梶川敏夫　二〇〇七年「平安京周辺の山林寺院と安祥寺」『皇太后の山寺—山科安祥寺の創建と古代山林寺院—』柳原出版
金子裕之　一九八四年「平城京と葬地」『文化財学報』第三集　奈良大学文学部文化財学科
亀田　博　一九八三年「飛鳥京跡—第八四～九六次発掘調査概報—」『奈良県遺跡調査概報』一九八二年度　橿考研
川勝政太郎　一九五八年「奈良時代山寺の石佛—新資料の大和飯降磨崖佛を中心として—」『史迹と美術』第二八輯ノ二　史迹美術同攷會

河上邦彦・木下亘・松本百合子　一九八七年「滝寺磨崖仏調査報告」『奈良県遺跡調査概報』橿考研
北野耕平　一九七八年「百済時代寺院址の分布と立地」『百済文化と飛鳥文化』吉川弘文館
柴田　實　一九四一年『大津京阯(下)崇福寺』滋賀縣史蹟調査報告第十冊　滋賀縣
関川尚功編　一九八七年『松尾寺』奈良県文化財調査報告書第五三集　橿考研
薗田香融　一九五七年「古代佛教における山林修行とその意義―特に自然智宗をめぐって―」『南都佛教』第四号　南都佛教研究会・東大寺
中嶋郁夫　一九九〇年「葡萄唐草紋軒平瓦と五葉・六葉複弁軒丸瓦について」『転機』三号
逵日出典　一九九一年『奈良朝山岳寺院の研究』名著出版
奈良県教委編　一九五三年『奈良縣綜合文化財調査報告書　吉野川流域龍門地区』
奈良県教委編　一九五四年『奈良縣綜合文化財調査報告書　吉野川流域』
奈良県教委編　一九六五年『重要文化財　南法華寺礼堂修理工事報告書』
肥後和男　一九二九年『大津京阯の研究』滋賀縣史蹟調査報告第二冊　滋賀縣
菱田哲郎　二〇〇〇年「東大寺丸山西遺跡出土の瓦について」『南都佛教』第七八号　南都佛教研究会・東大寺
福士慈稔　二〇一〇年「仏教受容と民間信仰」『新アジア仏教史一〇　朝鮮半島・ベトナム　漢字文化圏への広がり』佼成出版社
古江亮仁　一九五四年「奈良時代に於ける山寺の研究(総説篇)」『大正大学研究紀要文学部・仏教学部三九』大正大学出版部
森蘊・牛川喜幸・伊東太作　一九六七年「東大寺山堺四至図について」『奈文研年報一九六七』奈文研
宮原晋一・廣岡孝信　一九九八年「阿弥陀谷廃寺発掘調査概報」『奈良県遺跡調査概報』橿考研
保井芳太郎　一九三二年『大和上代寺院志』大和史学会
山本義孝　二〇〇八年「春日山中の信仰遺跡と山林修行」『王権と武器と信仰』同成社
横田健一　一九七九年「義淵僧正とその時代」『橿原考古学研究所論集』第五　吉川弘文館
吉川真司　二〇〇〇年「東大寺の古層―東大寺丸山西遺跡考―」『南都佛教』第七八号　南都佛教研究会・東大寺
吉村幾温　一九八六年「地光寺の建立」『木村武夫先生喜寿記念　日本佛教史の研究』永田文昌堂

# 山寺と山岳祭祀遺跡

時枝　務

## はじめに

日本の山地における宗教遺跡のなかで、顕著な存在は山寺と山岳祭祀遺跡である[時枝 二〇一一]が、従来両者がどのような関係にあるのか、問われたことはなかった。両者の研究は、それぞれ自己完結的に展開し、交わることはなかった。また、研究者層が異なり、情報が共有されることはなかった。そのため、現在でも、両者の関係がどのようなものなのかあきらかになっておらず、具体的な研究は未着手の状態にあるといってよい。

山寺にも山岳祭祀遺跡にも分厚い研究史があるが、両者を関連づけて論じた研究がなく、それぞれの研究史については別稿で概観したことがある[時枝 二〇一一]ので、ここでは触れない。おそらく、山寺と山岳祭祀遺跡の関係についての本格的な議論は、本稿が最初であろう。

では、両者を関連づけて論じることで、なにをあきらかにしようというのか。ここでの課題は、古代の山寺に限定されているので、当然、山岳祭祀遺跡も古代のものが対象となる。古代の山岳祭祀は、山林仏教徒の関与が指摘されており、彼らと山寺の関係を問わないわけにはいかない。また、山岳で行われた儀礼から、山寺の僧侶たちの宗教的な立場を推察することが可能になるかもしれない。つまり、山岳祭祀遺跡から山寺をみることによって、従来の山寺研究からはみえてこなかった事実が浮かび上がってくることが期待できるのである。

そこで、本稿では、代表的な古代の山岳祭祀遺跡である宝満山・大峰山・日光男体山を取り上げ、山寺との関係を検討してみたいと思う。宝満山については遺跡を、大峰山と日光男体山については遺物を手がかりに、具体的な事例に即して論じることにしよう。

## 1　遺跡からのアプローチ

### (1) 宝満山の山岳祭祀遺跡

まず、遺跡を手がかりに、山岳祭祀遺跡と山寺のあり方を、福岡県太宰府市と筑紫野市にまたがる宝満山を事例に検討しよう。

宝満山は、円錐形の秀麗な山容をもつ標高八三〇メートルの山で、山頂の神社が竈門神社上宮、山麓内山に鎮座する神社が竈門神社下宮と称されている。八合目にある中宮跡は、中世に山伏の拠点であったといわれる場所で、付近に院坊跡が残る。

宝満山の山岳祭祀遺跡については、昭和三十五年(一九六〇)に宝満山文化綜合調査会によって上宮祭祀遺跡の岩壁中腹の岩棚の発掘調査が行われ、山頂に残された遺物はわずかであるが、崖下には大量の遺物が残されていることがあきらかになった[小田編 一九八二・八三]。その際、山中の法城窟と山麓の竈門山寺跡の調査も行われ、古代にまでさかのぼる宝満山信仰の実態がわずかではあるが解明された。昭和六十一年(一九八六)以降、宝満山の随所で、太宰府市教育委員会による発掘調査が断続的に行われており、大きな成果を挙げている［太宰府市教委 一九八九・九七・二〇〇一・〇五・〇六・一〇］。また、古代における宝満山の山岳祭祀については、小田富士雄［小田編 一九八二・一九八三］・小田富士雄・石松好雄・小西信二［小田・石松・小西 一九八四］・小西信二［小西 一九九二］・中野幡能［中野編 一九八〇］・福岡県教育委員会［福岡県教委 二〇〇二］・森弘子［森 一九七七・八一・二〇〇二・〇五・〇八・一〇］・山村信榮［山村 二〇〇五a・〇五b・〇七・一〇］らの研究があり、多角的な視点から論じられている。ここでは、それらの研究成果を整理し、問題の所在をあきらかにしたい。

ところで、宝満山においては、七世紀後半、山腹に辛野祭祀遺跡が出現し、その後八世紀になって山頂に上宮祭祀遺跡が形成された。

辛野祭祀遺跡は、太宰府市大字内山字辛野に所在し、宝満山の南西斜面、標高約三九〇メートルの尾根に立地する。尾根の先端には、約三メートル四方の自然石による方形石組があり、祭祀に用いられた磐座である可能性が指摘されている［小西 一九九二］。出土遺物には、銭貨（神功開宝・富寿神宝）、銅製金具、鉄製品（刀子・鋤）、土師器（甕・短頸壺・鉢・杯・椀・皿・高杯・托・竈）、須恵器（甕・瓶・長頸壺・鉢・鉄鉢形鉢・盤・皿・杯・杯蓋）、灰釉陶器（多嘴壺）、製塩土器（煎熬土器・焼塩土器）、墨書土器、平瓦、石製品などがある（図1）。

土師器鉢は、口縁部が外反する変わった形態のもので、観世音寺や筑前国分尼寺で出土していることから、仏への供養具か、僧侶が食事に用いた僧具であったと考えられる。また、須恵器鉄鉢形鉢は須恵器製の仏具であり、僧侶の祭祀への関与を如実に物語る遺物といえよう。つまり、祭祀に僧侶が関与していたと推測できるわけで、従来語られてきた神祇色の強いイメージは再検討されなければなるまい。また、竈は移動可能な置き竈であり、煮炊きをともなう儀礼が執行されたことを物語っている。調理したばかりの暖かい供物を進ぜたとすれば、神祇的な神饌のあり方か

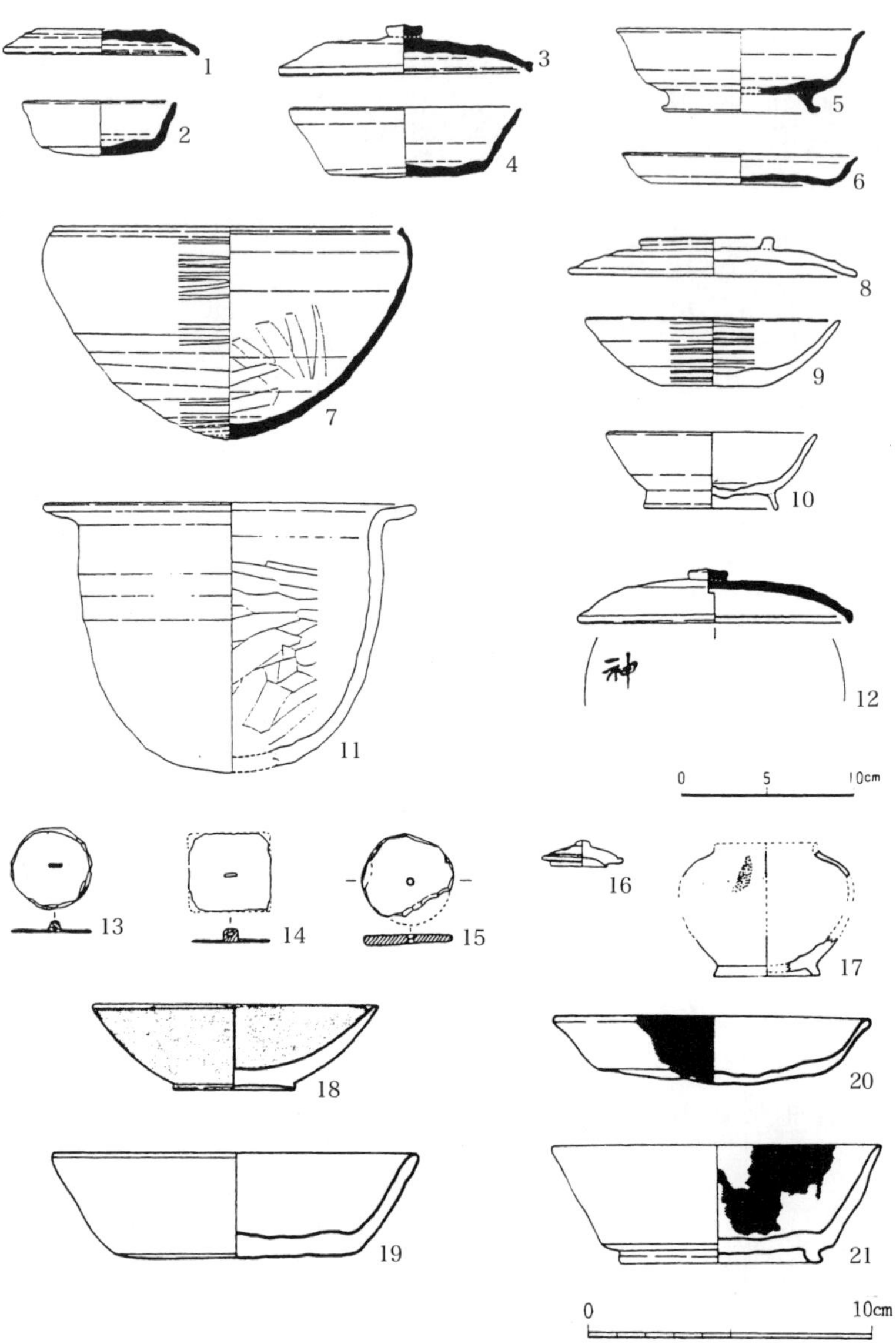


図 1　宝満山出土遺物
1~12 辛野祭祀遺跡，13~21 上宮祭祀遺跡，1~7 須恵器，8~11 土師器，12 墨書土器，13・14 儀鏡，15 石製模造品，16・17 三彩，18 緑釉，19・20 土師器，21 須恵器
（小田編 1983・小西 1992 による）

ら大きく逸脱するものといわねばならない。

さて、墨書土器の文字をみると、「神」「寺」「奉」「蕃」「豊」「守識」「知孝」「甲」「大」「相□」「有」「論」「十」などがみられ、仏教的な用語と神祇色の濃い用語が混在していることが知られる。神仏が並存して祀られていた状況をうかがうことができよう。

辛野祭祀遺跡は、七世紀後半の段階で祭祀が開始され、八世紀前半に隆盛期を迎え、八世紀を通じて豊富な遺物が残されることになった。八世紀前半の隆盛ぶりをみると、この時期に祭祀が本格的に行われるようになったという印象を受けるが、こうした隆盛を迎える前の小規模な祭祀が七世紀末に始まっていた。終末は、灰釉陶器など九世紀に下るものが含まれるので、その頃まで継続的に祭祀が行われていたと考えられる。

辛野祭祀遺跡は、宝満山において最初に出現した祭祀遺跡であり、宝満山の山岳宗教の原点といえる遺跡である。しかも、宝満山の中腹に所在し、磐座とみられる方形石組があることから、古墳時代の祭祀の伝統を引き継いでいるとみられる。にもかかわらず、祭祀の担い手に僧侶がいたことが出土遺物から確認でき、宝満山における山林仏教の問題を抜きに、祭祀遺跡の実態を語ることができないことが知られる。

ついで、上宮祭祀遺跡をみると、標高八三〇メートルの宝満山の山頂に鎮座する竈門神社上宮の背後の巨石群付近に立地し、岩壁直下の堆積土中からも多量の遺物が発見される。山頂の岩場から投げたか、もしくは風雨によって流出したものと考えられ、岩壁中腹の岩棚にも多くの遺物が堆積していた。出土遺物には、銅製儀鏡・銭貨(和同開珎・萬年通宝・神功開宝・隆平永宝・富寿神宝・承和昌宝・延喜通宝・乾元大宝)・土師器(甕・杯・椀・皿・脚付盤)・須恵器(蓋・托・杯・椀・皿・瓶・長頸壺)・墨書土器・三彩小壺・二彩蓋・緑釉陶器杯・灰釉陶器・中国陶磁・石製円板・石製舟形などがある(図1)。

土師器は、煤が付着した杯が圧倒的に多く、灯火具として使用されたことを示す。大量の杯に灯火をともす儀礼としては、仏教の燃灯供養、なかでも万灯会が著名である。こうした仏教的な色彩が濃い遺物がみられる反面、銅製儀鏡・石製円板・石製舟形のような古墳時代からの伝統を引く神祇色の濃い遺物もみられ、三彩小壺や緑釉陶器杯のような官との関連を予測させる遺物も含まれる。

さて、墨書土器の文字をみると、「岳」「川邉」「井」「福」「東」「廿」「上□」が解読され、信仰の内容を読み取ることは困難であるが、「岳」からは山岳宗教としての性格を、「福」からは現世利益的な信仰を推測することができよう。神祇信仰的な側面もあるが、現世利益の効験をもたらす山林仏教との関連も推測され、神仏を併せ祀る姿勢をみてもよかろう。

辛野祭祀遺跡と上宮祭祀遺跡を比較すると、石が祭場の中心部にあり、出土遺物にも共通するものが多いなど、類似点が多々あり、辛野祭祀遺跡から上宮祭祀遺跡へと継続する特徴を見出すことができる。宝満山の祭祀の中心は、辛野祭祀遺跡から上宮祭祀遺跡へと展開したと考えられ、辛野祭祀遺跡の出現を第一の画期、上宮祭祀遺跡の出現を第二の画期として、山岳祭祀が本格的に行われるようになったのである。

八世紀前半までの宝満山は辛野祭祀遺跡と上宮祭祀遺跡という二つの祭祀遺跡のみで祭祀が行われていたが、八世紀後半を迎えると、仏頂山東遺跡(標高八六〇メートル)、後田遺跡(標高八二一メートル)、竈門嶽祭祀遺跡(標高七九〇メートル)、水上大谷尾根遺跡(標高六一五メートル)、大南窟祭祀遺跡(標高五一五メートル)、一の鳥居東遺跡(標高三六〇メートル)、本谷1号遺跡(標高三五〇メートル)、愛嶽山南1号遺跡(標高三四五メートル)、愛嶽山南2号遺跡(標高二八五メートル)、妙見原遺跡(標高二七五メートル)というように(図2)、多くの祭祀遺跡が新たに出現する[小西 一九九二]。

これらの遺跡のうち、辛野祭祀遺跡と上宮祭祀遺跡を結ぶルートにあるのは妙見原遺跡・一の鳥居東遺跡・竈門嶽

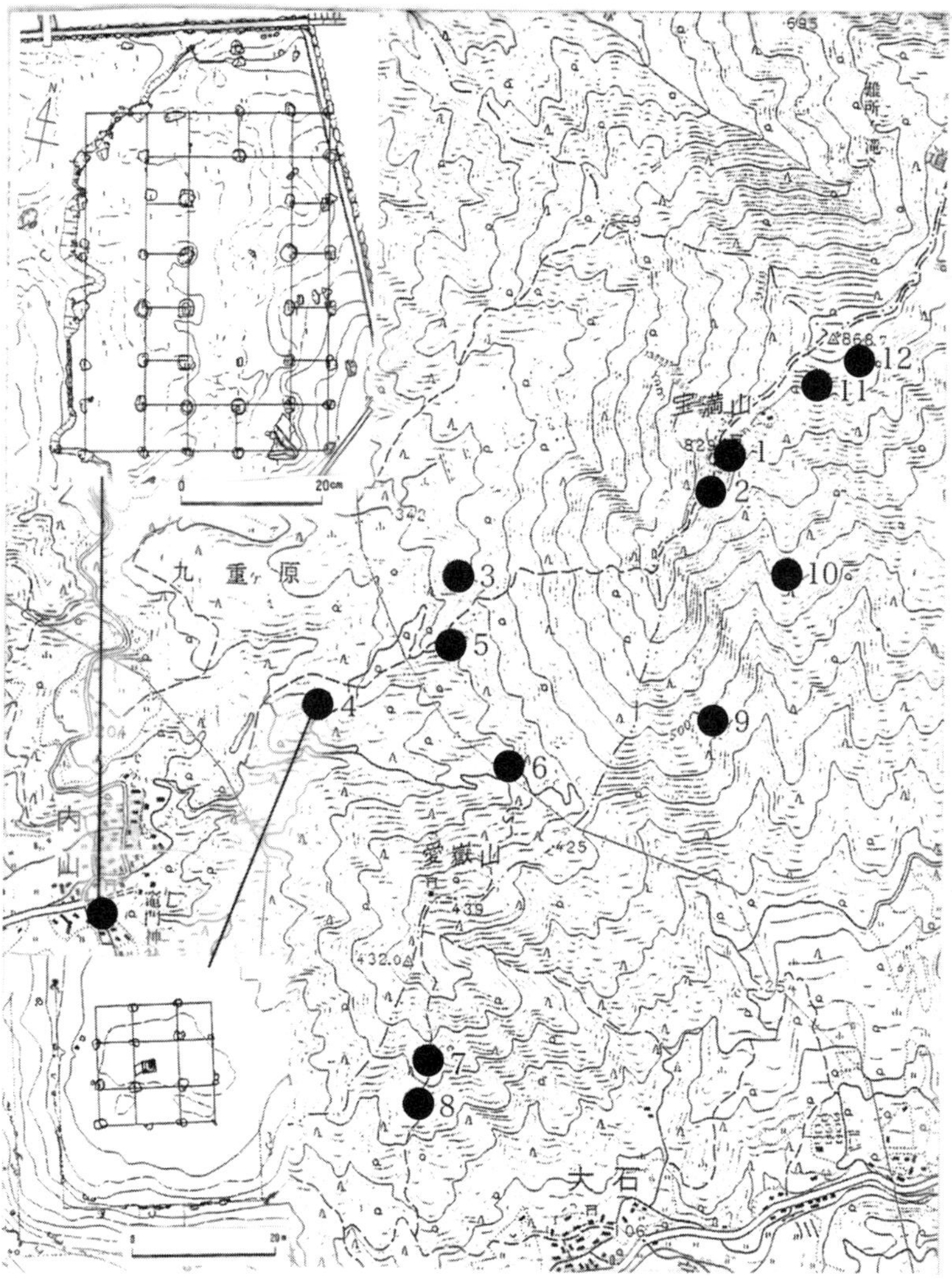


図2　宝満山の祭祀遺跡と山寺

1 上宮祭祀遺跡，2 竈門嶽祭祀遺跡，3 辛野祭祀遺跡，4 妙見原遺跡，5 一の鳥居東遺跡，6 本谷 1 号遺跡，7 愛嶽山南 1 号遺跡，8 愛嶽山南 2 号遺跡，9 大南窟祭祀遺跡，10 水上大谷尾根遺跡，11 後田遺跡，12 仏頂山東遺跡

（地図は 2 万 5 千分の 1 縮尺，実測図は太宰府市教委 2010 による）

祭祀遺跡の三遺跡のみで、愛嶽山南2号遺跡・愛嶽山南1号遺跡・本谷1号遺跡は南麓から尾根沿いに愛嶽山を通過して登拝するルート、大南窟祭祀遺跡・水上大谷尾根遺跡は南麓から谷沿いに遡上するルート、後田遺跡・仏頂山東遺跡は山頂から東北方向に尾根沿いに延びるルートに位置している。大南窟祭祀遺跡・水上大谷尾根遺跡へは、愛嶽山を通過して登拝するルートで至ることも可能であるので、両者を南麓からの登拝ルートとして一括しても、あきらかに三筋のルートが存在する。さらに、東北方向に尾根沿いに延びるルートは、山麓からの登拝ルートとは性格を異にする可能性があり、辛野祭祀遺跡と上宮祭祀遺跡を結ぶルートの延長線と見做すことができるにしても、最低でも二筋のルートがあったことは否定できない。つまり、遺跡数が増加した背景には、新たな登拝路の開拓があったと考えられるのである。

また、遺跡の自然的な特徴をみると、顕著な巨石の存在が、竈門嶽祭祀遺跡・愛嶽山南2号遺跡・大南窟祭祀遺跡・水上大谷尾根遺跡・後田遺跡の五遺跡で確認できることが注目される。巨石の存在は、辛野祭祀遺跡の石組や上宮祭祀遺跡の巨岩を連想させるもので、一般的には磐座と考えられている。宝満山では、七遺跡が巨石を意識した祭祀を行っていたわけで、共通した祭式の存在が予想できる。新たに出現した遺跡においても、辛野祭祀遺跡と上宮祭祀遺跡で行われていた祭式が踏襲された可能性が高い。

ついで、祭祀遺物の特色をみると、第一に土師器・須恵器が主体となった祭祀具であること、第二に愛嶽山南2号遺跡と大南窟祭祀遺跡で須恵器鉄鉢形鉢が確認されており、祭祀に僧侶が関与していたと推測できること、第三にすべての遺跡から製塩土器が出土しており、製塩との関連が指摘できること、第四に本谷1号遺跡・愛嶽山南1号遺跡・愛嶽山南2号遺跡・後田遺跡の四遺跡で墨書土器が発見されており、なかでも愛嶽山南1号遺跡では「寺」の文字が確認されており、寺院となんらかの関係を持った人物が祭祀に関与していたと推測できることが指摘できる。

この特色は、すでに辛野祭祀遺跡において満たされていたところで、八世紀後半に新たに出現した遺跡の祭祀が、七世紀後半に出現した辛野祭祀遺跡における祭祀のあり方を原型としていることを示している。つまり、八世紀後半に新たに出現した遺跡における祭祀は、辛野祭祀遺跡において行われていた祭祀の量的拡大なのである。辛野祭祀遺跡で確立された祭式が、宝満山の各所で行われた結果、多数の遺跡が残されることになったといってよい。

では、このような状況は、いつまで続いたのであろうか。八世紀後半に出現した祭祀遺跡の存続期間をみると、八世紀末で終る断絶型、それ以後も祭祀が続く継続型、一度断絶しながら後世に新たなかたちで再度祭祀が再開される断続型の三類型に区別することができる。断絶型は、仏頂山東遺跡・後田遺跡・一の鳥居東遺跡・本谷1号遺跡の四遺跡で、八世紀後半に始まった祭祀が短期間で終ったと考えられる遺跡である。後田遺跡以外の遺跡は、比較的規模が小さく、単発的な祭祀の痕跡である可能性が指摘できる。継続型は、愛嶽山南1号遺跡・愛嶽山南2号遺跡・竈門嶽祭祀遺跡の三遺跡で、愛嶽山南1号遺跡と愛嶽山南2号遺跡が九世紀後半、竈門嶽祭祀遺跡が十世紀に終焉を迎える。断続型は、妙見原遺跡・水上大谷尾根遺跡・大南窟祭祀遺跡の三遺跡であるが、それぞれ様相を異にしている。妙見原遺跡は、祭祀は八世紀末で終ってしまうが、九世紀後半から十世紀に瓦葺礎石建物の本谷礎石建物（宝34SB001）が出現する。祭祀遺跡の終焉時期を重視すれば断絶型として把握できるが、祭祀遺跡の伝統のうえに一世紀ほど経って瓦葺礎石建物が出現したとみれば、断続型ということになろう。水上大谷尾根遺跡は、基本的に八世紀末で祭祀を終えたとみられるが、瓦器が出土している点に注目すれば平安時代後期に何らかの祭祀が行われたと考えられ、断続型に分類できる。大南窟祭祀遺跡は、十世紀に一度祭祀が途絶えるが、十二世紀に陶磁器などを使用した祭祀が行われるようになったことが知られ、断続型と考えられる。

このように、八世紀後半に出現した祭祀遺跡は、断絶型・継続型・断続型に一応区分できるが、継続型でも九世紀後半か十世紀には断絶してしまうことが知られ、基本的に古代のなかで祭祀が終ったとみられる。断続型とした妙見原遺跡は、祭祀遺跡だけでいえば断絶型であり、水上大谷尾根遺跡も一度は断絶しており、大南窟祭祀遺跡以外は古代から中世へと繋がっている例はない。

辛野祭祀遺跡は九世紀後半で祭祀を終えており、愛嶽山南1号遺跡・愛嶽山南2号遺跡と同様な動きをみせるが、上宮祭祀遺跡のみは現代まで祭祀が継続されており、他の祭祀遺跡と全く異なる経過を辿っている。八世紀後半に出現した祭祀遺跡は、辛野祭祀遺跡と共通する面が顕著であり、性格を同じくするゆえに同様な経過を辿り、結果的に古代末に廃絶したと考えてよかろう。

### （2）宝満山の山寺

宝満山麓には竈門山寺跡があり、昭和三十五年に発掘調査されたのを初めに、昭和六十一年以降太宰府市教育委員会による継続的な発掘調査が行われ、徐々にではあるが実態が解明されつつある。小田富士雄氏は文献と考古資料の両面から竈門山寺の動向を跡付け［小田 一九六一］、山村信榮氏は近年の発掘調査の成果から竈門山寺の山寺としてのあり方の一端を解明した［山村 二〇一二］が、伽藍の実態など不明な点が多く残されている。

最初に注目されたのは下宮礎石建物（37ＳＢ010）で、標高約一五七メートル付近の平場に営まれた五間七間の仏堂であり（図2）、十二世紀後半以降に造立されたものであることが出土遺物によって確認されている［太宰府市教委 二〇一〇］。礎石建物は、五間七間という大規模なもので、古くから講堂の可能性が指摘されてきた［小田編 一九八二］。しかし、身舎が土間で、梁行西側一間が礼堂として機能していたとみられるところから、金堂であった可能性も否定できない。

下宮礎石建物自体は十二世紀後半以降のものであるが、付近からは八世紀にさかのぼる鴻臚館式軒瓦や都府楼式鬼瓦が発見されており、礎石に柱座の作り出しがみられることと相俟って、前身建物が存在した可能性が高い〔山村 二〇一二〕。しかも、周辺からは平安時代の礎石建物がほかにも検出されており、八～九世紀の瓦も広範な分布をみせる。具体的な姿はいまだ解明されていないが、付近に瓦葺礎石建物が数棟存在していた可能性があり、竈門山寺の中枢部がこの周辺であったことは疑いなかろう。

下宮礎石建物よりも山中に分け入った標高二七五メートルの地点にある本谷礎石建物（図2）は、方形の基壇上に建つ三間四面の瓦葺礎石建物（宝34ＳＢ001）で、延暦寺によって西方鎮護のために営まれた筑前宝塔院と推測されている〔森 二〇〇八、山村 二〇一〇・一二〕。三間四面というプランから、木造塔婆と判断され、舎利を納めた礼拝対象であり、一種のモニュメントでもあったと考えられる。造営時期は、瓦の年代観から九世紀前半にさかのぼると判断され、弘仁九年（八一八）のものとみられる「六所造宝塔願文護国縁起」に記された筑前宝塔院と年代的に矛盾しない。なお、釈迦如来か阿弥陀如来とみられる金銅仏が出土しており、九世紀のものである可能性が高い〔太宰府市教委 二〇一〇〕が、被熱のため細部の観察が難しく、決定に至っていない。

なお、本谷礎石建物がある地点は、山岳祭祀遺跡である妙見原遺跡と重複しており、八世紀後半に祭祀が営まれた地点に九世紀前半になって塔婆が造営されたとみてよい。塔婆を造営する場所の選地に際して、かつて祭祀を行った場所であることが意識されていた可能性は高く、山岳祭祀遺跡と山寺の連続性を指摘することができる。

このように、竈門山寺跡についてはいまだ不明な点が多く、山寺としての実態を十分に知ることができない。ただ、いくつかの特色を見出すことができるので、整理しておこう。第一に、伽藍中枢部は下宮礎石建物周辺で、本谷礎石建物は周縁部に当たる山中の聖地に営まれたとみられることである。下宮礎石建物は、機能を特定できないが、竈門山寺の主要な建物であったことは疑いない。第二に、伽藍配置は地形に応じて堂塔が配置されるもので、典型的な山寺のあり方を示すことである。小規模な堂塔が、広大な境内の随所に営まれ、それらを包み込むかたちで竈門山寺が成り立っていたのであろう。第三に、寺院の創建は八世紀後半にさかのぼり、九世紀に天台宗の圧倒的な影響のもと、伽藍の整備が行われた可能性が高いことである。その時点で、竈門山寺は天台的世界観のなかに組み込まれ、日本の辺境を守護する役割を担うことになった。さらに、十二世紀に大きな改造がなされたようであるが、当然寺社勢力の発達と深い関係にあったはずである。

### (3) 小　括

宝満山では、七世紀後半に山岳祭祀が開始され、八世紀後半に隆盛を迎えるが、九世紀には早くも衰退し始める。一方、山寺は、八世紀後半に創建され、九世紀には天台宗の影響のもとに再編成される。以後、順調に発展し、十二世紀には寺社勢力として確立する。

山岳祭祀遺跡が先行し、山寺の整備が遅れることはあきらかであるが、山村信榮氏は筑前宝塔院を取り上げ、「国分寺の制度に代わって天台宗が企画した国家安寧を目的とする仏教施設であり、古代前半に国境祭祀がおこなわれた宝満山遺跡との関係では、その性格においてまさにそれを引き継ぐ宗教施設といえる」と評価する［山村二〇一二］。

しかし、八世紀後半の段階で竈門山寺が創建されていた可能性が高いわけで、天台宗との関連のみで山寺の性格を規定できないことを示している。やはり、山林仏教の隆盛が、宝満山に与えた影響の大きさを認めなければなるまい。山岳祭祀の担い手が仏教徒であることはすでに指摘したが、山寺は、彼らの活動拠点としての役割をもちながら、山岳祭祀の新たな執行場所となっていった可能性が指摘できるのである。

## 2　遺物からのアプローチ

### (1)憤怒形三鈷杵を通してみた大峰山と山寺

大峰山は、標高一七一九・二メートルの奈良県天川村山上ケ岳の南に連なる山々の総称で、特定の山を指すものではないが、修験道の根本道場として名高い。大峰山の各所からは、七曜岳・行者還岳間の鞍部で須恵器長頸壺片、山上ケ岳・弥山池の谷・八経ケ岳などで須恵器片が採集されており、八世紀には山中で須恵器を用いた祭祀が行われていたことが知られる。また、標高一八五〇メートルの弥山山頂遺跡からは憤怒形三鈷杵一把・三鈷杵一把・火打鎌一三点・鉄斧六点・短刀一括・刀子一括・鉄剣一口・鉄釘一括・華蔓一点が出土し［小島 一九六五］、うち憤怒形三鈷杵と火打鎌は九世紀、三鈷杵と鉄斧は十二〜十三世紀のものとみられる。ここで注目したいのは憤怒形三鈷杵であるが、それは、脇鈷が中ほどで欠損するため全形を知り得ないが、逆刺をもつ銛状の中鈷が特色的で、武器を連想させる古い形を留めたものである(図3)。把部は、面取りが施され、断面が八角形を呈し、立体的である点も古相を示す。憤怒形三鈷杵は、古密教の仏具で、定型的な三鈷杵に先立って流布したものであることは周知の通りである。

弥山山頂遺跡は、未発掘なので遺跡の実態を知ることができないが、昭和五十八年(一九八三)から同六十一年にかけて、大峰山寺本堂の解体修理に際して、奈良県立橿原考古学研究所による発掘調査が実施された大峰山頂遺跡のあり方から、おおよその内容が推測できる。大峰山頂遺跡では、発掘調査の結果、石組護摩壇・灰溜・階段状遺構・石組溝・石垣などの遺構が検出され、金仏・銅鏡・鏡像・懸仏・仏具・銅板経・経軸端・飾金具・銭貨・緑釉陶器・黒色土器・青磁・白磁など豊富な遺物が発見された［菅谷・前園・西藤 一九八六］。遺物の時期は、六世紀から二十世紀に及ぶが、主体は十世紀から十二世紀にかけてである。古墳時代の遺物としては馬具などがあるが、それらは平安時代の遺物と混在して発見されており、伝世品か出土品を山頂へ奉納したものであろう。

大峰山頂遺跡では、八世紀後半から山上ケ岳山頂の「竜の口」と呼ばれる岩裂の周辺で護摩が焚かれるようになり、その後、十世紀になって固定した護摩壇が設けられた。護摩壇跡は一辺約一・二メートルの方形の石組で、周辺には護摩の灰を掻き集めた灰溜があり、そのなかから銭貨・法具・籾・金箔・黒色土器などの遺物が検出された。金属製品のなかには高温で溶解したものが多数含まれており、それらが燃え盛る護摩の火のなかに投げ入れられたことが推測され、野性的な雑密の修法の実態を垣間見ることができる。十世紀には、すでに空海らによって将来された純密が広範に受容されており、古密教は時代遅れの存在になっていたが、大峰山中では相変わらず古密教の修法が盛んに行われていた。このような状況をみれば、弥山山頂遺跡出土の憤怒形三鈷杵が、古密教の修法と深く関わることは容易に察せられよう。

さて、それでは、大峰山を取り巻く地域の山寺に、憤怒形三鈷杵はみられるであろうか。大峰山の北側の登拝口は、吉野であり、奈良県吉野町山口の龍門寺や大淀町比曽の比曽寺が大峰山と関係深い山寺として著名である。しかし、それらの寺院からは憤怒形三鈷杵は発見されておらず、より北方の高取町南法華寺において中鈷の先端部破片が確認されている(図3)。大西貴夫氏は、「刃や逆刺に鋭さはないが、正倉院例に近い初期のものと考えられよう」としており[大西 二〇一〇]、弥山山頂遺跡例よりも先行する八世紀のものとみられる。南法華寺例と弥山山頂遺跡例は、中鈷に関する限り、型式学的な系譜関係を認めてよい。南法華寺と大峰山を関連づける資料はないが、初期の山寺であることから、山林仏教との関連を想定することに無理はなかろう。

憤怒形三鈷杵といえば、正倉院の二点が著名であるが、南法華寺例と弥山山頂遺跡例とは異なる形態で、むしろ福

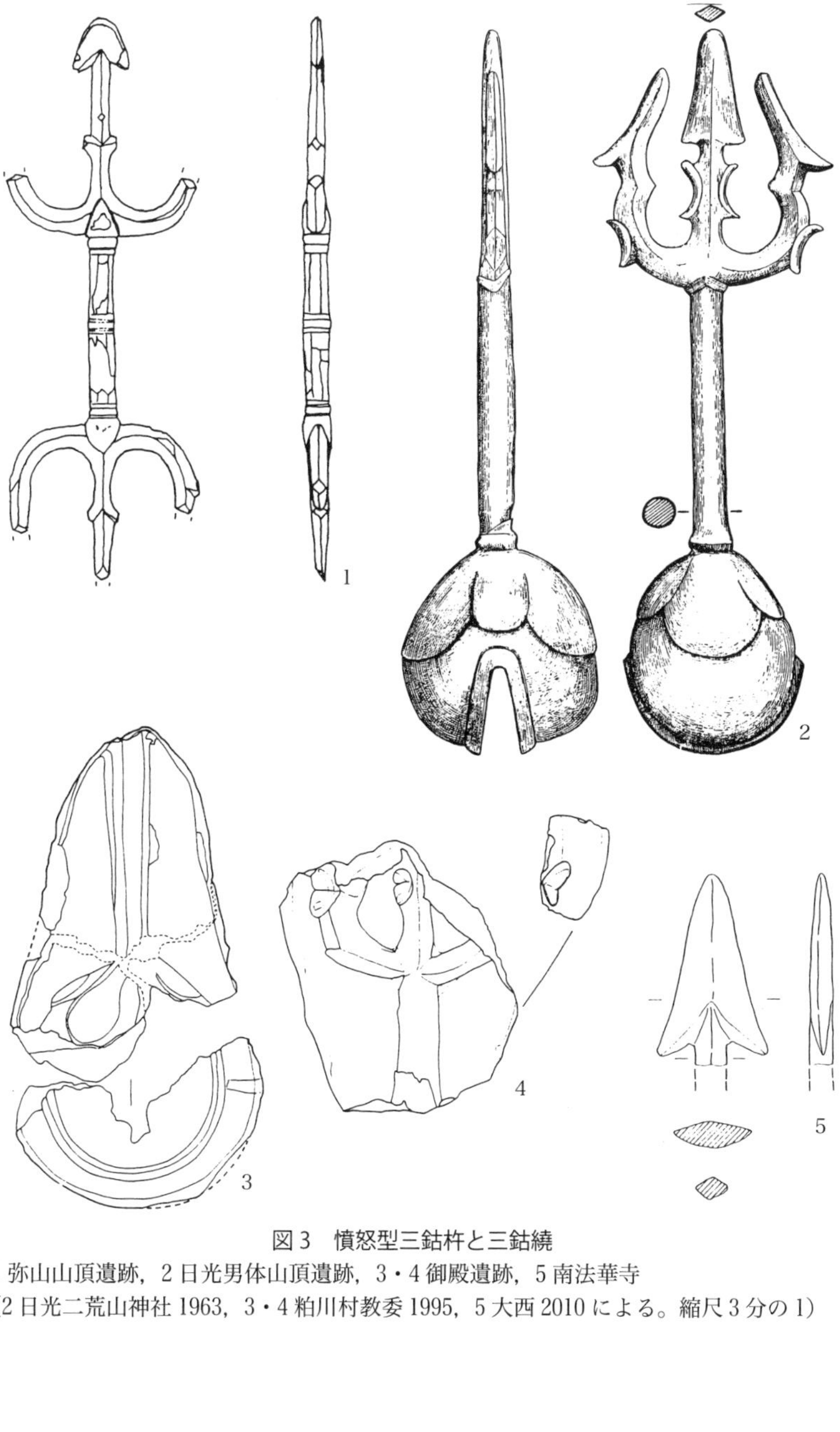


図3　憤怒型三鈷杵と三鈷繞
1 弥山山頂遺跡，2 日光男体山頂遺跡，3・4 御殿遺跡，5 南法華寺
(2 日光二荒山神社 1963，3・4 粕川村教委 1995，5 大西 2010 による。縮尺 3 分の 1)

島県磐梯町慧日寺の伝世品に近い。そのため、考古学的な方法から正倉院例と大峰山を関連づけることはできないが、近年、田中久夫氏は文献史料の精緻な検討によって大峰山が東大寺を中心とする華厳宗の僧侶の行場であったことをあきらかにしており［田中 二〇一四］、正倉院例が大峰山の修行と関連する可能性がある。東大寺には、上院地区をはじめ山寺としての要素が備わっており、山林仏教の拠点の一つであったことを考えれば、深いところで通底していると考えられる。また、香川県まんのう町中寺廃寺Ｂ地区僧坊跡付近からも南法華寺例・弥山山頂遺跡例に近い形式の憤怒形三鈷杵の脇鈷破片が出土しているが、同地は空海の出身地に近く、彼が大峰山で修行したことを思えばなんらかの繋がりがないとも限らない［加納 二〇一四］。憤怒形三鈷杵の分布が、山林修行者のネットワークを反映している可能性があることを示すが、いまはこれ以上想像の翼を広げることを控えたい。

### （２）三鈷鐃を通してみた日光男体山と山寺

栃木県日光市男体山は、標高二四八四メートルを測る高山で、女峰山・太郎山とともに日光三所権現の鎮座する山として崇められてきた。山頂に近い太郎山神社付近の岩場から多数の遺物が発見されたため、大正十三年（一九二四）と昭和三十四年（一九五九）の二度にわたって発掘調査が実施され、山岳祭祀遺跡の実態があきらかにされた［日光二荒山神社 一九六三］。

遺跡は、巨岩の間の岩裂を中心に広がり、時期を異にするさまざまな遺物が折り重なるようにして発見された。出土遺物は豊富で、銅鏡・銅印・銭貨・鉄鐸・銅鈴・鉄鈴・鉄製馬形模造品・武器・武具・馬具・火打鎌・農工具・玉類・仏具・鏡像・懸仏・禅定札・種子札・経筒・土器・須恵器・陶磁器など多数に及び、その時期は古代から近世に及ぶ［日光市史編さん委員会 一九七九・一九八六］。仏具には、憤怒形三鈷杵・三鈷鐃・鐘鈴など古密教特有の仏具が含まれており、山岳祭祀に古密教の僧侶が関与したことが判明する。憤怒形三鈷杵は、正倉院のものに近い形態で、慧日寺例に通じるものである。三鈷鐃は、発掘調査では六点出土しているが、鉄製と銅製の二者がみられ、いずれも奈良時代末期から平安時代前期に製作されたものである（図3）。両者は素材を異にするのみでなく、鉄製のものが鍛造であるのに対して、銅製のものは鋳造であり、技術的にも大きな差がみられる。鉄製品は一点のみであるが、銅製品は五点確認され、遺存状態の差はあるが、総じて銅製のものが卓越していた可能性が高い。銅製のもののうち一点は把部を欠失しているが、それ以外はいずれも三鈷形の把部を有しており、三鈷が基本であったことが知られる。

ところで、日光男体山は、空海の『遍照発揮性霊集』所引の「沙門勝道歴山水瑩玄珠碑并序」によれば、天応二年（七八二）、勝道によって開山された。史料には、度重なる失敗にもくじけず、登拝に成功した勝道のたくましい姿が描かれているが、登拝の目的は雨乞いであったことが注目される。勝道は、旱魃による凶作を打開すべく山頂において修法を行ったのであるが、用いた仏具はそのまま山頂に残されたらしい。勝道以後も修法は繰り返された可能性が高いが、その都度神仏に奉納された仏具が集積し、山岳祭祀遺跡が形成されたと考えられる。今回取り上げる三鈷鐃も、残された仏具の一つであるが、類品が山寺からも検出されているので、紹介しておこう。

まず、群馬県前橋市御殿遺跡は、赤城山中腹に営まれた宇通廃寺に隣接する遺跡で、発掘調査によって三鈷鐃の鋳型が検出された［粕川村教委 一九九五］。鋳型は複数確認されているが、いずれも把部と鈴部が別造りになっており、形式は日光男体山頂遺跡の第一類［日光二荒山神社 一九六三］に近似している。御殿遺跡は、十世紀に営まれたとされ、鋳型も平安時代前期のものとみてよかろう。発見されたのは、あくまでも鋳型であるが、当然仏具である三鈷鐃が利用されていたことを意味する。御殿遺跡は、宇通廃寺の付属工房と考えられ、もっぱら仏具などの生産にあたっていたとみられる。御殿遺跡がある赤城山麓は、日光からも比較的近く、日光男体山頂遺跡出土の三鈷鐃の生産地の一つとみて大過あるまい。

宇通廃寺は、赤城山中腹の傾斜地に猫の額ほどの平坦面を削り出して堂宇を配するもので、典型的な山寺である。国分寺と同笵の軒瓦を屋根の一部に葺いており、寺院の創建の担い手が国分寺の建設と深い関係にあったことを示すとともに、そこで活動した僧侶も国分寺と密接な関係にあった可能性がある。勝道が、日光男体山開山後に上野国師に任じられ、上野国分寺に赴任していることは示唆的である。

そのほか、三鈷鐃を出土した山寺として注目されるのが、福島県棚倉町流廃寺である。流廃寺は、一九七四年の発掘調査を嚆矢に、棚倉町教育委員会によって九次にわたる発掘調査が実施され、その実態が徐々に解明されてきた［棚倉町教委 二〇一二］。流廃寺は、標高約三〇〇メートルの丘陵尾根と斜面に所在する山寺で、おもに山側を削り、谷側を埋め立てる整地地業によって平場を造作し、仏堂を建てている。伽藍配置は、尾根上に直線的に建物を配置するもので、東端の「開山僧の庵室」に始まり、瓦葺の金堂が建設されて、伽藍として整備されたことが知られる。土器などの出土遺物の年代観から、九世紀後半に成立し、十世紀中頃に隆盛を極めたが、十世紀末には衰退し、十一世紀前半には廃絶したことが知られる。

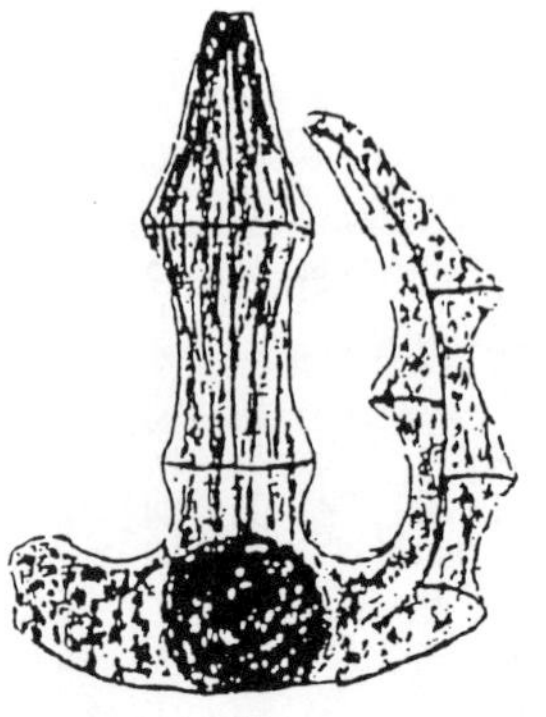

図４　流廃寺の三鈷鐃
（縮尺任意，井上 1994 による）

ところで、この流廃寺からかつて三鈷鐃の鈷部が採集され、「井上光一によって作成された明治時代の貼り込み帳（スクラップブック）」の記録が井上國雄氏によって紹介された［井上 一九九四］ことによって、多くの研究者の知るところとなった（図４）。その形状は、日光男体山頂遺跡などで出土した銅製三鈷鐃と同じであり、九〜十世紀の所産と考えられる［時枝 二〇一三］。三鈷鐃の存在は、流廃寺に古密教を奉じる僧侶がおり、そこを拠点とした宗教活動が行われた可能性を示す。

現在のところ、三鈷鏡を多量に出土した山岳祭祀遺跡は、日光男体山頂遺跡以外に知られておらず、御殿遺跡や流廃寺の三鈷鏡を日光男体山頂遺跡との関連のなかで理解することができる。直接的な関係は証明できないが、一部の山寺において古密教の僧侶が活動しており、彼らのなかに山岳祭祀の担い手がいたと推測することは、決して無理ではあるまい。

### (3) 小　括

大峰山では、弥山山頂遺跡から憤怒形三鈷杵が出土しており、山岳祭祀に使用されたと推測されるが、北麓の山寺である南法華寺でも憤怒形三鈷杵の出土を確認することができた。また、伝世品である正倉院の憤怒形三鈷杵も、東大寺との関連を考慮すると、山岳修行と無関係とは言い切れない。いまだわずかな事例しかないが、山寺を拠点とする古密教の僧侶が、山岳修行や山岳祭祀を行ったことを、憤怒形三鈷杵が物語っている可能性は高い。

日光男体山では、三鈷鏡の存在が顕著であるが、それらがどこからもたらされたかが問題となる。赤城山中腹にある宇通廃寺の付属工房とみられる御殿遺跡では、三鈷鏡の鋳型が出土しており、銅製三鈷鏡が生産されていたと考えられる。宇通廃寺の僧侶が使用するためのものであったかもしれないが、一部が男体山にもたらされた可能性があり、生産地としての御殿遺跡の価値は高い。また、山寺である流廃寺からも三鈷鏡が採集されており、古密教の僧侶の拠点であった可能性が指摘できる。流廃寺は、やがて天台宗の勢力に絡め取られていくようであるが、古密教の寺院として創始された可能性があろう。

わずかな事例から類推する限界は大きいが、仏具を通してみえてくるのは、山岳と山寺の深い関係である。その担い手が古密教の僧侶であることは、すでに繰り返し強調してきたところであるが、仏具の背後に人の動きがあることを見落としてはならない。

## 3　山岳祭祀遺跡からみた古代の山寺

以上、宝満山・大峰山・日光男体山という日本を代表する霊山に営まれた山岳祭祀遺跡の検討を通して、古代の山寺にアプローチを試みた。

まず、宝満山では、山岳祭祀が七世紀後半に開始され、山寺の出現は八世紀後半を待たねばならなかったようである。八世紀後半の段階では、山寺は山麓の下宮礎石建物周辺に展開し、それよりも高所の山腹や山頂ではもっぱら山岳祭祀が行われていた。ところが、九世紀になると、八世紀後半には山岳祭祀が執行されていた妙見原遺跡に、新たに木造塔婆である本谷礎石建物が営まれ、様相が一変する。山寺である竈門山寺の境内が、山腹にまで拡大され、そこに日本の西端を象徴する筑前宝塔が営まれたのである。八世紀後半に増加した宝満山の山岳祭祀遺跡は、九世紀になると一気に減少するが、その要因の一つが竈門山寺の活動の変化に求められるであろうことは容易に推測できる。竈門山寺が天台宗の配下に組み込まれ、日本の西端を守護するための国家的な任務を帯びるなかで、それまでの山岳祭祀とは異なる宗教活動が求められるようになったのであろう。八世紀後半のように、山麓は山寺、山腹・山頂は山岳祭祀、というあり方は解消され、竈門山寺の活動領域が広がったのである。もっとも、山岳祭祀の担い手は僧侶であったとみられるので、神祇から仏教へというような変化ではなく、仏教自体の質的変化であったと考えられる。宝満山の山岳祭祀の原点である辛野遺跡の祭祀は、九世紀に入っても細々と継続されるが、九世紀後半には遂に断絶する。それに対して、山頂の上宮祭祀遺跡だけは、その後も祭祀が継続され、現代に至る。おそらく、山頂は特別な神域とされ、山麓・山腹での活動と区別された結果であろう。山頂は、竈門山寺の領域の外に位置づけられ、独自な論理で祭祀が続けられたのに違いない。

ついで、大峰山では、八世紀後半に山岳祭祀が開始されるが、山寺の出現は八世紀前半にさかのぼることがあきらかである。ただ、山寺は南法華寺のように、吉野より北側の丘陵地帯に立地するものが多く、山岳祭祀が行われた大峰山の山中にまで進出したのは、むしろ中世の出来事である可能性が高い。古密教の僧侶は、南法華寺などを拠点とし、修行のために山中深く分け入ったのであろう。なかには、東大寺上院地区などを拠点とし、遥か南方の大峰山まで駈けた行者がいたことも十分に考えられるのである。ここでは、里山である山麓・丘陵の山寺、高山の山岳祭祀遺跡という区分がみられ、それが変質するのは中世初期のことではないかと推測される。むしろ、憤怒形三鈷杵からみえてくるのは、古密教の行者のネットワークであり、山麓から山岳を目指して駈ける行者の姿である。南法華寺や東大寺、果ては中寺廃寺にまで広がる繋がりは、憤怒形三鈷杵の分布に留まらない意味をもつ。その背後には、行者たちの交流の広がりがあり、情報網があったはずである。また、弥山や山上ケ岳において、行者がどのような修法を行い、どのような期待に応えたのか、必ずしも明確ではないが、私的な現世利益の追求だけではなかった可能性がある。公的な目的、あるいはそれに伴う公的な支援があった可能性を含めて、検討すべきことは多い。考古資料だけでは解明できない課題ではあるが、大峰山頂遺跡の野性的な護摩が、なにを目的として焚かれたのか考えてみる必要があろう。

さらに、日光男体山では、八世紀末に山岳祭祀が開始されるが、関連しそうな山寺は九世紀から十世紀とやや遅れて出現する。関東地方で、八世紀末に栄えていた寺院といえば、まず国分寺が思い浮かぶが、三鈷鐃の鋳型が出土した御殿遺跡を付属工房とする宇通廃寺は、上野国分寺と同笵の瓦を葺いており、国分寺と深い関係にあった。「沙門勝道歴山水瑩玄珠碑并序」によれば、勝道は、下野国府の要請で雨乞いをするために日光男体山に登拝したのであり、律令制と密接な関係にあったことは疑いない。しかも、目的達成後、その功を賞されて上野国師に任じられており、上野国分寺に赴任したと推測されるのである。日光男体山における山岳祭祀が国府や国分寺などと深い関係にあったことは疑いなく、天台宗が勢力を伸張する以前は、古密教が思いのほか蔓延していたと考えざるを得ないのである。このように、山寺が出現する以前は、国分寺が古密教の僧侶の拠点となっていた可能性が高く、山岳祭祀もある程度公的な性格を帯びていたと考えられるのである。従来、山林仏教徒を担い手とする山岳祭祀は、律令的な祭祀の枠組みから逸脱したところで成立したと理解される傾向にあったが、必ずしもそうではあるまい。宇通廃寺のような国分寺瓦と同笵の瓦を葺く山寺は、国分寺僧の山岳修行の拠点として創建され、その後も国分寺と連携しつつ運営された可能性が高い。その点、流廃寺の所用瓦は、スタンプによる押捺花文という個性的なものであるが、陸奥国の地域性を考慮する必要があろう。寺院の成立時期が、九世紀後半と遅いことも、国分寺の影響の希薄さと関連していよう。

山岳祭祀の成立時期は、宝満山が七世紀後半、大峰山が八世紀後半、日光男体山が八世紀末というように微妙な違いをみせている。山寺の出現時期も、宝満山が八世紀後半、大峰山が八世紀前半、日光男体山が九世紀というように異なっている。宝満山では山岳祭祀が先行し、山寺の創建が遅れるのに対し、大峰山では山寺のほうが早く成立し、その後山岳祭祀が本格化する。日光男体山では、山寺の成立が九世紀以降と遅れるようにみえるが、それ以前に国分寺が大きな役割を果たした時期があった可能性が高い。山岳祭祀の担い手はおもに僧侶であり、七世紀後半の宝満山を例外として、八世紀中頃以降は古密教の僧侶が主体を占めたとみられる。彼らは、山寺の創建とも深く関わり、山寺と山岳祭祀遺跡を結び付ける存在であった。山岳祭祀の担い手と山寺の構成員は、重複する部分があったと考えられ、憤怒形三鈷杵や三鈷鏡が山岳と山寺の双方で確認できることもそうした関係の反映であるといえよう。

山岳祭祀遺跡は、屋外における儀礼の場であり、儀礼の時以外は僧侶とて立ち入らない場所にある。むしろ、聖地としての性格が強く、俗人を寄せ付けない禁忌の場である。それに比して山寺は、一定の聖性を帯びているとはいえ、僧侶の宗教活動と生活の場であり、一部に俗人が立ち入れる空間をもつ場合も稀ではなかった。このような空間的特性は、それぞれの場における僧侶らの活動を規制するものであり、山岳祭祀遺跡と山寺の関係を論じる際にも考慮する必要がある。宝満山において、山頂の上宮祭祀遺跡だけが、竈門山寺の境内と化さなかったことが示すように、空間の性質の差が歴史に大きく作用する場合もあったのである。大峰山における山上と山下の関係、日光男体山における山宮と中宮祠、あるいは里宮の関係について、改めて議論することが必要となろう。

## おわりに

以上、宝満山・大峰山・日光男体山を事例に、山岳祭祀遺跡と山寺の関係について考察してきたが、日本の霊山がこの三者に留まるものでないことはいうまでもない。羽黒山や白山、伯耆大山や石鎚山など、本稿で取り上げなかった霊山は枚挙に遑ない。白山の山麓のように多くの山寺が発掘調査され、山岳祭祀との関連が議論されている事例もあり、本稿とは異なった考察が可能なはずである。確かに、各地の霊山の事例を検討しなければ全体像を把握できないかもしれないが、いまだ本格的に検討されたことがない課題であるだけに、本稿のような粗漏の多い大雑把な試論でもそれなりの意義があると筆者は考える。

山岳祭祀遺跡の研究は、近年大きく前進したとはいえ、考古学の他分野に比して研究者の数も少なく、研究の歩みも遅々としたものであることに変わりはない。解決せねばならない課題が山積みしている状況ではあるが、それでも山岳祭祀遺跡から山寺を照射することによって、初めてあきらかにできることがあるはずである。今回は、あまりに拙い議論に終始し、課題に十分に応えることができなかったが、それはひとえに筆者の力量のなさに由来する。今後、こうした議論に多くの研究者が参加し、ケーススタディを積み重ねることによって、山岳祭祀遺跡と山寺の関係がより具体的に解明されることは疑いない。

山岳祭祀遺跡から山寺をみるという視点は、従来提示されておらず、それなりの新鮮さと有効性をもつと考える。残された課題はあまりにも多いが、本稿では新たな視点の提示に留め、今後の研究の進展に期待したいと思う。

引用・参考文献

井上國雄　一九九四年「流廃寺の研究史」『流廃寺跡Ⅰ』（棚倉町埋蔵文化財調査報告7）棚倉町教育委員会
大西貴夫　二〇一〇年「古代の山寺の実像―南法華寺を例に―」『山岳信仰と考古学』Ⅱ　同成社
小田富士雄　一九六一年「古代に於ける筑前竈門山寺の活動」『史迹と美術』第三一巻一〇号　史迹と美術同攷会
小田富士雄編　一九八二年『宝満山の地宝―宝満山の遺跡と遺物―』太宰府天満宮文化研究所
小田富士雄・石松好雄・小西信二　一九八四年『宝満山及び竈門神社周辺の遺跡分布調査報告書』財団法人太宰府顕彰会
小田富士雄編　一九八三年『太宰府・宝満山の初期祭祀―『宝満山の地宝』拾遺―』太宰府天満宮
加納裕之　二〇一四年「山林寺院中寺廃寺跡と弘法大師空海の時代」『四国遍路と山岳信仰』岩田書院
粕川村教育委員会　一九九五年『御殿遺跡　平成5年度県営広域営農団地農道整備事業赤城南麓2期地区に係る埋蔵文化財緊急調査報告書』粕川村教育委員会
小島俊次　一九六五年『奈良県の考古学』吉川弘文館
小西信二　一九九二年「宝満山祭祀遺跡群」『太宰府市史』考古資料編　太宰府市
菅谷文則・前園実知雄・西藤清秀　一九八六年「地下発掘調査」『重要文化財大峰山寺本堂修理工事報告書』奈良県教育委員会

太宰府市教育委員会　一九八九年『宝満山遺跡』（太宰府市の文化財第12集）太宰府市教育委員会
太宰府市教育委員会　一九九七年『宝満山遺跡群Ⅱ　北谷ダム建設に係わる調査報告』（太宰府市の文化財第34集）　財団法人古都太宰府保存協会
太宰府市教育委員会　二〇〇一年『宝満山遺跡群Ⅲ　第11次・21次調査報告書』（太宰府市の文化財第55集）太宰府市教育委員会
太宰府市教育委員会　二〇〇五年『宝満山遺跡群４』（太宰府市の文化財第79集）太宰府市教育委員会
太宰府市教育委員会　二〇〇六年『宝満山遺跡群５』（太宰府市の文化財第84集）太宰府市教育委員会
太宰府市教育委員会　二〇一〇年『宝満山遺跡群６』（太宰府市の文化財第111集）太宰府市教育委員会
田中久夫　二〇一四年「東大寺華厳宗の修行の場の問題―金峯山・熊野そして黄金と―」『久里』三三号　神戸女子民俗学会
棚倉町教育委員会　二〇一一年『流廃寺跡』（棚倉町埋蔵文化財調査報告書22）棚倉町教育委員会
時枝　務　二〇一一年『山岳考古学―山岳遺跡研究の動向と課題―』ニューサイエンス社
時枝　務　二〇一三年「古代東北の山寺と山林仏教」『日本仏教綜合研究』第一一号　日本仏教綜合研究学会
中野幡能編　一九八〇年『筑前国宝満山信仰史の研究』名著出版
日光市史編さん委員会　一九七九年『日光市史』上巻　日光市
日光市史編さん委員会　一九八六年『日光市史』史料編上巻　日光市
日光二荒山神社　一九六三年『日光男体山　山頂遺跡発掘調査報告書』角川書店
福岡県教育委員会　二〇〇二年『宝満山遺跡群　浦ノ田遺跡Ⅲ』（福岡県文化財調査報告書第169集）福岡県教育委員会
森　弘子　一九七七年「宝満山の開発と歴史的発展」『英彦山と九州の修験道』（山岳宗教史研究叢書13）名著出版
森　弘子　一九八一年『宝満山歴史散歩』葦書房
森　弘子　二〇〇二年「大宰府竈門山寺考」『山岳修験』第三〇号　日本山岳修験学会
森　弘子　二〇〇五年「宝満菩薩の誕生」『山の考古学通信』№17　山の考古学研究会
森　弘子　二〇〇八年『宝満山の環境歴史学的研究』財団法人大宰府顕彰会
森　弘子　二〇一〇年「宝満山―大宰府鎮護の山―」『山岳信仰と考古学Ⅱ』同成社
山村信榮　二〇〇五年ａ「考古学から見た太宰府宝満山」『山の考古学通信』№17　山の考古学研究会
山村信榮　二〇〇五年ｂ「大宰府における国境祭祀と宝満山・有智山寺」『仏教芸術』二八二号　毎日新聞社
山村信榮　二〇〇七年「発掘調査からみた宝満山について」『都府楼』第三九号　財団法人古都大宰府保存協会

山村信榮　二〇一〇年「宗教遺跡としての大宰府宝満山」『山岳信仰と考古学Ⅱ』同成社
山村信榮　二〇一二年「竈門山寺跡」『季刊考古学』第一二一号　雄山閣

# 山寺と神社の構成——神仏習合の空間論序説——

久保 智康

## はじめに

古代山寺の空間論は、金堂、本堂といった主堂とそれ以外の仏堂の機能分担、位置関係をめぐる検討から始まった。とくに建築史の分野で、福山敏男氏の延暦寺、神護寺など畿内有力山寺の堂舎の基礎的復元［福山 一九三六］を嚆矢に、仏堂内部空間と法会内容の検討による中世仏堂の形成を明らかにした山岸常人氏［山岸 一九九〇］、密教儀礼を担う機能面から堂塔構成を分析した藤井恵介氏［藤井 一九九八］、仏堂の尊像・荘厳を軸に密教空間の再定義を図ろうとした冨島義幸氏［冨島 二〇〇七］などの所論は、いずれも仏教教義そのものとの関わりで山寺の空間規定要因を探ろうとした点で最大限に評価しなければならない。

考古学の分野では、早くに上原真人氏が、堂塔を聖地たる「仏地」と俗地たる「僧地」に概念的に類別し、後者に対する前者の隔絶性こそが山寺立地の本質であると論じた［上原 一九八六］。ただ取り上げた事例が、奈良時代以前の平地伽藍配置をそのまま踏襲した山寺であったために仏地背後の僧地しか評価しえず、問題意識は飛鳥時代からの継続的な檀越論へと向かったようにみえた。筆者は、上原説とは逆に、僧地が仏地の前面(下方)に展開することが奈良時代から平安時代初期にかけ定立した山寺の要諦であることを論じたが、その意味について仏教史的に考察を進めるには至らなかった［久保 二〇〇一］。近年では藤岡英礼氏が、山寺遺跡の大多数の平坦面を坊院と認識してその発展段階を論じているものの、(1)「仏堂の影響を脱し、……公権の分有や内部における勢力確保を通じて(得た)社会的影響力」を考察の基軸においたので、宗教施設としての山寺の存在という本質問題は完全に捨象している［藤岡 二〇一二］。

このように山寺に対する考古学的分析では、仏像はおろか仏教遺物の読み解きも棚上げし、建物配置や造営・維持に関わった僧侶・壇越についても、その山寺の史料・伝承との接点を探ることすら他分野研究者に任せてしまい、「山寺でいかなる仏が祀られ、それを本尊としていかなる法会が修されて、地域の人々とどのような信仰的関わりを結んでいたのか」という本質問題を射程に置いた研究がきわめて少ないというのが現状であろう。実をいえば、それが文献史や美術史でも十分行われているとも言い難く、(2)この点こそ、本書を編み諸学で山寺の多様性とその意味を考えようとした動機である。

小稿では、上記のような反省点を踏まえ、山寺の空間の構成要素としてきわめて重要な意味をもつにも関わらず等閑視されてきた観の強い神社に眼を注いで、「山寺で祀る仏と神がいかなる関係であったのか」という問いに考察を及ぼしたい。それは、仏教史、神道史、美術史など各分野で概念的、個別的に語られることの多い神仏習合について、山寺という場に即して理解することにつながるであろう。

## 1　山寺と神社の位置関係

### (1) 山寺・神社の認識と位置関係の四パターン

古代の山寺、神社の動向を探ろうとすると、屋根瓦を出土して考古学的に寺院跡と認知された遺跡の情報だけではまったく不足する。山寺、神社と関連遺跡を以下の要件にしたがって認識する必要がある。(3)

ア．奈良・平安時代の仏教関係遺物を出土した遺跡を、実体としての「寺」として認識する。その場合、瓦葺かどうかは当面問わない。

イ．平安時代に遡る仏像・仏具などの美術工芸品を伝える寺院で、その開山・中興伝承が平安以前に遡る場合は、少なくとも平安時代のある時期には活動していた。平安時代の神像を伝える神社も同様である。

ウ．上記に該当する遺跡・寺院は、霊山として地元で何らかの信仰を集めた中小の里山の周辺に営まれている。(4)

エ．その大半で、山の麓から中腹にかけての山間に大小の平坦面が造成されている。これらの平坦面の中には、神社の社殿、小祠などが建っていた場所も含んでいる可能性が大きい。また近隣に鎮座している神社にも留意する必要がある。

このようにみていくと、北海道と沖縄以外の日本列島の各地域で、奈良・平安時代にきわめて多くの山寺が営まれていたことが知られる。そしてこれらの山寺の周辺を見渡すと、しばしば『延喜式』神名帳やそれ以前の史料に名前の見える古社が鎮座する場合が少なからずあることに気付く。また必ずしも創建当初からの事情ではないが、山寺の本尊と神社の祭神に本地仏と垂迹神という関係が認められる場合も多い。

山寺と神社の位置関係には、大別して四つのパターンがある。

A．山寺へ至る手前の山麓に神社が鎮座する。

B．山寺の奥の山中・山頂に神社が鎮座する。

C．山寺の境内に神社が鎮座する。

D．神社の境内に山寺の堂舎が建つ。

なおこれら四つのパターンは、事象的には重なり合うことも当然あって、個々の山寺・神社を完全に切り分ける分類指標とまではいえない。本章では、出土遺物や伝存文化財、史料等から、山寺・神社の創建が平安時代以前まで遡ることが確認できる典型例をみていく。

## (2) パターンA：山寺へ至る手前の山麓に神社が鎮座する

図1　若狭神宮寺　金堂跡　背後の石積は塔基壇

図2　若狭神宮寺跡出土　軒丸瓦

全国各地で見られる最も一般的なあり方である。山寺は背後の山の中腹から山麓にかけ様々な様態で展開するが、まれに山頂近くに営まれる場合もある。神社はその手前の山麓部に営まれる場合がほとんどで、両者の間は一〇〇メートル以内という至近の場合もあれば、二〜三キロメートル、あるいはそれ以上離れている場合もある。以下のように、奈良時代から平安時代前期にかけ成立した事例も少なくない。

**若狭神宮寺と若狭彦姫神社**　福井県小浜市遠敷の長尾山東麓に神宮寺が所在する。現本堂の背後に平坦面が展開し、金堂跡が想定される基壇跡と南側の塔跡が目視される(図1)。これらの平坦面から出土した平城宮6225型式軒丸瓦(図2)や土器により、八世紀半ばには堂塔整備が始まったことが判明した［下仲二〇一〇］。この神宮寺から山麓に沿って遠敷川の谷筋を四〇〇メートルほど北へ下ると若狭一宮の若狭彦神社が鎮座(図3)。さらに一・五キロメートル下った谷の入口に若狭二宮の若狭姫神社が鎮座する。

図3　若狭彦神社

両社は『延喜式』神名帳に見える若狭比古神社二座に当たり、各々天津彦火火出見尊と豊玉姫を祀る。神宮寺の成立については、『類聚国史』天長六年(八二九)三月十六日条が、いわゆる神身離脱譚の気比神に次ぐ古い例としてよく知られている。すなわち、若狭比古神社の神主和朝臣宅継が古記として以下のように語ったとする。

> 養老年中に疫病、雨・旱魃が起こったので、宅継の曾祖赤麿が仏道に帰依し、深山修行を行ったところ、大神はこれに感じ人の姿で現れて、「自分は神の身で苦悩がはなはだ深いので、仏法に帰依し神道を免れたいが果たせず災害を起こしている。私のために修行をせよ。」と告げた。赤麿はすぐに道場を建て仏像を造って神願寺と号し、大神のために修行したところ、そののち穀物は豊かに実り、若死にする人もなくなった。

この譚は、在地神の若狭比古神に対する信仰を朝廷の勧奨する仏教信仰と同化させ、若狭国に対する律令支配を強化しようとした宗教政策とみられ、それは平城宮式軒瓦を使用することや、東大寺実忠の始めた修二会(お水取り)の由来譚からも傍証される。[5]小稿の文脈でこの譚から確認できるのは、若狭彦神社が先に同地に鎮座しており、その後に神宮寺が営まれたということと、そこが神社の鎮座地の手前ではなく、山へ向かって奥側であった、ということである。

なお、現在の神宮寺本尊は薬師如来坐像で、おそらく創建当初から同尊格を祀っていたとみられる。[6]また本堂内の本尊向かって右手に勧請座(あるいは影向座)を設け、若狭比古・比女神、白石鵜之瀬神・八幡神、那伽王神・志羅山神の神号三幅を掛けて神祀りする。同寺には神仏分離後も鎌倉時代の若狭比古・比女神像二躯を伝えていて、この時期以前に仏堂内に神を勧請していたことは間違いない。平安時代後期に定着をみたとされる本地垂迹説で、若狭比古神の本地仏が薬師如来とされたことは当然であるが、先の赤麿伝にもいう「ある地域の厄災消除」は、奈良〜平安初期に薬師如来を祀り薬師悔過を修して得られる効験と考えられていたので[中野 一九八二]、在地神を薬師如来と同体視するという発想は、すでに天長年間頃には胚胎していたのかも知れない。

ちなみに、本堂向かって左手には若狭比女神の本地として十一面観音坐像を安置するが、神号右幅の志羅山神も、越前・加賀の白山から勧請されたのであれば、本地は十一面観音ということになる。本堂のすぐ正面に遥拝される神体山もシラヤマと称して、ある時期から白山神が重要な位置づけがなされたと思しく、若狭第二神との本地尊格の一致も、何らかの積極的意味をもつ可能性を指摘しておきたい。

**神護寺と平岡八幡宮**　平安京周辺で、早くから神社と併存していたことが確認できるのが神護寺である。京都市の西北方、高雄山の中腹に営まれ、比叡山延暦寺とは平安京を挟んで対称位置にある。延暦年間(七八二〜八〇六)に和気清麻呂が建立した神願寺の地勢が「汚穢」となったので、天長元年(八二四)、すでに当地にあった高雄山寺を代わりに定額寺とし「神護国祚真言寺」と改名したのが神護寺の創始とされる（『類聚国史』）。前身の高雄山寺は、和気弘世・真綱が最澄らを招き法華講会を催した延暦二十一年（八〇二）まで確実に遡る。また大同四年（八〇九）には、入唐から帰朝した空海がこの寺に身を寄せている。

承平元年（九三一）奥書の『神護寺実録帳写』（『平安遺文』一巻）によれば、まず「堂院」として、天長年間（八二四～八三四）に両界曼荼羅を掛ける根本真言堂と五大明王を祀る五大堂が建立され、それ以前の堂宇として金色十一面観音像・檀像薬師仏像・檀像阿弥陀仏像・八幡大菩薩像（うち八幡像は一鋪とあるので掛幡像）を祀る根本堂、建立時期不明の五仏堂があった。次に「宝塔院」として、承和年間（八三四～八四八）に五大虚空蔵菩薩を祀る毘盧遮那宝塔が建立され、護摩堂・僧坊・中門などが記載される。その後にも中小の建物が列記されるが、興味深いのは「法華三昧堂」が存在していたことで、初期の神護寺で真言宗のみならず天台宗の法儀まで実修していたことを窺わせる。現在の伽藍で旧堂跡として確実な箇所は、一九三四年の現多宝塔工事中に発見された毘盧遮那宝塔だけであるが、現堂塔の建つ平坦面（図4）とそれより下方の平坦面から平安時代の土器が散布しているので、伽藍域そのものは九世紀代のそれとほぼ重なっているとみていい［久保二〇〇二］。

図４　神護寺　石段上は金堂

神護寺から御経坂峠を間に周山街道を三キロメートルばかり下った山際に、平岡八幡宮が鎮座する[7]（図5）。空海が大同四年（八〇九）、高雄山寺に入ったその年に宇佐八幡神を勧請し同寺の鎮守としたとの伝承があるが、

図5　平岡八幡宮参道　奥の山麓に社殿

史料の初見は『神護寺実録帳写』で、「御在殿」と呼ばれる神殿が二宇記載される。御神体の詳細は、南北朝時代初め頃、一三三〇年代に撰述されたとみられる『神護寺略記』の、

　奉安置八幡大菩薩御形像一鋪　大師御筆第二伝云々／承平実録帳委細在之

の記載まで待たねばならない。一鋪という員数から、木造の神像でなく掛幅と知られ、御神体として異例の形態である(8)。

　それはともかく、古代・中世の神護寺側記録に一貫して平岡八幡宮が見えることが重要で、例えば東寺に勧請された八幡神のことを鑑みれば、空海が高雄山寺入寺と同年に勧請したという譚もそれなりの信憑性がある。ただ寺から峠を越えて相当の距離を隔てたこの地にあえて八幡神を勧請した理由は、別に考えるべきかも知れない。というのも、平岡八幡宮へ至る谷の入口の丘陵上に梅ケ畑遺跡という八世紀半ばから九世紀にかけての祭祀遺跡が存在していて〔高橋　一九九九〕、八幡神勧請以前からこの谷合いに産土神が鎮座していた可能性がきわめて高い。空海の勧請譚が事実ならば、彼はそのような産土神（すなわち地域の人々の産土神に対するプリミティヴな信仰）を高雄山寺と結びつける紐帯として八幡神を勧請したとも評価できるのではないか。

**大寺谷遺跡と青木遺跡**　島根県出雲市の青木遺跡は、神殿や倉などの神社遺構が面的に発掘調査された稀有の遺跡である（図6）。出雲郡東端で楯縫郡と境を接した美談郷にあり、天平五年（七三三）に編纂された『出雲国風土記』に記す「伊努社」（『延喜式』神名帳では伊佐波神社）が鎮座したと推定される場所になる（現在は北西丘陵端に移る）。Ｉ区で礎石建物二棟（うち一棟は版築を伴う庇付建物）と総柱の掘立柱建物二棟の遺構や絵馬などが出土、Ⅳ区で二間×二間総柱の掘立柱建物三棟をはじめとする遺構と神像が出土した。Ⅳ区の総柱建物を神社の神殿とみる見解は研究者間で一致をみるが、Ⅰ区の版築・庇付礎石建物に関しては、仏堂とみる意見がある一方で〔内田二〇〇六b〕、調査した松尾充晶氏らは仏教関係遺物が出土しないことからこれに否定的である[9]〔松尾他二〇〇六〕。いずれにしても、木簡・墨書土器や帯金具・檜扇・刀装具などの遺物から、官人層の存在と神社での祭儀が行われたのは疑いない。

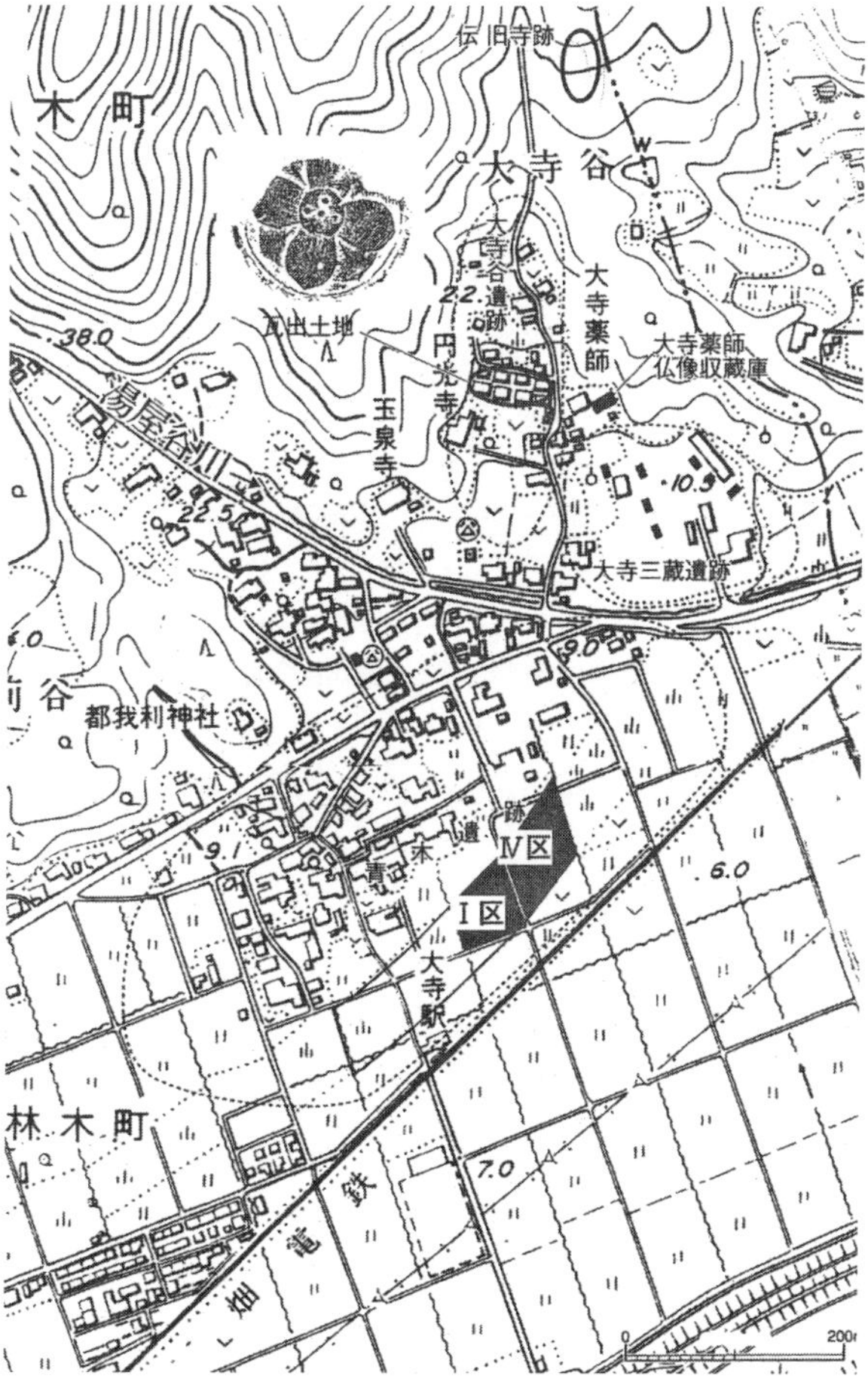


図6　青木遺跡と大寺谷遺跡（平石・松尾 2008）

青木遺跡の約四〇〇メートル北方の谷合いに大寺谷遺跡がある。『出雲国風土記』記載の意宇郡山代郷南新造院と推定される四王寺跡と同笵の軒丸瓦を出土し（図7）、同院を建立した出雲臣弟山もしくは関係の人物が、八世紀半ば頃までに山寺を営んだとみられる

図7　大寺谷遺跡出土　軒丸瓦
（京博・古代出雲歴博　2012）

［花谷・高屋 二〇一二］。当地の万福寺には、「大寺薬師」と称される半丈六の薬師如来坐像（重文）のほか、平安時代の仏像・神像群が伝わる。例えば美濃国可児郡家近くの岐阜県御嵩町に所在し、本尊薬師如来坐像をはじめとして平安〜鎌倉時代の古仏を多数伝える願興寺が山号を「大寺山」と称する。また福井県越前市内の旧国分寺推定地（遺跡名は府中城跡B地点）で「国大寺」の墨書土器が出土している［野澤 二〇一三］。このように、「大寺」という呼称は、各地の国府・郡家周辺の古代寺院でしばしば見られる。すでに平石充・松尾充晶両氏が論じているが［平石・松尾 二〇〇八］、この大寺と青木遺跡の神社は一体の宗教施設として機能したと考えるべきである。

なお青木遺跡は、出土土器からみて八世紀前半には何らかの神社施設が建ち始めたらしく、一方の大寺も、軒丸瓦からみてそれよりやや遅れて創建されたと考えてよさそうである。大寺の創建時の本尊は、前述した若狭神宮寺以下の事例を鑑みても、現本尊と同じく薬師如来であった可能性がきわめて高い。

### （3）パターンB：山寺の奥の山中・山頂に神社が鎮座する

**宝満山と竈門山寺**　福岡平野の南東端に位置し、大宰府の東方に神奈備形の秀麗な姿をみせる宝満山（図8）は、御笠山、竈門山とも称され、標高八三〇メートルの山頂には巨岩の磐座上に、山麓の竈門神社の上宮が建つ（図9）。山頂一帯は、奈良時代から平安時代にかけての須恵器・土師器に加え、奈良二彩や皇朝銭などまで出土する祭祀遺跡である〔小田 一九八二、太宰府市教委 一九八九、森 二〇〇〇・二〇〇九〕。登拝道周辺には、竈門岩、大南窟、辛野遺跡など古代まで遡る祭祀遺跡が点在し、登り口にそれらの基点となる竈門神社下宮が鎮座する。森弘子氏は、山頂磐座と山中諸所で大宰府、筑前国、山麓住民の祭祀が行われ、次第に竈門岩あるいは頂上で祀られた竈門神に集約され、八世紀後半から九世紀初頭に竈門神社が成立したと推定している〔森 二〇〇九〕。

竈門神社下宮の参道脇に遺る下宮礎石群では、土器と共に鴻臚館式軒瓦が採集されており〔小田 一九八二〕、ここが延暦二十二年（八〇三）閏十月二十三日、最澄が入唐に当たって檀像薬師仏四躯を造立し、法華・涅槃・華厳・金光明等の大乗経を講説した竈門山寺(10)〔『叡山大師伝』〕の跡と考えられている（図10）。鴻臚館式軒瓦を竈門山寺の創建瓦とすると、八世紀第1四半期には創建されたことになり(11)、同寺を竈門神社の神宮寺と考えると古すぎることになる。周辺でも同種の瓦が採集されているので、神宮寺成立前からこの地区に山寺が営まれていた公算が大きい。

ちなみに宝満山中腹の尾根の先端に立地する辛野遺跡は、八世紀初

図8　宝満山

図9　宝満山山頂　上宮（小田他　1982）

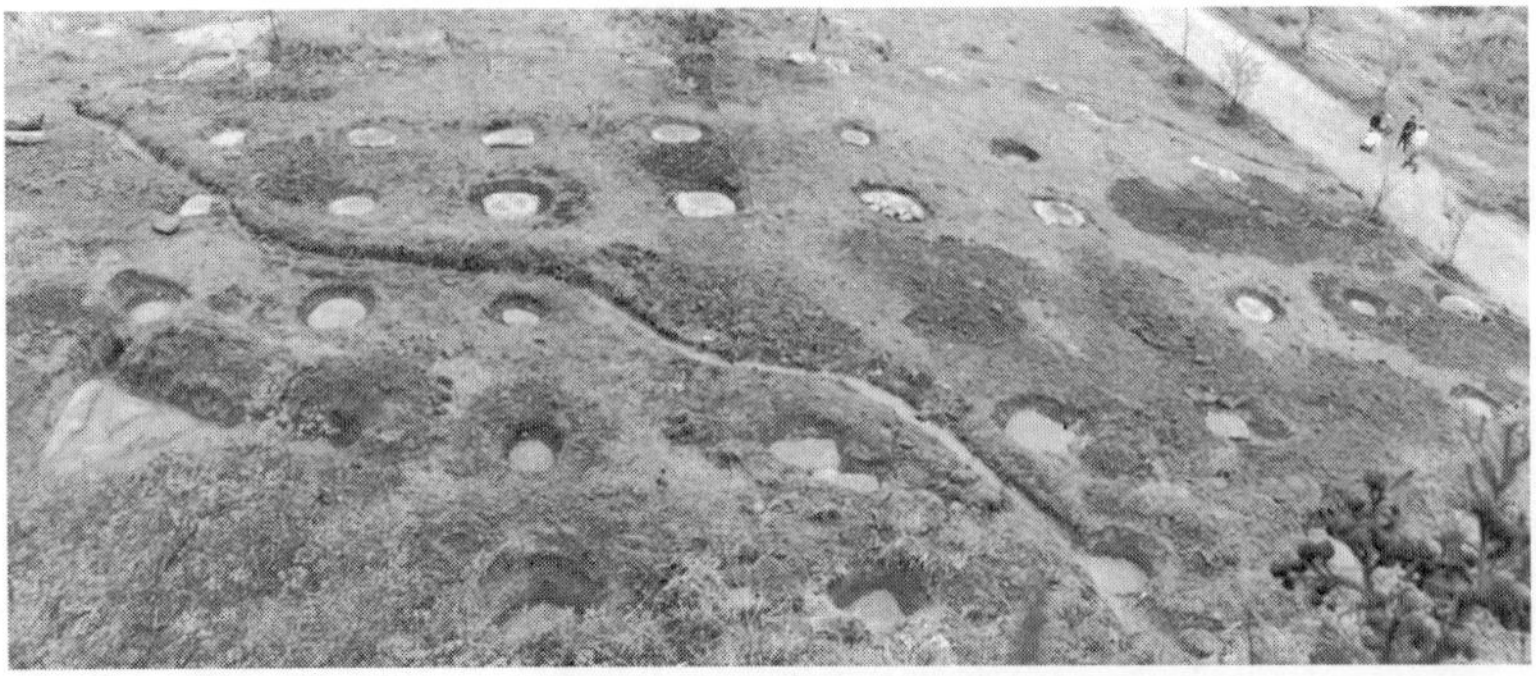

図10　宝満山　下宮礎石群（小田他　1982）

頭から後半にかけての祭祀遺跡とされているが［小西 一九九二］、遺物中には「寺」「知孝」「守識」「神」などの墨書土器や、鉄鉢形土器・瓶子など仏教的性格がきわめて強いものが目立つ。次節で詳述するが、尾根上の平坦地や緩斜面でこの種の土器を出土する奈良～平安時代前期の遺跡は各地でみられ、仏教儀礼としての祭儀を行った何らかの施設が存在したと考えている。辛野遺跡では、外底に「蕃」と記した須恵器有台坏（八世紀後葉か）が出土しており、山村信榮氏はこれを国境祭祀が行われたことを示すと考えたが［山村 二〇〇五］、宝満山の位置づけも含め首肯すべき見解である。

ところで森弘子氏は、宝満山の祭神、宝満大菩薩玉依姫をめぐる諸説を検討し、十一世紀に石清水八幡宮別当頼清が、本来の竈門神に「玉依姫」の名を奉じ、応神・神功を合わせて八幡神別宮と位置付けたと論じた。そして、宝満大菩薩の本地が十一面観音とされることや、最澄が帰朝し筑紫で報謝のために「檀像千手菩薩」を造立したこと、若杉山最古像も千手観音であることなどを例示して、竈門山寺の本尊を観音菩薩と考えた［森 二〇〇九］。しかし山村氏も述べるように、宝満山の奈良時代後期から平安時代初期の神社祭祀と竈門山寺ほかの仏教遺跡の存在意義を国境における厄災消除と考えるならば、初期天台宗がそのような効験を最も喧伝したのは薬師如来なので、最澄の入唐前の檀像薬師造立を鑑みても、やはり竈門山寺の当初の本尊は薬師如来であった可能性が高いと思われる(12)。

**首羅山遺跡と白山神社**　首羅山遺跡は、福岡県粕屋郡の東北端、鞍手郡・古賀郡との三郡境にほど近い久山町の白山（二八八・九メートル、旧称が首羅山とされる）の山頂から南側山腹にかけて展開する山寺遺跡である〔江上他二〇一二〕。本谷と西谷と称する二地区で、小さな谷地形を埋め立てて造成した平坦面と、礎石および掘立柱の仏堂と関連施設の遺構が検出されている（図11）。出土遺物からみると、十二世紀に大規模な堂塔整備の画期が認められ、十三世紀をピークに室町時代の衰退傾向を経て戦国期に一旦廃絶するが、近世には小規模ながら復興し宝満回峰行の霊場となった。平安時代の状況が不透明ながら、現在も調査が続く西谷地区で越州窯青磁や平安時代半ばの遺物も出土している。

白山の南峰の頂部二六二メートル付近には、江戸時代、延享四年（一七四七）に建造された石祠がある（図12）。この場所からかつて天仁二年（一一〇九）銘の銅鋳製四段積経筒が、黄釉鉄彩四耳壺内から湖州八花鏡・青白磁合子と共に出土した。経筒には「大勧進僧　実□」と名を刻み、台座には「徐工」と読める墨書がある。これを中国人名とみて、石祠脇の十三世紀の所産とみられる宋風獅子一対と薩摩塔二基や、多量の中国陶磁器の出土などから、首羅山遺跡の伽藍整備に関わった壇越に、博多の日中貿易で財を成した中国商人が想定されている〔桃崎二〇〇八、江上二〇一二〕。

貝原益軒撰『筑前国続風土記』をはじめとする近世地誌によれば、山頂にかつて「加賀白山と同神」（『筑前国続風土記附録』）という白山権現社が存在した[13]。首羅山という山名が白山（シラヤマ）に通じ、また『筑前町村書上帳』所収「首羅山由来」に伝える、「天平年間に百済から白山権現が虎に乗ってきた」との開山譚とも呼応するこの白山権現は、実際のところいつ当山へ勧請されたのであろうか。

加賀の白山では、現在の小松市東部の山中に天台系の中宮八院が平安時代にすでに存在した。越前馬場の白山系山寺も状況証拠からみて早くから天台に属し、十二世紀に寺門派園城寺長吏が平泉寺を管轄下に置くなど、天台宗の色がきわめて濃い。首羅山の山頂経塚もその遺物構成からみて、天台僧の勧進によったことは疑いないので、十二世紀

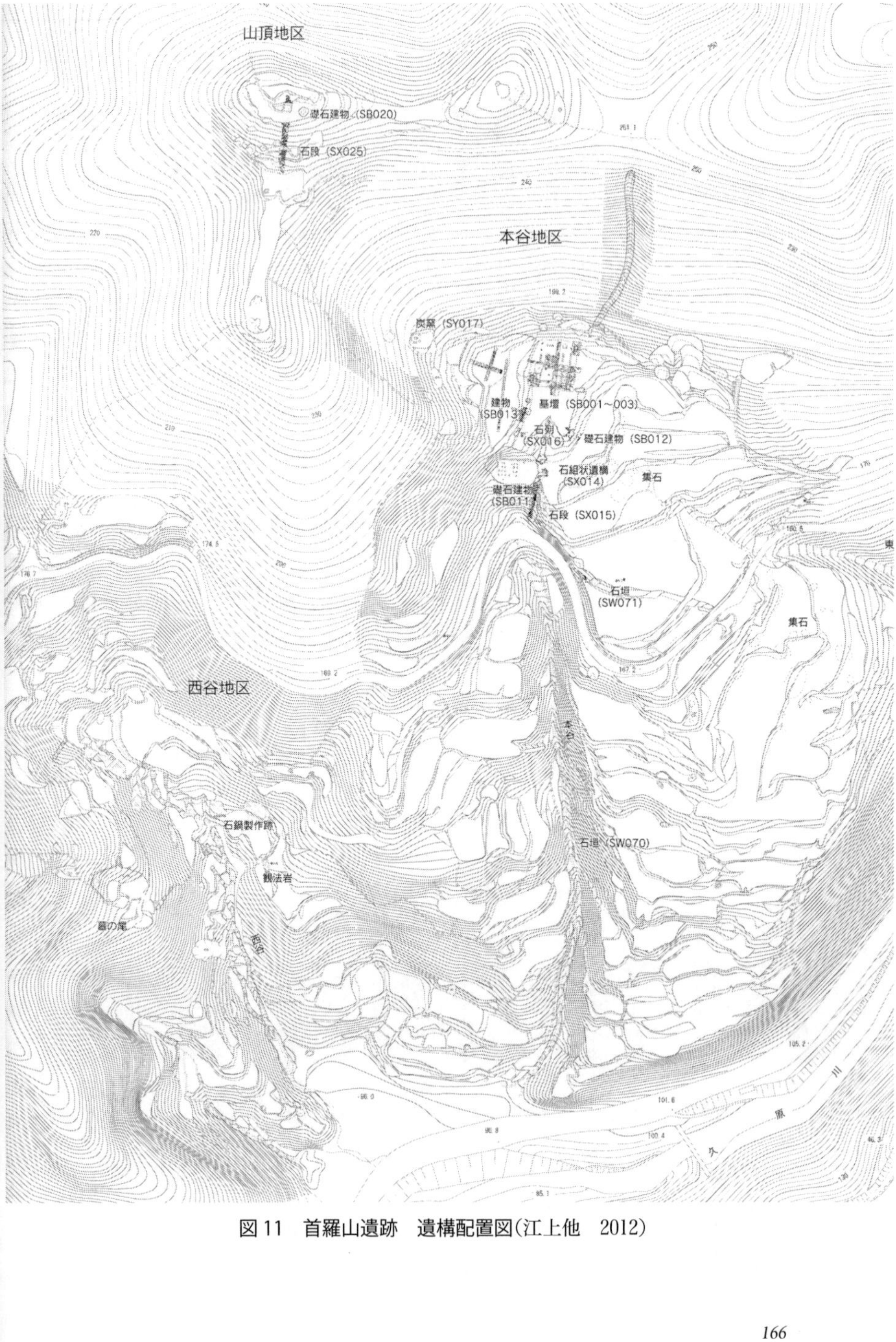


図11　首羅山遺跡　遺構配置図（江上他　2012）

図12　首羅山遺跡　白山山頂の石祠と薩摩塔

初頭に白山権現が勧請されていた可能性は十分あろう。しかしそれ以前に山頂に神社が存在したかどうかは不詳である。近代になって、山頂の白山神社が山麓の中世坊院跡である日吉（山王）に下りたとされるが、前述したパターンAの神社のあり方が圧倒的に多いことからすると、ここに平安時代に遡る首羅山の山寺の鎮守社があった可能性を考えるべきかも知れない。

いずれにせよ、平安時代の首羅山のどこにいかなる神を祀ったかという問題は、この山寺に祀られた本尊の尊格に大きく関係する。白山神であれば、遅くとも十二世紀には本地の十一面観音を祀ったはずで、事実、久山町清谷寺像（一キロメートルほど南の正現寺旧蔵と伝える）をはじめとして、三郡山地周辺で平安時代の十一面観音像が目につき、逆にそのことが首羅山の鎮守としての白山神を勧請する契機になったと考える余地もある。またそれより古い十世紀の地蔵菩薩立像が同じく清谷寺に伝来し、内部に大きなウロをもつ霊験仏、あるいは神仏習合像の可能性も指摘されて［井形 二〇〇八］、この地区の平安時代古像と山寺・神社の関係性を追求する必要がある。

### （4）パターンC：山寺の境内に神社が鎮座する

**鰐淵寺**　島根県出雲市の鼻高山（標高五三六メートル）北麓、別所の鰐淵川沿いの谷合いに営まれている。寺号は、智春なる僧が推古天皇二年（五九四）に、谷の浮浪滝で推古天皇の眼病平癒を祈願し、取り落とした仏器を鰐がくわえて

図13　鰐淵寺　浮浪滝と蔵王宝窟

滝の淵を昇った、という開創譚に由来する。滝の断崖には通称蔵王宝窟(図13)があり、仁平三年(一一五三)銘の石製経筒と同二年銘の湖州鏡が出土して、これらの銘に「蔵王寶窟(崛)」という呼称がみえる。ここからは多数の銅鏡や鏡像も出土したという[井上他 二〇一二]。平安時代後期以降は出雲大社(杵築大社)とも深く関わって、中世には数十の坊を擁するに至った。今も山内にはいくつもの堂舎と、かつて建物のあった平坦面を多数残し(図14)、山陰でも稀にみる数の古代・中世の文化財を伝える。

本堂の根本堂には薬師如来と千手観音の二尊を祀るが、文治二年(一一八六)の「古記録写」(鰐淵寺文書)に焼失した薬師堂・千手堂の再建記事があり、この時に二院が並立していた可能性が指摘されてきた。前述の石製経筒から、当時天台僧が主導する法華経写経が行われたことが窺われ、多くの仏像・神像や工芸品からも十二世紀の活況が想定される。出雲市教育委員会の坊跡の発掘調査によっても、まさにこの時期が平坦面の大規模造成と堂舎整備がなされた大画期だったことが判明した[出雲市教委 二〇一五]。

また『後拾遺往生伝』には、永承年間(一〇四六~五三)頃、鰐淵山で法華経を書写し修行を積んだ永暹の名が見える。また昭和三十年に蔵王宝窟から九世紀の形態を示す錫杖頭(図15)が発見され、場所は不明ながら、十一世紀に製作された瑞花双鳳八稜鏡も出土している。境内域の詳細分布調査でも、とくに境内北寄りの本覚坊跡付近で十一世紀以前

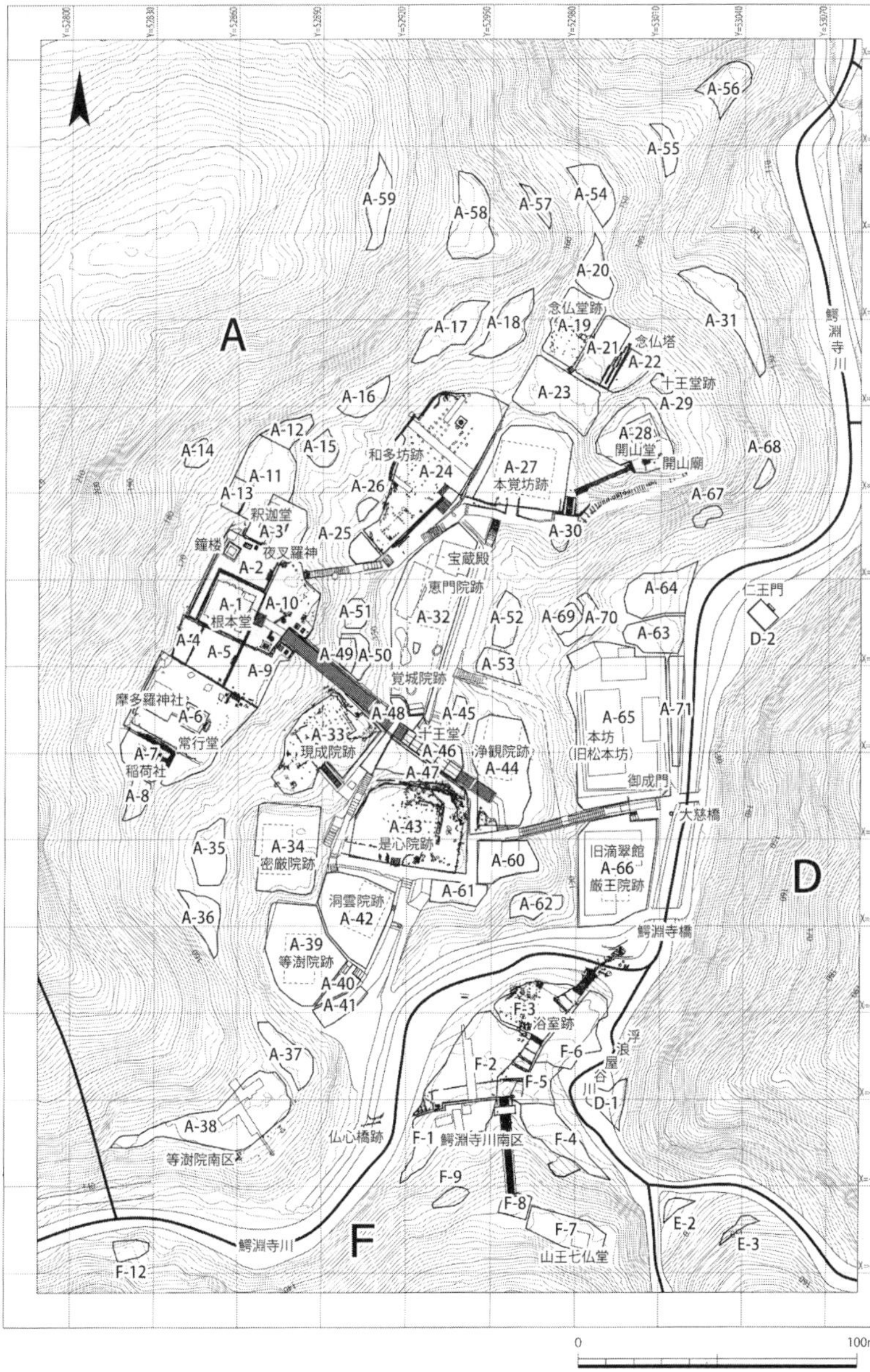


図 14　鰐淵寺境内の堂舎、坊跡、平坦面（出雲市教委　2015）

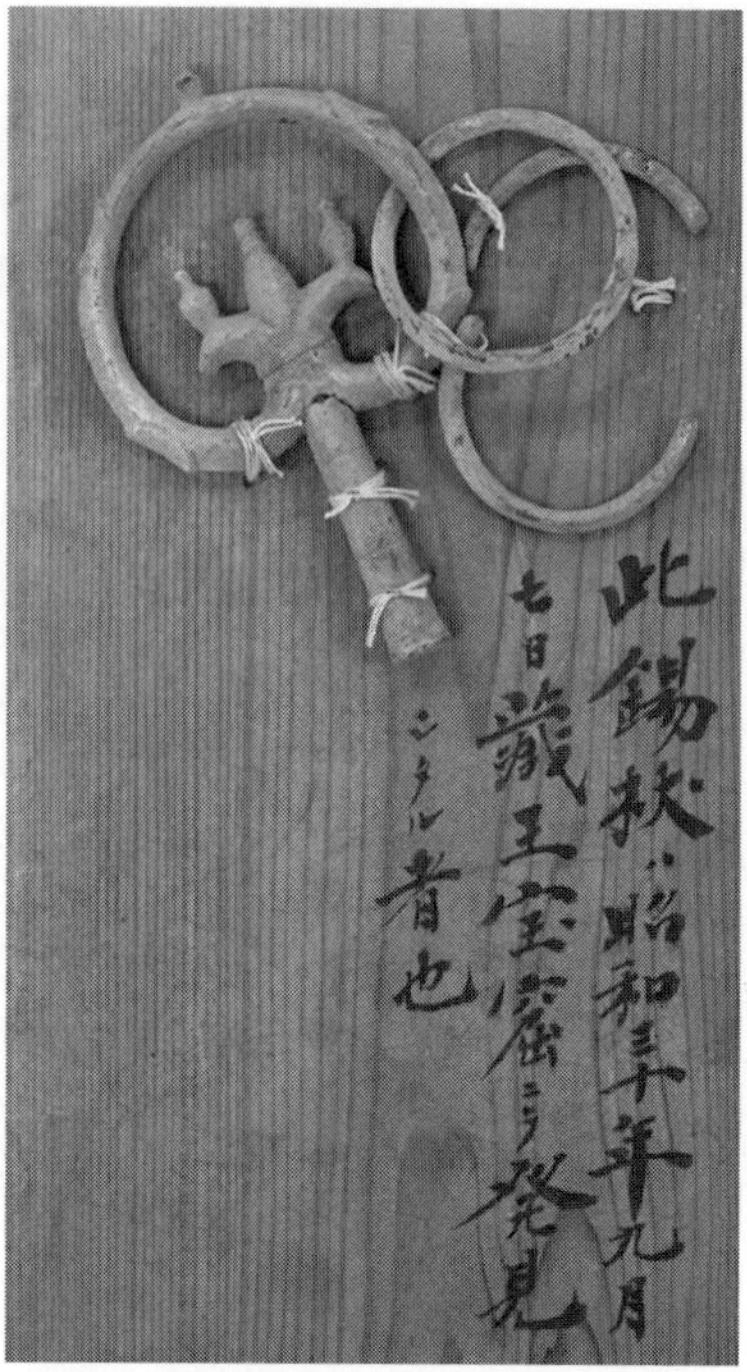


図15　蔵王宝窟出土 錫杖頭 鰐淵寺蔵

の土器が多数採集されて、平安時代鰐淵寺の活動の徴証が見えつつある〔出雲市教委 二〇一五〕。

現在の鰐淵寺境内には、かつていくつかの神社が存在したが、神仏分離を契機に廃絶した。例外は、根本堂の南側の常行堂に付設する形で建つ摩多羅神社と、その西隣の稲荷神社である。摩多羅神は、天台宗において常行堂に祀られて常行三昧（四種三昧のうち阿弥陀如来を観想し行堂する行）の護法神となった渡来神で、阿弥陀の垂迹神ともなった。円仁の勧請伝承はあるが、実際にどこまで遡るかは明確でない。天正六年（一五七八）の「常行堂御内殿　摩多羅神御影向所」とする棟札から元は常行堂内に祀られたことがわかり、寛文七年（一六六七）の「摩多羅神宮幷常行堂」の建立棟札があるので、この時点で現在の形になったとみられる〔山岸 二〇一二〕。比叡山常行堂の場合、鎌倉時代成立の『叡岳要記』や、それより下る『山門堂舎記』（いずれも『新校群書類従』釈家部）にも摩多羅神は見えない。鰐淵寺でも、先にふれた「古記録写」（文治二年）には神社や神名そのものが見えず、正平十年（一三五五）の「鰐淵寺大衆条々連署起請文案」（「正平式目」と通称。『大社町史　史料編古代・中世』）では、常行堂修正会にも神名がなく、式目末尾で、

当山鎮守金剛蔵王権現、大社大明神、両所明神、王子眷属部類神等、云々

と記すのみで、常行堂内の摩多羅神奉祀はこれ以降のことと思われる。

一方、鰐淵寺に遺る棟札と「万指出」(宝暦十四年、鰐淵寺文書)所収棟札写からは、かつて以下の神社が存在したことが知られる。

・智尾権現社　永禄八年(一五六五)建立
・蔵王権現宮　万治二年(一六五九)建立
・山王権現社　延宝四年(一六七六)建立
・諏訪大明神社　寛延三年(一七五〇)建立

これらのうち智尾権現社は、鰐淵寺の一・五キロメートル西方、唐川地区に鎮座する韓竈神社のことである。残る三社についても、前掲「正平式目」の記載を重視すると、中世前半まで遡りうるのは蔵王権現宮のみということになる。これは、浮浪滝崖上の蔵王宝窟内社殿に該当するのであろうが、「古記録写」にその記載がなく、井上寛司氏らによる山内調査でも蔵王権現像がまったく見当たらなかったことが問題視された。それに関し井上氏は、国造出雲氏が律令時代の本拠地であった意宇郡の国府域を離れ、また祭祀を司った同郡熊野大社から杵築大社(出雲大社)へと拠点を移した十世紀を画期として、同大社と鰐淵山が関係を強めたとの想定の下に、鰐淵寺において本格的な寺地拡大をみた十二世紀後半までに多数の神像が作られたことと、杵築大社の古代の祭神オオクニヌシが中世の祭神スサノヲへ転換したことが深く関係していたとして、蔵王権現がスサノヲの本地仏と考えられたのであろう、と述べた[井上一九九一、井上他二〇一二]。また浅湫毅氏は、井上説に呼応する形で、山内で発見された平安時代に遡る牛頭天王像二躯を取り上げ、鰐淵寺においては蔵王権現がスサノヲを通じて牛頭天王と習合したために、牛頭天王と同様の姿で製作された可能性を指摘した(14)[淺湫二〇一二]。

一方筆者は、鰐淵寺に伝わる十二～十三世紀の二三面におよぶ鏡像・懸仏の尊格構成を検討し、本尊薬師如来が二

図16　線刻十一面観音鏡像　鰐淵寺蔵

面しかない一方で十一面観音が四面と最多を数えることと、男神・女神・僧形の三神鏡像あるいは女神鏡像の存在から、十二世紀段階の鰐淵寺に祇園社が存在したと考えた〔久保 二〇一三〕。すなわち件の三神鏡像は同社の主神スサノヲ〔牛頭天王〕、后神クシイナダヒメ〔婆梨采女〕、子のヤハシラノミコガミ〔八王子〕で、女神鏡像はクシイナダヒメにほかならず、十一面観音鏡像〔図16〕・懸仏はクシイナダヒメの本地仏とみなしうる。ちなみに祇園社で牛頭天王の本地は薬師如来とされ、南院本尊と一致する。このように、鰐淵寺の伽藍拡大期にあって、文献史料で全く知られない京都・祇園社（そしてその背後の延暦寺）との関係が濃密に展開したことを窺い知ることができるのである。

かかる平安時代の鰐淵寺における牛頭天王あるいは祇園社の問題に関して、鰐淵寺川と支流が交わる南側平坦面(市教委調査の川南区)で、「天王天」あるいは「天王」と刻字された十六世紀後半の土師器が出土したことは注目していい。南側山手の平坦面に山王七仏堂の旧堂が建ち、文明六年(一四七四)銘の山王七所懸仏の存在から、日吉山王はそれ以前に勧請されていたのは間違いない。さらに、享保二年(一七一七)刊行の『雲陽志』に「山王　祇園　菅神三神一社」とある。平安時代の牛頭天王像二躯はかつて山王七仏堂に祀っていたとも伝え、これらの状況証拠から、中世前半のこの地区で、祇園社と山王七仏社が独立して存在していた可能性がきわめて高い。同区からは、十二〜十三世紀の褐釉四耳壺片が出土していて、経塚の存在も指摘される。

以上のようにみてくると、結局のところ平安時代の鰐淵寺に存在していたであろう蔵王権現宮と祇園社は、いずれも境内中枢域ではなく、浮浪滝あるいはそのすぐ下の川沿いに鎮座していたと想定されることとなる。十一面観音を本地とするクシイナダヒメが京都で少将井と称されたように、浄水信仰を底流として神域を仏地から分けていたと考えることも可能であろう。

なお、初期鰐淵寺における神祇の場を考える上で、前述した唐川の韓竈神社は無視できない。『出雲国風土記』にも記載されており、前段で挙げた神社が、いずれも天台宗と本来表裏の関係をもった神祇であるのに対して、韓竈神社は明らかに外来系の土着神であろうから、その存在意味に留意すべきである。中世に智尾権現社として鰐淵寺と関係し、近くに「摩多羅神さん跡」という伝承地もある。遡った鰐淵寺の創建時にすでに同所に鎮座していたことは間違いなく、当初から何らかの関係をもっていた可能性は十分ある。

### （5）　パターンD：神社の境内に山寺の堂舎が建つ

**石清水八幡宮**　旧山城国の南西端、摂津との国境に位置する八幡市の男山山頂から南側尾根筋の標高一二〇メートル辺りに境内地があり、主に東側山腹へ多数の平坦面が展開する。最も規模の拡大した近世には、本殿を中心としてその前面の馬場と称する参道を軸として、中谷・東谷・西谷・北谷・南谷の各地区に坊院が営まれた（図17）。とくに東谷の主参道沿いには「男山四十八坊」と呼ばれた宿坊が軒を連ねていた。二〇〇八年から二〇一〇年にかけ地形測量・分布調査・発掘調査が行われ、調査報告書刊行〔大洞・小森他 二〇一二〕を経て、二〇一二年に全域が国史跡に指定された。

石清水八幡宮の創建は、貞観五年（八六三）に大安寺僧行教が著した「石清水八幡宮護国寺略記」（『朝野群載』巻一六）に詳しい。行教は、貞観元年（八五九）に八幡大菩薩の神託により、宇佐八幡宮から石清水へ移座したとする。ただちに社殿が造営され、これに次いですぐ東方に宮寺として護国寺も建立されて、貞観十八年（八七六）には「石清水八幡宮護国寺」に神官を置くことを朝廷に願い出ている（『日本三代実録』）。近世の絵図に記載される護国寺跡の発掘調査で平安前、中期の土器が出土しており、確かに石清水の初期段階から堂舎が存在したのは間違いない。なお、長徳元年（九九五）に平寿が著したとされる「石清水遷座略縁起」（『石清水八幡宮史』史料第一輯）では、

抑石清水、素山寺之名也。権現移坐㆓男山㆒以降、更以㆓東面之堂㆒、改為㆓南面之堂㆒、護国寺是也。

と記して、護国寺の前身寺院として東面堂の石清水寺が存在したことを示唆する。今般の調査は上層のみの発掘に留まらざるを得なかったので、残念ながら確認は困難であった。

それはさておき、護国寺の本尊は近世まで一貫して薬師如来で、その西側に八幡大菩薩が並んで祀られていた。本尊薬師は、前述のとおり国境での薬師悔過を通して、山城国の鎮護を祈願したことに由来すると理解される。護国寺

図 17　石清水八幡宮　境内図（大洞・小森他　2011）

図18　護国寺跡　安鎮家国法跡

跡の発掘調査では、江戸時代後期に造営された本堂跡と、その前段階で修された天台宗の密教大法、安鎮家国法の跡まで検出された。これは、安鎮場所の中心と八方の計九箇所に小壙を掘り、密教法具の輪宝を置いて中心に橛を立てる修法で、護国寺跡では六方の壙が確認され、橛の代わりに独鈷杵を用いていた(図18)。本尊薬師如来の効験と共鳴した、いかにも護国寺らしい修法といえよう。

なお護国寺の本尊と八幡大菩薩の配置だけをみれば、後者の本地仏は薬師如来とされたはずだが、実際にはそうならず、釈迦如来さらに阿弥陀如来に当てられることになった。このことに関し注目されるのは、延久元年(一〇六九)、石清水別当清秀の時の護国寺修造に際し、古仏を取り除き釈迦・薬師の二像を安置したと伝えることである(「石清水八幡宮末社記」『石清水八幡宮史』史料第一輯)。釈迦は、天台宗の一乗思想を説く『法華経』の教主であり、同時期の延久年間に宝塔院の修造もなされていることから推して、この時に法華経(釈迦)と密教(薬師)の円密双修という天台の根本教理を、護国寺の本尊仏で表したといえる。八幡大菩薩の本地を釈迦如来とした契機も、この辺りにあったのではなかろうか。

ところで右にふれた宝塔院は、最澄が、山城・近江・筑前・豊前・上野・下野の六カ国に、各地の鎮護のため造営を構想した法華経安置の塔、六所宝塔院にならった天台系の塔である。一方、馬場の西側、西谷には、天永三年(一一一二)に白河法皇御願により大塔が造営された。延徳元年(一四八九)成立の「石清水八幡宮堂塔目録」(『石清水八幡宮史料叢書』五)に、本尊を釈迦・多宝二仏と記すことから、これを天台系の塔と考える説[浜島二〇〇一、飯沼二〇〇四]に対し、小森俊寛氏は創建供養の導師を仁和寺覚助が勤めたことや、大塔の北に隣接する八角堂の建保年中(一二一三〜一九)の創建供養の導師を解脱房貞慶が勤めたことを挙げて、石清水大塔を空海が高野山に造営した大塔(毘盧遮那宝塔)由来とし、八角堂と合わせ両堂を東谷宝塔院・護国寺に対する真言系の堂宇とみて、「ひとつの境内の近接した範囲のなかに、台密・東密が共存する」ことを強調したが、[15] 首肯すべき見解である。

## 2　山寺・神社の構成と神仏習合

### (1)　山上、山麓の社と山寺

前節で検討した古代山寺と神社の位置関係のAからDの四パターンのうち、奈良時代のうちに確実に始まっているのはA、Bである。しかもパターンA、すなわち山寺へ至る手前の山麓に神社が鎮座する事例は、今回取り上げた若狭神宮寺・若狭彦姫神社、神護寺・平岡八幡宮、大寺谷遺跡と青木遺跡のほか、全国で枚挙にいとまがない。そもそも、比叡山に修行の地を定めた最澄(七六六または七六七〜八二二)が、一乗止観院(後の根本中堂)を建て薬師如来を祀ったのは、大比叡と称される山頂(標高八四八メートル)の八合目あたりの現東塔地区であったが、東方へ延びる支脈で神奈備形の山容をみせる八王子山の麓に、比叡山王を祀る日吉大社が鎮座する。

地方でも事例は多い。例えば福井県鯖江市三峯寺跡は、三峯と通称される標高四〇〇メートル前後の山塊の中腹に営まれ、平坦面の出土土器から八世紀半ばまで遡るとみられる山寺で[前田他二〇〇五]、そこへ至る谷口の山麓には延喜式内社の刀那神社が鎮座し、かつて山上に祀っていた平安時代後期の十一面観音立像を伝える。富山県上市町黒川遺跡群は、平安時代から室町時代にかけ山腹・山麓に営まれた山寺で、最盛期の十二世紀には円念寺山経塚群、十三〜十四世紀には黒川上山古墓群なども造営された。中心となる仏堂が営まれた伝真興寺跡と上山古墓群東側の平坦面である黒川塚跡東遺跡は、出土土器から九世紀まで遡ることがわかる［高慶・三浦他 二〇〇五］。遺跡群の谷口山麓に鎮座する日枝神社は、伝承では室町時代に勧請されたとされるが、平坦面で平安時代前期の土器が採集されており、神社そのものが同時期まで遡る可能性がある。

筆者が先稿でも取り上げた出雲の山寺と神社の以下の事例（本書第1部72頁分布図参照）［久保 二〇一二a］も、考古資料でそれぞれの創建・存続年代が確定できている訳ではないが、伝来する仏像・神像・鏡像・懸仏等からみて、いずれの山寺も平安時代以前に遡るのは確実で、一方の神社はすべて天平五年（七三三）成立の『出雲国風土記』に記載される。そして、各山寺と神社の位置関係はいずれもパターンAなのである。

朝日寺・成相寺と佐太神社（『出雲国風土記』の秋鹿郡「佐太御子社」）
一畑寺・馬場遺跡と佐香神社（同、楯縫郡「佐加社」）
禅定寺・同里坊・法王寺と日倉神社（同、飯石郡「日倉社」）
峯寺と三屋神社（同、飯石郡「御門屋社」）
岩屋寺と伊賀多気神社（同、仁多郡「伊我多気社」）
往生院跡・旧澄水寺・華蔵寺と虫野神社（同、島根郡「虫野社」）

『出雲国風土記』における寺院の記載は、意宇郡山国郷の教昊寺と、意宇郡、楯縫郡、出雲郡、神門郡、大原郡の郷毎に一、二箇所ずつの新造院計一〇箇寺の、合わせて一一箇寺がみえる。対する神社は、各郡郷の寺院の後に社名が列記され、在神祇官が一八四社、不在神祇官が二一五社の総計三九九社にものぼって、寺院の数を圧倒している。これは、『出雲国風土記』という詳細な記録が残るという特殊事情もあるにせよ、古代出雲で神祇信仰が優越した、という捉え方に間違いはなさそうである。右に列記した山寺と神社は、後者が『風土記』編纂の時点ですでに山麓の現位置あたりに鎮座し、その後、背後の山中・山麓部に山寺が営まれたとみて大過ない。前述した若狭彦姫神社・若狭神宮寺も、それと同じ前後関係で造営されたということであろう。

山麓に『出雲国風土記』記載の神社が鎮座するに至る事情について、最近松尾充晶氏が重要な考察を行っている［松尾 二〇一五］。まず秋鹿郡安心高野（現松江市本宮山）条で、

図19　佐太神社

土体豊沃、百姓之膏腴園矣。無㆓樹林㆒。但上頭有㆓樹林㆒、此則神社也。

とあって、百姓の農園とする山腹は樹林がないが、山の峯には樹林があって、これがすなわち「神社」であるという。つまり『風土記』では、具体的な建物でなく、山上の樹林を神社と叙述している。一方、前掲の佐太神社（図19）の背後の山、秋鹿郡神名火山条では、

神名火山、（中略）所謂佐太大神社、即彼山下也。

とあって、神の座す神名火山の麓にも具体的な社殿をもった神社が鎮座すると記す。松尾氏は、これら両条の記述から、「山峯（山中）の祭祀空間と麓の祭祀空間はしばしば併存し必要（目的）に応じて使い分けられる存在であって、後に様々な要因により麓の祭祀空間が社として固定化されていくケースが多々あったのではないか」と述べた。さらに『風土記』に見在する熊野大社背後の熊野山（現松江市天狗山、標高六一〇メートル）山頂や、意宇郡神名樋野（現松江市茶臼山、標高一七

図20　茶臼山　手前は来美廃寺
（柳浦・野々村　2002）

一メートル。推定山城郷北新造院の来美廃寺の眼前に遥拝できる。図20）の六合目あたりの巨岩を磐座として、その重要性に言及した。

松尾氏の想定が的を射ていることは、パターンAで挙げた神社や、パターンBで示した宝満山の竈門神社、あるいは日光男体山と二荒山神社中宮祠［大場他 一九六三］、前述の八王子山と日吉大社(16)などの諸例をみれば明らかであろう。ただ松尾論文がまったく触れていない、山麓に鎮座した神社の奥側の山麓から山腹にかけ、奈良、平安時代前期頃までに山寺が営まれたという事実については、どのように理解できるのであろうか。

前述した若狭比古神の神身離脱譚を注意深く読むと、主人公の赤麿は先に仏道に帰依した山林修行者という前提で物語が始まっている。先稿で論じたように、山林修行の道場たる山寺の要件として必須だったのは、俗地と隔絶した「浄処」であることだった［久保 二〇〇一］。和気清麻呂の建立になる神願寺の地が「汚穢」となったので、高雄山寺を代わりに定額として神護寺が創始されたのも、高雄の地が浄処と認められていたからに他ならない。すでに神が座すと信じられていた山上の磐座（あるいは杜）と山麓社の間は、当然にして聖地であり浄処であって、その認識は仏教者とて何ら変わることはなかったはずだ。

ちなみに、この時代の仏教僧の神祇に対する意識は、きわめて具体的かつ篤いものであった。例えば最澄が『長講法華経願文』（『伝教大師全集』巻二）の先文で、

為二道場処主　大比叡山王　及毘沙門天　帝釈及梵王　幷現在檀主一、令レ衆至二道場一、倶二円満行因一、同証二万徳果一。

と、「大比叡山王」を毘沙門天以下の諸天の前に列し、それらが万徳の果を証せんがために法華経長講を発願した(17)。またその後の義真、円仁、円珍ら天台僧が、山王をはじめ賀茂、春日、松尾などの主要神について自らが語った文章も残されている［菅原 一九九二］。

図21　文殊山山頂の磐座

このように考えてくると、パターンAの山寺と神社の構成は、たんなる偶然ではけっしてなく、山寺を営んだ仏教者の神祇に対する認識を直截に反映したものであった、という結論に至る。またそれは、断片的にみればAの逆の構成にも思えるパターンB、山寺の奥の山中・山頂に神社が鎮座するという構成でも同様であった。ただしそのような山頂部が、松尾氏の言う峯の社というだけでなく、明らかに仏教的施設も存在することがあった。福井県の旧丹生郡と足羽郡境にある文殊山（標高三六五メートル）は、北麓の二上観音堂に平安時代中期の十一面観音立像、帆谷薬師堂にやはり平安時代の薬師如来坐像を祀り、東麓の大村楞厳寺には南北朝時代頃とされる白山三所権現像（十一面観音、阿弥陀如来、聖観音）を祀るなど、古代・中世の山寺がいくつも営まれていた。山頂に磐座があるパターンBの構成だが（図21）、そこからわずかに下った平坦面から「寺」と墨書した八世紀

末から九世紀初め頃の須恵器坏が採集されており、山上にも古代に山寺が存在した公算が大きい［久保 一九九七］。

また奈良～平安時代前期には、低丘陵の山頂や尾根上に何らかの小規模な仏教施設が営まれた事例が各地でみられる。前述の京都市梅ケ畑遺跡もその一つである。島根県安来市才ノ神遺跡は、出雲国能義郡（意宇郡から十世紀初めに分立）の楯縫郷と屋代郷の間の小さな峠に位置し、発掘調査で痩尾根上に平坦面を造成し掘立柱建物を営んでいたことがわかった［大庭 一九九五］。仏への供養具である鉄鉢形土器や灯明皿、そして瓦塔が埋納された状態で出土した。同様に丘陵頂部から瓦塔が出土した例は、愛知県瀬戸市桑下城跡［小澤・永井他 二〇一三］や岡崎市真福寺東谷遺跡［永井 二〇一〇］など尾張、三河ほか、各地で事例が知られる。これら諸遺跡で、堂舎にいかなる仏像を祀ったかは詳らかにしないが、この時代の山頂・丘陵頂部が、神と仏のいずれが座しても不思議ではない、という信仰環境だったことは間違いない。

## （２）山寺、神社の近接とその意味

前項のようにパターンA、Bの意味背景を考えると、当該期に神と仏が距離的に近い場所に、あるいは混在して祀られるということの蓋然性がより確かなものになる。そして、山寺の境内に神社が鎮座するというパターンC、神社の境内に山寺の堂舎が建つというパターンDでは、主客の違いこそあれ、神と仏を最も近い場で祀ったということである。これら両パターンは、嵯峨井建氏が「神仏習合の基本形態」として提示した神宮寺・鎮守社と宮寺［嵯峨井 二〇一三］に該当するが、各地の山寺・神社の実例を踏まえると、問題はやや複雑である。嵯峨井氏は、神宮寺・鎮守社が成立した八世紀を「神仏習合の成熟期」とし、また「おもに僧侶により（成立した）神社と寺院の複合形態である宮寺」と、「これに対応する言説としての本地垂迹説が成立した」九世紀中頃を「神仏習合の完成期」と位置付けた。

宮寺の典型はいうまでもなく石清水八幡宮で、これと神宮寺・鎮守社とを概念的に区別し、それらの成立を段階的に理解しうることは同感であるが、実際の山寺・神社の事例を神宮寺・鎮守社（タイプ）と宮寺（タイプ）に厳密に分類することは困難で、筆者のいうところのパターンC、Dとも整合しない。

前節の事例検証で明らかにしたように、パターンA、Bの山寺・神社が八世紀のうちには各地で同時並行的にみられだし、九、十世紀にかけて展開したのに対して、パターンC、Dはやや遅れ九世紀になってから顕在化した現象にみえる（ただし平安時代前期に確実に始まったと見做せる事例は必ずしも多くない）。ここに仏と神の距離が近づいたことを見通すことは可能と思われ、その意味において、宮寺の成立を神仏習合の完成、とした嵯峨井氏の所論は理解できる。しかし九世紀段階における大方の山寺の本尊が、近くの神社で祀った神（あるいは山に座した神）の本地仏として本地垂迹の論理に体系的に位置付けられるのは、いましばらく時期を経た後のことである。

それよりも考えねばならないのは、当該期の山寺と神社の近接、神と仏の親近の本質的理由であろう。前項で、パターンA、Bにおける山寺（仏教僧）側の事情として、神の座す峯の社と山麓社の間を清浄なる場、聖域と認識したことを挙げたが、この点に関係して三橋正氏の所論が重要である。氏は、奈良時代から平安時代前期にかけ国家的律令祭祀が完成される過程で「穢悪」の規定が立てられていき、怨霊を極とした「濫穢」を忌む神祇と、それを鎮める仏（儀礼としては密教を強調）という意識が固定化されたという。よく知られた例として、延暦四年（七八五）、藤原種継暗殺事件に関与したとして幽閉され、淡路へ配流される途中で冤死した早良親王の祟りを恐れ「崇道天皇」と追号して山陵へ陳謝し、幣帛を奉じる一方で、淡路国に寺を建立し、転経悔過させしめ鎮霊を図ったことを挙げた［三橋 二〇〇一］。

このことに通底すると思われる事象が、出雲国神門郡でみられる。出雲市街地南方の丘陵地にある三田谷Ⅰ遺跡と

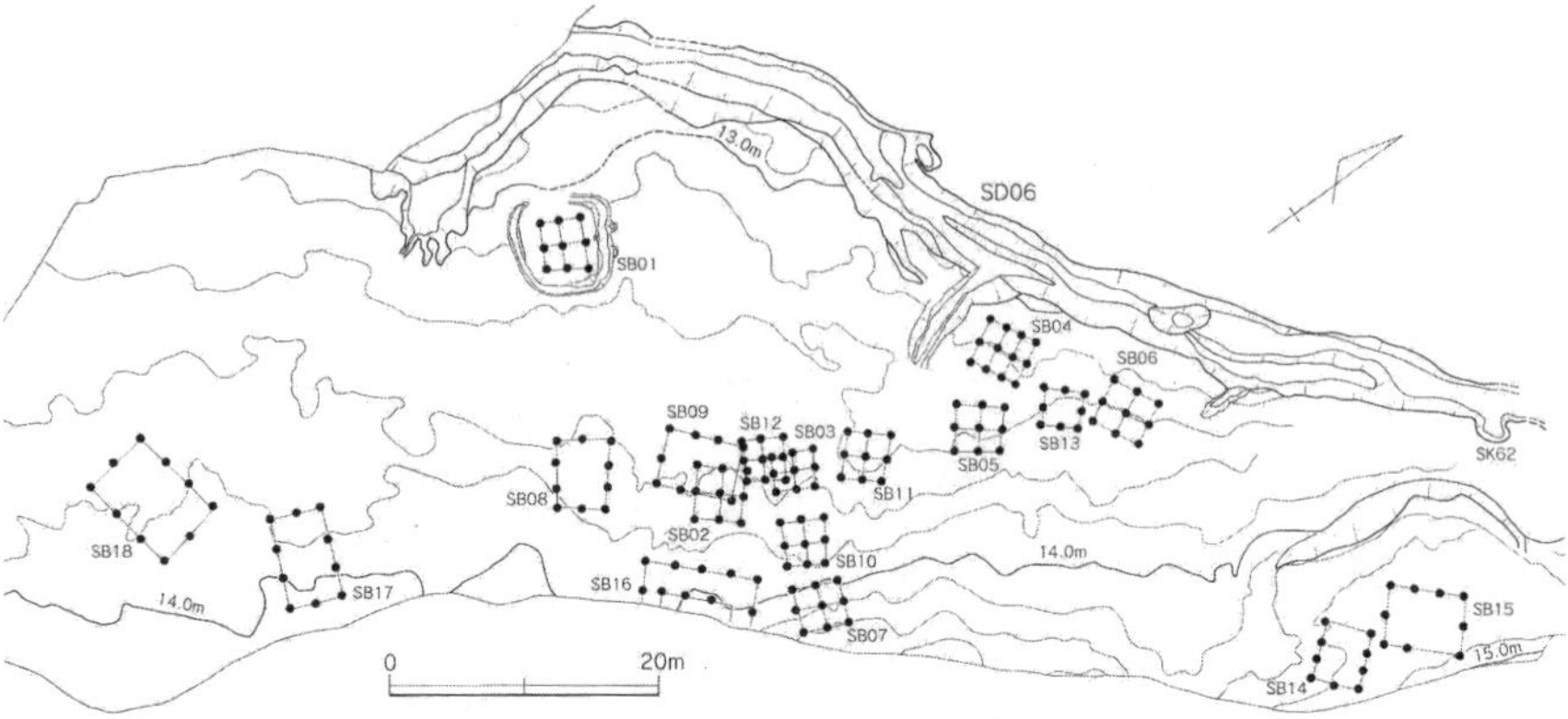


図22　三田谷Ⅰ遺跡（熱田・平石2000）

大井谷Ⅱ遺跡は、いずれも狭い谷奥に多数の掘立柱建物が営まれ、奈良・平安時代の仏器形土器が出土した［熱田・平石二〇〇〇、出雲市教委二〇〇二］。両遺跡は、平地から視覚的に隔絶した場所に営まれた古代山寺の典型的あり方を示す。三田谷Ⅰ遺跡では、二×二間総柱の高床倉庫と思しい多数の建物跡の内、溝で囲む最大建物（図22・ＳＢ01）を出雲造の社殿とみる見解がある［内田二〇〇六ａ］。一方の大井谷Ⅱ遺跡からは出雲大社背後の弥山が眺められ、遙拝を行っていた可能性が高く（図23）、同遺跡のすぐ北側にある般若寺に平安時代末頃の十一面観音立像を祀る。これは、大井谷の山寺の本尊が当初から十一面観音だったことを暗示し、遺跡の出土遺物は十五世紀頃まで連続するので、遺跡と今の般若寺は一体の寺として推移した公算が大きい。とくに注目すべきことは、丘陵地一帯に大規模な上塩冶横穴墓群が存在し、山麓部に切石積石室をもつ上塩冶地蔵山古墳や上塩冶築山古墳があって、さらにはこれらに後続する時期に、火葬骨蔵器を収めた石郭墓群まで営まれたことである［高橋・片倉二〇〇〇］。

じつは平安時代前期以前に創建の遡る山寺や神社の近くには、前時代の古墳群が営まれたケースがしばしばある。(18) それは、山寺を選地する際に、その一帯がかつての地域有力者（壇越の先祖も当然あった）の奥津城だったことが認識されており、宗教的な聖域と観念されていたことを物語ってい

図23　大井谷Ⅱ遺跡から見た弥山（最も遠方の山）

よう。また三橋氏の論に照らせば、神祇側で次第に奥津城が忌穢されたとしても、山寺で読経悔過を勤修して、祖先の霊を鎮めることになったのではないか。以上のように、清浄性を徹底しようとする神祇の領域で、それを穢そうとするものを鎮める役割を担ったのが仏であったと考えると、そこに山寺が存在する意味は明らかで、八世紀から九世紀にかけて山寺と神社が空間的に接近した事情も理解しやすくなる。また各地で生起したかかる現象が、当該期の神仏習合の宗教的本質を直截に反映したものだったことに改めて気付かされるのである。

山寺側でそのような役割を担ったのは、前節で各事例を検証したように、薬師如来や十一面観音、千手観音といった尊格である。嵯峨井建氏は、主要神社の祭神に当てられた本地仏とそこの神宮寺本尊が一致しないことを指摘したが〔嵯峨井二〇一三〕、神と仏に求めた神威、効験の方向性が異なれば、両者の尊格が違うのは当然であった。逆に、例えば天平十七年（七四五）九月癸酉（十九日）、聖武天皇の病気平癒を祈り、賀茂・松尾両社での奉幣祈禱が薬師悔過と同日に執行されたように[19]、国域や郡域といった行政域から村落のレベルに至るまで、厄災消除を神社と山寺の双方に祈願するという場面で、神と仏を同体視するという、後の本地垂迹の下地となる観念が胚胎したのではないか。パターンAの典型とした若狭神宮寺の創建で若狭比古神の神身離脱を語りながら、そののち堂内に本尊薬師如来と若狭彦神を並祀してきたことが、そのような事情を反映しているように思うのである。

# 結　語

小稿では、奈良時代から平安時代前期にかけ、各地で営まれた山寺とそれに近接した神社の位置関係について分析を加えた。山麓に鎮座する神社の奥側の山麓から山中にかけて山寺が営まれた場合が圧倒的に多く、境内鎮守社や神宮寺、そしてやや遅れて宮寺も営まれることになった。優婆塞・優婆夷を含む仏教僧たちは、神奈備形の山容で頂近くに磐座となる岩塊のあるのを典型とした里山に、在地の神が座すことを明確に意識し、そこに山林修行の最大要件である清浄性を認めて、山域に山寺を営んだ。仏教僧にとって山麓社は俗地との境界としての意味をもち、山寺はそれよりも奥の、俗地と視覚的に遮断された谷合いに営まれることが多かった。一方、丘陵頂部や山腹の眺望のよい場に営まれた仏教的施設では、瓦塔内に仏を祀るなどして、何らかの祈禱を勤修したものと思われる。

山寺と神社、仏と神祇の近接した背景には、律令祭祀が弘仁式に向け再定義、強化されて、神祇の忌穢の性格が強まったという事情があった。山寺側で、薬師如来や十一面観音、千手観音などを本尊として悔過を修し厄災消除を図るという、いわば相互補完の関係がなった。また時によって、奉幣を受け穢悪を祓うことが神祇に期待され、山寺と神社は同質的宗教機能を担う場合もあった。ここに仏と神を同体視する意識が胚胎し、後の論理的神仏習合、すなわち本地垂迹につながっていったものと考えた。

小稿は、全国で展開した古代山寺と神社の空間構成の大方の傾向を、当該期の神仏習合論に連関させて説明を試みたもので、各地の個別の山寺・神社のすべてに当てはまるものではないことは当然である。仏と神に対する信仰は、時代の影響を受けつつも、地域に生きた聖俗の人々の想いに根付いたもので、その場であるところの山寺・神社に対する単純なモデル化や理論化は、かえって山寺・神社の本質を見えなくするおそれがある。小稿で細かな類型化や図式の提示を避け、表題を「序説」としたのはそのためである。ここで論じたことは、個々の事例との対照作業を重ねることでしか検証されないので、各地での古代山寺研究において、今以上に神社への関心を払うよう期待したい。

註

（1） 寺の創建から現在までの全平坦面が重なって見えているので、遺跡の微視的な分析をする場合は、造成順序の検討や、平坦面ごとの散布遺物の時期を確認する必要がある。

（2） このことについて、上川通夫・斎木涼子両氏の報告に対するコメントという形で、若干の所感を述べたことがある。日本史研究会二〇一三年十一月例会、上川「平安京と仏教―アジア・京・山寺―」、斎木「真言密教と天皇―摂関期から院政期へ―」へのコメント。『日本史研究』六二九号 二〇一五年、に要旨を掲載。

（3） 山寺を認識する具体例については、拙論［久保 一九九四〜二〇一三］を参照されたい。

（4） 牛山佳幸氏は、信濃の中世山寺を渉猟し、山寺を「本来はとくに信仰の対象にはなっていなかったような里山の中腹や山麓、丘陵、あるいは谷や沢の奥などに立地した」里山系寺院と、「仏教伝来以前から信仰の対象とされてきた山岳の登山口や中腹に成立した規模の大きい」霊山系寺院に類型化することを提唱した［牛山 二〇一二］。氏のいうところの「里山系寺院」は、久保がかつて「里山をめぐる信仰空間」［久保 一九九四・一九九七・一九九八・一九九九］と述べた山寺の立地環境概念に近いが、前者のような里山で「霊仙山（りょうぜんさん）」「霊山（りょうぜん）」といった呼称で喧伝された例が全国に散見され（釈迦が説法をした霊山あるいは霊山浄土の見立てに由来するか）、後者の霊山系寺院との間で概念の混乱を生じる。また一般でいう里山にせよ金峯山のような霊山にせよ、その山の信仰がいつの時代まで遡るか検証できない場合が大半で実際の分類が困難なことと、一か所の山で「里山系」的な寺院から「霊山系」的な寺院へと発展したケースも珍しくないことから、古代・中世の山寺を検討する際にこの分類が有効性をもつとはいい難い。

（5） 修二会で神名帳を読み諸神を勧請し皆悉く影向したが、遠敷明神だけが漁をしていて遅れた。そこで閼伽水を献ずることにしたが、黒白二羽の鵜が盤石を穿って地中から飛び出し、香水が湧出充満した、という東大寺境内の通称若狭井にまつわる譚（『東大寺要録』巻第四、二月堂条）。

（6）各地に存続する国分寺の多くが、製作時期を問わず薬師如来を本尊としており、若狭国分寺も例外でない。また長尾山を間にして、神宮寺と反対側の谷の入口に所在する多田寺の本尊も奈良時代に遡る薬師如来である。このように狭い地域に薬師如来像が密集して奉安されること自体が、古代前期の在地壇越と中央政府の同尊格への期待をよく物語っているといえよう。

（7）神護寺境内と平岡八幡宮を含めた空間論については、すでに［久保二〇〇七］でふれているので参照されたい。

（8）この八幡大菩薩形像の実態は、右手に錫杖をもった空海の姿に仮託した僧形八幡神像（神護寺伝来）、あるいは僧の姿とその影で実は目に見えない八幡神を表した僧形八幡神影向図（仁和寺伝来）などが想定される。山寺と直接関係する神社の御神体の一面を示しているのかも知れない。

（9）あくまで一般論であるが、各地の古代に始まった山寺は、本節冒頭で挙げた要件のイ、ウ、エが該当する事例も多く、「仏教関係遺物を出土しないこと」だけで「そこが寺院でない」という否定根拠にはならないと考える。

（10）『叡山大師伝』は、最澄の弟子仁忠が師の示寂後間もなく撰述しているので、記述が詳細で、内容は比較的信憑性が高いと考えられている。『伝教大師全集』五巻所収。

（11）鴻臚館式軒瓦の年代論については、［岩永二〇〇九］の研究史と所論を参照。

（12）境内域に仏堂が複数あれば異なる尊格が各堂に祀られるので、竈門山寺の本堂本尊が仮に薬師如来像であっても、森氏のいう観音菩薩像が山寺内に祀られていなかったということにはならない。むしろ大宰府周辺から三郡山系の郡境付近に立地する山寺に、平安時代の十一面観音像と千手観音像が多数遺されていることを顧みれば、森氏の指摘のように、竈門山寺に観音菩薩像をも祀っていた蓋然性は大きい。

（13）［江上他二〇〇八］所収、「附録　首羅山遺跡関係史料」および中野等氏による解題参照。

（14）淺湫氏は、蔵王権現像が神仏分離で排除された可能性にも言及した。井上氏は『発掘調査報告』での論述でこの説を積極的に支持したが、神像じたいは相当数伝来しているので、「蔵王権現だけを排除した理由」が説明されなければならないであろう。

(15) 境内報告書[大洞・小森他二〇一二]の小森氏による、第5章第3節の大塔跡解説。

(16) 八王子山山頂からやや下りたところに巨大な磐座があり、山王七社のうちの八王子宮と三宮が鎮座する。鎌倉時代に描かれた現存最古の山王宮曼荼羅である奈良国立博物館本にも、山上・山下の社殿は現状とほぼ同様の配置で描かれており、平安時代の実態を踏襲していることは確実である。

(17) この「大比叡山王」が山王二神(大比叡＝三輪・大己貴神、小比叡＝地主・大山咋神)といかなる関係かについては、菅原信海氏による検討がある[菅原一九九二]。同願文についての考証は、菅原論文のほか、[水上二〇一二]を参照。

(18) 最も古く、かつ典型的な事例は、天智朝に造営された大津市崇福寺跡とその手前の百穴古墳群である。また福井市明寺山廃寺では、丘陵頂の大型方形墳を拝するように山寺の主堂が営まれた[古川他一九九八]。

(19) 三橋正氏は、この事績を神祇・仏教併修の早い例として注目した[三橋二〇〇〇]。

**引用・参考文献**


淺湫　毅　二〇一二年「研究の成果[美術班(彫刻)]」『出雲鰐淵寺の歴史的・総合的研究』(二〇〇九～二〇一一年度科学研究費補助金　基盤研究(B)研究成果報告書)

熱田貴保・平石充　二〇〇〇年『三田谷Ⅰ遺跡』島根県教育委員会

飯沼賢司　二〇〇四年『八幡神とはなにか』(角川選書366)角川書店

井形　進　二〇〇八年「首羅山遺跡の宋風獅子と薩摩塔」『首羅山遺跡―福岡平野周辺の山岳寺院―』久山町教育委員会

井形進他　二〇〇八年『久山町の仏像』久山町教育委員会

出雲市教育委員会　二〇〇一年『大井谷Ⅰ遺跡・大井谷Ⅱ遺跡』出雲市教育委員会

出雲市教育委員会　二〇一五年『出雲鰐淵寺　埋蔵文化財調査報告』出雲市教育委員会

井上寛司　一九九一年「中世」『大社町史』上巻　大社町

井上寛司他　二〇一二年『出雲鰐淵寺の歴史的・総合的研究』(二〇〇九～二〇一一年度科学研究費補助金　基盤研究(B)研究成果報告書)

岩永省三　二〇〇九年「老司式・鴻臚館式軒瓦出現の背景」『九州大学総合研究博物館研究報告』七号

上原真人　一九八六年「仏教」『岩波講座　日本考古学4　集落と祭祀』岩波書店
牛山佳幸　二〇一二年「山寺の概念」『季刊考古学』一二一号　雄山閣
内田律雄　二〇〇六年a「古代村落祭祀と仏教」『在地社会と仏教』奈良文化財研究所
内田律雄　二〇〇六年b「出雲の神社遺構と神社制度」『古代の信仰と社会』六一書房
江上智恵他　二〇〇八年『首羅山遺跡―福岡平野周辺の山岳寺院―』久山町教育委員会
江上智恵他　二〇一二年『首羅山遺跡発掘調査報告書』久山町教育委員会
江上智恵　二〇一一年「首羅山遺跡とその周辺」『古文化談叢』六五集
大場磐雄他　一九六三年『日光男体山―山頂遺跡発掘調査報告書―』日光二荒山神社
大庭俊次　一九九五年『才ノ神遺跡』島根県教育委員会
小澤一弘・永井邦仁他　二〇一三年『桑下城跡』愛知県・教育スポーツ振興財団　愛知県埋蔵文化財センター
小田富士雄他　一九八二年『宝満山の地宝―宝満山の遺跡と遺物―』太宰府天満宮文化研究所
京都国立博物館・島根県立古代出雲歴史博物館　二〇一二年『大出雲展』（特別展覧会図録）島根県立古代出雲歴史博物館
久保智康　一九九四年「北陸の山岳寺院（一）」『考古学ジャーナル』三八二　ニューサイエンス社
久保智康　一九九七年「古代の信仰と寺院」『福井市史　通史編1古代・中世』福井市
久保智康　一九九八年「北陸の山岳寺院（二）」『考古学ジャーナル』四二六　ニューサイエンス社
久保智康　一九九九年「国府をめぐる山林寺院の展開―越前・加賀の場合―」『朝日百科　日本の国宝別冊　国宝と歴史の旅3　神護寺薬師如来の世界』朝日新聞社
久保智康　二〇〇一年「古代山林寺院の空間構成」『古代』一一〇号　早稲田大学考古学会
久保智康　二〇〇七年「山林密教寺院、神護寺の文化財」『神護寺（新版京都古寺巡礼 京都15）』淡交社
久保智康　二〇一〇年「古代信濃の天台寺院」『法華経の光』常楽寺美術館
久保智康　二〇一二年a「古代出雲の山寺と社」『大出雲展』（特別展覧会図録）京都国立博物館
久保智康　二〇一二年b「宗教空間としての山寺と社―古代出雲を例に―」『季刊考古学』一二一号　雄山閣
久保智康　二〇一三年「出雲鰐淵寺の神と仏―鏡像・懸仏の尊格をめぐって―」『叡山学院研究紀要』三五号
高慶孝・三浦知徳他　二〇〇五年『黒川遺跡群発掘調査報告書』上市町教育委員会
小西信二　一九九二年「宝満山祭祀遺跡群」『太宰府市史―考古資料編―』太宰府市

嵯峨井建　二〇一三年『神仏習合の歴史と儀礼空間』思文閣出版
下仲隆浩　二〇一〇年「若狭神宮寺遺跡」『小浜市重要遺跡確認調査報告書Ⅲ』小浜市教育委員会
菅原信海　一九九二年『山王神道の研究』春秋社
大洞真白・小森俊寛他　二〇一一年『石清水八幡宮境内調査報告書』八幡市教育委員会
高橋　潔　一九九九年「神護寺につながる「神聖な谷」　梅ケ畑祭祀遺跡の発見」『朝日百科 日本の国宝別冊　国宝と歴史の旅3　神護寺
　薬師如来の世界』朝日新聞社
高橋智也・片倉愛実他　二〇〇〇年『光明寺3号墓・4号墳』出雲市教育委員会
太宰府市教育委員会　一九八九年『宝満山遺跡』太宰府市教育委員会
辰巳和弘　二〇一一年「記・紀から浮かび上がる高殿のイメージ」『第11回神在月古代文化シンポジウム　出雲神話の成立と背景』島根
　県古代文化センター・島根県立古代出雲歴史博物館
冨島義幸　二〇〇七年『密教空間史論』法藏館
永井邦仁　二〇一〇年「真福寺東谷遺跡」『愛知県史 資料編4 考古4飛鳥～平安』愛知県
花谷浩・宍道年弘・野坂俊之・三原一将・石原聡　二〇一五年『出雲鰐淵寺　埋蔵文化財調査報告』出雲市教育委員会
中野玄三　一九八二年『悔過の芸術　仏教美術の思想史』法藏館
野澤雅人　二〇一三年『越前国府関連遺跡・岡本山古墳群』越前市教育委員会
花谷浩・高屋茂男　二〇一二年「出雲国意宇郡山代郷南新造院跡と出雲郡大寺谷遺跡出土の同笵瓦について」『しまねミュージアム協議
　会研究紀要』二号
浜島正士　二〇〇一年『日本仏塔集成』中央公論美術出版
平石充・松尾充晶　二〇〇八年「青木遺跡と地域社会」『国史学』一九四号　国史学会
福山敏男　一九三六年「初期天台真言寺院の建築」『仏教考古学講座』三巻　雄山閣
藤井恵介　一九九八年『密教建築空間論』中央公論美術出版
藤岡英礼　二〇一二年「山寺の変遷」『季刊考古学』一二一号　雄山閣
古川登他　一九九八年『越前・明寺山廃寺』清水町教育委員会
前田清彦他　二〇〇五年『三峯寺跡』鯖江市教育委員会
松尾充晶他　二〇〇六年『青木遺跡Ⅱ（弥生～平安時代編）』島根県教育委員会

松尾充晶　二〇一五年「古代の祭祀空間―『出雲国風土記』にみる地域社会の神と社―」『史林』九八巻一号
水上文義　二〇一一年「山王神道の形成―その問題点と留意点―」『中世神話と神祇・神道世界』（中世文学と隣接諸学３）竹林舎
三橋　正　二〇〇〇年『平安時代の信仰と宗教儀礼』続群書類従完成会
三橋　正　二〇一三年「神仏関係の位相―神道の形成と仏教・陰陽道―」『「神仏習合」再考』勉誠出版
桃崎祐輔　二〇〇八年「経塚と瓦からみた首羅山の歴史」『首羅山遺跡―福岡平野周辺の山岳寺院―』久山町教育委員会
森　弘子　二〇〇〇年『宝満山歴史散歩』葦書房
森　弘子　二〇〇九年『宝満山の環境歴史学的研究』岩田書院
柳浦俊一・野々村安浩　二〇〇二年『来美廃寺―「山城郷新造院」推定地発掘調査報告書―』島根県教育委員会
山岸常人　一九九〇年『中世寺院社会と仏堂』塙書房
山岸常人　二〇一二年「鰐淵寺の棟札等」『出雲鰐淵寺の歴史的・総合的研究』（二〇〇九～二〇一一年度科学研究費補助金　基盤研究（B）研究成果報告書）
山村信榮　二〇〇五年「大宰府における国境祭祀と宝満山・有智山寺」『仏教藝術』二八二号　毎日新聞社

# 伊勢国近長谷寺と地域社会の胎動

上川 通夫

## はじめに

歴史における山寺と言えば、分野史のさらに一要素に閉じ込められかねないが、山寺に探る歴史こそがここでの問題意識である。近年の山寺研究は、脱俗の高僧が社会と没交渉に隠棲する求道の場といった、理想化された固定観念のみに限る発想から自由になりつつある。古代に限っても、平地に伽藍を構える寺院との結びつきが見出され、国境・郡境といった行政上の界線と不可分の立地に注目され、さらには山下の生活空間との関係に注意が向けられている。主に考古学によるこの研究動向は、古代の山寺が、日本古代の国家や社会の基本骨格と不可分の存在であったことを、改めて提起している。文献史学では、平地や山地といった立地が、そこに営まれる寺院の性質とどう関係するのか、必ずしも意識的に問題設定されていない。

一方、山寺研究に限れば、古代山寺から中世山寺への転換について、充分な歴史像が描かれていない。何を契機にして、どのような過程をたどり、いかなる質的変化をもたらしたのか、論じるべきことは多い。なおも個別事例の実態解明を必要とする研究段階である。私見では、悔過の拠点として国衙の領域統治や対外防備の任務を分担する古代

図1　近長谷寺位置図

の山寺と、自律的な山寺間ネットワークや自立的な膝下地域からの支援をもつ中世の山寺とは、維持・経営の主体をはじめとする歴史的特質を異にしている。ただ、中世山寺の成立を十二世紀に想定しているものの、実証事例はなお乏しい。加えて、山寺の盛衰を含む古代から中世への移行過程は、ほとんど未解明だと思う。摂関期、特に十世紀後半から十一世紀について、山寺研究の課題を意識した実態解明が必要であろう。

この稿では、伊勢国の近長谷寺について研究する。近長谷寺は、三重県多気郡に現存する山寺で、天暦七年(九五三)付けの「近長谷寺資財帳」[1]によって寺院としての内実だけでなく、山下の所領や支援者が詳細にわかる。しかし、この時代の地方寺院の代表例として分析した西口順子氏や八田達男氏による専論や自治体史叙述のほかは、[2]断片的に言及する研究がある程度である。[3]

西口氏は、近長谷寺について、山中の小堂から発展した性質の、「村落寺院」に近似した存在と捉え、伝統豪族たる飯高氏の誘引に応じた「在地富豪層」「在地農民」らが共同で支えた地方寺院だと見られた。しかも、資財帳によれば、膝下の櫛田川上流の平地には、条里の敷かれた開発田地があり、近長谷寺を支える基盤であるとして注目された。零細な私有地が豪族(富豪層)らによって寺に寄進されていることと、条里のブロック(里)ごとに寺院の存在が注記されていることから、これらを「自然村落」ごとの「村落寺院」だと評価されるとともに、諸国の村々には無数に同様の事例があったと想定された。十世紀の被支配民衆が生活世界に寺院を必要とする固有の事情は何か、また十二世紀以後に成立する中世村落が地縁結合の必要から導入した中世寺院との違いを説明できるか、という疑問はある。しかし、摂関期の山地と平地の寺院について、関連する事例として注目された意義は大きい。一方、八田氏は、大和の長谷観音信仰との親縁性や、願主飯高氏が掌握していた地元の水銀生産が経済基盤であったことを、推定された。

本稿では、先に述べた近年の山寺研究の動向を踏まえて、あらためて考察してみたい。

## 1　成立期の近長谷寺

伊勢国多気郡の近長谷寺は、三重県多気郡多気町長谷の長谷山(海抜二八〇メートル)の山腹に現存する山寺である。本格的な現地調査に着手されておらず、堂舎跡や寺地の推移など詳細は不明である。「近長谷寺資財帳」には、「寺山四至」として、「限レ東箕作横峰、限レ南丹生堺阿幾呂、限レ西丹生中山、限レ北鳴瀧小俣鳥居」と記されているが、地名比定はなしえていない。(4)ただし、長谷山の西側は深い紀伊山地に連なるものの、南側は長谷の集落が営まれる谷戸に近い。東側は、伊勢平野から伊勢湾を望む伊勢国の中心部で、鈴鹿関から伊勢神宮を結ぶ道路が南北に走る。北側二キロメートル余りのところには、櫛田川が東流し、その両岸には条里が敷かれ、国衙や大寺院などが開発を競っていた。創建時から、近長谷寺は、これらの地理的、社会的な環境と不可分であった。(5)

本稿は、文献研究からの基礎的な考察を試みるにとどまる。これまで、寺院研究や自治体史研究のほか、平安時代の社会経済史や村落史への関心から、「近長谷寺資財帳」の詳細な所領記載に注目されてきた。(6)ここでは山寺研究への関心から、あらためて資財帳に焦点を当ててみたい。

「近長谷寺資財帳」は、全十一紙に書かれている。次のような構成である。

- 内題「実録近長谷寺堂舎幷資財田地等事」
- 堂舎、本尊、仏具などの列挙
- 「人人施入墾田」として山下の条里内における施入地の列挙
- 略縁起（四行のみ）
- 天暦七年二月十一日
- 座主東大寺伝灯大法師泰俊と別当延暦寺伝灯満位僧聖増の連署
- 「本願施主子孫」として相模守藤原朝臣（惟範）、大中臣朝臣ら五名連署
- 田畠施入についての在地証判として散位大中臣、藤原、飯高、磯部ら六名
- 天徳二年十二月十七日付の「郡判」として大領竹首元勝、少領検校麻続連公、検校中麻続公の署判

以上のうち、「人人施入墾田」の項目は全体の三分の二以上を占める。その一部分に、「応和二年七月五日施入垣内」という記載があり、全体の本文とも同筆であることが指摘されている。一方、部分的には年号を含む追筆があり、その最も古い時代は「康保」（九六四〜九六八）である。康保年間には現存資財帳があったことになる。つまり、「近長谷寺資財帳」は、原本が天暦七年（九五三）に作成され、天徳二年（九五八）に郡判を得た。その後、応和二年（九六二）に新たな施入地を得たのち、それらを含めた全体を案文として作成したものが、現存の資財帳である。追筆には他に「長和」「建仁」があり、後者は一二〇一から一二〇四年であり、資財帳として機能していたことがわかる。[7]ただこの資財帳は、内題の表現に意図されているように、公的な書類としての体裁をとりつつも、自ら財産管理する台帳としての機能をもっていた。施入地の書き上げ部分に、墨筆と朱筆での追記や合点などが付されているのは、管理台帳と

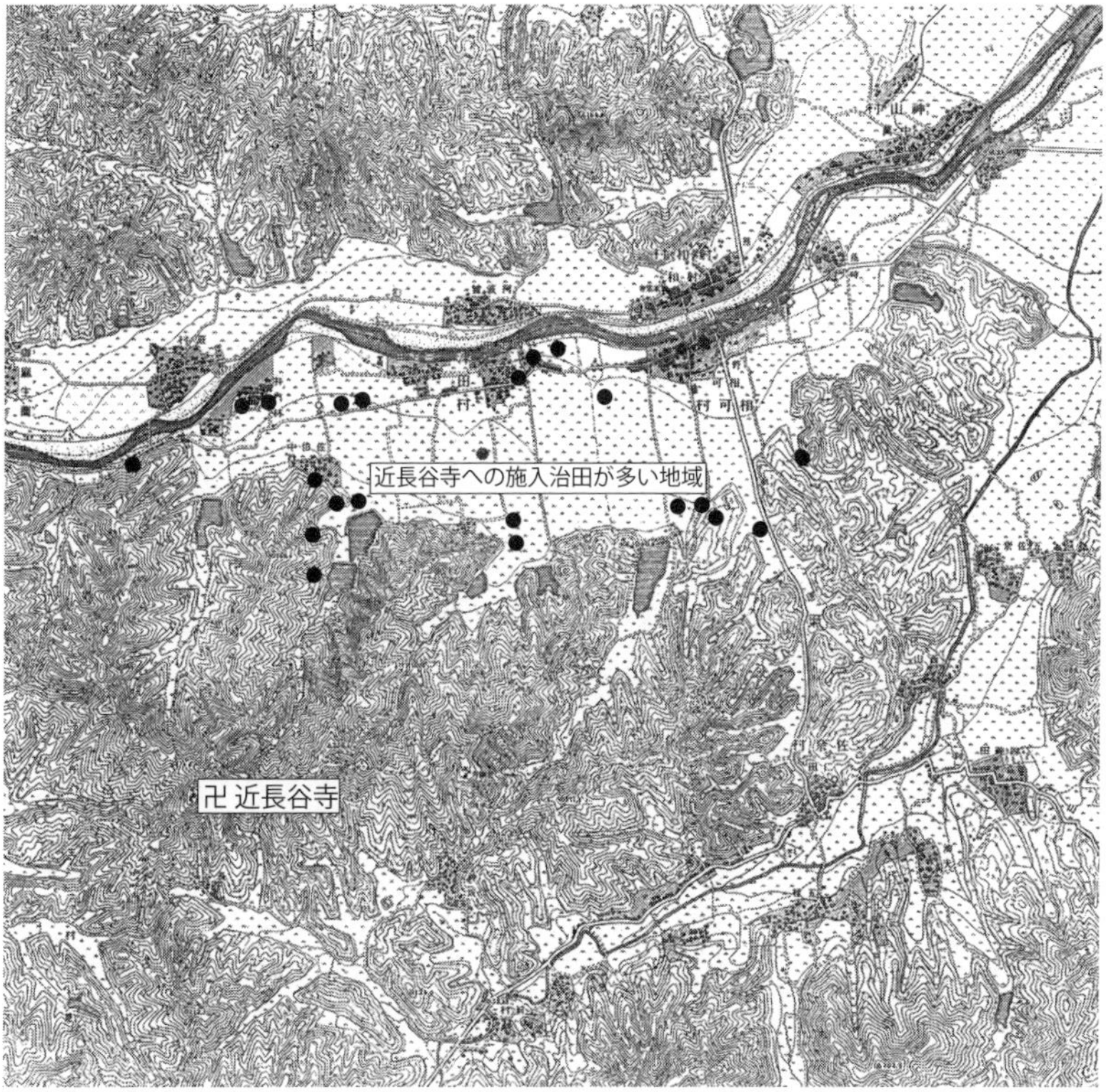


図２　近長谷寺と膝下の近長谷寺領
散在する近長谷寺領の一部を●で示した。治田と垣内(畠)の区別や東寺領との位置比較など、水野章二「平安時代の垣内」の図を参照されたい。

して使われた痕跡である。国衙に届けられたかも知れないが、実質は飯高氏のもとにある近長谷寺にとっての重書であっただろう。新傾向の縁起資財帳だと言える。

　近長谷寺の建立事情については、「近長谷寺資財帳」がほぼ唯一の手がかりである。略縁起というべき四行には、ごく短く記している。それによると、正六位上飯高宿禰諸氏（法名観勝）が本願となり、仁和元年（八八五）に建立した。その際に施入した田地について、「別紙」が作成されたと記されているが、現存しない。しかし「人人施入墾田」の末尾には、「本願施入」の「治田」として、多気郡の条里内の七か所、飯野郡の条里内から三か所、あわせて十か所の詳細が記されている。その一つには、延喜三年(九〇三)正月十三日に施入されたとあり、またいずれの施入にも付された「願文」が存在するという。治田は一段未満から四段までと零細で、合わせると田地二町二段と畠地である。重要なのは、「内外近親等」に勧めて寺院を建立したとあることで、その実質が、「人人施入墾田」に詳しく記載された施入地である。櫛田川中流の南岸に集まっているが、多気郡を中心に飯野郡と度会郡にまたがる地域である。地元豪族らによる施入地に関しては、次節で扱うが、ここでは飯高氏の単独事業ではなく、共同事業を呼びかけて実現したことに注意しておきたい。

飯高氏は、伊勢国飯高郡から采女を出す伝統豪族で、天平年間に飯高宿禰諸高がその初例である。諸高は、宝亀八年(七七七)に八十歳で死去した際、典侍従三位であった(『続日本紀』宝亀八年五月二十八日条)。また正倉院文書によると、天平勝宝三年(七五一)以降、飯高笠目が命婦として孝謙天皇に仕えており、内侍ともなって、東大寺写経所への命令を伝えている。この頃、飯高豊長が経師の一人として一切経書写に携わったように、写経所や造東大寺司に勤務した一族が多い(8)。諸高や笠目などの人脈による中央出仕であるのかもしれない。神護景雲三年(七六九)二月二十二日には、飯高郡人飯高公家継らが宿禰姓を得ている(『続日本紀』)。承和九年(八四二)六月三日には、伊勢国人飯高公常比麻呂らが朝臣姓を得るとともに、左京三条に編附されている(『続日本紀』)。下級官人ないし中級貴族として都に出仕する動きは、本拠地伊勢国での地位を公的に確立する目的と連動していたのであろう。郡司であった確実な史料は残されていないが、任じられていた可能性はある。

近長谷寺本願となった飯高宿禰諸氏について、「近長谷寺資財帳」以外にその名を記す史料はない。しかしこのことに関して、『日本往生極楽記』(慶滋保胤著、九八四年成立)に登場する極楽往生者は、注目に値する。同書には、飯高郡の信仰者について二話ある。一話は、飯高郡上平郷(三重県松阪市か)に住む「尼某甲」で、晩年に出家して阿弥陀浄土に往生したという。同族の石山寺真頼法師やその妹ともども、往生者だとされている。(9)もう一話は、伊勢国飯高郡の「一老婦」で、「郡中仏寺」や「諸僧」に布施するなどの行為による往生譚である。ともに、信心深い老女が主人公である。采女や命婦などとして中央で出仕し、写経所など朝廷の仏教事業の従事者を輩出した一族、そして近長谷寺本願ともなった飯高氏、という知識をもとに述作された往生説話であろう。二話の往生伝に描かれた主人公のモデルは、飯高諸氏その人ではなかろうか。飯高諸氏は、一族を代表する女性として、近長谷寺本願となったのである。

飯高氏の本拠は飯高郡であるが、郡を越える勢力の拡がりが目指されたのであろう。多気郡の山地に近長谷寺を営んだ明確な事情はわからない。国衙や郡衙と連携した前身寺院があった可能性もある。だが、仁和元年に近長谷寺を建立するに際しては、郡を越えた飯高氏の活動が意図されたのであろう。本願飯高諸氏による多気郡と飯野郡にまたがる治田施入は、その活動の一部を示している。その後、近長谷寺を拠点にしつつ、後述するように、多気郡・飯野郡・度会郡にまたがる開発地の施入を実現していき、天暦七年の資財帳作成にまで漕ぎつけることとなる。

天暦七年段階の近長谷寺について、資財帳からその規模や性質を捉えてみよう。

まず「堂一院」とあり、光明寺なる「法名」がある。近長谷寺の本堂であろう。檜皮葺で高さ二丈三尺五寸(約七メートル)、前面幅は二丈六尺(八メートル弱)、奥行きは一丈六尺(五メートル弱)である。三面に庇と高欄が附属している。堂々とした本格堂舎だが、特に高さが目立つのは、本尊の大きさに対応している。

本尊は、金色十一面観音であり、一丈八尺だという。(10)現在の近長谷寺には、六メートル六〇センチに及ぶ木彫十一面観音立像が祀られている。平安時代後期の特色があると判断されており、仁和元年(八八五)創建時より後の制作かも知れないが、像の髪際高での計測値は一丈八尺に一致するなど、「近長谷寺資財帳」にいう像そのものである可能性も否定されていない。[11]威相であるのは、近世の修補が影響しているとも見られているが、悔過の本尊としての威容を感知することは可能だと思う。

他の堂舎を列挙すれば、鐘楼(三間、毗頭盧像と鐘を備える)、僧房(四間、萱葺)、政所屋(三間)、大衆屋(四間、板葺)、三間屋(二宇)がある。僧房には、「近長谷寺資財帳」に署名する座主伝灯大法師泰俊や別当伝灯満位僧聖増といった、上層の寺僧らが常住できる。経営拠点として政所を備え、下位の寺僧らは大衆屋に起居しつつ、山寺を支えたのであろう。

什物は、まずは本願飯高諸氏が施入した。銅鉢一口・鉄鉢二口、金鼓一口、漆塗大机一前、陶花瓶四口、金剛鈴一枝、鉛錫杖三本、「光寺」の銅印(多気郡判のある許文が付属)、高座二基、宝頂二具(錦と白絹)、幡三十九流(錦・白・青)などである。その後追加された物として、泰俊(飯高氏であろう)の父が施入した錦幡、飯高朝臣乙子(諸氏の孫)による唐鏡、斎王徽子が天慶八年(九四五)に施入した白玉などがある。おおむね高級品だと見なされ、公認された寺印を得ていることを含め、本格的な寺院だと見てよかろう。山中の小寺院であるかのように捉える文献史学の旧説は、あらためられる必要がある。

なお、松阪市笹川町から出土した小型の銅鐘には、「貞元二年(九七八)正月十一日」「飯高郡上寺金」「願主亥甘部子村子」という陽鋳銘がある。[12]「多気郡」ではなく、近長谷寺のものではなかろう。ただ、飯高郡に本拠を持つ飯高氏による山寺設営を考える上での重要参考事例である。「上寺」は「下寺」と一対の存在であることを含意しており、山上と山下に設営される古代寺院の性質をうかがうことができる。「金」は「金鼓」あるいは「鐘」のことであろうか。願主についても不明であり課題が残る。

「近長谷寺資財帳」の作成主体として、座主東大寺伝灯大法師泰俊と別当延暦寺伝灯満位僧聖増の連署があり、その後ろに飯高諸氏の子孫五名も連署している。略縁起には、飯高諸氏は泰俊の「先祖」だと記している。泰俊は、多気郡の二か所を施入しており、その一方は延喜十五年(九一五)のことだという。また、本願飯高諸氏が施入した什物類を列挙した次に、錦の幡は「泰俊親父御施入」だという記載がある。泰俊の父親は、飯高諸氏の息子世代の同族者であろう。別当聖増については出自を知る手がかりがないが、飯高氏である可能性は高いと思われる。この時代、地方から中央の大寺に身を投じて、僧位僧官を得ることはできたが、次の十一世紀には上級貴族出身者に独占されていく。飯高氏出身僧として東大寺と延暦寺で研鑽した二人は、伝灯大法師・伝灯満位の僧位を得て帰郷し、一族の仏教事業を統括する役割を果たしたのである。

近長谷寺について、寺院の宗教上の特質を考えておきたい。高座二基に荘厳具が伴う点は、論義を実践して仏教興隆するしつらえであろう。座主東大寺伝灯大法師泰俊と別当延暦寺伝灯満位僧聖増こそ、論義の主役である。華厳と天台という、国家公認の二大宗を導入・実践する山寺であることが、公開の仏事で示される。一方、観音悔過の山寺であるらしいことについては、先に触れた。悔過を見守る毗頭盧像(聖僧像)を据え、懺悔にともなって鳴らされる金鼓を備えることは、この推定を支える。施入地の記載の中には、大中臣良扶家の場合、「二月悔過三箇日夜仏供幷御明料」だと明記し、伊勢包生は延喜十七年(九一七)に「二月悔過一夜」のために治田を施入する、という例がある。加えて、『日本往生極楽記』に書かれた伊勢国飯高郡の「一老婦」伝に注意したい。飯高諸氏らしき老婦は、「白月」(月の前半)に自ら浄土信仰の仏事を修したという。『日本往生極楽記』の諸話は、史実の反映というより、慶滋保胤ら浄土教推進者による作文という性質が強い[13]。実のところ、慶滋保胤が述作するに際して参照した素材には、『十一面神呪心経』(玄奘訳)による仏事を実修した飯高諸氏の伝があったのではなかろうか。同経には、「若し能く半月半月に於て、或いは第十四日、或いは第十五日に、受持斎戒し、如法に清浄にして、心を我に繋ぎて此神呪を誦することあらば、便ち生死に於て四萬劫を超えん」という一節がある。飯高諸氏は、白月または六齋日に、十一面観音の陀羅尼を唱えていたのであろう。創建期の近長谷寺は、論義と悔過を修する古代山寺であった。

## 2　近長谷寺をめぐる地域動向

七世紀後半、いわゆる白鳳期における地方寺院の爆発的な建立増加は、地方一般に仏教信仰が根づいた結果というより、朝廷の仏寺設定策に応じることで郡司等地方官の地位を得るという、実利を競う豪族層の自発性によるものであった(14)。その後、古代豪族の氏寺の多くは九世紀頃から荒廃の一途をたどる(15)。それは古代社会の構造変化と不可分の動きであり、郡郷制の再編への動向がかつての氏寺を放棄させることにつながったのである。近長谷寺は、そのような時代に、山寺として建立された。その新しい側面を捉えてみたい。

「近長谷寺資財帳」の略縁起部分によると、本願飯高諸氏は、存生の間に「内外近親等」に勧めて寺を建立したという。このことは本質的に重要である。それは、田地等の施入を不特定多数に求めたということではなく、具体的な縁を前提とし、また強化しようとする方式だと考えられる。

まず、飯高諸氏の「子孫」について、「近長谷寺資財帳」に見える者を整理しておきたい。その文中に記されているのは、次の三人である。飯高朝臣乙子（諸氏の「孫」、唐鏡一面を施入）、座主東大寺伝灯大法師泰俊（諸氏は「先祖」、多気郡の治田二か所を施入）、泰俊の「親父」（錦幡を施入）。また、飯高豊子は寛平七年（八九五）に多気郡の治田と畠、飯高僧丸は延喜四年（九〇四）に多気郡の治田、故飯高常実は延喜二十二年（九二二）に同郡の治田、飯高女房屎は敢安道とともに延長二年（九二四）に同郡の治田を、それぞれ施入している。この四人の飯高氏も、諸氏の子孫と見てまず間違いなかろう。また、「近長谷寺資財帳」の末尾近く、在地証判を据えた六人の中に、散位大中臣、藤原朝臣、磯部(二人)とともに飯高朝臣が二人いる。諸氏との血縁の親疎は不明だが、近しいと想像できる。飯高氏については以上であり、多くの施入者の中ではむしろ数少ない。それは、同族に協力者が少ないからではなく、飯高氏の事業であるのは前提であって、他氏への勧誘にこそ近長谷寺形成事業の意味があるからであろう。

この点で、「近長谷寺資財帳」の作成者としての連署に、座主泰俊と別当聖増に続けて、「本願施主子孫」五人を列記していることに、注目される。すべて挙げれば、相模守従五位下藤原朝臣(惟範)、正六位上大中臣朝臣、正六位上藤原朝臣、正六位上大中臣朝臣、従七位上藤原朝臣、である。いずれも他氏である。このうち相模守藤原惟範は、近長谷寺関係者では最も高い地位にある。『尊卑分脈』に藤原式家の流として見える。多気郡相可郷に治田を得ていたことも、「近長谷寺資財帳」の施入地記載に見えている。(16) 惟範は都の貴族だが、伊勢国多気郡に治田の利権も得つつ、飯高氏の呼びかけに応じて近長谷寺形成の共同事業者に名を連ねた。連署する他の四人については、位階もやや低く、居住地ともども不明であるが、ほぼ同様の者たちであろう。ここで確認したいのは、藤原惟範らを「本願施主子孫」と呼んでいることである。ここには、血縁の子孫だけでなく、一族女性の婿が含められているらしい。この推測を支えるのは、先にも触れたように、施入治田の記載の中に、「敢安道幷飯高女房屎」が見えることである。敢氏は、伊賀国阿閉郡や伊勢国多気郡に分布した豪族として、八世紀以来の史料に散見される。右の記載は、敢安道と飯高女房屎が夫婦であることを意味していると見て間違いない。つまり、飯高氏による近長谷寺形成事業は、地元の他氏豪族への協力勧誘による方式に特徴があるが、その軸となる具体的な方法は、一族女性の婚家との縁を活用するものであったと推定される。

この点を踏まえて、「近長谷寺資財帳」の多くを占める、「人人施入墾田」について見てみよう。施入された時代範囲は、寛平二年(八九〇)から応和二年(九六二)にわたり、なかでも九一〇年代から九二〇年代に多い。記載は詳細にわたるので、ここでの関心に即した要点を【表】で一覧したい[17]。

本願一族たる飯高氏や斎王徽子のほか、次のように数多くの氏が見える。これらは伊勢国内の豪族層である。伊勢氏(五人)、麻続氏(五人)、藤原氏(五人)、日置氏(三人)、大中臣氏(三人)、中臣氏(二人)、橘氏(二人)、物部氏(二人)、百済氏、中臣部氏、磯部氏、敢磯部氏、敢石部氏、敢氏、荒木田氏、真神部氏、嶋田氏、完人氏、丈部氏、少氏、である。先行研究によって詳細に検討されている通り[18]、これら氏族は主に伊勢国南部、多気郡を中心に度会郡や飯高郡などを本拠とする豪族である。富豪百姓と呼ぶべき者を含むかも知れないが、ほとんどは伝統豪族と見てよかろう。実に二十氏が、近長谷寺の資財形成に参加しているのである。

施入地は、櫛田川中流の南側に集中している。すでに指摘されているように、この立地は、櫛田川から農業用に直接導水することが技術的に不可能である。開発地は、山麓や小谷からの湧水や池水を利用する墾田、または河岸段丘先端の畠地である。しかも条里地割を施行されたこの地域は、すでに国衙公田や東寺領庄田として先に占地されている[19]。近長谷寺への施入地は、中央の領主に先取された治田の周縁部にある、二、三段前後を単位とする水利条件に恵まれない小空間であって、後発的な開発地である。

ただし、治田開発の計画主体が、近長谷寺に施入した地元有力者たちであったかどうかは、なお検討の余地がある。あまり拡がりのない地域に、零細な土地の支配者が密集しているのは、やや不自然である。藤原惟範のように、都の貴族が権利を得ている事例もある。推測にとどまるが、施入地の中には、飯高氏が開発計画の主体であった場合が多いのではないだろうか。飯高氏が治田化を進め、地元の諸豪族に領主の名義を与えつつ近長谷寺への施入手続きを取らせ、その間に一旦の得分を保証した、という方法が取られたという可能性である。こう推測する根拠の一つは、個

表　近長谷寺への田畑施入

| №. | 施入年 | 施入者 | 郡・条里 | 地目 | 面積 | 四至に見える寺社 | 備考 |
|---|---|---|---|---|---|---|---|
| 1 | 寛平2年(890) | 麻続高主(多気郡検校) | 多20 | 田 | 1段200歩 | 穴師子寺田、中臣寺田 | 沙弥賢如請作、願文あ |
| 2 | 寛平7年(895) | 日置貴曽町子・男丈部薬円丸 | 多16 | 畠 | 垣内2処 | | 寺家に沽り進む、公験あ |
| 3 | 寛平7年(895) | 飯高豊子 | 多16 | 田 | 8町200段 | 福田寺田 | 3か所、願文あり |
| 4 | 延喜3年(903)など | 本願主飯高諸氏 | 多16, 飯6他 | 田 | 2町2段60歩 | | |
| 5 | 延喜4年(904) | 飯高僧丸 | 多17 | 田 | 1段 | | 公験あり |
| 6 | 延喜5年(905) | 故麻続孝志子 | 多17 | 田 | 2段200歩 | 清水寺田 | 本券・新券を進める |
| 7 | 延喜5年(905) | 日置佰雄(前々斎宮御許人故美濃御乃孫) | 多20 | 田 | 2段240歩 | | 願文あり |
| 8 | 延喜12年(912) | 完人限丸 | 度 | 不明 | | | |
| 9 | 延喜13年(913) | 故麻続在子 | 多16ヵ | 田 | 5段 | 磯部寺治、宮守寺地、佐奈山寺治田、長谷寺垣 | 大悲者常灯料　願文あ |
| 10 | 延喜15年(915) | 泰俊(寺家座主大法師) | 多16 | 畠 | 垣内1処 | | 願文あり |
| 11 | 延喜17年(917) | 伊勢包生(故大宰帥宮敦固御監) | 多17 | 田 | 2段 | | 二月悔過料 |
| 12 | 延喜19年(919) | 真神部安吉 | 度 | 不明 | | | |
| 13 | 延喜19年(919) | 藤原乙御 | 多16 | 畠 | 垣内1処 | 磯部寺領地 | 願文あり |
| 14 | 延喜20年(920) | 麻続貞世・中臣部貞安 | 多16ヵ | 畠 | 垣内1処 | | 願文あり |
| 15 | 延喜22年(922) | 故飯高常実 | 多16 | 田 | 6段 | 櫃倉社 | 鐘堂修理料 |
| 16 | 延喜22年(922) | 磯部置嶋 | 度 | 不明 | | | |
| 17 | 延長2年(924) | 敢安道・飯高女屎 | 多18 | 田 | 2段200歩 | | |
| 18 | 延長2年(924) | 物部茂世 | 多21 | 田 | 4段 | | 新開を含む |
| 19 | 延長2年(924) | 故物部康相 | 多16,17 | 田 | 7段 | 里幡社 | |
| 20 | 延長2年(924) | 敢石部望丸 | 多 | 畠 | 垣内1処 | 入江寺領、法楽寺田 | |
| 21 | 延長2年(924) | 敢磯部望丸 | 飯 | 畠 | 垣内1処 | | 願文あり |
| 22 | 延長2年(924) | 中臣春真 | 多7 | 畠 | 垣内1処 | | |
| 23 | 延長3年(925) | 嶋田分平(故美濃御男) | 多 | 畠 | 垣内1処 | | |
| 24 | 延長4年(926) | 伊勢友行 | 飯 | 畠 | 垣内1処 | | |
| 25 | 延長5年(927) | 伊勢包生・同良影 | 飯17 | 畠 | 垣内1処 | | |
| 26 | 延長8年(930) | 中臣真有 | 飯9 | 田 | 2段200歩 | | |
| 27 | 延長9年(931) | 僧朝仁 | 多20 | 田畠 | 6段200余歩 | | 2か所、新開田、坂上 実請作 |
| 28 | 承平1年(931) | 伊勢俊生 | 多16 | 畠 | 垣内1処 | 磯部寺中垣 | |
| 29 | 天慶2年(939) | 百済永珍(前々斎宮寮大允) | 多16 | 畠 | 垣内2処 | 長谷寺領地、磯部寺垣内、泰俊領 | 願文あり |
| 30 | 天慶9年(946) | 大中臣清光(土佐国掾) | 多16 | 畠 | 垣内1処 | 長谷寺治田 | 願文あり |
| 31 | 天慶9年(946) | 橘高子(斎宮乳母)・嶋人 | 多8 | 田 | 1町8段350歩 | | 除病延命のため、願文あ |
| 32 | 天暦2年(948) | 薬勝 | 多20,17 | 田 | 9段300歩 | | 「字帝釈天田」、願文あ |
| 33 | 天暦3年(949) | 日置昌布町 | 多17 | 田 | 1段 | | 願文あり |
| 34 | 応和2年(962) | 荒木田有穂 | 多 | 畠 | 垣内2処 | | 県倉子と伊勢乙山の沽地、本券文あり |
| 35 | 不明 | 少苽子 | | 田 | 2段 | | |
| 36 | 不明 | 故大中臣良扶 | 多16,17 | 田 | 4段 | 清水寺地、富岑寺治、山田寺前 | 3か所、二月悔過料、 明料、願文あり |
| 37 | 不明 | 大中臣綾御 | 不明 | 畠 | 垣内1処 | | 願文あり |
| 38 | 不明 | 麻続統令(多気郡検校) | 多16 | 畠 | 垣内1処 | | 願文あり |

註：年代順に配列した。郡・条の欄、「多」は多気郡、「度」は度会郡、「飯」は飯野郡。数字は条里の数。

別の施入に際して「願文」が付されていることである。「近長谷寺資財帳」には、たとえば、「右治田、故物部康相、以二去延長二年正月三日一施入、在二願文一」といった記載がある。特定の信仰対象に集まる喜捨・施入について、これを霊験の広まりや信仰心の高まりと捉えるのは、一般的に過ぎる。多くの場合、施入を受け付ける側の寺院が、本尊など特定の献納対象を提示し、誘導する。本尊や仏事を明記した施入状は、受け付ける寺院側が用意した雛形に即して作成される[20]。近長谷寺の場合、それぞれの「願文」は、近長谷寺ないし飯高氏の意図と計画に沿う施入が、信仰を捧げる統一された形式で提出されたのであろう。ここには、開発治田を近長谷寺に集積する地元豪族層の共同事業が、実は飯高氏側の計画に即して進められた事情が隠れている。

なお、近長谷寺領となる土地に招き据えられて、開発と耕作の担い手となった百姓の存在が想像される。「右治、故僧朝仁存日開発寺垣内、今請作坂上有実在二請文一」という記載がある。坂上有実は、近長谷寺と請作契約した田堵であろう[21]。

多気郡の櫛田川流域の条里施行地域では、中央領主東寺や国司による開発が先行していた。出遅れたが、飯高氏を中心として、伊勢国の諸豪族が呼びかけに応じて協力しつつ、開発と耕作の実働に長けた田堵らを招き寄せて治田獲得事業を推し進めた。いわばそれは、地域の経済権益を地元に確保しようとする努力である。その場合に特徴的な方法こそ、山寺としての近長谷寺への結集である。かつて古代豪族の氏寺が平地に建てられたこととは事情が違う。公私共利とされる世俗領域外の山野を場として、世俗権威外の仏菩薩を旗印に、布施の供出という形式で経済基盤を確保しつつ、地域の政治勢力が結集しようとしたのである。

## 3　平地の寺院と山寺

近長谷寺は山寺として建てられた。一方、施入された平地の治田あたりには、数多くの寺院が存在したことが、「近長谷寺資財帳」によってわかる。前節の【表】を参照されたい。これまで、条里ごとに寺院が存在したとも推定され、十世紀の在地に多くの小寺院が存在する例証として注目されてきた。『日本往生極楽記』にいう「郡中仏寺」（伊勢国飯高郡一老婦の伝）の実例として、「近長谷寺資財帳」に見える条里内の諸寺院が注目されている。(22)そしてこれらを、「里の小寺院」または「民衆の自然村落ごとに営まれた寺院」だと評価されている。(23)つまり、自然村落に住む民衆による自発的かつ無私の仏教信仰が、その建立の契機だと想定されている。この見解は、主に八世紀を主舞台とする古代仏教史研究の根強い通説とも接合している。それは、『日本霊異記』に見られる「堂」「村堂」を民衆仏教の実在と解釈し、(24)各地の仏教遺跡を自然村落の村堂とみなす、文献史学と考古学との相互依存学説である。(25)しかし前節で検討したように、飯高氏を中心とする地元豪族らの主体性を考慮すれば、条里内に存在する寺院について、民衆の信仰施設と即断する根拠には乏しい。通説の再考は容易でないが、ここでは十世紀の地方小寺院が設けられる現実的な契機と実態を検討しておきたい。

「近長谷寺資財帳」に見える条里内の寺院は、小なりといえども設営と維持には資力が必要であろう。地元豪族が寺院を建てる理由について、ここではあえて実利を探ってみたい。この時代、近長谷寺膝下の櫛田川沿いでも、田畠開発が進行していた。田堵ら有力百姓が実労働の主体であろうが、国衙や東寺などが領主の利権を争った。地元の諸豪族はただ傍観したのではなく、生産物を地元で蓄積し消費する方法を探ったに違いない。その具体策として、寺院の設営があった。近長谷寺膝下の寺院については詳しく解明できないが、志摩国答志郡に手がかりとなる事例がある。同郡鴨村の満薬寺の建立をめぐる、地元豪族伊福部氏の動向を示す、長徳二年（九九六）の伊福部利光治田処分状案に注目したい。[26]

養子伊福部貴子
処分充進治田立券文事
合弐箇処
一処在志摩国答志郡鴨村三条鴨里廿七小荒治田者
四至在二本公験一
一処在同郡村内十六竹依田壱段佰捌拾歩者
四至限レ東公田〔竹〕　限レ南小鯨盧并神戸田
限レ西十六作依畠　限レ北卯酉畔
此竹依田公験者、為二盗人一被二盗取一已了、出来時訴申、公験可レ致二沙汰一也、
右件治田者、従二答志郡司島福直妻子一、限二直物一永財定買得、年来領掌、更無二他妨一、而利光之齢及二老耄一之刻、無二一人子一、因レ之甲賀〔英虞郡〕御庄下司出雲介家女伊福部貴子遠、且号二養子一、且依レ有二父方姪一、以二所領田地一、分二与於貴子一已了、但至二于租税一者、鴨□〔里カ〕満薬寺奉レ造二影自願数体仏菩薩一灯油仏供料施二入寺家一又了、毎年正二月行并時節日料也、於二領作官物一者、可レ為二私用途支一者也、仍為二後代一、本公験并沽券文相副、処分如レ件、
内豎伊福部利光在判
長徳弐年拾壱月参日
件治田弐箇処、分二与貴子一実正也、至二于租税一者、奉レ施二入満薬〔寺脱カ〕一実正明白也、仍証署加レ之、

刀禰大中臣在名
刀禰山在名

伊福部利光は、鴨村条里内にある鴨里の「小荒治田」と「竹依田」一段百八十歩を養子伊福部貴子に与えることとした。かつてこの土地の権利は、答志郡司島福直妻子から伊福部利光が買得したものである。開発治田の本公験を答志郡司島福氏が得たのは、この処分状が書かれた時代をあまり遡らないであろう。跡継ぎのない利光は、父方の姪である伊福部貴子（英虞郡甲賀庄下司出雲介の妻）を養子に迎え、分与を証明する券文を作成し、近隣の保証者たる刀禰の署名を得た。

伊福部利光が養子貴子へ相続するに際して、「租税」を鴨里の満薬寺に施入することとしている。その使途は、自らの願いを込めて造った数体の仏菩薩像への灯油などの供料と、修正会や修二会その他の仏事料だという。「於二領作官物一者、可レ為二私用途支一者也」と述べており、国衙への所当官物は仏寺経営の必要経費に充当すると述べ、事実上の免除を正当化している。満薬寺については不明だが、簡易な村堂などではなかろう。朝廷の仏教政策で模範が示され、国司管轄下の地方でも建立されたような、標準装備をもつ寺院であってこそ、官物免除は認められたはずである。おそらく満薬寺は、伊福部利光が建立した寺院であろう。治田として充分ではない「小荒治田」や「竹依田」を含め、開発地の集積をめざす有力者にとっての、支配の正当性を可視化する施設であった。寺院のための治田だと主張するが、治田から利益を得るための寺院という一面はぬぐいがたい。「私用途」に官物分を補填すると説明するが、満薬寺の経営費がこの零細な治田からの収益で満たされるとは考えにくく、ほかにも集積された治田はあったのであろう。合計すれば維持費を上まわる収益があった可能性もある。開発による治田化によって地元に耕作労働の機会を作り、その収益を寺院名義で現地に確保する、という経済効果を生む仕組みが意図されていたのではなかろうか。

「近長谷寺資財帳」には、【表】に示したごとく、多気郡を中心に度会郡と飯野郡にまたがって、「穴師子寺田」「中臣寺田」「福田寺田」「清水寺田」「清水寺地」「磯部寺領地」「磯部寺垣内」「長谷寺治田」「入江寺領」「法楽寺田」「富岑寺治」などが見える。ここに見える寺についても、志摩国答志郡鴨村の満薬寺とその所領田地と、類似の成立事情と役割をもっていたのではないだろうか。穴師子寺や中臣寺はじめとする寺院の所在地は不明だが、多気郡を主とする近隣地であろう。延喜十三年(九一三)に故麻続在子の権利を施入した多気郡の田は、四至として磯部寺、宮守寺、佐奈山寺、長谷寺が記載されており、「寺田」「治田」の表記が省略されているのかもしれないが、寺院そのものが隣接していた可能性もある。それら新しい寺院は、寺田・垣内・治田・領地という名目で、開発地の収益を地元にプールする拠点として成立したことが想定される。

では、飯高氏や近隣豪族らが支える近長谷寺は、山下の平地に成立していた諸寺院とは、どのような関係にあったのであろうか。山下の寺院の設営主体と、近長谷寺への所領施入主体が同一の豪族である場合もあろう。四至記載に散見される磯部寺は、近長谷寺への施入者磯部置嶋と、何らかの関係があったであろう。そのような場合、各豪族からすれば、近長谷寺と山下の寺院の両立が図られ、飯高氏を中心とする近長谷寺を核とした地元豪族の連合に加わるとともに、自前の寺院を個別権益の拠点として守ったであろう。では一方、飯高氏側の立場から、近長谷寺と山下の諸寺院は関係づけられていたであろうか。

第1節でも触れたように、慶滋保胤『日本往生極楽記』(九八四年成立)には、近長谷寺創建者の飯高諸氏をモデルとしたらしい伝が二話ある。その一つ、「伊勢国飯高郡一老婦」の往生伝には[27]、生前の信仰生活を次のように記している。すなわち、月の前半は仏事を修す期間に定め、香を「郡中仏寺」に供えるのを常にしたという。また春秋二季に花を捧げるとともに、諸僧には常に塩・米・菓・菜などを施したという。『日本往生極楽記』は、保胤の願望と意図による作文としての性質に注意がいる。ただ、その述作に参照した知識の中に、汲みとるべき歴史が含まれている場合がある。飯高諸氏とおぼしき老婦による「郡中仏寺」への布施とは、近長谷寺が多気郡を代表する山寺であることと、膝下平地の新興小寺院との間に紐帯が存在することとを推測させる。ここには、かつて山寺が、郡行政を前提として活動した名残をとどめている。同時に、有力な山寺と地域の小寺院とのつながりは、伝統豪族たる飯高氏と近隣諸豪族とのあいだで模索された、郡を越えた新しい紐帯の形式なのではないだろうか。

『日本往生極楽記』の最終話は、加賀国の「一婦女」が「郡中諸寺」に供花して往生を遂げたという内容である。この女性(実在したとすれば有力豪族であろう)は、臨終に際して「家族・隣人」を集め、極楽往生の実際を説明したという。(28) ここにも、郡と密着した寺院の姿が残っているとともに、血縁と婚姻の関係による地域的な縁の形成が見出される。『日本往生極楽記』全四二話は、貴族出身者の往生伝が中心である。同書の末尾に入れられた、飯高氏ら地方の俗人女性の話は破格の扱いであって、郡中での信仰普及方式ともども、新しい傾向を示して見せたものである。

それは、十世紀における郡衙の解体、郡郷制の再編成、それにともなう郡司層ら伝統豪族の浮沈という、歴史の動態の只中で模索された仏教事業である。近長谷寺本願が飯高諸氏という女性であるのは、飯高氏による地元豪族との縁の形成にあたって、一族女性と他氏豪族との婚姻関係が重視されたからではなかろうか。女性本願を祖とする檀越集団という形式で、新しい地域結合が模索されたと考えられるのである。以上の意味で、近長谷寺と山下の諸寺院との関係は、かつての国境や郡境に設営された山寺と、国衙近傍の国分寺や郡衙近傍寺院との結びつきとは、性質が違う。十世紀段階にこそ出現した、斜陽の伝統豪族や新興の富豪層との利害一致を探ることから出現した、地域的仏教の胎動だと見ておきたい。

# むすび

九世紀末から十世紀半ばの山寺として、伊勢国の近長谷寺に焦点を当ててみた。近長谷寺についてはなおたくさんの研究課題がある。山寺としての立地に即した研究は、ほとんど手つかずである。創建時における堂舎の位置など、現地調査に着手されてはじめて解明されることが多いであろう。十世紀後半以後、特に摂関期を越えて院政期にはどのように展開したのか、中世の山寺として新しい事情があったはずだが、未解明である。その場合、近長谷寺の南側の麓、長谷の集落をはじめ、里との関係を視野に入れる必要があろう。さらにこの稿では、多気郡・度会郡・飯野郡など、近長谷寺への施入地の所在郡が伊勢神宮の神郡であることなど、伊勢国特有の事情との関連を分析していない。山寺と神祇の関係を考える上でも欠かすことのできない課題だと自覚している。

この稿では、近長谷寺について、村堂から発展した農民層の寺院という旧説を疑い、飯高氏が近隣豪族層を誘引して結集する山寺として、捉え直してみた。その新しい経済基盤として、平地の新開発地からの収益を布施として集約する仕組みに注目した。開発地の寺院について、自然村落の堂舎ではなく、領主豪族が設営した新しい寺院だと見た。

ここでの考察は、豪族らの実利を表に出す結果となり、寺院や仏教に固有の信仰的側面を後景に退けすぎたかも知れない。しかし、飯高氏や近隣諸豪族にとって、国郡制の再編や開発事業の進展、そして国衙や中央領主による地元からの搾取など、直面する時代の新動向を有利に乗り切る事業は、それなりに計画的で意志的である。飯高氏によって、南伊勢に豪族連合の形成が呼びかけられたことは、必ずしも広域的な勢力の形成にはいたらなかったとしても、地域づくりの一方法として評価することはできる。その方法に、山寺の創建と拡大が選ばれたことにこそ、現実に裏づけられた仏教信仰の切実さを読み取ることができる。地域社会による仏教導入というには、なお百姓層の主体性が呼び覚まされる必要があるが、それは院政期に訪れるであろう。「近長谷寺資財帳」の時代を、その胎動期として歴史的に位置づけておきたい。

註

（1）通称によって「近長谷寺資財帳」と呼ぶ。正式には、内題にある通り、「実録近長谷寺堂舎幷資財田地等事」である。案文(写)である。

（2）西口順子「九・十世紀における地方豪族の私寺」（同『平安時代の寺院と民衆』二〇〇四年、法蔵館）、八田達男「伊勢近長谷寺と長谷観音信仰」（同『霊験寺院と神仏習合』二〇〇四年、岩田書院）。鶴岡静夫「日向薬師の研究」（同『関東古代寺院の研究』一九六九年、弘文堂）にも論及がある。『多気町史　通史』（一九九二年、三重県多気町）第三編第二章「近長谷寺資財帳」（奥義郎氏執筆）には、地名や人名の考証を含めた詳細な記述があり、とても参考になる。なお上川は、『三重県史通史編　原始・古代』（二〇一六年、三重県）第十一章第二節「地域による仏教導入」七九八～八〇三ページに、初期の近長谷寺について短文を記した。

（3）上原真人『古代寺院の資産と経営―寺院資財帳の考古学―』（二〇一四年、すいれん舎）には、「近長谷寺資財帳」についての解題的な記述が十五行あり、西口順子氏の論文が参照されている。

（4）『多気町史　通史』（前掲）一七二ページには、次のような説明がある。「東限の箕作横峯は、寺より東方の神坂金剛座寺に至るまでの間にあり、北方の四疋田、三疋田、佐伯中との分水境界に連なる山地である。西限の丹生中山は寺の西方にある丹生神宮寺および丹生神社(勢和村丹生)の背後にある小丘を指している。南限の丹生堺阿幾呂は、寺の南方長谷から丹生に下る旧道の峠付近を指す。北限の鳴滝小俣鳥居は、寺の北方井内林と佐伯中との境界である。鳴滝という地名は「井内林村文禄三年検地帳写寛文十年」に「なるたき」と記してあり、その付近をいうのであろう。小俣鳥居はどこか不明である。」

（5）八田達男「伊勢近長谷寺と長谷観音信仰」（前掲）は、多気郡に丹生神社・丹生中神社（『延喜式』）などがあり、飯高郡に水銀採掘の説話（『今昔物語集』一七―一三）があることから、近長谷寺の経済基盤としては水銀にこそ注意すべきだと述べられた。ただし、「近長谷寺資財帳」からは裏づけが得られない。

（6）『平安遺文』一―一六五や『多気町史　通史』（前掲）、『三重県史　資料編・古代上』（二〇一二年、三重県）に収めている。ここでは『三重県史　資料編』によった。原本調査はできなかった。三重県史編さん班にてカラーの調査写真を参照させていただいた。『三重県史　別編・美術工芸（図版編）』（二〇一四年、三重県）には「近長谷寺資財帳」の巻首・巻末の写真が掲載され、『同（解説編）』には概要が述べられている（小林秀氏執筆）。法量は縦二九・八センチメートル、全長四六三・八センチメートル、末尾の第十一紙は余白が切断されているという。なお、『三重縣國寶調査書』（一九三七年、三重県）には、近長谷寺の「木造十一面観音像」と「紙本墨書近長谷寺資財帳」の項があり、前者には近世の縁起も紹介されている。先行研究には、吉田晶「平安期の開発に関する二・三の問題」（『史林』四八―六、一九六五年）、戸田芳実「律令制下の「宅」の変動」（同『日本領主制成立史の研究』一九六七年、岩波書店）、水野章二「平安期の垣内―開発と領有―」（同『日本中世の村落と荘園制』二〇〇〇年、校倉書房）がある。

（7）以上、水野章二「平安期の垣内」（前掲）による。

（8）以上、『三重県史　資料編・古代上』に関係文書が編年で掲げられている。

（9）井上光貞・大曾根章介校注『日本思想大系　往生伝・法華験記』（一九七四年、岩波書店）。同書に付された『日本往生極楽記』の説話番号の三二。

（10）「近長谷寺資財帳」には、顔面・眉・眉間・目・鼻下その他、寸法を詳細に記しているが、ここでは省略する。

（11）『三重県史　別編・美術工芸（図版編）』『同（解説編）』（二〇一四年、三重県）。解説編の当該箇所の執筆は「編集部」とされている。

（12）竹内理三編『平安遺文　金石文編』（一九六五年、東京堂出版）。坪井良平『新訂梵鐘と古文化』（一九九七年、ビジネス教育出版社）は、「願主志甘□子□子」としている。坪井氏は、近長谷寺の鐘と想定している。『特別展覧会　藤原道長』（二〇〇七年、京都国立博物館）の写真と解説（久保智康氏執筆）を参照。同書によると、総口二二・九センチ、身口一七・七センチ、口径一五・五～一六・〇センチである。
(13) 上川通夫「往生伝の成立―生死の新規範―」(同『日本中世仏教史料論』二〇〇八年、吉川弘文館)。
(14) 上川通夫「律令国家形成期の仏教」(同『日本中世仏教形成史論』二〇〇七年、校倉書房)。
(15) 広瀬和雄「中世への胎動」(『岩波講座日本考古学16　変化と画期』一九八六年、岩波書店)。
(16) 多気郡相可郷十七条の施入治田に関する四至記載に、「南限小道幷相模守藤原惟範朝臣治」とある。この地は日置昌布町による施入地に隣接しているが、近長谷寺への施入地ではない。惟範が支配していた事情は不明だが、飯高氏との関係も考慮しておきたい。
(17) この【表】は、『三重県史通史編　原始・古代』(前掲)第十一章第二節八〇二ページに掲げたものである(上川通夫作成)。古代の伊勢国全体については、他の執筆者による同書の叙述から学んだ。
(18) 『多気町史　通史』(前掲)。
(19) 水野章二「平安期の垣内」(前掲)。
(20) 上川通夫「東寺文書の史料的性質について」(同『日本中世仏教史料論』二〇〇八年、吉川弘文館)において、鎌倉時代の東寺御影堂への田地寄進を例として、弘法大師信仰のたかまりとしてのみ捉える説を批判した。
(21) ①には「沙弥賢如請作」とある。田堵かもしれない。
(22) 『日本思想大系　往生伝・法華験記』(前掲)四〇ページ、「郡中の仏寺」の頭注。
(23) 西口順子「九・十世紀における地方豪族の私寺」(前掲)。
(24) 直木孝次郎「日本霊異記にみえる「堂」について」(同『奈良時代史の諸問題』一九七八年、塙書房)。
(25) 吉田一彦『民衆の古代史』(二〇〇六年、風媒社)、笹生衛『神仏と村景観の考古学』(二〇〇五年、弘文堂)など。上川通夫「なぜ仏教か、どういう仏教か」(『日本史研究』六一五、二〇一三年)にこの点についての私見を述べた。
(26) 光明寺古文書。『平安遺文』二―三六七、『三重県史　資料編古代上』第三部別編(荘園)二七に収める。後者に依った。
(27) 『日本往生極楽記』の四一(前掲日本思想大系本)。
(28) 同右、四二。

# 里山と中世寺院——民衆仏教の展開——

菊地 大樹

## はじめに

大峯行ふ聖こそ、あはれに尊きものはあれ、法華経誦する声はして、確かの正体未だ見えず

中世の山林修行を語る上で、『梁塵秘抄』のこの今様(一八九番)ほどよく知られたものはないだろう。すでに院政期以来、吉野・熊野や高野山などに対する貴族の関心は高まる一方であり、それはやがて民衆的世界にも及んでいった。彼らは実際にこれらの霊山を訪れるようになり、祈念を凝らしてもいたのである。それにもかかわらず、山中のことはすべて謎に満ちており、声はすれども姿は見えざる神秘的な修行者の姿を想像してやまなかった。

ただし都市生活者にとって、実際の山林寺院は、必ずしも自身の生活圏から隔絶した異世界ではなかった。山寺を考える上で、大峰のような霊山はむしろ特殊であると言わなければならない。なぜなら、奈良や京都をはじめとする都市の近隣には多くの山寺が存在し、聖地と衆庶の間には活発な往来が展開していたからである。彼らにとって、一方では世俗社会と懸隔した聖なる山岳仏教の世界が観念されるとともに、自身の周囲にはより近づきやすい山寺が多く存在していた。

このように、「山岳仏教」「山林寺院」等の語彙に包摂されうる寺院の存在形態には、立地・伽藍配置等にいくつかのパターンや時代的な差異があることを押さえておかなければならない。この点については、すでに多くの指摘や考察があり、本書所収の座談会においても語られている。簡単に筆者の理解を示せば、まず「山岳仏教」は、大峯に代表されるような急峻な霊山の深部や頂上に展開した仏教である。先にも述べたように、本稿ではむしろ、このような山寺を特殊なものと考えている。これに対して「山林寺院」は、都市や農村などの生活圏の周縁に広がる低山およびその山裾に位置し、山岳仏教との結節点となるような、より包括的な概念を指している。近年の考古学的成果等により、山寺のイメージはむしろこのような山林寺院を基本とする方向に向かっている［三舟 二〇〇四］。ただし山林寺院は、古代の僧尼令的秩序の中で、平地寺院と一対で把握されているなど［上原 二〇〇二］、古代における仏教システムと密接に結びついて発達している特殊な面もある。そこでこれらの寺院の存在形態をもっとも包括的に表す用語として、「山(の)寺」が適当であろう［上原他 二〇〇七］。(1)

この点で重要になってくるのが、近年提唱されてきた「里山寺院」という考え方である(2)［上原他 二〇〇七、上川 二〇一二a・二〇一二b・二〇一三］。急峻な山岳と平地の生活圏の境界に位置する里山圏こそ、中世の山寺が展開した場だったのであり、山寺を考える上で重要な空間であると思われる。本稿においては、以上のような前提に立ちつつ、古代中世の山寺を、それを取り巻く社会との関係から同心円的に位置づけ、そこで活躍した修行者らについても考えながら論じてみたい［菊地 二〇〇七］。最初に平安時代前期における山林修行者の活動および彼らを取り巻く社会状況を考え、中世における山林修行者の原形を示してみたい。次いで第2節以下では、おそらく古代に山林寺院として成立し、中近世に里山の寺院として展開していたと思われる、出羽寒河江の慈恩寺の性格や組織などを検討することを通じて、吉野熊野に代表されるような急峻な山岳地帯に展開した山岳仏教と、平地に営まれた寺院との中間にあって機能する、里山の寺院の実態を明らかにしてみたい。

## 1　中世山林修行者の原形——里山の寺院へ——

### （1）沙弥としての実践修行——山籠——

筆者は以前、古代から中世にかけての持経者の活動に即して、山林修行者のあり方を論じたことがある(3)。その中で、十世紀を画期として、それまでは国家的得度受戒制に積極的に応じ、山林修行によって得られた経典暗誦などの行業をもとに王権に奉仕していた持経者が、播磨書写山の性空に典型的に見られるように山林に留まるようになったことを論じた。性空は、基本的には書写山を出て王権に奉仕するのではなく、むしろ山林に留まって王権の側の接近（花山院の御幸）を引き出したのである。

ここに、それまでとは違った山林修行者あるいは山林寺院の新しい姿が現れてくる。それまでの山林寺院の多くは、おそらく平地寺院との密接な関係のもと、その間を僧侶が往返し、前者では実践、後者では修学に励むのが一般的であったと考えられる［薗田 一九八一、吉田 一九九五、上原 二〇〇二、三舟 二〇〇四］。これに対して十世紀以降は、山林修行者は山林寺院に軸足を置くことになるのである。

しかし、拙稿ではこのような山林修行者の活動の画期を、十世紀とみるのに急なあまり、その前提としての九世紀の動向を必ずしも具体的に論じていなかった。そこでここでは、古代における山林寺院の展開という観点から、山林修行者にとっての九世紀の状況について、相応を例として検討してみたい。

相応については、平安から鎌倉時代にかけて、僧伝や説話集にも多く登場し、回峰行の拠点として著名な比叡山無動寺の開山としてもよく知られている[4]［山本 一九九九］。これらの伝は、主に不動明王の示現や弥勒菩薩の兜率天への往詣などの霊験譚に焦点が当たっているが、実は史実としての相応の経歴は、八世紀と十世紀のあわいにたたずむ九世紀の山林修行者の典型的な様相を示している。そのような側面から、相応の伝記を考える上での基本史料となる『天台南山無動寺建立和尚伝』をもとに、九世紀における山寺や山林修行者のあり方について考えてみよう[5]。

相応は、天長八年(八三一)、近江国浅井郡に櫟井氏の子弟として誕生した。承和十二年(八四五)に比叡山に登り、一七歳で出家する。やがて円仁の知るところとなり、斉衡三年(八五六)、二五歳の時に得度受戒を果たした。この時点でまず注意したいのは、円仁が彼に注目した理由である。相応は沙弥となってまず『法華経』に見える常不軽菩薩の行(あらゆる人の仏性を尊び礼拝する行)を志したが果たせず、「駈役之隙、毎日折花奉中堂」ていたという。まさにこの行こそが円仁に見出されるきっかけとなり、円仁は中堂において相応に「年来見汝毎日奉花、信心堅固、誰能如此」と語りかけた。もちろんここでは相応の謹直さがクローズアップされているのだが、忘れてはいけないのは、このころの相応が沙弥として供花行にいそしんでいたことである。これは単に仏前を花で厳色するということに留まるのではなく、毎日不断に山中に分け入って樒の葉などを摘んでくる山林修行・苦行であり、中世には特に夏安居の修行の一環として供花行が重視されていた［菊地 二〇〇八］。

供花について具体的な事例が知られるのはかなり降って十二世紀ごろであり、相応のころには後の時代ほど行儀が整備されていたわけではないかもしれない。しかしここでは、彼の行為を供花行の一種とみて、中世の堂衆・聖・修験者らの山林修行における行業を、相応を経て古代の優婆塞・沙弥らの活動にまで遡りうる系譜のなかに位置づけてみたい。

さて、比丘となった相応は、最澄の定めた一二年山籠を誓い、まずは「叡嶺之南岫」に草庵(後の無動寺)を構えて、

「苦(久)修錬行」三年を始めた。その内容は、六時行法・四季大般若経転読・仏名会であったという。これらはいずれも一人で実施するのには大きな決心が必要な行業であった。しかしそれにもまして、ここでいう「苦修錬行」とは、おそらく三年間、冬の間も山を下りず、草庵に籠るという決心を指しているのではないか。もちろん山籠は、必ずしも通年とは限らない。これより少し後、貞観四年(八六二)には、相応は金峯山に三年間の安居を志す。ただしこの時は、同年秋に清和天皇の歯痛を祈って験があったというから、金峯山における安居とは夏安居のことであり、相応は毎年一夏九旬の間の山籠を金峯山において三年間続けたということになろう。ここにも、山林修行者としての相応の風貌がよく表れている(6)。

なお、後述するように一二年山籠が破られてから後、この金峯山安居を実践するまでの間、貞観元年から相応はもう一度山籠を行った。『和尚伝』には「発大願、限三箇年、絶粒飡色蕨類、安居於比羅山西阿都河(比良山西安曇川)之瀧、祈請智慧」と見える。幼いころから食肉を嫌った相応であったが、この時行ったのは、特にいわゆる断穀である。『法華験記』や『元亨釈書』にもこの点が強調され、前者では「断穀断塩」、後者には「断穀食棄塩味」と見えている。この行業は特に平安時代を通じて一般化し、中世にも多くの断穀聖(十穀聖)が活動した〔太田 二〇〇八、アップル 二〇〇八〕。これもまた、後の時代に続く山林修行の宗教的系譜の一端を示している。

ところでこの断穀については、興味深い記事が紹介されている〔梶川 二〇〇七〕。これより一世紀以上あとになるが、『小右記』永祚元年(九八九)五月一日条によれば、上安祥寺の山籠法師八人が「飢饉」のため、米塩等を送って彼らに施したという。記事の内容からは、一見上安祥寺の山籠僧たちが物資の不足によって飢餓状態に陥ったかのようである。しかし、右に述べた相応等の例を考え合わせれば、おそらくそうではなく、夏安居の期間の苦行の一環として断穀・断塩を実行していたのであろう。もっとも、原則として夏安居は四月中旬からの三か月間を限るものであり、この出来事のあった五月一日はいまだその真最中だったはずである。夏安居を短く切り上げる何らかの事情があったのかもしれないが、はっきりしない。

ただし、いずれにしても記主藤原実資は、上安祥寺に「山籠法師」八人が、断穀断塩の苦行を続けていたことを知っており、それに対して結縁のために物資を送ったのであった。このように、山寺における籠山修行は、決して世俗社会・都市生活と無縁なものではなく、両者は一つの信心をもとに密接に結びあわされていたのである。このように、平安時代前期の山林寺院は、おそらく前代のあり方を引き継ぎながら、山籠や断穀などを修行者が実践する場である一方、世俗社会の信心も惹きつけながら展開したのであった。

## (2) 山林修行者と王権

以上に見てきたように、相応の行業は、奈良時代以来の山林修行の系譜を引きつつ、それが後の時代にもある程度継承されていったことを示している。ところが、その行動に注目してみると、相応の前後において山林修行者の行動パターンが決定的に異なる点がある。それは、王権との関係にほかならない。

出家以来、特に若いころ、彼は次のようにいくどか山籠を志す。①斉衡三年(八五六)、延暦寺にて得度受戒の後、一二年山籠、②貞観元年(八五九)、三年を限り葛川に山籠、③貞観四年(八六二)、金峯山において三年安居、④延喜十一年(九一一)、晩年七、八年公請に赴かず籠居。ところがこのうち①②は、パトロンである右大臣藤原良相や、天皇のたっての招請によって山籠が破られた。相応は彼らの強い要請を断りきれずに山を下り、そのもとに赴いて祈禱を行ったのである。ここには、山林に籠って自行に専念しようとする修行者と王権の「綱引き」が見て取れる。そして相応の場合には、王権の強い牽引力に抗いきれず、山籠をいったん放棄してそのもとに参じざるを得なかったのである。

この点は、同時代に活動した信貴山の命蓮にしても同様である。(7) 実際の命蓮は不予の醍醐天皇のもとに参内し、加持をしている(『扶桑略記』裏書延長八年〔九三〇〕八月十九日条)。しかし、『信貴山縁起絵巻』以下の説話によれば、天皇の病に際して招請を受けた命蓮は内裏に赴くことを拒否し、信貴山に留まったまま加持する。これは、遠隔地からでも験を表すことができる命蓮の強力な加持の力の表現でもあろう。しかしそれだけにとどまらず、『信貴山縁起絵巻』等が制作された十二世紀における山林修行者は、少なくとも理想的には山籠を破られることなく自行にいそしむものであり、権力者といえどもそれを破ることはできないと考えられていたのではないか。『宇治拾遺物語』に、皇太后藤原明子の加持を成功させたことにより「験徳あらたなりとて、僧都に任すへきよし宣下せらるれとも、かやうのかたいは何条僧綱に成へきとて返し奉る、その後もめされけれと、京は人を賎うする所なりとて、さらにまいらさりけるとそ」(8)と見えることは、このような山林修行者の理想をよく表していよう。

以上のように世俗との距離を保ち続けるためには、安易に所領の寄進を受けることなどはかえって重荷になる。説話の中で命蓮が、所領や僧綱位を勧賞として示されながらこれらを固辞したのは、単に命蓮の無欲や謙譲を意味するばかりではなく、その背後には王権とどのような力関係を築いてゆくことができるのかという、聖と王権の間の一種の緊張関係を読み取るべきであろう。相応の場合は、貞観七年(八六五)には右大臣藤原定方から備前塩荘を、元慶七年(八八三)には女御藤原多賀幾子から近江倭荘の寄進を受けているが、自身のもとに留めることなく延暦寺に寄進している。

さらに相応は、貞観四年(八六二)秋に清和天皇の歯痛を加持して験があったことにより、僧綱の職位および度者を賜らんとしたが、これを固辞した。また寛平二年(八九〇)には同じく宇多天皇の歯痛を加持して験があり、ふたたび法橋の職位およびあまたの度者を賜るが、前者については辞退し、後者のみを受けた。しかし今回はこれに対して、あらためて度者を賜わり、相応は内供奉十禅師に配された。左大臣藤原時平の説得もあって、相応は結局これを受けることになる。このように、度者については場合によって拝受しながら、僧綱位については辞退し[9]、最終的に内供奉に配されている点については一考が必要であろう。

## （３）九世紀の僧綱制と山林修行者

よく知られているように、初期天台宗においては、南都はもちろん真言宗に比べても、僧綱位への進出は著しく遅れた[10]。それがこの時期、初めて実現していくのである。すなわち遍照は、貞観十一年（八六九）二月二十六日に法眼和尚位に叙せられ、元慶三年（八七九）十月二十三日に権僧正に、仁和元年（八八五）十一月二十二日に僧正に補せられた（以上『日本三代実録』）。もし『和尚伝』の記述が史実に忠実であったとすれば、貞観四年に清和の歯痛を加持した賞として相応に僧綱位を賜らんとしたことは、天台僧としては初例になったはずである[11]。二度目の申し出についても、遍照僧正補任の数年あとであり、きわめて早い時期にあたる。しかも、皇孫であり貴種であった天台僧遍照に対する僧綱補任は、それなりの政治的な背景を想定しなければならないが、地方豪族の出身に過ぎない相応への、初例ともなりうる大抜擢をどのように考えればよいだろうか。

ここで参考になるのが、内供奉十禅師制である〔本郷　二〇〇五、垣内　一九九三〕。先に述べたように、二度目の僧綱位への打診を固辞した相応は、結局内供奉十禅師を受けている。もともと宝亀三年（七七二）に成立した十禅師制は、持戒清浄にして看病や呪験に優れる僧、すなわち山林修行者を、得度受戒制あるいは僧綱制のような制度的枠組みを超越して、天皇の身体護持を祈請するために抜擢するものであった。しかし本郷真紹氏によれば、最澄の入唐を機にして十禅師は「内供奉」十禅師制へと展開し、天皇に近侍して祈禱することが求められていった。僧綱への昇進が一般化する以前の天台宗では、特にこの職位が重視されたという。

以上のことを総合して考えると、相応の僧綱位への補任は、単に王権がその験力を賞したのではなく、呪験の能力に優れた天台宗の山林修行者を僧綱制の内部に取り込み、制度的に位置づけようとした極めて野心的な試みであったということになろう。そのことを十分理解したとすれば、相応は王権とのはざまでおおいに苦悩したことであろう。たびたびの勧賞として度者を賜わることについては受納していることや、貞観八年(八六六)の最澄・円仁への大師号の要請など、彼は一方では天台教団の発展に貢献すべく活動している。しかしもう一方では、山林修行者としての自身のアイデンティティを捨てることはできない。結局は、従来から天台僧として一般的であった内供奉十禅師の職位を受けることで、王権への奉仕は約束しながら、山林修行者としてのスタンスを守ることにしたのであろう。

なお、垣内和孝氏によれば、貞観年間に内供奉十禅師の職掌が変化するという。そして、それまで内供奉十禅師と僧綱位の兼帯は、天台僧についての例外等はあるものの、原則としてみとめられてこなかったのに、十世紀初めには「内供労」により僧綱に昇進する例が見えるようになるという。相応の僧綱位辞退と内供奉十禅師補任は、まさにこのような過渡期にあって、彼をおおいに悩ませたのであった。こののち内供奉十禅師の職位は次第に形骸化して僧綱位のひとつに準ずる扱いとなってゆく。かわって登場するのが護持僧制であるが、これは比較的早い時期から延暦寺・園城寺・東寺など一宗のむねたる僧に独占されてゆく[湯之上 二〇〇一a]。

一方王権の側でも、さらにあらたな方途でもって山林修行者との関係を構築してゆかねばならないことになる。この点については、次節において鳥羽院の仏教政策を例として改めて考えてみたいが、山寺のあり方という点については、十一世紀にかけてその性格づけが緩やかに中世的な里山の寺院へと展開していったと考えられる。十世紀以降の僧尼令的秩序の変質により、最終的に有験の僧を体制的に取り込み、制度的に位置づける試みも行き詰まった。山林修行者は山林寺院を拠点として、自由な宗教活動を営むようになる。しかし、彼らは必ずしも世俗社会との関わりを拒絶したわけではなく、むしろ前代以上に山林修行者の活動は世俗の関心を引き、彼らの多くもその要請に積極的に応えていった。確かに往生伝や『法華験記』に見られるように、徹底的に世俗との交わりを絶つべきであるとの山岳仏教の修行者の理想も無視できない。しかし実際にはそのような修行者はむしろ少数であって、多くの山林修行者は世俗社会との往返を通じて山中のことを民衆に語り、あるいは勧進活動を行い、また人々を山中に導いて教化活動に従事した。ここに、本稿の冒頭に示した今様が生まれたことの歴史的意味があり、これら多くの山林修行者が活動の拠点とした山寺が、里山の寺院として発展してゆく必然性があった。つまり、山岳信仰を核として、周囲に広がる世俗社会との間に同心円的に広がる空間こそ、里山の寺院が展開する場に他ならない。

## 2　里山の寺院としての出羽寒河江慈恩寺

### (1) 山寺における修学と実践

たけはただの山の意でなく、神霊の宿る所というが、はやまもたけであった。はやまは存在する場所より見ても端山の意味であろう……奥山に対する里近い山なることは恐らく疑いないようである。

峠の上から遥かに、山を囲繞する山々のたたずまいを眺める時に、目に立つ山がある。大抵それが葉山であった。山容の端正な、頂の尖った、きれいな裾を長く引いた、樹木のよく茂った山であることが多い。こういう山が、……山の神の来臨を考えるに都合のよい姿だったのである。

岩崎敏夫氏は、山形県村山市の西に聳える葉山をはじめとして、南東北一帯の「はやま」を調査し、その性格を右のように巧みにまとめられた。(12) 葉山の神は田の神でもあり、里人に極めて身近な神であって、現代的に言えば、まさに里山の神であった。その葉山のふもとに成立したのが、出羽寒河江の慈恩寺である。慈恩寺は、里と山の境界に建つ山の寺としての性格を持っており、修験を受け入れながら［月光 一九六一］、古代以来転展しつつ様々な活動を繰り広げてきたのである。本節以下では、主に中世における里山の寺院としての慈恩寺の性格についていくつかの側面から検討してみたい。

慈恩寺が開かれたのは、神亀元年（七二四）であるという。少なくとも平安時代初期に、最澄とわたりあった学僧であり、山林修行者としての活動にも注目されるようになってきた［菊地 二〇一五b］、徳一につながる法相宗の活動によって開かれたと考えられている［寒河江市教委 二〇一四］。その背後に聳える葉山は、現在の出羽三山が固定する以前には月山・羽黒山とともに三山に数えられることもあり、修験道の聖地としても栄えた(13)［大友 一九七五］。

そのような慈恩寺を彩る年中行事のうちでも、現在は五月に行われる舞楽会はもっとも華やかなものである。これは元来、一切経会としての意味を持っていた。ところが、現在慈恩寺には一切経が伝わっていない。ただし、平安時代後期から鎌倉時代前期に成立した陸奥名取新宮寺の一切経には、「一切経出羽国慈恩寺」という印記（『大仏名経』）が見え、これらの零巻がかつては慈恩寺一切経の一部であったことが分かる［東北歴史資料館 一九八一］。そこには、平安時代後期における五つの印記がみられ、大規模な書写事業によって成立したことがうかがわれる。また、平安から鎌倉時代にかけて、数次にわたって書写された新宮寺一切経の奥書には、「慈恩寺中院ニテ如形為結縁助成書了／南無自他法界平等利益云々／執筆渕豪也」「安貞三年大歳己丑五月廿八日酉時計書了／南無自他法界平等利益云々／慈恩寺西院之住執筆僧幸成／観照房生年三十五」（『顕揚聖教論』巻第十二・巻二十）、「養和二年六月廿二日書写了／出羽国慈恩寺定秀瀧城房」（『大智度論』巻一百）などの奥書が見える。少なくとも数百巻の経典が慈恩寺一切経から書写の底本として提供され、慈恩寺僧の協力によって新宮寺一切経の書写が進められたのである。これは、出羽立石寺についても同様で、「名取熊野堂、以立石寺本、執筆顕光十地房」（『別訳雑阿含経』巻第十五等奥書）と見え、写経という宗教事業をめぐる熊野堂（新宮寺）・慈恩寺・立石寺の活発なネットワークが想起される。さらにこの事業には、地元僧に加えて京都周辺から大挙してやってきた校訂僧が協力して書写したものと考えられており、大規模な教学振興事業であった。

このように、山寺は単に実践修行の場であったのみならず、そこには一切経の書写常備を必要とするような教学的あるいは儀礼的な展開もあったはずである。それは、一部の学僧や閉じられた僧侶集団のためだけに発展したのではなく、修験を含む坊々の僧侶や寺辺民衆の広汎な結縁のもとに進展していったと考えられる。先述のように、毎年五月に催される舞楽会は、もともとは一切経会であったと思われるが（「申上慈恩寺意趣」華蔵院文書五）(14)、これは現在でも慈恩寺信仰圏の人々が広く参加して執行されている。後にふれるように、慈恩寺には聖教も残されており、実践面のみならず教学面での研鑽を積んだ山林修行者たちの姿が見えてくる。

それでは、このような一切経の書写事業を支えた経済的な基盤はどのようなものであったのだろうか。残念ながら慈恩寺経は現在慈恩寺には伝わらず、関連資料にも乏しくよく分からない。しかし、新宮寺一切経等の事例から、慈恩寺一切経の経済基盤についても推定できるであろう［菊地二〇一五b］。新宮寺一切経書写を根底で支えたのは、第一に料田等の零細な寄進や個人的な経典読誦行であったと思われる。もちろん有力者の支援も見逃すことはできず、奥州管領吉良貞家らによる所領の寄進や、一切経転読供養も行われた。彼らは外来の勢力であったがゆえに、名取熊野三山などの在地霊場において、地域社会の安寧を祈るために行われた一切経や『大般若経』の書写転読に、積極的に参加したものであろう。

以上の新宮寺などの事例も含めて、慈恩寺を社会的に位置づけて図式化すると、まず①地域の山寺として寺辺民衆によって支持されながら、やがて②寺辺を超えた、地域信仰圏の核となる拠点寺院となって他の寺院とのネットワークを形成するようになり、③守護の関与を受けるような一国規模の地方寺院から、さらに④国境を超えて列島へと接続する大規模な信仰圏を描くことが出来よう。慈恩寺もまた、このような広がりの中で宗教活動を展開していったと思われるのである。そうであるとすれば、もはや慈恩寺は単に一地方における里山の寺院として展開したのではないことになり、中央とのつながりについても積極的に考えてゆかねばならない。

## (2) 鳥羽院御願寺としての山寺

そこで注目したいのが、十二世紀における鳥羽院の宗教的志向である。なぜなら、寺伝の縁起等によれば、慈恩寺は鳥羽院から多大な支援を受けて中興しているからである。鳥羽天皇が六勝寺の一つとして最勝寺を創建したことはよく知られており、院の仏教政策の基本は白河院から継承したものであると考えられる。しかし、六勝寺・御願寺の建立や、僧侶の昇進ルートの整備など、いわば中央における設備や制度を充実させる一方、そのことによっていったん周縁化されたもう一つの仏教、すなわち山林修行者や遁世の聖などの存在を、院は忘れていなかった[15]。例えばよく知られている例として、駿河国富士上人末代の一切経書写事業への結縁がある。上人は、富士山に攀登すること数百度にして、頂上に大日寺を建立するなどの山林修行者であった。彼は関東の民庶に一切経を如法清浄に書写せしめ、また院のもとに料紙を持参して『大般若経』六百巻の書写を勧めた(『本朝世紀』久安五年〔一一四九〕四月十六日条)。院はこれに応えたという[16]。

このような、周縁から立ち上がってくる宗教運動に対する鳥羽院のまなざしは、他にも見出すことができる。別に述べたように〔菊地 二〇一一b〕、延暦寺や興福寺・東大寺などの権門寺院では、十二世紀に入って寺内諸階層の分化が進み、学侶と堂衆という寺内集団が形成されていた。堂衆は、前代からの実践修行を継承する山林修行者としての性格を持っているが、身分的には学侶の下に位置づけられ、寺院における教学や経営の中心から排除されてゆく。鳥羽院は、このように周縁化した東大寺堂衆への支援を行っている。たとえば、中門堂衆に対して「赤栴壇〔檀〕十一面（観音）之像」が下賜され、堂衆らはこの本尊をもって一堂を建立し、結集の便宜を図ったという。

ここで注目したいのが、慈恩寺の本尊である。先述のように平安時代初期に寺基が開かれた後、慈恩寺は一度衰退するが、これを復興したのが他ならぬ鳥羽院であった。院は願西上人なる聖に結縁して慈恩寺を御願寺とし、本尊として「（婆羅門）僧正将来之弥勒慈尊赤栴檀像」が本堂に安置されたという（「出羽国村山郡瑞宝山慈恩寺伽藍記」参考史料一）。「赤栴檀」という点が、先述の東大寺中門堂本尊と共通している点も興味深い。

このような鳥羽院による慈恩寺復興は、史実と考えてもよいと思われる。しかし、仮に伝承に過ぎないとしても、少なくとも中世には、慈恩寺ではこのことを重視していた。たとえば、寺に伝わる後述の鎌倉時代後期制作の弥勒菩薩像胎内文書には、「於南閻浮提大日本国出羽国鳥羽皇帝御願慈恩寺安養院禅坊辰時書写畢」（本堂文書五一）と見えるし、永正五年（一五〇八）六月上旬付「慈恩寺金堂造営勧進帳」（宝蔵院文書四他）には、「厥后経テ三百余歳ヲ、鳥羽院ノ御宇、願西上人蒙勅命ヲ、猶為ニ御願寺ノ、金堂之左右建テ常行三昧堂幷釈迦堂ヲ、奉納シテ一切経王七千余巻ヲ、毎年之経会于今不怠、送一代之星霜畢ハンヌ」と記録されている。[17] これらによれば鳥羽院は、常行堂を建立し、また一切経も奉納したことになり、先に述べた慈恩寺一切経の成立を考えるうえでも参考となる。[18] さらに、「当院所在之堂社諸尊目録」によれば、釈迦堂の本尊は「恵心僧都作／鳥羽法皇御持〔仏脱カ〕堂本尊」であったという。また「瑞宝山慈恩寺堂社之目録」では、阿弥陀堂本尊を「鳥羽院御持仏堂本尊」とし、同じく「宝蔵」の中に、「奉納金銀泥五部大乗経、鳥羽院御持経」と見える。

以上の鳥羽院の支援の中で特に注目したいのは、一切経の奉納と常行堂の建立である。前者については、先に述べたとおり、教学振興がその目的であったと思われるが、対照的に後者は実践行としての常行三昧を興隆するためであっただろう。なお、後にも述べるように、慈恩寺の常行堂は比叡山のそれを模したものと考えられる。これらの鳥羽院と慈恩寺の強固な結びつきの背景には、奥州藤原氏が関与していた可能性があり、「願西上人申下鳥羽院々宣於基衡朝臣奉行〈仁平元年建立〉」とも記されている。以上に述べたような、一切経書写への鳥羽院の関与、持仏・持経の下賜、堂舎の復興は、鳥羽院における周縁的世界としての山寺慈恩寺への強い関心を示しているといえるのではないだろうか。

### (3) 山寺の勧進活動―慈恩寺諸像胎内文書の検討―

慈恩寺では、以上のような中央からの支援もあって、中世に堂舎・教学・儀礼などが整備された。一方慈恩寺の側でも、積極的な勧進活動によって、現在に残る多くの仏像が造立された。ここではこの活動によって残された胎内文書から、さらに民衆的な山寺としての慈恩寺の一側面を探ってみたい。

慈恩寺諸像の胎内文書を一覧してまず圧倒されるのは、おびただしい数の印仏が見えることである。これらの一通ずつには願主の名前や寄進額が記されているが、それらはおおむね数文～百文程度の零細な寄進に対して一つの印仏が押されており、願意は圧倒的に逆修であった。これらの印仏を勧進した主体としては、まず禅宗系勧進僧の存在が考えられそうである(中世慈恩寺の宗派については後述)。例えば胎内文書には、「若以色見我、以音声求我、是人行邪道、不能見如来」[19]（本堂文書一〇）、あるいは「一切有為法、如夢幻泡影、如露亦如電、応作如是観」（本堂文書四八）といった偈頌が見える。これらの偈頌の出典は『金剛般若経』であるが、これは禅宗で比較的重視された経典である。そうであるとすれば、ここに見える勧進僧玄融は禅僧である可能性があろう。この玄融は「本堂文書三九」他に「願主静音房玄融（花押）」と見えていて、弥勒菩薩・地蔵菩薩等造立の大願主であった可能性がある。あるいは領主階級との密接なかかわりを持った僧であったかもしれない。

次に、これらの勧進活動の内容を具体的に見てみよう。先述のとおり、願意の圧倒的多数は逆修であった。そして当然のことながら、追善もまた一般的であり、「経禅父母祖父祖母／道禅□□□父母祖父祖母」（本堂文書九）、「永仁六年戊戌九月十二日／右書写志趣者、為過去幽儀出離生死往生浄土也、乃至法界平等利益矣」（本堂文書四九）などと見える。これらの作善は、先述のように基本的には零細な寄進によってなされたが、なかには「一貫文沙弥照実（花押）」（本堂文書二一）とまとまった寄進を行い、立派な花押を据える人物もあった。また、「一、奉立願事、慶弁醍醐回沙汰留給物者、千部仁王経奉読誦可者也」というような大規模な作善も行われている（本堂文書五二）。ここには、先に見た勧進僧玄融と領主層の結びつきも含め、民衆を基盤としながら、領主クラスまでを含む幅広い層からの寄進の実態が浮かび上がってくる。これらの重層的な人々の印仏勧進によって、弥勒菩薩像等は造像されたのであった。

中世慈恩寺はまた、如法経の道場もあった。六十六か国納経所を記した「社寺交名」によれば、出羽の納経所は立石寺であった（『金沢文庫古文書』七―五二四五）〔湯之上 二〇〇一b〕。しかし、「童舞帳」には「如法堂」が見え（本堂文書八三・永正十三年他）、また「弥勒菩薩坐像胎内墨書銘」（本堂資料一）には、「永仁六年戊戌九月十日／同七月自廿五日始之／慈恩寺本仏、於如法堂／造之／仏子侍従法橋／寛慶」と記されている。この如法堂は、六十六部の納経所、あるいは地域信仰圏における恒常的な如法経供養のための道場として機能していたものと思われる〔菊地 二〇〇一a〕。如法経供養については、平安時代後期以降、山林修行者によって担われ、中世には多くの寺辺民衆や回国聖等の結縁が知られている。ここにも、慈恩寺という山寺の場における、民衆的な宗教儀礼としての如法経供養を想定することができよう。

さらに慈恩寺は、地域信仰圏を超えた列島の宗教的世界へとリンクしていた。「大日如来像胎内納入大日経写経奥書」には、「弘長三年大歳癸亥十月廿日　常陸国笠間郡小山寺／大檀那前長門守藤原朝臣時朝　執筆僧定玄」（本堂文書八）と見える。この奥書からは、この大日如来像が常陸小山寺からある時期に出羽慈恩寺に移動したとも考えられるが、はるか常陸の寺院で書写された経典が、出羽で造立された仏像に納められたと考えられなくもない。いずれにしても、常陸と出羽の間の宗教的交流を想定することは可能である。

そして慈恩寺の宗教的ネットワークは、ついに陸奥・出羽を経由して環東シナ海・日本海文化にまで及ぶ。「愛染王法口伝抄私聞書奥書」（宝蔵院文書一）には、「永仁五年臘月七日書畢／執筆宋人妙心　上下二巻草筆書也」と、慈恩寺における聖教の書写に宋人が関わっていたことが分かる。このことは、無準師範・道元に師事した高麗僧の了然法明が出羽玉泉寺（羽黒山周辺）の開山であることを考えれば、決して不思議ではないだろう［佐藤　一九九四］。

## 3　慈恩寺の宗派と組織

### （1）山寺としての慈恩寺の宗派

先述のように、慈恩寺は九世紀ごろ徳一教団の影響のもと法相宗寺院として成立したが、鳥羽院の再興によって天台宗となり、さらに鎌倉時代に真言・修験が入ってくると考えられてきた。中世には「鎌倉時代の慈恩寺は真言宗だけでなく、前代の天台教学をも色濃く残し、新仏教である禅・律・念仏をも取り入れた総合仏教学的性格を持っていたともいえようか」とまとめられている〔寒河江市教委 二〇一四〕。時代は下るが、慈恩寺には天文六年（一五三七）七月下旬付「修験秘伝書」（証誠坊文書一）なる聖教が伝わっており、そこには「次ニ法之一字ヲ釈シテハ、十界十如因果不二万行万禅皆一字一法、ト与禅門名付玉フ是ヲ、去ハ其後釈尊ハ金剛薩埵トシテ修験境ヲ伝玉フ、大日如来迦葉尊者ト与禅門之祖師ト成給フ」と記されている。これは、天台の教理が禅門に集約され、さらにこれを修験の境地であると説いており、中世慈恩寺における複雑な宗派関係の一端をよく表した聖教といえる[20]。

近世初頭以降、寺内には天台・真言両宗の訴訟が頻発するが、右に述べたように、中世段階では複数の宗派を抱え込み、融和的に一山を形成していたものと考えられる。山寺としての慈恩寺の住僧らを何よりも強く結びつけていたのは、背後に聳える葉山への信心であり、入峰などの実践行であったに違いない。これを核とした住僧らは、むしろ宗派に関係なく、慈恩寺では当時流行していた最先端の仏教思潮を柔軟に摂取しようとしていたのではないだろうか。

禅宗系の勧進僧の活動も慈恩寺の柔軟さを示すものだろうが、ここではさらに「紅玻利色阿弥陀如来」に注目したい。「出羽国村山郡瑞宝山慈恩寺伽藍記」には、「常行堂、阿弥陀三尊、鳥羽院御本尊以院宣下給、今安置本尊者、中尊一躯宝冠弥陀、湛慶作」と見え、常行堂の本尊阿弥陀如来は通常のそれと違って宝冠を被った姿であった。これは別に「弥陀堂云常行堂本尊紅玻利色弥陀　運慶作」（「当時所在之堂社諸尊目録」）とも言われており、独鈷と五鈷を組み合わせた上に蓮台が乗り、その上に身体を紅に輝かせ、瓔珞・宝冠をともなって座す阿弥陀如来の図像のことである〔苫米地 二〇〇八b、菊地 二〇一一a〕。ただし両者は厳密には別の像容であり〔苫米地 二〇〇八a〕、慈恩寺のそれに対しての理解には混同が見られるが、いずれにしても顕教浄土教系とは違い、特に平安時代中期以降、阿弥陀仏に対する密教的な解釈の深まりの中で図像化されてきたものである。比叡山延暦寺においても、常行堂の本尊は宝冠阿弥陀如来であったと言い、慈恩寺常行堂の本尊も中央の動向を敏感に感じ取って受容されていることが分かる。この点からも、この像が鳥羽院下賜であったとする伝承の信憑性が高まる。

ところが近世になると、このような柔軟な宗教的状況は一変し、宗派意識が強くなってゆく。たとえば「宝蔵院御朱印状下付願」(宝蔵院文書二一)には次のように見える。

宝蔵院元祖真言宗自宥慶愚僧迄四拾仁代伝来相続仕候、本寺高野山龍光院、当住寺事ハ関東武州中足立蔵田明星院ニ而、廿五年学問仕リ、東山智積院七年住山、所化名者善順、事相之事東寺之長者於松橋殿下伝受仕候、

これによれば、宝蔵院の元祖は真言宗で本寺は高野山龍光院、現在の住寺は武蔵明星院で学問の上、京都智積院にも奉仕、事相は東寺長者に伝授されたという。このように、近世的な宗派体制の確立によって、住僧らもその由緒を強く意識するようになり、中世における融和的な宗派体制や進取の気風は衰えていったものと思われる。

## (2) 印信から考える

次に、慈恩寺に残された印信群から中世慈恩寺の宗派をさらに具体的に考えてみよう。印信群を整理してみると、まず注目すべきなのは真言宗の印信である(21)[永村 二〇〇〇]。たとえば「金剛界伝法灌頂密印」(宝蔵院印信五)とは、いわゆる「天長印信」(天長二年〔八二五〕、空海が真雅に与えたとされる印信)の写である。また、「当流嫡々三重相承口決」(宝蔵院印信七)は、次のように、いわゆる二印二明・一印二明・一印一明と三段階の印明(手に結ぶ印契と口に唱える真言=梵字)の伝授を説く小野三宝院流の印信である(22)。

当流嫡々三重相承口決

初重二印二明

金剛界卒都婆印　真言
普賢一字心
帰命(バン)
胎蔵界外五鈷印真言五字明
(ア・ビ・ラ・ウン・ケン)
第二重一印二明
金胎同　卒塔婆印用之
金真言　(バン・ウン・タラーク・キリーク・アク)
胎真言　(ア・アー・アン・アク・アーンク)
(中略)
第三重一印一明　阿無宝不大
印(ソト・バ)真言
(ア・バン・ラン・カン・ケン)

本文にはこの後、長文の口決が続き、末尾に「建仁三年癸卯五月十二日於醍醐寺僧正御本下リ預書写伝授了／実賢」との奥書がある。

さらに「伝法灌頂阿闍梨職位事」は、別の文書名としては「実済授長済伝法灌頂印信紹文」とすることができるが、これも真言宗の印信の形式に添っている(宝蔵院印信六二)。

しかし、これらの印信がすべて真言宗一色であるかといえば、そうでもなく、天台宗との交流が顕著である。例えば、次の「帰本大事」(宝蔵院印信一八)は、いわゆる「本覚讃」(『蓮華三昧経』)を密教事相に即して説いたものである。

帰本大事
御影堂合掌印
帰命本覚心法身　(ア・ビ・ラ・ウン・ケン)
大塔　八葉印
常住妙法心蓮台　(バ・ザラ・サト・バン)
外五鈷印
本来具足三身徳　(ア・アー・アン・アク・アーンク)
塔印
三十七尊住心城　(バン・ウン・タラーク・キリーク・アク)
弘安五壬午年五月廿三日　授与盛実
伝授検校法橋静弁

本覚讃は、元来天台における観心法門の発展の中から生まれてきたことはよく知られているとおりである。また「蘇悉地経大事」(宝蔵院印信八九)においては、ア・バン・ウンのいわゆる理智事三点説を説くが、蘇悉地を重視するのは元来天台密教である。これを応用して真言宗において理智事三点説が発展してゆくのであり、ここにも台密と東密の交流を見ることができる。

## (3) 慈恩寺の組織

このように、宗派からみた中世の慈恩寺は、様々な宗教的要素を取り込みながら展開していったが、この点は融和的で緩やかな一山組織の運営にも表れていた。最後にこの点を見ておこう。

近世の慈恩寺は、一山三院四十八坊と言われている。すなわち慈恩寺一山の中に、真言方の宝蔵院・華蔵院および天台方の最上院（中世には別当坊）の三院があり、各院のもとに四十八坊が所属していた。それでは、中世の一山組織はどのようであっただろうか。永仁六年九月十七日付「弥勒菩薩像胎内納入般若心経写経奥書」（本堂文書五一）には、「法主静慶大法師」「寺中安穏」といった文言が見える。一山の最高位が法主であり、そのもとに「寺中」という連帯が生まれていたのだろうか。この法主と別当の関係は、単なる呼称の違いとも、また別々の職位であったとも考えられるが定かではない。住僧に関しては、「慈恩寺供僧職」（禅林坊文書一・宝林坊文書一一他）があったことが知られる。この供僧の筆頭が「両座行事」であったと思われる（応永二十五年十二月十三日付「阿闍梨幸慶・律師幸用供僧職三昧田補任状」、宝林坊文書一二）。なお近世の記録には次のように見える。

　山主別当と書被申候事、衆徒等迷惑之由申候ハ、古来之書物ニも山中しおきにも無之事ニ御座候、何れ山中之衆徒等弥勒之前ニてくじ取ニて二人宛三年廻ニ座行事と申候而、古来ノ書物を請取、山ノ御祈念万事を仕候……古来より山主ハ弥勒奉行ハ座行事別当両院家ニて御座候」（「鐘銘一件訴状」、華蔵院文書三）。

以上をまとめれば、中世のある段階までは一山組織があり、そのもとで門流・門徒（華蔵院・宝蔵院など）がゆるやかに統合されており、別当あるいは法主（山主）は、惣寺組織の頂点である三年交代の座行事二名と共同して供僧（衆徒）をまとめ、寺内の運営にあたっていた。なおそのほかに、役人として、寺司・宝前・常陸・右京・月蔵・与力などが置かれていた。これらの「役務は雑多で、各堂社の清掃や各祭礼の準備、勤番、各院坊への連絡等、いわゆる学問僧である衆徒に対しての堂衆に当たるものと考える」という［寒河江市教委二〇一四］。

このように、宗派の上でも組織についても、寺僧集団をゆるやかにまとめ上げているのが慈恩寺の特徴であった。とくに別当を交代制の座行事が補佐しながら寺院運営を進めてゆくというあり方は、寺僧の合議による運営を想定させる。以上に述べてきたように、葉山に対する信心を核としながら寺僧や寺辺民衆を糾合し、有力者とも関係を結びつつ、学解に励みながらも実践修行を紐帯とし、合議を基本とする慈恩寺のあり方こそ、中世における里山の寺院の典型例と言えるのではないだろうか。

## むすびにかえて

治承四年(一一八〇)、九歳にして出家した明恵は、やがて建久四年(一一九三)、故郷の紀州湯浅栖原村・白上の峯に遁世した。『栂尾明恵上人伝記』には、明恵が「此の所(白上の峯)、猶人近くして、樵夫の斧の音耳かしましくして、又三四町下は大道也。うるさき事もあればとて、石垣の山の奥に、人里三十町計り隔てて、筏立と云ふ処」に草庵を移し、坐禅行道を続けたと伝える〔久保田他 一九八二〕。すなわち、明恵が最初に草庵を営んだ白上峯は、きこりの斧が響くような林業生産地のなかにあり、わずか三、四町の距離には大道が通るなど、まさに人々の生活圏に隣接した里山だったのである。明恵自身はのちにこの環境を嫌い、より山奥の筏立に退くが、ここも一般社会から隔絶した山中などではなく、「人里三十町計り隔て」とあくまで人里との関係性の中で選ばれた修行の地であった。

このように、遁世の聖や修行者は、世俗社会から離脱しながらも、必ずしも交流を断ってしまうのではなかった。中世の説話集などには、しばしば高山・深山など隔絶した環境における修行や往生が語られるが、実際にはそれは彼らの理想の一端を語ったに過ぎない。急峻な山岳と平地の世俗社会の境界領域に展開した里山には、はじめにでも述べたように山中のことを民衆に語り、教化の手段とする多くの修行者が活動していた。その拠点として、本稿で取り上げた出羽寒河江慈恩寺を始めとして、中世の列島各地には大小さまざまな里山の寺院が展開したのである。

また本稿では、奈良時代以来の山林修行者が、九世紀における王権との力関係や仏教制度上の位置づけの変革の影響を受けながら、十世紀以降の王朝国家体制のもとで中世的な修行者へと転換してゆくことを論じた。摂関・院政期を通じて、中心的世界において僧綱位の運用や僧侶の昇進ルートが整備されてゆくにつれ、そのような世界から疎外された人々は、周囲に広がる周縁的世界に蟠踞するようになる。しかしこれは決して中心対周縁の二項対立なのではなく、中心における求心力のゆえに周縁が成立し、また周縁において創造されるエネルギーの存在によってこそ、中心には活気が与えられたのである。このように、中心と周縁には循環する回路があり、両者は同心円構造であると同時に表裏一体の関係であった。そして本稿で述べてきたように、里山の寺院空間は、権門寺院や院御願寺といった中心的世界のまさに周縁に一致する。従って、そこに活動する山林修行者や、彼らによって展開される教学・実践の行業は、本質的に民衆的なのであった。このような里山の寺院を拠点として生成されてゆくエネルギーに満ちた民衆的な信心こそが、中世仏教全体を発展させる原動力となったのである。

註

(1)　近年における成果を集成したものとして、特集「山岳寺院の考古学的調査」西日本編(『仏教芸術』二六五、二〇〇二年)。同東日本編(『仏教芸術』三一五、二〇一一年)。特集「山寺の考古学」(『季刊考古学』一二一、二〇一二年)。

(2)　ただし本稿では、いまだ筆者が「里山寺院」の概念を十分に咀嚼できていないため、以下区別して、単に「里山の寺院」と表記する。

(3)　古代の山林修行についての最近の研究として、［小林 二〇一四］。本稿では詳しく扱えなかったが、小林氏は山林修行者と「浄行」の関係について論じている。これについては、筆者も以前考察した［菊地二〇一一b］。

（4）なお、『和尚伝』の成立を、相応没後まもなくとするか、『法華験記』より遅れるかについて両説があるが、両者に引用関係がないことからすれば、『法華験記』より先行して成立した可能性も否定できない。詳述する余裕がないが、筆者は『和尚伝』はある程度史実に忠実であり、その成立は比較的早い時期ではなかったかと考えている。

（5）なお、『大日本史料』一―五、延喜十八年十一月三日条も参照。

（6）なお、金峯山においては十世紀の日蔵以来、笙（聖）の巌における冬籠が知られているものの、おそらく一般的になるのはもう少し時代が下ってからのことと思われる。山上における冬籠はあまりに自然が厳しく、それなりの環境が整えられてこないと実現できなかったのではないか。十二世紀になると、たとえば山林修行者であり持経者であった智詮は聖巌に千日籠山し、それは「冬籠」であったという（『玉葉』承安三年九月二十三日条）。

（7）命蓮説話と王権の関係については、［菊地一九九六］でもごく簡単に論じたが、時系列的理解などに不十分な点があるので、ここで再説する。

（8）『和尚伝』には貞観七年（八六五）に、明子を加持し、天狗となった真済の霊を解脱させたことを記すが、僧官のことは見えない。

（9）「僧綱位」については、［岡野二〇〇三］。

（10）［高木一九七三］第一章第二節。

（11）なお同時期には、内供奉十禅師であった安恵が、貞観八年（八六六）に請雨経法により天下に大雨をもたらしたとして、僧正を授けられながらこれを辞退し、年分度者十二人および御衣・砂金千両を賜ったという事例もある。この時期、内供奉十禅師たる有験の僧が僧綱位を辞退し、あるいは相応のように僧綱位を辞退して内供奉十禅師の職位を賜ることが恒例化していたものか。内供奉十禅師は僧綱を兼ねないという原則との関連も含めて後考を期したい。

（12）［岩崎一九七六］二八頁・八六頁。

（13）近世には慈恩寺と葉山末派修験との直接の関係は切れるとする研究もある［関口二〇一〇］。

（14）以下、「慈恩寺文書」については、［寒河江市史編さん委員会一九九七］による。

(15)「中核―周縁構造」によって中世仏教を論じたものとして、[末木 二〇〇七]がある。
(16)末代についての最近の研究は、[大塚 二〇一五]参照。
(17)「慈恩寺略縁起」(『山形県史』慈恩寺史料)には、願西上人は文治元年十二月十七日没とある。
(18)なお、「出羽国村山郡瑞宝山慈恩寺伽藍記」では、鳥羽院再興を天仁年中(一一〇八～一〇)とする説を紹介したうえで考証し、「抜書」を引用して仁平年中(一一五一～一一五四)とする。
(19)「本堂文書四六」にもこの偈が見える。
(20)「聖徳太子像胎内納入妙法蓮華経写経奥書」(本堂文書57他)に見える「旨渕」という人物は、蘭渓道隆の法脈ともいう[寒河江市教委 二〇一四]。
(21)天台密教の印信については[菊地 二〇一〇]。
(22)以下、異体字等を一部改めた。


参考文献

アップル・荒井しのぶ　二〇〇八年「法華経と苦行と滅罪」『東洋哲学研究所紀要』二四
岩崎敏夫　一九七六年『本邦小祠の研究』名著出版(初版一九六三年)
上原真人　二〇〇二年「古代の平地寺院と山林寺院」『仏教芸術』二六五
上原真人・梶川敏夫　二〇〇七年「古代山林寺院研究と山科安祥寺」上原真人編『皇太后の山寺』柳原出版
太田直之　二〇〇八年『中世の社寺と信仰』弘文堂
大塚紀弘　二〇一五年「末代上人の富士山埋経と如法経信仰」『日本宗教文化史研究』三八
大友義助　一九七五年「羽州葉山信仰の考察」戸川安章編『出羽三山と東北修験の研究』(山岳宗教史研究叢書五)名著出版(初出一九七四年)
岡野浩二　二〇〇三年「僧綱の変遷と諸寺院」『別冊歴史読本』五三
垣内和孝　一九九三年「内供奉十禅師の再検討」『古代文化』四五―五
梶川敏夫　二〇〇七年「平安京周辺の山林寺院と安祥寺」上原真人編『皇太后の山寺』(前掲)

月光善弘　一九六一年「慈恩寺開創と葉山信仰」『（東北大学文学部）東北文化研究室紀要』三

上川通夫　二〇一二年a「中世山林寺院の成立」『日本中世仏教と東アジア世界』塙書房

上川通夫　二〇一二年b「平安末期の山林寺院と地域社会」『日本中世仏教と東アジア世界』（前掲）（初出二〇一〇年）

上川通夫　二〇一三年「院政期真言密教の社会史的位置」『仏教美術研究上野記念財団助成研究会報告書』三九

菊地大樹　一九九六年「王法仏法」日本仏教研究会編『日本の仏教』六（第一期）　法蔵館

菊地大樹　二〇〇七年「持経者の原形と中世的展開」『中世仏教の原形と展開』吉川弘文館（初出一九九五年）

菊地大樹　二〇〇七年「往生伝・『法華験記』と山林修行」『中世仏教の原形と展開』（前掲）

菊地大樹　二〇〇八年「中世寺院における堂衆の活動と経済基盤」『寺院史研究』一二

菊地大樹　二〇一〇年「東福寺円爾の印信と法流」『鎌倉遺文研究』二六

菊地大樹　二〇一一年a「主尊の変容と板碑の身体」藤澤典彦編『石造物の研究』高志書院

菊地大樹　二〇一一年b『鎌倉仏教への道』講談社

菊地大樹　二〇一五年a「日本中世における宗教的救済言説の生成と流布」『歴史学研究』九三二

菊地大樹　二〇一五年b「人々の信仰と文化」白根靖大編『室町幕府と東北の国人』（東北の中世史三）吉川弘文館

久保田淳他校訂　二〇〇九年『明恵上人集』岩波書店（初版一九八一年）

小林崇仁　二〇一四年「奈良平安初期の山林修行について」『密教学研究』四六

末木文美士　二〇〇七年「顕密体制論以後の仏教研究」『日本仏教綜合研究』六

関口　健　二〇一〇年「慈恩寺から金剛日寺へ」『米沢史学』二六

薗田香融　一九八一年「古代仏教における山林修行とその意義」『平安仏教の研究』法蔵館（初出一九五七年）

寒河江市教育委員会編　二〇一四年『慈恩寺総合調査報告書』同委員会

寒河江市史編さん委員会編　一九九七年『寒河江市史』慈恩寺中世史料（解読版）　寒河江市

佐藤秀孝　一九九四年「出羽玉泉寺開山の了然法明について」『駒澤大学仏教学部研究紀要』五二

高木　豊　一九七三年『平安時代法華仏教史研究』平楽寺書店

東北歴史資料館編　一九八一年『名取新宮寺一切経調査報告書』名取市

苫米地誠一　二〇〇八年a「阿弥陀如来像と真言密教」『平安期真言密教の研究』ノンブル社

苫米地誠一　二〇〇八年b「紅頗梨色阿弥陀像をめぐって」『平安期真言密教の研究』（前掲）

永村　眞　二〇〇〇年「「印信」試論」『中世寺院史料論』吉川弘文館（初出一九九四年）
本郷真紹　二〇〇五年「内供奉十禅師の成立と天台宗」『律令国家仏教の研究』法蔵館（初出一九八五年）
三舟隆之　二〇〇四年「「山寺」の実態と機能」根本誠二他編『奈良仏教と在地社会』岩田書院
山本　彩　一九九九年「相応和尚の幻像」『叙説』二七
湯之上隆　二〇〇一年ａ「護持僧の成立と歴史的背景」『日本中世の政治権力と仏教』思文閣出版（初出一九八一年）
湯之上隆　二〇〇一年ｂ「中世廻国聖と「社寺交名」」『日本中世の政治権力と仏教』（前掲）（初出一九八六年）
吉田一彦　一九九五年「古代の私度僧について」『日本古代社会と仏教』吉川弘文館（初出一九八七年）

# 室生寺からみた古代山寺の諸相

井上一稔

## はじめに

写真１　室生寺金堂

古代山寺は遺跡となり、出土資料やわずかな史料によって断片的に知られる例が多い。それらを拾い集めて復元を試みる努力が多くなされ、我々を魅力的な古代山寺の世界へ案内してくれる。インド以来、山と仏教の関連が重要であったことは自明のことで、わが国においても山寺の探求は、日本宗教史を構成する上で必須の要件であろう。

室生寺は、古代より中世・近世を経て、現在に至るまで山寺の変化を継続して捉えることができる数少ない寺院であり、逵日出典氏をはじめとする研究がある(1)。しかし室生寺といえども草創期においては、断片的にしか史・資料は残っていない。本稿では、このような状況の草創期室生寺を、室生寺以前のわが国の初期山寺である、奈良盆地南部の山寺の展開の中に位置づけることにより、古代初期山寺の諸相をいくつかの方向から論じていきたい。

## 1　草創期室生寺をめぐる三要素

草創期の室生寺の根本史料は、承平七年の「宀一山年分度者奏状」である。[2] この史料は、興福寺別院の室生山寺が、龍穴神の年分度者一人を賜ることを奏状するためのものであるが、寺が旧記によって左のように述べている。

以去宝亀年中東宮聖体不豫之時、請浄行僧五人、於彼山中、令修延寿法、是遂乃蠲愈、玉体安豫、其後興福寺大僧都賢璟、殊蒙仰旨、奉為国家創建件山寺也、自尓以降、龍王厳顕其験、奉為国家鎮護者也、為其山体、四方山峯斜空高聳、龍池穿地深通、久住僧侶□□□□厳、永忘世塵、修行諸□、□身雲外、遠時煩累也、寔是神山(仙カ)遊処、衆聖遺跡也、即以件龍王、為伽藍護法神也、毎有旱災、臨龍王之穴池、而祈甘雨、祝言未訖、雲雨弥降、五穀忽茂(下略)

ここからは様々なことがうかがえるが、次の三点に注目し拙論の問題点を抽出したい。一点目は、室生寺が建立される前、宝亀年中に山部親王(のちの桓武天皇)が病気になり、室生山において浄行僧五人(この中に賢璟が含まれていたと考えられる)で延寿法を修させ、治癒を得たこと。この延寿法とは雑密的修法であろうが、問題は室生山は何故に治病の場となるのかということである。

二点目はこれに関連して、古代の山林修行の実態が問われなければならない。室生寺は賢璟をはじめとする興福寺僧の山林修行の場であった。かつて薗田香融氏は、山林修行を虚空蔵求聞持法に焦点を当てて論じられた。[3] 薗田氏は、室生寺においても同様なことがなされていたと考えられている節があるが、虚空蔵求聞持法の実態については再検討する必要がある――本書第1部座談会で、久保氏が指摘されている――。

三点目は、賢璟が命により、国家鎮護のために寺を建てると、龍王がいよいよ験を顕し、祈雨の寺となったこと。引用の後半部分は、室生山の形状を神仙境で龍王の穴池がありと記述し、龍王の降雨にたいして、貞観九年に五位に叙せられ龍王寺と号し、神名を善如龍王としていたことが述べられている。室生寺においては、龍王の考察は欠かせないことがわかる。この室生寺と龍の関係においては、具体的に五重塔と本尊に焦点を合わせて探りたい。

## 2　虚空蔵求聞持法をめぐって

先述の二点目の問題に関して、薗田氏は昭和三十二年に発表された論文「古代仏教における山林修行とその意義――特に自然智宗をめぐって――」で、比蘇山寺に入った大安寺・元興寺の僧たちは、その山林修行の目的として虚空蔵求聞持法を行ったこと、彼らは南都を代表する正統派であったから、山林修行は官寺仏教と別個に存在したものではなかったと説かれた。

薗田氏は、まず神叡を取り上げ、『延暦僧録』の彼の伝に、[4]吉野現光寺(比蘇山寺)に入って「自然智」を得たとあることに注目された。

唐僧思託作延暦僧録云、沙門神叡唐学生也、因患制亭、便入芳野、依現光寺、結廬立志、披閲三蔵、秉燭披翫、夙夜忘疲、逾二十年、妙通奥旨、(中略)俗時伝云、芳野僧都得自然智

「自然智」という語は、最澄の『顕戒論』巻中「開示見唐一隅知天下上座明拠十八」[5]には、大乗戒独立問題で南都僧綱が最澄の主張に一隅の辺州を見たにすぎないと攻撃したのに、特に僧綱の代表者である護命が「比蘇自然智」に

属することを捉えて、「生まれながらの知」（『依憑天台集』[6]）である自然智を得たとされる神叡は辺州さえもみていないと反駁する文脈で使われている。また『法華秀句』上末[7]では、徳一との論争で、その学問的系譜の弱点を突く言葉として「若言比蘇及義淵、自然智宗無所稟」と言っている。これより薗田氏は、神叡（比蘇）や義淵が「自然智宗」とされ、加えて護命や徳一の学系からも、自然智宗は元興寺法相宗学が中核体となった山林修行の一派とされたのである。

そして自然智をさらに追及して、『元亨釈書』神叡伝に「得虚空蔵菩薩霊感」とあるのは、『延暦僧録』の「得自然智」を言い換えたことであるとし[8]、自然智を獲得する手段としては虚空蔵求聞持法が用いられたとされた。次いで、虚空蔵求聞持法の修行方法を経軌から検討された結果、修行場所は空閑静処・浄室・塔廟・山頂・樹下とされているので、これらの条件であれば比蘇に限られていたわけではないとされた。さらに虚空蔵求聞持法を修した僧たちは特殊ではなく、優婆塞貢進解より多数の経典読誦と暗誦の要求が認められるから、一般僧も自然智に関心を抱いたと述べられたのである。

この論に対して、これまでに若干の反論があった。末木文美士氏は、「自然智」は源語（svayaṃbhu-jñāna）においても中国の文献においても、「他者によらずに、自己自身で得た智慧の意」であるとした。ゆえに「自然智宗」の「宗」は、中国仏典にしばしばみられる例から「自然智という立場」の意であるとし、特定の一派ではないとされた。さらに、史料的な提示をされてはいないが、自然智を虚空蔵求聞持法と結びつけたのは、平安期になれば智慧の獲得と言えば直ちに虚空蔵求聞持法が思い浮かぶための改変と思われるとされている[9]。

前谷彰・恵紹氏も、「自然智」を最澄の著作の文脈中で精密に検討することから、特定の師主からの学的相承なくして仏教の奥義に精通すること、あるいは外国に留学せずに仏教の奥義に精通すること（末木説なら自然智は仏陀の智慧になり、神叡が仏陀と同境地に立ったことになると批判）、という意味とされた。また末木氏と同様に、自然智宗は

「自然智の連中」という意味で、一派の存在を否定され、この用語の意味からは虚空蔵求聞持法に結びつけることはできないとされた[10]。

末木、前谷氏の「自然智」という語の綿密な検討、特に最澄の使用からは、奈良時代に自然智宗なるものは存在しないこと、自然智が虚空蔵求聞持法には結びつかないことが論証されたと言えよう。しかし平安時代以降に、自然智は虚空蔵求聞持法と結びつくことは、『元亨釈書』などの神叡伝のみならず、道昌・道詮の関係史料に「依法輪虚空蔵加持力、得自然智」(『覚禅鈔』[11])、「修虚空蔵求聞持法、得自然智」(『僧綱補任』巻一裏書[12])という表現が出てくることで明らかである。問題は、平安時代のいつからなのかであるが、上記の史料の成立年代から言えば、平安時代末期を遡れない。

写真２　比蘇寺跡 西塔礎石

ここで『延暦僧録』には神叡の自然智に関して「俗が時に伝えて云う」としていることが気にかかる。俗の伝聞という記録に、前谷氏が指摘する最澄の用いた意味が正確に反映しているのであろうか。『日本霊異記』中巻第七縁[13](以下『霊異記』中巻七と記す)の智光と行基の智の比較では、智光は「天年聡明、智慧第一」、行基は「器宇聡敏、自然生知」とされ、智光は行基に勝てなかったという筋に展開する。智光の智が、学解による智であるならば、行基の智は、学解を超えた天賦のものである。行基の智の説明に続いて、「内に菩薩の儀を密し、外に声聞の形を現わしたまふ」と述べているところからすると、自然生智には菩薩の智という意味が含まれているのではなかろうか。具体的にこの説話では、行基は神通をもって智光の思うところを見抜くなどの表現がみられる。

「自然生智」と「自然智」が通じると考えるならば、[14]自然智は、インド以来の仏教語としての意味や、最澄の文脈上の意味の他に、人智を超えた菩薩智とする意味があったとも推測出来るのではなかろうか。

ただ、例え『延暦僧録』の自然智をこのように考えたとしても、自然智と虚空蔵求聞持法が結びつく証拠が見出せたわけではない。自然智の意味からの薗田説の検討は、これくらいにして、もう少し違った面から検証を続けよう。

虚空蔵求聞持法は、道慈が養老二年（七一八）に唐より帰朝してもたらしたものだとされる。[15]翌年の『続日本紀』養老三年十一月一日条には、神叡は中国名僧のもとに参じていないが、学は三空に達し、智は二諦に周し、と讃嘆されている。この部分は、最澄の用いた自然智の意に通じるようでもあるが、もしこれが虚空蔵求聞持法の結果なら、道慈帰朝後の一年間でこの法を成就し、自然智を得たことになる。不可能ではないが、あまりにも時間的制約が強すぎるのではなかろうか。また『延暦僧録』では、神叡の自然智は二十年を経て獲得されたと述べられていることと、矛盾を生じる。よって、神叡が虚空蔵求聞持法を行ったと考えることは難しい。

護命の卒伝に「月之上半入深山、修虚空蔵法、下半在本寺、研精宗旨」[16]とあることの再解釈も必要である。護命は、十五歳で元興寺の万耀大法師の依止となり、吉野山に入って苦行を行い、十七歳で同寺の勝虞大僧都について法相大乗を学習した。つまり若年において山林修行をしており、やや長じて学問をしているわけだが、この山林修行は後まで続けていたと見えて、月の半ばは深山で虚空蔵法を修したという記事となるのである。ここには確かに山林修行と虚空蔵法が結びついているのであるが、この法が虚空蔵求聞持法とは記されていないことに注意したい。虚空蔵求聞持法は、毎月行うものとは考えられず、若年に吉野で苦行したのならば、その時に成就しているものではなかろうか。故に、この記事は、求聞持法ではない虚空蔵法を指している可能性が高いと思われる。

薗田説の最も問題になる点は、虚空蔵求聞持法に多くの僧たちが関心を持ち、この法が一般化していたと解釈されていることである。多くの僧たちが関心を持ったことに誤りはないと思うが、官僧たちが官寺の管理下にある山寺で行うには、虚空蔵求聞持法は個人的な修法過ぎるのではなかろうか。そして、後世の虚空蔵求聞持法に関する意見を参照すれば、この法は決して一般僧が簡単に行えるものではなかったことが明らかになる。(17)

『覚禅鈔』六十五、求聞持においては、最初に血脈(道慈・善義・勤操・空海)を記すという珍しい記載を行い、法験として護命と道昌が自然智を得たとし、空海が勤修したことを特記している。(18)これらの記述は、成就者が特別な存在であることを示しているようである。また「行者用心」として、「秘して云、この法を修するはじめの事、全く他人に知らしむべからず、不成就の時恥辱の故なり」と記している。もう一例記しておくと、「法道和尚伝考(19)」によると、安然の父の法道は、虚空蔵求聞持法を法輪寺において修したが、期限の百日の前の七十日で美女に迷乱し断念したとされている。これらのことから、この法は極めて特殊で、成就が困難であることが察せられる。

以上述べたように、虚空蔵求聞持法が容易く一般化できたような法ではなかったことが知れるのであり、薗田氏のこの法に対する想定は、そのまま継承するわけにはいかない。故に草創期の室生寺に戻せば、興福寺僧たちの山林修行の場であったことは間違いないが、それは専ら虚空蔵求聞持法を行うための場ではなかったといえる。ただ現在も室生寺には、近世の虚空蔵求聞持法の本尊となる厨子入り円形板虚空蔵菩薩坐像が伝わっていることをみても、個人的にこの修行を目指した僧がいたことも確かであろうが、一般的でなかったことに留意すべきなのである。

最後に、同じく薗田氏の論文に説かれることであるが、(20)室生寺が興福寺僧だけの山林修行の場でなかったことに注意しておきたい。薗田氏は、室生寺は興福寺系の僧侶だけでなく、天台系の円修・堅慧および真言系真泰が、それぞれ興福寺僧である修円と直接あるいは間接のかかわりにより来住したことを明らかにされた。比蘇寺には元興寺系の僧だけでなく、大安寺の道璿が入ったことが知られている。古代の山寺と宗派はいかなる関係にあったのであろうか。

拙稿ではこれ以上深めることはできないが、これは室生寺の特殊例なのか、あるいはより一般的に考えてよいことなのかを山寺を考える場合には追求する課題が残っていよう。

## 3　山寺と治病

草創期室生寺を構成していた三要素のうち、山林修行が直ちに虚空蔵求聞持法ではないことをみたが、では山林修行の目的は何であったのだろうか。山林修行の目的は複数あることは言うまでもないが、その一つは、先の三要素のうちの治病ではなかろうか。室生寺以前の山寺における治病の様相をみることから考えてみたい。

山寺における治病の様相をみるのに、改めて先引した神叡伝を検討することから始めると、彼が吉野に入った理由として、「沙門神叡唐学生也、因患制亭、便入芳野、依現光寺、結廬立志」としている。患(病)により亭をたたんで、吉野に入り、現光寺で廬を結んで志を立てたのであり、その志は仏教真理に到達することであった。このため、三蔵を開いて、灯りをとり、朝早くから夜遅くまで研究しても疲れず、このような生活を二十年続け、遂に目的に到達したということになろうか。このように解釈するなら、吉野に入ったのは、病を癒し、仏教研究のための力を得るためであったことに他ならなくなる。この点は、やはり吉野に入った道璿にも共通する。道璿伝では、「天平八歳至自大唐、戒行絶倫、教誘不怠、至天平勝宝三歳、聖朝請為律師、俄而以疾、退居比蘇山寺」とあり、やはり病により吉野の比蘇山寺(現光寺)に入っていることがわかる。(21)

では病を得て吉野に入るのは、どのような理由によるのだろうか。まずこの件に関して参考となるのは、比蘇寺が位置するのとは反対の、高取山の北側にあった法器山寺に住んでいた百済禅師多羅という比丘の話である。(22)『霊異記』

上巻二十六には、持統天皇の時代のこととして、百済禅師多羅は、持戒浄行を厳修した結果、病を看ることが第一で、死にそうな人も蘇らせ、病人を呪すと霊験があり、天皇は常に尊重し供養したと記している。山中の持戒浄行によって治病の力を得ることが出来ると考えられていたことが分かる。他者の治病を出来るようになるのであるから、自身の病を癒すことが出来たと考えられよう。

この治病の系譜は、法器山寺を継いだと考えられる子嶋山寺の開創者である報恩にもみられる。『子嶋山寺建立縁起大師伝』(23)（九世紀から十世紀に原型成立）によると、子嶋山寺の報恩は、興福寺僧で玄昉に師事し、玄昉が筑紫観世音寺に左遷されると、天平十九年（七四七）に吉野に入り、修行ののち観音呪法を体得したという。天平勝宝四年（七五二）十月には孝謙天皇の病を加持して験あり、吉野修行を挟んで、天平宝字四年（七六〇）三月に一丈八尺の観音像を本尊として子嶋山寺を創建し、延暦四年（七八五）十一月に、桓武天皇の病を加持し、内供奉十禅師に加えられた。そして吉野金峰山に安禅寺宝塔を建立し、実質上金峰山の開創者となり、延暦十四年（七九五）六月二十八日に子嶋山寺で入滅した。

写真３　子嶋寺

このように比蘇山寺や子嶋山寺という高取山の寺院の僧たちが、病の治癒に霊験を発揮していることに関して、改めて注意したいのは、後にも触れる『延暦僧録』「長岡天皇菩薩伝」・「感瑞応祥皇后菩薩伝」で、子嶋山寺を「於南京丹恵山」あるいは「丹恵山小島寺」としていることである。この丹恵山は高取山の古称で、神仙薬である丹に関係するものであることは重要である(24)。

和田萃氏は、吉野の地は『万葉集』(巻三―三八五～三八七)の柘枝伝説や『懐風藻』の諸作品から、道教的な神仙境と考えられ、日本で最高の浄所とする観念があったことが知られ、さらに仙薬と関係深い高純度の水銀鉱床が吉野川沿いに存在することを指摘されている。また和田氏は、道教的信仰との係わりが深い事例として、薬効をもつ植物や動物を採取する薬猟に注目され、宇陀の地と共に吉野にもみられ、推古二十年五月五日に現在の高取町羽内付近で行われたことを紹介しておられる。(25)

ここで律令制下において僧尼に求められた役割を僧尼令から確認すると、第二条には、仏教の咒による治病は許されていたことが知れるし、第十三条では以下のように記す。(26)

凡そ僧尼、禅行修道有りて、意に寂に静ならむことを楽ひ、俗に交らずして、山居を求めて服餌せむと欲はば、三綱連署せよ。(下略)

僧尼は、禅行を行うために山に居り、服餌しようとするならば、三綱が認めれば許可されるとする。「服餌」は令釈にも「避穀却粒、欲服仙薬」(27)と言っているように、神仙の術として不死の薬を服用することである。僧尼が山中で禅行を行うのに、道教と係わり深い不老不死に関する服餌という行為が述べられていることは興味深い。

また『続日本紀』天平元年(七二九)四月三日条には、山林に住んで行ってはならないことの勅を出しているが、その中に「薬を合わせて毒を造」(28)ることがみえる。このことは山中の薬草を用いて薬を造っていたことを示す史料でもあろう。

ここにおいて、仙薬と密接な関係がある丹や薬草が吉野にあることから、神叡・道璿・報恩ら、また壺坂寺や龍門寺を開いた弁基や義淵も含まれるが、これらの僧たちが好んで吉野に入った理由の一端が見出せるといえよう。そして報恩がそうであったように、これらの山林修行で力をつけた僧は内供奉十禅師となり、天皇の身体を護持する役割を担うことが期待されていたのである。吉野が神仙境という位置づけの上に仏教が入り、この二つが一体となって展開していることにも注意できよう。

よって、室生寺のことを考えれば、「宀一山年分度者奏状」には、室生山の形状を龍の住む神仙境のように例え、「寔是神山（仙）遊処、衆聖遺跡也」と記している。和田氏は、宇陀が薬猟の地であり、仙薬が豊富であったこと、さらに丹もよく知られる産物であったことを述べておられる。[29] 室生山は、一つ一つの峯が屹立し、その間を流れる室生川がなす景観はまことに神秘的である。さらに幹線道路から室生への入り口となる三地点（東は田口の長楽寺、西は大野の弥勒寺、南は赤埴の仏隆寺）からほぼ等距離に室生寺はある。つまり、室生寺は幹線道路からは最奥となり、俗界から隔絶された秘処と捉えることができ、まさしく室生山は神仙境宇陀の中でも最も注目される浄地であったと考えられる。このような場であるから、山部親王の病に際して延寿法が修せられたとみることができよう。

## 4 山寺と龍

薬草の生える神仙境には龍が棲息するというつながりがあると思われるが、[30] 草創期の室生寺を構成する三番目の要素は、室生山が龍の住む場で、祈雨を中心に鎮護国家を祈願することであった。したがって4節では、奈良盆地南部の山寺と龍との関わりをみながら、室生寺と龍の関係をより深く理解していきたい。

ここでは龍と関係する寺院として有名な龍蓋寺（岡寺）と龍門寺を中心とし、それに龍本（峰）寺（掃守寺）を加えて検討したい。これらの寺院は、義淵（?～七二九）が建立したとされることで共通し、岡寺式瓦が出土していることでも注目されている。

龍蓋寺は、飛鳥板葺宮を見守るかのような、宮の東山中に建立され、現在も山中から水が流れ出ており、境内には龍蓋池があり、水源の地であることがわかる。『醍醐寺本諸寺縁起集』の龍門寺の項に所引の天禄元年(九七〇)太政官符に、義淵が龍門寺と共に国家隆泰と藤氏栄昌を目的として建立したとされる(31)。境内からは、複弁五弁蓮華文軒丸瓦と葡萄唐草文軒平瓦の組み合わせである岡寺式瓦がみつかっている。この創建期の瓦は、七世紀末から八世紀初頭に時期を置くことができると考えられ、義淵の活動時期と重なることが指摘されている(32)。また岡寺の名は、天平十二年(七四〇)七月八日付の正倉院文書(七―四九一)に初出するので、寺の創建はこれ以前であることは確実である(33)。そして義淵は、神亀四年(七二七)十二月十日条に、聖武天皇から先帝の代より内裏に仕えたことを嘉され、岡連姓を賜っていることから考えて、義淵が岡寺と関係したことは誤りあるまい。また龍蓋寺という名の初出は、天平勝宝三年(七五一)の正倉院文書(三―五一五、一二―三九)に見られる。

横田健一氏は、龍蓋寺の名に関して、「龍蓋」を雨乞いの祈禱に際して読誦される『大雲輪請雨経(34)』に登場する「無辺荘厳海雲威徳輪蓋龍王」の名に由来すると考える薮田氏の説を引き、龍字を冠する寺院跡から出土する瓦が概ね白鳳末ないし天平前期であることは、義淵の僧正時代にあたるから、彼の僧綱時代の仏教の一つの目的に国家的に祈雨がとりあげられ、そのための仏寺建立と読経が行われたとされた(35)。

横田氏の龍字を冠する寺院跡が全て義淵による国家的な寺院という考えは慎重でなければならない部分があるが、ただ龍蓋寺の名の本とされる『大雲輪請雨経』にみる無辺荘厳海雲威徳輪蓋龍王は、諸の龍王を代表して釈迦如来と問答する龍王であるから、その可能性が高い。そしてこの経では、釈迦如来の教えとして、諸龍王が施一切安楽という陀羅尼を読誦することで抜苦与楽され、その後、甘雨を降らすことにより樹木・叢・薬草・苗稼を成長させ、一切の人等を快楽させることが可能になると説かれている。龍蓋寺の寺地は水源地であることも考慮して、この寺は義淵により建立され、祈雨の機能を果たしたことは疑いないと思われる。

このように龍蓋寺を位置づけると、龍を仏教的な管理下に置こうとして寺を建立した最初の事例となるのではなかろうか。(36) ただわが国においては、寺院としてではないが、すでに玉虫厨子の須弥座背面の板絵に龍が描かれ、『海龍王経』(37)による絵と解されている。石田尚豊氏によるとこの経は、釈迦の説法を聴聞した龍が、戒行が整わず闘争や誹謗する人は寿命が尽きると龍に生まれ変わるという因縁があることを聞き、龍宮内で釈迦の説法を請い、龍王の娘と夫人が珠と瓔珞を釈尊に奉上して、悉有仏性ゆえに女人成仏の思想が説かれ、龍族は金翅鳥に喰われることから救われることを説く。(38) ちなみに『海龍王経』によって祈雨が行われた史料として、『高僧伝』巻六慧遠伝に、潯陽で大変な日照りとなり、慧遠が池の側に出かけてこの経を読誦したところ、突然、巨蛇が池の中から天空に上り、たちまちにして大雨をふらせ、大豊作となり、滞在していた精舎を龍泉寺と名づけたという話を伝えている。(39) 飛鳥時代にはこのような仏教に恭順した龍という観念が流入していたわけであるが、これを背景として義淵は、龍の住む水源地において、『大雲輪請雨経』などを用いて祈雨を行った、その最初の寺が龍蓋寺であったと考えることができよう。ゆえに室生寺は、義淵の龍蓋寺における考えを受け継いでいると言えるが、このことは賢璟・修円は義淵の法相宗の系列につながる人物であることからも自然である。

ちなみに岡寺式瓦については、奈良盆地南部の山中・山麓に立地する寺院に分布が限られるという特徴を持ち、山林修行に関わり、官と結びついた施設の瓦であるという意見もある。岡寺式軒平瓦に用いられている葡萄文様に関しては、和田氏の葡萄に関する見解が参考になる。(40) 氏によると、わが国においては、薬効のある植物を学ぶテキストであった陶弘景(四五六〜五三六)の『本草集注』に、葡萄の効能として軽身・強志・不老・益気・耐飢・延年などがあり、巻六にあげる仙薬の中で最も優れたものであるとされているという。(41) 岡寺を中心とした南大和の中小山寺に限って、葡萄唐草文様の軒平瓦を使用することや、海獣葡萄鏡など、文様に葡萄のみえるのも故なしとはしない、と指摘されている。この指摘を受け入れ、岡寺式瓦使用の初例が龍蓋寺であるならば、この瓦の意味を理解し採用したのは義淵と考えることは妥当であろう。そうすると、義淵によって、龍への対応と岡寺式瓦が結びつくことになる。この意味するところは、次の龍門寺を検討する流れの中で述べることにしよう。

　ここで葡萄唐草文軒平瓦が出土する例として、地光寺(西遺跡)の塔跡に関して触れておこう(地光寺跡の東遺跡の鬼面瓦は後述)[42]。近江俊秀氏は、この塔が凝灰岩の基壇を採用していることから、岡寺・掃守寺と同じく、官か中央の有力者が造営に係わった可能性を述べ、「国分尼葛城山施薬院慈光寺由緒」に天平六年(七三四)に施薬院が建立され、医療師がおかれたとすることと関連付けられている。葡萄と薬の関係に、施薬院が加わることは興味深い[43]。

写真4　龍門寺塔跡

　次に龍門寺は、先述した比蘇寺と同じく吉野にあり、さらに比蘇寺より険しい山中に入る。龍門岳の南側中腹、岳から流れ出る渓流が高さ四・五丈の滝をなす場を中心として、わずかな空間を利用して建立された寺院であった。滝の直ぐ上には塔跡があり、さらにその上には金堂と思われる跡、その近辺にはいくつかの平坦面が残っている。龍門寺の塔跡は発掘調査され、基壇は乱石積で一辺約一〇メートルとやや小規模であり、四天柱がないことは構造上の問題点とされていて、創建期は軒丸瓦(岡寺式)、塼仏から奈良時代の初期と考えられている[44]。

　堀池春峰氏は、『懐風藻』の葛野王の詩から、龍門山が仙境であることや、それ以後の史料からも、龍門寺が神仙の場であることを述べられている。[45]『醍醐寺本諸寺縁起集』には「龍門寺〈在大和国吉野郡、官造作了勅施僧正〉」（〈　〉は割書。以下同じ）とあり、官が造建して義淵に施入したと解される。しかし堀池氏は、龍門寺の創建事情はよくわからないとされ、義淵の創建の確実性を疑っておられる。ただ氏は、「宇山口の辺りでは夏期に八大竜王を祭る民間信仰が現存し、龍門滝の上には八大龍王を祭祀する現称意賀美神社が祀られている点よりみても、龍門滝には古く龍が棲息していたと信ぜられた古伝があった事を推定せしめるものであろう」として、今に残る祭祀施設や習俗から龍神信仰の寺であることを認めておられる。

この吉野の龍に関しては、より確実な記録がある。重ねて和田氏の論考によると、[46]氏は平城京二条大路出土の呪符木簡「南山の下に、不流水あり。その中に、一大蛇の九頭一尾なるものあり。余物を食らはず、ただ唐鬼を食らふ。朝に三千を食らひ、暮に八百を食らふ。急々如律令」を検討され、時代は天平七・八年のもので、「南山」は吉野山あるいは吉野宮を指し、「大蛇の九頭一尾」は吉野にあった大蛇（ヲロチ）伝承によると判断された。『日本書紀』雄略天皇七年七月条によれば、三諸岳（三輪山）の神はヲロチであったといい（崇神紀十年九月条では小蛇とも伝えられる。龍は大きさを変えられることに通じる）、分注では「或云」として、菟田墨坂神とあり、宇陀の地にヲロチが伝承されている。和田氏はこのような状況から、時代の降る史料であるが『元亨釈書』聖宝伝に吉野の大蛇を封じ込めたと伝えられており、吉野にもヲロチの伝承があったとみなされている。そして大蛇が龍とも観念されていたことを、インドのナーガが中国で「龍」と訳さ

写真5　龍門の滝

れ、中国での龍の展開において、戦国時代以降になると、天地を昇降する蟠龍や、河川・湖沼に住む龍（応龍・蛟龍）は、雨乞いの対象とされるにいたったとされる。(47)さらに大蛇を龍とも観念する背景は、すでに古代中国に芽生えていたとされている。

蛇と龍の関係はやはり他の木簡において確かめられる。平川南氏は、群馬県富岡市内匠日向周地遺跡で発見された、七世紀後半から八世紀後半と考えられる「天罡、蛟蛇、奉龍王」と書かれていた呪符木簡を考察され、「蛟蛇」は『和名抄』ではミツチとよみ、南方熊楠はミは蛇の古称、ツチは尊称で蛇の主の義とし、水中に住み蛇に似て角や四足を備え、毒気を吐いて人を害する想像上の動物とされる。また『今昔物語集』十六巻十五に、龍王は「蛇ノ祖」とされていることなどから、「蛟蛇」は龍王の使いだと理解されている。そして平川氏は、龍神・龍の画・虵などの墨書が認められ、止雨祈願か疾病除去あるいは雨乞いなどの説のある静岡県浜松市の伊場遺跡出土三九号木簡（八世紀後半から十世紀中頃）を、同様の性格の木簡としてあげられている。(48)

このような木簡から、蛇と龍王は親密な関係にあり、大蛇は龍王とみなされていたことが確かめられる。故に天平期に吉野に龍が棲息していたという考えがあったことが確認され、龍門寺が龍の寺と考えられていたことは保証されよう。またこのような大蛇や蛟蛇と龍の関係から、龍が存在するという認識は、吉野をはじめ広く各地に伝播していったと推測することができるであろう。そうすると龍の字を冠する寺は、基本的には龍王と関係する寺であると考えてよいことになろう。先の龍蓋寺も、経典に見える龍の名によったとする理由に加えて、さらに龍との関係が確かになると思われる。

平城京二条大路木簡の「不食余物、但食唐鬼」の解釈も重要である。和田氏は、唐鬼は『霊異記』に疫神を鬼の姿として描くことがあるから、唐から日本にやってきた疫鬼を表し、天平七年七月頃から流行の疫病にかかわりをもつ

写真６　室生の龍穴

木簡であると考えられた。そしてこの木簡は、吉野にいる九頭一尾の大蛇に対して、唐から日本にやって来た疫鬼を、朝に三千、暮に八百喰らって退治してくれるように祈願したものと結論する。[49] 和田氏の説を踏まえれば、龍は水神だけでなく、疫神の防御にもなり、ひいては治病にも力があると思われたのではなかろうか。

つづいて龍本（峰）寺を史料からみると、[50] 先の『醍醐寺本諸寺縁起集』龍門寺の項に「龍本寺〈掃守寺、在大和国葛下郡、官令掃守司造、施僧正給〉」とあり、官が掃守司に命じて造り義淵僧正に施入したとし、先の龍門寺と同じ書き方をしている。この寺の場合には、塔に関して「掃守寺造御塔所解」[51] の史料があり、天平勝宝二年（七五〇）に伊福部男依が造営にあたっていることが知れる。つまり官が造作していることが確認できるのであり、さらに発掘により凝灰岩の壇正積基壇が検出されていることから、近江俊秀氏は、官ないしは中央の有力者がかかわった可能性を指摘されている。[52] とすれば、龍門寺の記事も官が造作したことが信用できるものである可能性が増す。ただ義淵との関係については、横田氏が義淵の養父として掃守氏を推測し、近江氏も本寺と義淵の関係を想定しておられるが、可能性の範囲であると思われる。なお発掘調査では、八世紀中頃と判断された塔跡と共に、八世紀初頭とされる長六角堂が検出され、この堂跡から岡寺式瓦が出土している。[53] また掃守寺の周辺にはため池が多く存在し、この地が二上山からの湧水地であったことも注意される。

このように三寺に義淵が関与したかは、龍蓋寺以外は可能性の範囲に止まる。しかし、上記したような各寺におけるいくつかの事実を総合して、山寺の建立の目的の一つは、仏法により龍を慰撫し、あるいは仏教的存在となった龍王の持つ力の恩恵にあずかろうとしたことは、義淵の時代に遡ると考えられてよいだろう。そして室生寺に関しては、承平七年の年分度者奏状に述べられている、龍王寺とも称し、室生龍穴神へ祈雨することを中心とした山寺であったことは、義淵以来の思想が引き継がれて形成されたものであることが明らかになったといえる。また龍が疫鬼を喰らうものであるという認識が存在していたことは、前節で述べた仙薬の生じる神仙境であったということに加えて、これらの山寺が治病に係わる霊力のある場と捉えられていた理由をもう一つ見出せたといえよう。

## 5　塔と龍

山寺における龍と祈雨の関係をたどった上で注目したいのは、各寺の一基の塔の存在である。室生寺では草創期寺地の一番上に、最初に塔が建てられ、龍門寺では滝の真上に塔が建てられ、龍蓋寺では『諸寺建立次第』に三重塔が記され[54]、龍本寺では複数の池が塔の周囲に存在している。先述のように仏教における龍は、戒を犯した報いによって龍の身となったと考えられ、仏法によって救われる存在であったのだから、塔は龍が帰依する対象となることは推測できるが、ここでわが国の奈良時代における仏塔と龍の関係をより理解するために、中国の事例をみておこう。

内藤栄氏は『大唐西域記』・『広弘明集』・『法苑珠林』・『続高僧伝』・『仏祖統紀』などから史料を集め、中国において阿育王につながる塔には、しばしば龍や龍と関連の深い水や井戸、泉にまつわる伝承を持つものが見られ、また隋の文帝が仁寿元年(六〇一)から同四年(六〇四)にかけ諸州に建立した仁寿舎利塔にも、龍神や井戸、泉の伝承が散見することを指摘されている[55]。

その中で明瞭に龍と塔が関係する話をあげておこう。まず中国における塔ではないが、遠源として『阿育王経』には、阿育王が釈迦涅槃後に八王によって建立された八基のストゥーパ(塔)のうち七基を開いたが、一基は龍神が供養しており、その見事さもあって開くのをやめたとしている(56)。龍と舎利を祀るストゥーパとの深い関係を示す話である。続いて『法苑珠林』巻三八にみえる、塔と龍の関係する話をあげる(57)。

益州郭下福感寺塔は、阿育王の教を奉じた鬼神が大石で造ったものだが、隋の初めに誅律師がこの古迹の上に木造九重塔を建てた。益州が旱魃の時は官人がこの塔で祈雨を行い感応があり、福感寺と名づけた。永徽元年に王顔子という盗賊がおり、この塔の相輪に上り、博山を取り、降りると柱に挟まれたという。

益州雒県塔は、大業の初め沙門道卓が修復した木造塔であるが、龍が守護しているという。龍は西南角の井の中におり、側に三池があって三龍がおり、貞観十三年に三龍が戦い雷霆振撃して水火飛びかったあと静かになったという。

写真7　室生寺 五重塔

西域志に云うとして、波斯匿王の都城東百里の大海の辺りに大塔があった。仏滅後の五百年に、龍樹菩薩が大海に入り龍王を仏教に化すと、龍王はこの塔を龍樹に奉献し、龍樹はこの国に施入した。

雀離浮図の南五十歩に石塔があり、宣師住持感応に云には、世尊の舎利は龍が十二分を得た。また世尊の錫杖は龍窟に四十年あったが、その理由は様々な仏敵から仏法を守るためであった。

いずれも塔と龍との密接な関係を知ることができるが、

特に福感寺の塔は、本稿の祈雨と直接かかわる内容である。このような中国における塔と龍の関係がわが国に影響を与えていたことは、先述の『海龍王経』などの仏典の伝来とともに流入したと考えることから可能であろう。

さらに、中国における塔と龍の関係を遡れば、小杉一雄氏の指摘が留意される。(58) 小杉氏は、中国の古代木造建築の防火呪術に関する研究において、『梁書』諸夷伝にある長干寺塔の舎利発掘の記事に、地下四尺で龍窟および捨した雑宝物、その下九尺で石磉の下の石函に至ると記され、このうちの龍窟について述べられている。龍窟は龍の棲む窟であるが、龍が落雷を招くことを禁圧するために、龍を封じ込める龍窟を塔下に作ったと考えられている。このことはわが国でも、様々な方法で龍を封じる呪法が見られるとされ、法隆寺五重塔相輪に仕掛けられた鎌、第四層まで各層に『最勝王経』諸説の龍王の名を記した板を打ち付けていることなどの例をあげられている。中国における塔と龍の関係は、南北朝時代に遡り、防火呪術という観点からも深まっていったことが理解できる。このような考えの背景には、雷と龍を一体とみる認識があるが、おそらくこの塔の防火呪術が、いっそう塔と龍の関係を深め、先の隋唐時代史料における塔に祈雨を願い、塔の近くの井戸や泉に住まう水神としての龍の力を引き出すようになっていたのではなかろうか。

もう一点小杉氏の龍に関する指摘で重要なのは、後述する姜友邦氏の論考とも関係するが、後漢初期の文献から龍が天に登るときに必要な尺木に注目されたことである。(59) この尺木は唐代に至ると『酉陽雑爼』鱗介篇では、博山の形のごときものを意味するようになったとして、敦煌出土の吉祥図巻の龍や、わが国薬師寺金堂本尊の台座に表された青龍などを例に、首に付けられた博山そっくりな形のものを見出すことができるとされた。博山とそっくりな形のものとは、宝珠形を指すのであるが、観世音寺梵鐘の龍頭の宝珠形も尺木であるとされている。この考えを援用すれば、塔の相輪の最上部にある龍車や宝珠の存在は、この尺木と関係するのかもしれない。先の『法苑珠林』の福感寺塔で、永徽元年に王顔子という盗賊が相輪に上り博山を取ったという話も参考となろう。(60) 相輪の博山とは、宝珠か龍車に当たる可能性が考えられるからである。(61)

ここでわが国の龍と塔との関係を考えるために、奈良県南部の葛城山麓にあり、やはり岡寺式瓦が出土している地光寺(東遺跡)の塔跡から出土した七世紀後半から末と考えられている鬼面軒丸瓦に触れておきたい。(62) 三重圏線の中に、額に宝珠形をかたどったものを置き、その両側に蕨手状に巻きこむ角と眉、巻毛を表現し、統一新羅の鬼面と共通する表現が指摘されている。近年統一新羅の鬼面瓦に関して、姜友邦氏がその中心に表わされているのは鬼面ではなく、龍面であるとする見解を提示されている。(63) 理由を簡略に紹介すると、鬼面とされていた面が聖徳大王神鐘の龍頭と共通すること、二本の角の間にある宝珠形は龍の首にある宝珠形(博山形の尺木)であると見做せること(正面形である故に角間に置かれた)、額に龍王を意味すると考えられる「王」字を陽刻する例があること、などである。

姜氏の説は説得力のあるものだと考えるが、そうだとすれば地光寺塔跡の鬼面瓦も龍面を表わしたと考えてよく、わが国の塔と龍との関係を象徴する早い時期の一例となる。

写真8　水瓶がつく室生寺五重塔の相輪

これまで塔と龍との関係を様々な角度からみてきたが、目を室生寺五重塔に向ければ、この塔は宝珠と龍車があるだけでなく、相輪において通常は水煙となるところに水瓶が設けられているという特徴に注目できる。この水瓶を含む受花以上は、鈴木嘉吉氏は、当初とみる関野貞氏の見方があることを紹介した上で、中世の改修ながら、九輪や天蓋は鉄で骨組みを造った上に銅板張りがなされていること、意匠が非凡で全体の形もよく整っていることからすると、旧形を踏襲したとも思われるとされている。(64) また松田敏行氏によると、平成十年の災害による修理の過程で、相輪の軸である擦管も鉄であること、九輪に貼っていた銅板は成分分析により鎌倉時代のものと判明し、相輪は鎌倉時代の制作と判断された。(65)

相輪部は鎌倉時代と考えておくのが穏当のようだが、鈴木氏が指摘された旧形を残す可能性を考えておこう。本相輪の他に例がないという特徴は、むしろオリジナル性を示していると考えられるし、水瓶も王子形で法隆寺献納宝物にみられる奈良時代の形に通じるものであることも肯定的要因であろう。また、時代は遡り中国・北魏の例となるが、『洛陽伽藍記』に永寧寺九層塔の最上部を「刹上に金宝瓶の二十五石を容るるものあり。宝瓶の下に承露金盤三十重あり」と記し、承露金盤(相輪に当たる)の上に宝瓶があったとしていることも参考となろう。(66) そして、以下に述べるように水瓶と龍との関係が既に中国から認められるのである。

まず室生寺の塔に関連する説話として、『元亨釈書』空海伝に、天長元年(八二四)の祈雨に際して、守敏(修円と考えられている)は咒して諸龍を一瓶に入れて、空海の祈雨を妨害したという話がある。この龍を水瓶に入れる話は、『今昔物語集』巻五第四に、深山で修行中の一角仙人は龍王が雨を降らせたため滑って倒れたのに怒り、水瓶に諸の龍王を捕らえて入れたという話が見える。この一角仙人の話は、中国の仏典においては、鳩摩羅什(三四四〜四一三)訳『大智度論』巻一七、(67) 道世の『法苑珠林』七一(68)(六六八年成立)に遡ることができる。ただここでは、一角仙人が、軍持(水瓶)に水を盛り咒して雨を降らさず、この仙人の福徳により、諸龍鬼神も雨を降らさなかったという内容となっている。軍持と雨と龍という要素は登場しているが、軍持に龍を閉じ込めるところまで展開していない。しかし、宝唱の『経律異相』巻十三(69)(五一六年成立)には、仏が毒龍を降して鉢中に入れるという話が見え、さらに同書巻四十五[70]には、仏が澡瓶（水瓶・軍持に同じ）で子供の手を洗うと、そのとき瓶の口から九龍がでて水を吐き、子供の頭上に散じたという話がある。先の話は、鉢で水瓶ではないが、後の話を考えると水瓶に通じるように思える。そして『神僧伝』では、金剛仙が潭（深い池）の畔で錫を振り、水を咒して無くして底をみせ、三寸ほどの泥鰍（どうじょう）を澡瓶の中に入れ、龍だと言ったという話を載せている。[71]以上のように、『今昔物語集』の水瓶に龍を入れる話は、すでに六世紀ころより中国においてはモチーフとしてあったと見なすことが可能と思われる。

このような点からは、法隆寺献納宝物の龍首水瓶の存在が思われてくる。この水瓶は、注ぎ口を龍の頭に、把手を龍の身にかたどり、細長い首と下膨れの胴からなる本体に、鼓胴形の高台を備える。わが国での七世紀に遡る制作ともされ、法隆寺北堂の丈六仏に供えられたことが判明している。[72]したがって、先の『経律異相』巻四十五の水瓶口から龍がでた話は、この龍首水瓶の背景に極めて近いものであり、わが国においても龍と水瓶の確かなつながりが見出される。

以上、水瓶に龍を入れる考えは、奈良時代末までにわが国に伝来していたと想定され、また龍と塔の密接な関係も確認できた。よって、室生寺五重塔の相輪の水瓶は、龍を封じ込めるための水瓶として考えられ、創建当初からこの形であった可能性が高いものと言えよう。室生龍穴神は、この塔によって完全に仏教に帰依し、龍王として認識されるようになるわけである。

## 6　本尊と龍

4・5節では山寺における龍と塔の関係をみてきたが、最後に山寺の本尊と龍の関係を探るために、これまでとり

写真9　室生寺灌頂堂　奥に五重塔が見える

あげた諸寺に長谷寺本尊を加えて考えておきたい。室生寺においては、既述の塔と龍の関係から、本尊も龍と関係することは予想されるが、周辺事情を考慮して位置づけ、具体的な尊名を推定したい。

山寺の本尊の問題を考えるとき、そもそも山寺の本尊自体が不明な点が多いことに気づく。龍門寺・龍本寺の本尊は史料上全く登場しない。壺坂寺と子嶋寺は、現存像や史料より推定できることは貴重であり、これは後述しよう。龍蓋寺の本尊は、現在塑造の如意輪観音坐像であるが、この像はおおよそ奈良時代半ば頃の造像と考えられるので義淵の時代に遡らない。またこの寺の草創期の寺地（治田神社）にあった本尊も不明である[73]。ただ義淵の時代を考えれば、聖観音か十一面観音が本尊の可能性としてあげられるが[74]、龍蓋寺の史料や現存の仏像中に十一面観音の痕跡が見当たらず[75]、現本尊の如意輪観音像の姿が聖観音に通じることからすれば[76]、聖観音像であったと推定しておくのが穏当のように思える。

室生寺においては、現在の本尊は灌頂堂の如意輪観音坐像であるが、灌頂堂は延慶元年（一三〇八）建立であり、この像は十一世紀の作で、室生寺が真言化してからの像である。つまり草創期の本尊につながるわけではない。また金堂の本尊である薬師如来立像も、草創期の本尊とするのには問題がある。制作時期は、九世紀半ば過ぎと考えられ、円修・堅慧が入唐後にもたらした新様により造像されたと考えるのが妥当だからである。また円修・堅慧は天台僧であり、延暦寺の義真の後継者争いにより、延暦寺を追われて室生寺に入る

してての室生山寺の本尊とすることはできない。(77) 室生天台の本尊であり、賢璟・円修によって造営された興福寺の別院と

という経緯がある。故に金堂薬師如来像は、室生天台の本尊であり、賢璟・円修によって造営された興福寺の別院としての室生山寺の本尊とすることはできない。(77)

この事情は、室生寺の各堂の配置にも表れている。先述のごとく、まず建てられるのは年輪年代法により用材の伐採年が七九四年とされた五重塔で、この塔を中心として諸堂建立が計画されたと思われる。建治三年(一二七七)に室生山に参詣した忍実の図がもとになっている「宀一山図」(神奈川・称名寺蔵)には、五重塔の下、現在の灌頂堂辺りに礎石の跡が描かれている。(78) この場所には、堂舎が存在したわけで、五重塔のほぼ真下にあり、草創期の寺域の中心を占めると考えられることから、室生山寺の中心堂宇であったに違いない。現在の金堂は、この中心部からすれば、東に寄り過ぎの感がある。このことは、先に述べた円修・堅慧の事情から、賢璟・円修が造営した中心部から外れた場所を選んだからであるという理由を考えることができるのである。

さて、龍蓋寺の建立後、室生寺の建立前に創建された長谷寺は、本尊の造像譚が知られていることで注目できる。長谷寺は、道明が徳道を率いて養老四年(七二〇)から神亀四年(七二七)に造営したと考えられている。『霊異記』下巻三によれば、称徳天皇の代として、大安寺僧弁宗が長谷寺の十一面観音像に祈った話がみえる。この本尊は、『三宝絵』下巻二十の「長谷寺菩薩戒」に「徳道道明等が天平五年にしるせる観音の縁起幷に雑記」等から神亀四年に完成したと記される。(79) ほぼ忠実に縁起内容を伝えていると考えて差支えないとされ、(80) 要約すると以下のようである。

大水により大木が流れ出て、近江高島郡みおが崎で災をなしていたところ、大和葛城下郡のいづもの大みつという人が十一面観音を造ろうとして当麻の里まで曳いて行った。観音は完成しないで大みつが亡くなり、やはり当麻里に災いおこり、大木は長谷河に捨てられた。そこに沙弥徳道が飯高天皇や房前の援助をもらい神亀四年に二丈六尺の像を造り終えた。徳道は夢に神のお告げで、現在の場に八尺の平らかな巌を掘り出し観音像を安置した。

写真10　瀧蔵神社

逵氏によると、長谷の地は古来「隠口の泊瀬」といわれ、数々の神霊が鎮まる神域であり、その中心は長谷寺から上流に向かって四キロほど行った滝蔵山に鎮座する滝蔵社であり、滝蔵社は、水神・龍神・雷神として厚い信仰を得ていたものと思われるとされている。[81] また長谷地域の龍は、片岡直樹氏が述べられているように、銅版法華説相図の元の所在地の可能性が考えられ、長谷寺より北西の山中、天武八年(六七九)八月十一日に行幸があった迹驚淵という場からも知られる。ここには俗に靇山《りょうさん》の池といわれる池があり、その側に善女龍王を祀った高靇《たかおかみ》神社(現、高山神社)がある。[82] これより長谷という場も、龍神の住むところであったことが理解できたといえよう。

逵氏はこのような場に加えて、観音像を安置する岩座についても、『七大寺年表』に「雷公降臨摧盤石令為其座矣」とすることなどから、雷神との関係が強かったことを物語るとされている。[83] やや時代の降る史料からの推測にもなるが、この点は、河野貴美子氏が中国説話との関係を論じられていることからも、古いモチーフであったと認められよう。河野氏は、雷がその破壊力で寸法もぴったりの石をもたらしたとする伝承の祖型が中国の説話(『太平広記』巻四二〇引『神仙感遇伝』「釈玄照」、同巻一〇一引『紀聞』「黄山瑞像」など)にみられると指摘され、『霊異記』上巻三において「方八尺の石」を投げる説話は、同じく雷と関わる長谷寺の「方八尺の石」の伝承の影響が及ぶとされているのである。[84]

さらに長谷寺本尊と龍との関係を理解するために、『日本書紀』欽明天皇十四年夏五月戊辰朔条や『霊異記』上巻五の比蘇寺の放光樟像を検討しておこう。『日本書紀』の内容は以下のようなものであるが、長谷寺と漂流してきた[85]用材を用いる点で共通するのである。

河内の海に雷鳴の如き音声をたて、陽光の如き光を放つ霊木が漂っており、引き上げてみれば樟の霊木であった。天皇は画工に命じて仏像二軀を造らせた。今吉野寺(比蘇寺)に光を放つ樟像がこれである。

この説話に、小川光暘氏が、放光樟と龍神との関係を指摘されている。[86]小川氏は、光を放って海より寄り来る点で、放光樟と、『古事記』上巻の国造り説話や、『日本書紀』一書の、大国主神(大物主神)が光を放って海より依り来て、御諸(三輪)山に坐した話との共通性を見出された。そしてこの三輪神は、大蛇の形をした雷神であることが知られる(『日本書紀』雄略天皇七年七月条)から、放光する雷は龍の特性であり、放光する樟も龍と関係することを指摘された。さらに樟と雷の関係を、『日本書紀』推古天皇二十六年条に、船を造るために霹靂の樟を伐る話から補足されている。よって『日本書紀』の放光樟で造られた比蘇寺本尊は、龍との関係が指摘できることになる。『霊異記』では、さらに明瞭に霹靂の樟で造像したことになっている。

上記の漂流してきた木による造像譚は、漂流木というモチーフが中国説話に見出される。『霊異記』上巻五を中心になされた丸山顕徳氏の研究は多岐にわたるが、拙稿に関連する部分を要約しておこう。[87]丸山氏は、比蘇寺周辺の観音信仰を検討してみると龍蛇信仰との関連が強く、この樟が霹靂木であることとの関連は重視しなければならないとし、中国では『夷堅志』(支癸巻四　羅漢汚池木・池の枯木に落雷し、枯木が騰躍して龍となった話)、『捜神記』等を引き、龍神の寄りつく霊木とみられるとする。そして丸山氏は、龍が何故に漂流木に寄りついたのかを、澤田瑞穂氏が紹介され[88]ている中国の「龍伐木」「龍発木」「龍王採木」といった、龍神が必要とする用材を洪水に乗じて目的地に運ばせるという説話から読み解こうとされた。丸山氏は、『日本書紀』『霊異記』の話は、龍が必要とした用材の一部(竜宮造営などの為）が漂流したというような伝承の断片ではないかと考えておられる。

そして丸山氏は、長谷寺の大木の場合のように、漂流木が祟る理由について、次の『幽明録』の話から説明されている。葛作が呉の時代の衡陽の太守であったころ、大きな槎（巨木ないしは筏）が水に横たわり怪しげなことをなしていたが、廟を立てたり禱祀すると槎は沈んで、船は破壊されなくてすんだ（下略）、という話で、祀られたことに応えて、槎の意思によって移動した点に注意された。つまり、逆に意に副わなければ移動はなく事故が起こったわけで、長谷寺の漂流木も、龍の意に副わないことがこの木に対して為されたために祟ったと解釈された(89)。

『日本書紀』『霊異記』『三宝絵』にみられた、比蘇寺および長谷寺の造像譚に関しては、これらの前後関係や、仏教伝来関係記事との関係、漂流木の送り手は何ものかという問題など、より綿密な検討が必要であるが、拙稿ではこれらの話に、それぞれ龍が関与していることが暗示されていたことを引き出せれば十分である。ただ仏像と龍の関係については、仏教上では当然のことながら、龍は仏（像）を守護する存在となることを、これまでの研究では曖昧にされているとも見られるので、改めて先にふれた『高僧伝』慧遠伝から述べておきたい(90)。慧遠伝は、津田左右吉氏が放光樟仏の話の粉本であると考え(91)、丸山氏も取り上げておられるが、注意したい部分は、東晋初期の名将であった陶侃が広州にいたとき、漁師が海に不思議な光を見つけて報告を受け、調べたところ阿育王像であったという箇所である。殊に着目したいのは、「即接歸以送武昌寒溪寺。寺主 僧珍嘗往夏口夜夢寺遭火而此像屋獨有 龍神圍繞。珍覺馳還寺。寺既焚盡唯像屋存焉。」という部分である。陶侃は阿育王像を持ち帰り、武昌の寒渓寺に安置するが、寺主僧珍が夏口に出かけたさい、寺の火災でこの像を祀っている堂を龍神が圍繞しているという夢を見た。急いで帰ると、阿育王像を祀る堂だけが焼けていなかった、とする。これより、阿育王像を祀る堂が龍に守られていることは、阿育王像を龍が守っていることに他ならないから、ここに明らかなように、龍は仏の守護神となっている。先の『海龍王経』

『大雲輪請雨経』に説かれたように、釈迦に帰依して救われる対象であるがゆえに、守護神となるのである。

長谷寺本尊が龍と密接に関係していることを、長谷という場と用材の点からみてきた。ここで場のつながりでは、長谷の滝蔵社と同じく滝蔵権現を地主神として祀る壺坂寺本尊が浮かんでくる。(92) 壺坂寺本尊には霊木の話は伝わらないが、長谷寺の場合と同様に、地主神の龍神が本尊の造像を受け入れたと見なすことができよう。壺坂寺は、吉野の比蘇寺とは高取山の反対の南に位置することから、先述のように、この地に龍が住むと考えられていたことも参考となろう。

では壺坂寺の本尊はというと、十一面観音像ではなく現在は室町時代の千手観音坐像である。壺坂寺は、『南法華寺古老伝』(建暦元年(一二一一)貞慶撰)によると、大宝三年(七〇三)に還俗したもと元興寺僧の弁基が建立したといい、『日本感霊録』を引いて、私度沙弥長仁が弘仁年中に壺坂山寺で千手陀羅尼を誦して開眼を得たことが記されている。よって千手観音像は、弘仁年中には本尊となっていたと考えられる。(93) しかしこの本尊が、創建期の大宝三年まで遡るかは疑問である。何故なら、わが国での千手観音信仰は、玄昉によって千手経がもたらされ、一千巻の書写がなされた天平十三年(七四一)を待たねばならないからである。(94) ゆえに、創建期の壺坂寺の本尊は不明とせざるを得ないが、滝蔵神(龍神)は地主神であることに変わりないのだから、千手観音像が本尊に迎えられてからも、龍神との関係は続いたと想定してもよかろう。

壺坂寺本尊に龍との関係を捉えると、子嶋寺の本尊も龍との関係が想定できるのではなかろうか。子嶋寺には霊木の話も、地主神たる龍神も見出せないのであるが、壺坂寺と同じく、龍が住むとされる高取山の南に位置し、また創建者である報恩(95)は、吉野に入って修行したとされる僧で、先述の比蘇寺像の放光樟の伝承を知っていたとみられるからである。そしてこの本尊は、『延暦僧録』第二所収「長岡天皇菩薩伝」・「感瑞応祥皇后菩薩伝」から、長谷寺と同じく十一面観音像であることが分かる。[96]

ちなみに、報恩の弟子に京都の清水寺を創建した延鎮がいる。逵氏によると、子嶋寺と清水寺の関係は、師弟の関係だけでなく、清水寺檀越の坂上田村麻呂の祖先の地である高市郡檜前に子嶋寺が近いことが影響しているという。逵氏の言葉を借りれば、子嶋寺の分流として捉えられるとされる。ところが、この清水寺の本尊は、よく知られた千手観音像なのである。師弟のそれぞれ建立した寺の本尊が、十一面観音像から千手観音像に変化していることになる。壺坂寺の本尊の変化は、草創期の本尊は不明だが、平安初期には千手観音となっていた点において、子嶋寺から清水寺への観音像の変化とも一致する。このような、山寺の本尊が平安期に入って十一面観音像から千手観音像へ変化することも興味深いのであるが[97]、清水寺もその名の通り、水源に位置する寺であり、延鎮の師弟関係からも、本尊千手観音像は龍との関係が想定されても不思議ではない。

このように奈良盆地南部の山寺本尊は、龍蓋寺の初期本尊を聖観音像とした推定を含めて、十一面観音像と千手観音像がみられ、これまでも指摘されることのあった、龍と観音菩薩の関係が辿れることになる。[98]ここで指摘した初期山寺での龍と観音の関係は、わが国仏教における龍と観音の端緒であったとみることができる点で意義が見出せよう。ちなみに、初期山寺以降の龍と観音菩薩の関係の展開は、別途考えるべき問題である。

最後に以上のことから、草創期室生寺の本尊を推測しておきたい。奈良盆地南部の山寺の影響下にあった室生寺であるから、上記した尊像がすべて観音像であったことは参考となろう。室生寺本尊も何らかの観音像であったと考えるのが穏当である。その中で、最も影響を考えるべきは、長谷寺本尊であろう。長谷寺と室生寺の関係は、創建者である賢璟が長谷寺の別当をしたとの伝えはあまり信頼が置けないとしても[99]、近距離にあることは本尊の選択にもその影響を及ぼしやすかったと言えよう。また、桓武天皇にかかわる史料が見出される点で、室生寺と共通する子嶋寺も本尊が十一面観音像であることも考慮される。この他、奈良盆地の山寺で奈良時代に遡ると思われる十一面観音像には金剛山寺像があるし、放光樟像の比蘇寺の当初の本尊は不明だが[100]、この寺に伝わる最古像も十一面観音像である。このような事情から考えて、龍王の寺である室生寺本尊として相応しい尊像は、十一面観音像であったと考えられてくるのではなかろうか。

## おわりに

奈良盆地南部における古代初期山寺を中心として、室生寺との関係において様々に考察を廻らしてきた。これより、山寺研究にとっては龍との関係を探ることは重要な視点であることが明らかになったといえよう。その内容をまとめておくと以下のようになる。

山寺における修行と言えば、直ちに虚空蔵求聞持法と結び付けられてきた薗田説を検討し、直接結びつく訳ではないとした。そして吉野や室生寺をふくむ宇陀は、仙薬の生じる仙境と捉えられ、そこにある山寺は治病の場となること、さらにそこに棲息する龍と山寺の関係が深いことを、祈雨や塔、そして本尊に焦点を当てて考えた。

具体的には、仏教に帰依した龍が降雨をもたらすことを目的として、義淵によって龍蓋寺が建立されたことを確認し、この考えが奈良盆地南部の「龍」字の付く山寺及び室生寺に続いていることを指摘した。山寺において龍と最も関係深いのは塔であり、その背景を中国の舎利塔と尺木の関係史料から探り、室生寺に関しては相輪の水瓶が創建当初から龍を封じるために備わっていたことを述べた。最後に山寺本尊と龍の関係を検討し、長谷寺像は龍に守護されることを伝承から導き出し、この度取り上げた山寺本尊にも共通すると考えた。またそれらの奈良時代の山寺本尊は全て観音菩薩像で、聖観音像から十一面観音像そして千手観音像へと変化する動向があり、室生寺本尊は十一面観音像の可能性が高いことを指摘した。

以上の検討から、草創期室生寺から抽出したすべての要素は、奈良盆地南部に展開した初期山寺から伝流したものであることが判明したと言える。このことから、本尊が不明であった龍門寺・龍本寺についても、その尊名が観音菩薩であるというおおよその見当も可能になったと言えるのではなかろうか。

擱筆にあたって、黒田日出男氏の『龍の棲む日本』(101)に言及しておきたい。黒田氏は、わが国の龍について、多くの研究を総合し、中国の陰陽五行思想・陰陽道の龍、仏教における龍、日本の蛇という、三つの龍が結びつき複雑微妙に絡まりあったものであるとされた。この指摘に従えば、山寺が建立される前の吉野や長谷・室生に棲息していたのは、中国系あるいは日本の蛇のどちらかであるが、神仙との関わりからは中国系の龍と思われ、山寺建立の前後に護法善神たる仏教の龍となるものが確認できた。

また黒田氏は中世日本において、国土を構成する大地のうちで、聖地とされるような山々や湖海などは、それ自体が龍体であったり、あるいはそこに龍が棲息しており、それらの山々や湖海を繋ぐ穴道が地下世界を走っていたとされている。今回検討してきた奈良時代を中心とする古代において、奈良盆地南部や宇陀室生には多くの龍が棲息し、木簡においても各地に龍の存在がみられ、まだそれらの龍が地下でつながっているということはなかったが、中世的龍の基礎が十分に築かれていたと言えるであろう。

その中でも室生寺は、龍穴という極めて象徴的な存在指標を有し、平安時代には龍にも関係する宝珠信仰を加えながら、祈雨の中心地となる。そして中世には『宀一山記』や『宀一山秘密記』により、室生山とその地下が龍と密教の世界に構成されるのである。

註

（1）永島福太郎「室生寺新説」（『国史学』三九　一九三九年　後『奈良文化の伝流』所収　目黒書店　一九五一年）、福山敏男「室生寺の建立年代」（『日本建築史の研究』桑名文星堂　一九四三年初版　一九八〇年綜芸舎再版）、猪熊兼繁「修円僧都と室生寺弥勒堂」（『史跡と美術』一一一　一九四〇年）、『大和古寺大観　第六巻　室生寺』（岩波書店　一九七六年）、堀池春峰「室生寺の歴史」（『室生寺籾塔の研究』所収　一九七六年　後『南都仏教史の研究　下　諸寺篇』所収　法蔵館　一九八二年）、堀池春峰「宀一山図と室生寺」（『日本仏教史学』一一　一九七六年、後『南都仏教史の研究　下　諸寺篇』所収）、逵日出典『室生寺史の研究』（巖南堂書店　一九七九年）、『大和の古寺六　室生寺』（岩波書店　一九八一年）、鷲塚泰光『日本の古寺美術十三　室生寺』（保育社　一九九一年）、『新版古寺巡礼　奈良六　室生寺』（淡交社　二〇一〇年）、『東日本大震災復興祈念特別展　奈良・国宝　室生寺の仏たち』（日本経済新聞社　二〇一四年）など。

（2）註1『大和古寺大観』所収の「宀一山年分度者奏状」を用いた。

（3）薗田香融「古代仏教における山林修行とその意義—特に自然智宗をめぐって—」（初出『南都仏教』4　一九五七年、『平安仏教の研究』法蔵館　一九八一年所収）。室生寺に関する註20の薗田論文四節などに言及がある。

（4）『扶桑略記』天平二年十月十七日に引用する。

（5）『伝教大師全集』一巻　一〇六頁

（6）『伝教大師全集』三巻　三六二頁「吁乎実哉。生知者上、学知者次。此言有以也。」。この「生知」に、薗田氏は生まれながらの知という解釈をされている。

（7）『伝教大師全集』三巻　七六頁

（8）薗田氏は、『今昔物語集』巻十一第五に、「現光寺ノ塔ノ杓形ニハ虚空蔵菩薩を鋳付タリ。其レニ緒ヲ付テ神叡是ヲ引ヘテ、願クハ虚空蔵菩薩、我レニ□□智恵ヲ得シメ給ヘト祈ケルニ」とあり、空欄には「自然」の二字が入り、虚空蔵菩薩と自然智が一つに結びつけられている例とされる。

(9) 末木文美士『日本仏教史論考』「八　奈良時代の禅」(大蔵出版　一九九三年)

(10) 前谷彰・恵紹「最澄の著作に見える自然智の概念」(『密教文化』二〇三　一九九九年)、同「『依憑天台集』における「生知」をめぐる問題」(『仏教学会報』二一　二〇〇一年)、同「虚空蔵求聞持法と自然智宗」(『高木訷元博士古稀記念論集　仏教文化の諸相』山喜房仏書林　二〇〇〇年)。前谷氏は、上記論文ごとに「自然智」の解釈を修正されているが、基本的には「自学自研によって得る知恵」とされている。また前谷論文(二〇〇〇年)で、『三教指帰』に求聞持法を修することで一切教法文義を暗記できるとされていることが指摘されているが、自然智が虚空蔵求聞持法と結びつく可能性の上限とみることもできよう。

(11) 大正図蔵5　七六a

(12) 『大日本仏教全書　興福寺叢書一』一〇二

(13) 『日本霊異記』は、出雲路修校注・新日本古典文学大系30(岩波書店　一九九六年)を用いた。

(14) 石田瑞麿氏は『日本仏教思想史研究　第一巻　戒律の研究上』(法蔵館　一九八六年)の「Ⅲ最澄の戒律」第二節六の注11(二四四頁)で、『霊異記』の役優婆塞は「生知」(上巻28)、行基は「自然生知」(中巻7)とされ、同じく自然智の意であるとされている。前谷氏は生知と同じで、自然智とは異なると解釈する(前掲註10　二〇〇一年)。これは菩薩智などの義を考慮しない場合における立場であろう。

(15) 註3薗田論文

(16) 『続日本後紀』承和元年六月戊辰条

(17) 菊地大樹『中世仏教の原形と展開』五四頁において、末木氏の薗田説批判を引きながらも、「古代における暗誦の流行から、虚空蔵求聞持法そのものは盛んであったと考えることは自然である。」とされているが、求められていた暗誦はこの法を用いるまでもなく習得できたと考えられよう。

(18) 註11。空海がこの法を一沙門なり勤操に授けられていることからして、奈良時代において容易く行われていた法とは思えないことが窺われる。

(19) 守山聖真編『文化史上よりみたる弘法大師伝』(一九三三年初版を、国書刊行会より一九九〇年復刻)一〇〇四頁所引

(20) 薗田香融「草創期室生寺をめぐる僧侶の動向」(『読史会創立五十年記念　国史論集』一九五九年、のち註3『平安仏教の研究』所収)

(21) 註10前谷(二〇〇〇年)前掲論文も同様の指摘をされているが、仙薬には言及されていない。また吉田靖男氏(『行基と律令国家』吉川弘文館　一九八七年)は、『行基菩薩伝』に慶雲四年(七〇七)に行基が母と「生馬仙房」に移ったのは、病の母の治療のためであると解釈された。これは先の神叡伝と『霊異記』下巻九の神護景雲二年(七六八)に藤原広足が病気にかかり、宇陀郡真木原山寺に入った例があったことによるが、山寺と治病に着目された早い指摘である。また吉田氏は「生馬仙房」の仙に着目して、不老不死に結び付けて解釈されているが、本文中に述べている仙薬と通じる点は重要で、生馬山も仙薬が生じる地と考えられていたのではあるまいか。そして宇陀の真木原山寺も、宇陀は仙薬の場であったことは本文中で述べた通りである。

(22) 逵日出典『奈良朝山岳寺院の研究』「第六章　子嶋山寺の成立」「第七章　報恩法師行状考―報恩伝承の位置づけを中心として―」(名著出版　一九九一年)によると、法器山寺は、高取山中西北の中腹の法華谷に所在する観音院付近にあったとされる山寺である。また逵氏によると、この持統朝にあった法器山寺の址に、法恩によって子嶋山寺が建立されたとしている。ちなみに、桙削寺は存在しなかったと考えられている。小林崇仁「吉野山の報恩法師」(『現代密教』17　二〇〇四年)。なお拙稿でとりあげている奈良盆地南部の山寺に関しては、福山敏男『奈良朝寺院の研究』(高桐書院　一九四八年)も参照していることを記しておく。

(23) 註22逵書

(24) 『日本高僧伝要文抄』所引『延暦僧録』第二「長岡天皇菩薩伝」
主上受仏遺嘱興隆三宝、於南京丹恵山造子嶋山寺、九間合殿、供養観世音十一面菩薩
同「感瑞応祥皇后菩薩伝」
皇后欽尚真如、於丹恵山子嶋寺捨田、春秋十一面悔過
逵日出典「大丹穂山と大仁保神」(『神道史研究』31―4　一九八三年)

(25) 和田萃「薬猟と本草集注—日本古代における道教的信仰の実態—」(『日本古代の儀礼と祭祀・信仰　中』第Ⅲ章第三　塙書房　一九九五年、初出『史林』61—3　一九七八年)

(26) 日本思想大系『律令』(岩波書店　一九七六年)

(27) 註26の頭注。及び『令集解』巻八。

(28) 「(前略)如し山林に停まり住み、詳りて仏法を道ひ、自ら教化を作し、伝へ習ひて業を授け、書符を封印し、薬を合せて毒を造り、万方に恠を作し、勅禁に違ひ犯す者有らば、罪亦此くの如くせよ。」新日本古典文学大系『続日本紀　二』(岩波書店　一九九〇年)。

(29) 註25和田論文　他に同氏「宇陀の真赤土」(『東アジアの古代文化』64　一九九〇年)、『新訂　大宇陀町史』第一章第六節(一九九三年)。

(30) 本文中で述べる『大雲輪請雨経』(大正蔵19　No.九八九)に、龍が甘雨を降らせることで、薬草他が育つ内容が含まれている。

(31) 太政官牒龍蓋龍門寺
　応補任別当大法師晋祥替事
大威儀師伝燈大法師位玄延〈年六十八臈五十二〉法相宗興福寺
右得彼寺別当伝燈大法師位晋祥等去五月廿八日解状偁、謹検案内、件両寺故義淵僧正奉為国家隆泰藤氏栄昌所建立也、
　(以下略)
　天禄元年八月廿九日　左少史伴宿弥牒
(『醍醐寺本諸寺縁起集』〈『校刊美術史料　寺院篇上巻』中央公論美術出版　一九七二年〉)。奈良国立博物館　特別陳列『岡寺の歴史と美術』(二〇〇一年)

(32) 岡寺式瓦については、以下の論文を参照した。近江昌司「葡萄唐草紋軒平瓦の研究」(『考古学雑誌』55—4　一九七〇年)、近江俊秀「岡寺式瓦出土寺院をめぐる二、三の問題」(『考古学雑誌』81—3　一九九六年)、大西貴夫「岡寺式瓦に関する一考察」(『山岳信仰と考古学』同成社　二〇〇三年)。

(33) 横田健一「義淵僧正とその時代」(『橿原考古学研究所論集』第五　吉川弘文館　一九七九年)
(34) 註30
(35) 註33横田論文。ただし、瓦の年代観は一部のものに問題がある。
(36) この考えが展開すると『法華験記』中巻六十七や『今昔物語集』十三巻三十三のような龍がその身を犠牲にして雨を降らす話に展開する。『法華験記』は、大和国平群郡の龍海寺の沙門と龍の話として、沙門が法華経の読誦や講経を通じて龍と昵懇になり、旱に際して龍に降雨を願った。龍は、雨は大梵天王等が管理し、龍が降らすと殺されると言ったが、龍は死を覚悟で降らした。それで沙門は龍の死骸を埋め、龍海寺ほか四所に寺を建立したとする。(今昔は、沙門を大安寺の別院である龍苑(淵)寺の僧とし、龍の死骸を埋めた寺を龍海寺とする)
(37) 大正蔵15　№五八九
(38) 石田尚豊『聖徳太子と玉虫厨子』(東京美術　一九九八年)
(39) 大正蔵50　三五八a　其後少時滈陽亢旱。遠詣池側讀海龍王經。忽有巨蛇從池上空。須臾大雨。歳以有年。因號精舍爲龍泉寺焉。
(40) 註25和田論文および「日本古代の道教的信仰」(『日本古代の儀礼と祭祀・信仰　中』第Ⅲ章第一論文　塙書房　一九九五年、初出 金関恕編『日本古代史　宇宙への祈り』集英社　一九八六年)
(41) 和田氏は、後には『続日本紀』延暦六年五月戊戌条に蘇敬の『新修本草』を用いることが記されているとされる。葡萄の薬効については、近江昌司「謎につつまれた山岳寺院」(『古代の寺を考える』帝塚山考古学研究所　一九九一年)にも言及がある。
(42) 橿原考古学研究所 春季特別展『山の神と山の仏―山岳信仰の起源をさぐる―』(二〇〇七年)
(43) 註32近江俊秀論文。地光寺「国分尼葛城山施薬院慈光寺由緒」に天平六年(七三四)に施薬院が建立され、医療師がおかれ、明応二年(一四九三)に伽藍が全焼したとされている。
(44) 註42
(45) 堀池春峰「龍門寺に就いての一考察」(『南都仏教史の研究　遺芳篇』法蔵館　二〇〇四年)

(46)　和田萃「南山の九頭龍」(『日本国家の史的特質　古代・中世』思文閣出版　一九九七年)。なお、木簡の原文は「南山之下有不流水其中有／一大蛇九頭一尾不食余物但／食唐鬼朝食三千暮食」「八百急々如律令」

(47)　和田氏はこの根拠として林巳奈夫『龍の話』(中公新書　一九九三年)をあげられている。なお、本文中で引いた『高僧伝』慧遠伝中の話も当てはまる。

(48)　平川南「呪符木簡(1)「龍王」呪符―群馬県富岡市内匠日向周地遺跡」(『古代地方木簡の研究』吉川弘文館　二〇〇三年)。平川氏は、この木簡に、『常陸国風土記』行方郡条の薭括麻多智の谷戸開発説話で、谷に住む谷戸(夜刀)の神である蛇を鎮めるために、麻多智みずからが神の祝となって祀った、という話の関連も想定されている。これによって、木簡の解釈として、龍神の使いで谷戸の神である蛟蛇により、水の枯渇または大雨による洪水を恐れ、水神である龍王に雨乞いまたは止雨を祈願した札ではないかとする。あるいは、谷戸開発に伴う犯土のさいに龍王に対する祭祀を実施した可能性も考えられるとする。蛇と竜王の関係を示す木簡としては、藤原京右京九条四坊の木簡もあげられている。

(49)　註46和田論文

(50)　「龍峯寺」は薬師寺縁起による。

(51)　『大日本古文書』25　一二〇頁

(52)　註32近江俊秀論文

(53)　註42

(54)　『諸寺建立次第』「龍蓋寺〈岡寺如意輪、高二丈余、二臂印〉又未ニ忌人参、有三重塔」塔は、現在は龍蓋池を見おろす位置に再建されているが、註31『岡寺の歴史と美術』によると、もとは草創期の寺域にあったとされる。

(55)　内藤栄『舎利荘厳美術の研究』四六頁(青史出版　二〇一〇年)

(56)　『阿育王経』巻一(大正蔵50　一三五a)、ほか

(57)　『法苑珠林』巻38　敬塔篇第三十五之二(大正蔵53　五八三〜五九一)

(58)　小杉一雄『中国仏教美術史の研究』「古代木造建築の防火呪術―蓮華文瓦当及び龍窟」(新樹社　一九八〇年)

(59)　小杉一雄「竜の尺木について」(『美術研究』6　一九六八年)

(60) 大正蔵53　五八七b
(61) 石田茂作『日本仏塔の研究』(講談社　一九六九年)で、龍車は「ここに龍を封じ籠めて、塔を火災より守るためのものとき く」としている。
(62) 註42。吉村幾温「地光寺の建立」(『木村武夫先生喜寿記念　日本仏教史の研究』永田文昌堂　一九八六年)に、当遺跡情報を整理されるとともに、天智天皇と忍海造小龍の娘との間に生まれた川嶋皇子に関わる寺院の可能性を説いておられる。
(63) 姜友邦「韓国瓦当芸術論序説」(『新羅瓦塼』国立慶州博物館　二〇〇〇年)。なお、姜友邦氏の学説の存在は奈良国立博物館内藤栄氏に、また当論文は邦訳がなく帝塚山大学文学部講師服部敦子氏の御教示を得た。
(64) 註1『大和古寺大観　第六巻　室生寺』五重塔解説
(65) 松田敏行『室生寺五重塔千二百年の生命』(祥伝社　二〇〇一年)。松田氏は、金属の専門家の意見として、鉄と銅は相性が悪く傷みやすいから平安初期のものが現代まで保たれることはあり得ないという情報を記され、そして銅の成分分析は鎌倉時代に関西で産出された銅であることが判明したとしている。この金属の専門家の話で、理解できないのは、鎌倉時代に鉄に銅を巻いたとして、何故に現在まで保たれているのかという点である。あるいは、鉄の部分は古い可能性はないのだろうか。
　室生寺塔の相輪が鉄製であることに関して、次の井本氏の指摘は興味深い。井本英一「竜の話」(『世界口承文芸研究』9　一九八八年)によると、『入唐求法巡礼行記』で円仁が開成五年五月二十日から五台山を巡った中に、則天武后が建てた鉄塔の記事があり、この鉄塔は龍池の側にあり、龍は鉄を忌むと考えられていたから、龍を呪縛するためのものであると考えてよさそうであるとされている。
(66) 永寧寺塔に関しては、註58小杉著書「第二章　露盤及び相輪」を参照した。またこの点について片岡直樹氏の御教示を得た。
(67) 大正蔵25、一八三a
(68) 大正蔵53、八二七

(69)　大正蔵53、六七a
(70)　大正蔵53、二三五b
(71)　大正蔵50、一〇〇八a
(72)　中野政樹「法隆寺献納宝物　竜首水瓶について」、東野治之「法隆寺献納宝物　竜首水瓶の墨書銘」(『MUSEUM』四五七　一九八九年)
(73)　『十巻抄』にいう金堂不空羂索観音像の存在を記す。しかし、この尊像の最初が東大寺法華堂本尊であるから、草創期龍蓋寺の本尊となることはあり得ない。
(74)　わが国での十一面観音像は早く七世紀末には登場し、那智山経塚出土の銅造十一面観音像や法隆寺金堂壁画11号壁像が知られている。その前後には、中国から檀像の作例がもたらされていると考えられる。
(75)　註31『岡寺の歴史と美術』に十一面観音像が祀られていた痕跡は見出せない。
(76)　龍蓋寺の草創期には如意輪観音はまだ造像されていない。拙稿「奈良時代の「如意輪」観音信仰とその造像—石山寺像を中心に—」(『美術研究』353　一九九二年)で、石山寺像を奈良時代に如意輪観音とされる史料は見出せず、奈良時代には如意輪陀羅尼を説く聖観音像であったとした。同姿の岡寺像も聖観音であったと考える。なお、石山寺像を如意輪観音とする最初の史料は『三宝絵』である。
(77)　室生寺の諸像に関しては、註1『新版古寺巡礼　奈良六　室生寺』、『東日本大震災復興祈念特別展　奈良・国宝　室生寺の仏たち』の拙稿を参照されたい。
(78)　忍実は成尊(一〇一一〜一〇七四)の古図を参考にしていたことが、同図に記されている。註1『大和古寺大観　第六巻　室生寺』所収。
(79)　『新日本古典文学大系31　三宝絵　注好選』(岩波書店　一九九七年)一八九頁
(80)　逵日出典『長谷寺の研究』(巌南堂書店　一九七九年)うち特に第二章「「泊瀬の上の山寺」考—草創期長谷寺の性格—」参照。
(81)　註80逵書

(82) 片岡直樹「長谷寺銅版の原所在について—迹驚淵の伝承をめぐって—」(『新潟産業大学人文学部紀要』21　二〇一〇年)

(83) 註80達書

(84) 河野貴美子『日本霊異記と中国の伝承』(勉誠社　一九九六年)一六二頁

(85) 夏五月戊辰朔、河内国言、泉郡茅渟海中、有梵音、震響若雷聲、光彩晃曜如日色、天皇心異之、遣溝辺直、(中略)入海求訪、是時、溝辺直入海、果見樟木、浮海玲瓏、遂取而献天皇、命畫工、造仏像二軀、今吉野寺放光樟像也
なお、本史料の位置づけは、竹居明男「吉野寺と『日本書紀』」(『日本古代仏教の文化史』吉川弘文館　一九九八年)が詳しい。

(86) 小川光暘「「吉野寺放光樟像」の文化史的背景—飛鳥彫刻の用材と様式の根源に関する問題—」(『文化学年報』13　一九六三年)

(87) 丸山顕徳「漂着霊木説話」(『日本霊異記説話の研究』第一章　桜楓社　一九九二年)。丸山氏には「『霊異記』上巻第五話—仏像の古代的意義—」(『松前健教授古稀記念論文集　神々の祭祀と伝承』同朋舎出版　一九九三年)がある。

(88) 澤田瑞穂『中国の民間信仰』第三章「龍木篇」二〇一～二二八頁(工作舎　一九八二年)

(89) この点をやや別の観点から考えられたのは、寺川眞知夫「御衣木の祟」(『仏教文学とその周辺』和泉書院　一九九八年)で、長谷寺縁起の霊木を分析され、禅師広達が造りかけの仏像の声を聞いた話に通じるごとく(『霊異記』中巻二十六縁)、霊木は心を持ち、十一面観音に造られたいという願いがあったと解された。それで霊木を伐ったり、その願いに反する行為をしたりして死んだり火災にあったりするのは、告知的な性格(霊木が願を要求する人へのメッセージ〈井上要約〉)とともに報復的神罰的な意味をもった祟りとみられるとされた。ここには仏罰の観念も生まれているとされている。しかし、霊異記の仏像は祟る存在ではなく、やや霊木の心とは何かが曖昧な捉え方になっている。ここに丸山氏の龍が送った木であるという視点を持ち込むと、仏罰を持ち出すまでもなく、龍の怒りが祟りをなしたと解釈できるであろう。

(90) 大正蔵50　三五八c

(91) 津田左右吉『日本古典の研究　下』(岩波書店　一九五〇年)九一～九二頁

(92) 逵日出典『奈良朝山岳寺院の研究』「第二章　壷坂山寺の成立」（名著出版　一九九一年）
(93) 註92逵書
(94) 千手観音像の最も早い作例としては、東大寺上院地区の千手堂本尊があげられる。この堂は天平十九年(七四七)以前の創立といわれるが(大日古9―三二八 奉請注文の初見)、本文中のように千手観音信仰は玄昉が持ち帰り、天平十三年(七四一)に『千手千眼経』一千巻の書写を行っている事情などを考慮すると、この辺りが造像の上限と考えられよう。東大寺は中央であるだけにいち早く新しい変化観音の信仰に基づき千手観音像が造られたと考えられる。
(95) 註22逵書
(96) 註24
(97) 梶川敏夫氏(『皇太后の山寺―山科安祥寺の創建と古代山林寺院―』上原真人編　柳原出版　二〇〇七年)によって平安京周辺の平安時代創建の山寺が二十三件まとめられている。その本尊についてみると、不明のものが多いが、大悲山寺(峰定寺)・補陀洛寺跡・善峯寺・如意寺跡・清水山寺(清水寺)・清閑寺・法厳寺などが史料や現存像から千手観音像と知られ、月輪寺にも千手観音像が伝わっている。これより、千手観音像が多いことは明らかであろう。
(98) 註87丸山論文は、比蘇寺(阿弥陀説・観音説)・岡寺(観音菩薩)・龍門寺(不明)・談山神社(龍神井戸や龍神の仏像)・龍峯寺(不明)・長谷寺(十一面観音)・室生寺(不明)・東大寺二月堂(十一面観音)〈( )は本尊〉に龍神信仰の痕跡を認め、ここに祀られる仏像は、龍神信仰と習合して、龍神に支えられた水の呪術のシンボルであったとされた。丸山氏の論中の節名が「第四節　龍神と観音信仰」とあるので、不明の寺院もあるが観音像が多いと判断されているのだろう。ただ取り上げる寺院や仏像には時代的に不確実なものも含まれ、岡寺は草創期の本尊が考慮されておらず、本尊として確実なのは長谷寺と二月堂のみで、その用いられる史料にも成立年代の問題などがある。また網野房子「龍と観音」(『仏教民俗学大系』8　名著出版　一九九二年)も、学ぶところも多いのであるが、現在の民俗例や用いる史料の成立年代を考慮せずに考察がなされ、古代の龍と観音の関係を考えるのには危い部分がある。
(99) 註1永島論文
(100) 『日本書紀』では仏像二軀、『霊異記』では阿弥陀如来となっているが、最初に皇后の許可を得たのは菩薩三体である。

『聖徳太子伝暦』は観音菩薩となっているが、これは沈水香木から造られたことになっている。香木である白檀での造像を規定するのは『十一面観音経』であり、比蘇寺に奈良時代の十一面観音像が現存することとの関係でつながりが想定できよう。

(101) 黒田日出男『龍の棲む日本』一〇七〜一〇八頁(岩波新書八三一 二〇〇三年)。日本の蛇と龍に関しては、本文第4節で述べたように、和田氏や平川氏の木簡研究の成果に、同体であるとか、蛇の祖は龍であるとか、蛇は龍の使者であるなどの関係があったことが指摘されている。

# 山寺と仏像

長岡龍作

## はじめに

古代以来、仏像はしばしば山寺に置かれてきた。山寺とは何かを仏像との関係から考えるときには、山寺という場の宗教的な意味合いを考えないわけにはいかない。場の宗教的な意味は、人々のイマジネーションの世界において成立するといえるだろう。それゆえ、本稿では、古代の人々が山寺をどうイメージしたのかという点に関心を注ぎたい。それはすなわち、彼らの精神に関心を寄せることにほかならない。

人々はなぜ仏像を山寺に置いたのか。そのことは、古代の人々が山寺の仏像をどう捉え、どのように関わろうとしていたのかというありようを追いかけることによってあきらかになるだろう。この方法を通して、山寺とは何かを問う本書の課題に応えたいと思う(1)。

# 1　「勝地」としての山寺

## (1) 山寺と霊験

『日本書紀』欽明十四年(五五三)条に載る吉野寺の放光仏の話は、山寺とは何かを考える上での基本的な問題をあきらかにしている。この像をめぐる物語は次のようなものだ。

この年の夏五月に、河内国が、「泉郡の茅渟海《ちぬのうみ》の中に、尊い音がし、その響きは雷鳴のようです。また輝く光りは日光のようです」と奏上してきた。天皇は、不思議に思って、溝邊直《いけべのあたい》を遣わし海に入って捜させた。その時、溝邊直は、はたして樟木が海に浮んで輝いているのを見つけ、ついに取って天皇に献上した。天皇は、画工《えだくみ》に命じて、仏像二軀を造らせた。今、吉野寺にあって、光を放つ樟の像がこれである。

欽明十四年は百済から仏教が初めて伝えられた年だ。つまり、この仏像は、『日本書紀』が伝える日本で作られた最古の仏像である。

光を放つ樟を手に入れたとき、欽明天皇は二軀の仏像を造らせた。『日本書紀』は、その理由を特に記さない。そのことは逆に、光るという奇跡を見せる木材は当然仏像にすべきである、という考え方のあることを示しているだろう。光を放つというのは、仏像が示す典型的な霊験である。光を放つ特殊な素材で仏像を造ることにより、霊験を示す仏像を得ることができるという期待感がここにはある。

素材と霊験の関係は、『十一面神呪心経』(唐玄奘訳)でも説明されている。経典には、「もしこの神呪(十一面神呪)を成立したいと欲するならば、まさに先ず堅好にして無隙の白栴檀香をもって観自在菩薩像を刻み作るべし(2)」とある。この一節について、唐の慧沼によるこの経典の注釈書『十一面神呪心経儀疏』(以下、儀疏)は、「もし観世音を必ず白檀木像に依って作るならば、瑞応を現すなり(3)」と注記している。「瑞応」とは、像が動き、声を出すという奇跡を指している。つまり像が示す霊験である。白檀を用いて仏像を作るのは像が霊験を起こすことへの期待があるからである。

「瑞応」の文字通りの意味は、「めでたいしるし」である。『儀疏』が、「行人の心の誠・行人の願の強盛なこと・菩薩の願の重さが引き起こす」と説明するように、「瑞応」とは、人の祈りに観音が応えたしるしである。「霊験」の意味もこれとまったく同じで、人の祈りに応えて起きる「霊妙なしるし」である。特殊な素材によって仏像を造るのは、像が祈りに応えることを期待するからである。

霊験を期待して仏像を造った後、欽明天皇は、仏像を吉野寺に安置した。吉野寺とは比蘇寺、つまり今の世尊寺のことである。吉野川北岸の丘陵地にある吉野寺は、間違いなく山寺である。つまり、この仏像は日本最古の木彫仏であると同時に、日本最初の山寺の仏像ということになる。

欽明天皇は、新造なった仏像を、自らの居処(磯城嶋金刺宮、桜井市金屋付近)から遥かに離れた吉野寺に置いた。そこに格別な意図があったことは間違いない。想定されるその理由は、そこが仏像を安置するにふさわしい土地だったということであろう。

ここで比蘇寺の地形を見てみよう(図1)。寺地は北と東西を山が囲み、南方が開けている。北方の山と東西の山がつくる谷からは川が南方へ流れ、寺地の南方で合流し、さらに南流する。この地形は、一般に知られている風水思想

図1　比蘇寺地形図

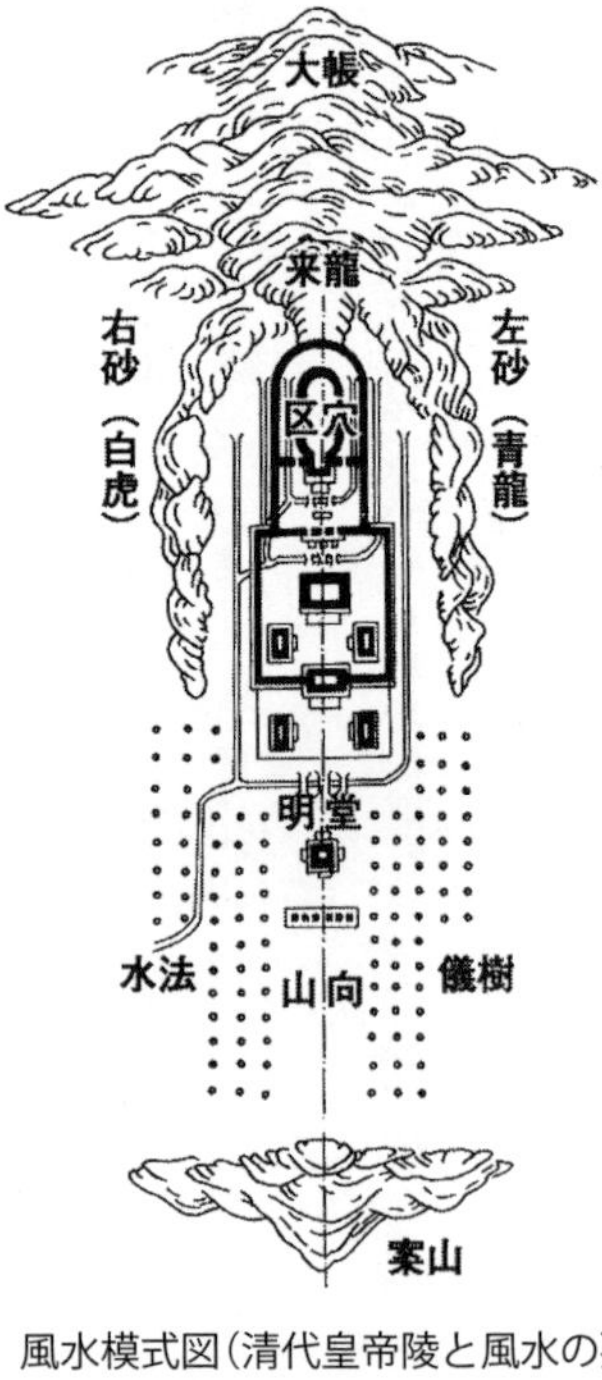


図2　風水模式図（清代皇帝陵と風水の要素）

に見事に適ったものである。試みに「風水模式図」[4]（図2）と比較すると、寺の背後の山は大帳から来龍に、東西をとりまく山は左砂と右砂に、その間の谷が水法にそれぞれあたることがわかる。最初の山寺である吉野寺とは、中国伝来の風水思想によって選ばれた土地の寺なのである。

ここから、山寺の造営には、地形が重要な条件となっていることが浮かび上がる。すでに見たとおり、放光する素材を得たとき欽明天皇が仏像を造った理由は、仏像が霊験を起こすことへの期待にあった。霊験を期待された仏像は、風水に適った山寺に安置された。ここから、風水に適う理想的な山寺には、「霊験の起きやすい寺」という意味合いが具わっていることが見えてくる。

## (2)「勝地」を求める精神

山寺とは何かという問題を考える上で、「霊験」の問題は本質的である。霊験と土地の関係について考える上で参考となるのが、「東大寺桜会縁起」[5]だ。これは、承和十三年(八四六)に、東大寺法華堂でおこなわれた法華会の表白と考えられている。法会の初めにその趣旨を三宝と会衆に告げる表白にふさわしく、「桜会縁起」中には、像、土地、建物などを賛嘆する言葉が続いている。

「桜会縁起」はまず冒頭で、「落山宝殿」つまり補陀落山の宝殿を荘厳し、「鷲峯妙典」つまり『法華経』を講ずると述べる。ここからこの法華堂が補陀落山の観音宝殿に擬されていることがわかる。さらに、対句表現を多用しながら、土地と堂を讃嘆する言葉を連ねる。それらは、「浄名の方丈」、「窮子《ぐうし》の草菴」、「神仙の遊処」、「羅漢の住処」というものだ。「浄名」は維摩居士、「窮子」は『法華経』信解品に出る清貧の人物で、そのような存在が、神仙、羅漢とともにいる場と見なされている。

そして、その土地に対して、「近処の天」は紫雲で覆い、遠敷の神が香水を生じさせたとする。「近処の天」は人界に近い天という意味なので須弥山の諸天(地居天)を指しており、また、遠敷の神は若狭の神である。

つまり、法華堂という場は、補陀落山という意味を基本としながら、居士、清貧者、羅漢、神仙、天、神が行き交い集う場所というイメージの中にある。そのうえで、「桜会縁起」は、この場を「国中の勝地、天下上所、此に過ぎるは有らん哉」として最上の「勝地」であると称えるに至り、最終的にこの場の意味について言及する。

それを示すのが、「禅礼念観すれば、諸の妨難無く、誦咒読経すれば、霊験得易し」という一節である。禅定、礼仏、念仏、観想をおこなうに際しては妨げるものがなく、誦呪読経によって「霊験」が得やすいとしているのだ。「桜会縁起」は、末尾の「然れば則ち、御願は、遍照如来、影向して臨を照らし、観音正聖、応現して誠を証せむことを」という一節で、この場で期待されている霊験の内容を具体的に示している。それが、すなわち、遍照如来つまり盧舎那如来が影向し光を発することと、観音が応現し法会に参集している者の誠を証明してくれることである。

霊験は仏菩薩が起こす奇跡であり、それは人間からの働きかけによって起きる。霊験を期待する者にとってよい土地とは、人間がするおこないにとって妨げがない土地である。よい土地は、よい祈りをもたらすゆえに望まれるのである。それが「勝地」である。勝地において霊験が起きるのは、よい祈りができるからである。霊験を期待する者が「勝地」を望むのはそのことが理由なのだ。

## 2　補陀落山としての山寺

### (1) 現世としての補陀落山

『華厳経』(六十華厳)巻第五十の「入法界品」[6]によれば、観音は、南方海上の光明山の西阿に住し、金剛宝座に結跏趺坐している。光明山の光景は、流泉浴池があり、林木は欝として茂り、地草は柔軟であるという。無量の菩薩が観音を恭敬して囲遶し、観音はそのために大慈悲経を演説し、普く衆生を摂取している。観音のいる光明山すなわち補陀落山は、閻浮提の南方の海上にある、現世の山である。それゆえ、善財童子はそこを訪れることができる。

一方、『観無量寿経』には、観音菩薩は、勢至菩薩とともに極楽浄土で阿弥陀の隣に侍立すると説かれている。[7]極楽浄土は、閻浮提とは異なる仏土であり、人はそこに現身のまま往くことは出来ない。観音はこのように、極楽浄土と補陀落山という二つの異なった世界に住所がある。

観音のこの二つの住所の関係は、東大寺大仏殿に懸けられていた東西の大曼荼羅を見ることから了解できる。大仏殿の東曼荼羅は、天平勝宝六年(七五四)に発願され、天平勝宝九年の聖武天皇の一周忌に合わせて装飾が加えられたものであり、西曼荼羅は、孝謙天皇が母光明皇后のために造った不空羂索観音像である。これらの曼荼羅は残念ながら現在は失われてしまったが、『東大寺要録』巻八には、その左右縁に書かれていた銘文が載っている。

東曼荼羅の左縁文には、「窃《ひそか》に以へらく、至道は無形にして、神通に縁じて万域を利し、実相は測るに非ずして、方便に託して四流を済《わた》す。是に以へらく、神は極楽の区に疑し、跡は補陀の岫に降る」という一節がある。これは、観音の性質を、「真理に達する道は形がないものなので、不可思議で自在な力をよりどころにしてあらゆる場所を利益する」、「真実の本性は推し量ることができないものなので、衆生を救うための巧妙な手段によって四つの煩悩の激しい流れから救う」とした上で、観音は、「かたちなき霊妙な存在を極楽に定め、救いの姿が補陀落山の頂に降りている」とする内容である。

一方、西曼荼羅の東縁文には、「その住たるや西方極楽に在りて、阿弥仏に奉侍す。その神たるや無量無数の生品に随いて、大慈大悲を布延す。或いは一十一面を現し、或いは千手千眼を現す。乃ち観自在と名づけ、乃ち観世音と名づく。また馬頭と称し、不空羂索と称す。所以は、至願有れば則ち感ぜざる所なく、至信有れば則ち応ぜざる所なし」とあり、「観音の住所は極楽で、阿弥陀如来の傍らに侍しており、その霊妙な精神は無量無数の衆生に随って慈悲を布き延べる」とした上で、十一面、千手、観自在、観世音、馬頭、不空羂索という名をもって、観音自身の誓願と衆生の至信によって感応をあらわすとする。さらに、「縁に随いて異なると雖も、その実は一なり」と述べ、衆生の機縁に随って姿は異なっていても、その実はひとつであるとしている。

この両者は、観音の神（霊妙な精神）は自在であり、縁に随ってさまざまな姿となって衆生を救済するという共通した内容を示している。二つの内容から、草創期東大寺の観音理解は、「実体は一つである観音は、神を極楽に留め、さまざまな姿となって現世の山である補陀落山にあらわれている」というものであることがわかる。このように、奈良時代の人々は補陀落山を極楽浄土の観音が降りてくる現世の場所であると考えていた。

図３　伽藍山

## （２）石山寺と観音像

石山寺は、琵琶湖南岸の岩山、伽藍山にある典型的な山寺である（図３）。天平末年頃、石山寺は建立された。正倉院文書によれば、はじめは、間口五丈、奥行き二丈、高さ一丈一尺の檜皮葺きの仏堂と少しの板屋があったにすぎなかった。[8] その後、天平宝字五年（七六一）から六年にかけて、寺は大きく拡張された。

石山寺のある伽藍山は、琵琶湖の南端に聳えている。このロケーションは、『華厳経』が、補陀落山は閻浮提（現世）の南方の海上にあるとすることによく合致する。石山寺は補陀落山に見立てられた山の寺とみることができる。

石山寺の草創にまつわる伝説は、創建時からは下がる後世の史料に述べられている。まず、『三宝絵』（源為憲撰、永観二年・九八四）下巻「東大寺千花会」[9] には、聖武天皇の大仏造立にまつわって石山寺が始まったとする話がある。大仏は完成したが、日本には金がなく飾ることができないので、金峰山の蔵王権現に祈ったところ、蔵王権現は、「この山の金は弥勒の世のためのもので、私はただ守っているだけである」とこたえた。その続きが、次の一節である。

近江ノ国志賀郡ノ河ノホトリニ、昔、翁ノ居テ釣セシ石アリ。其上ニ如意輪観音ヲツクリスエテ、祷リ行ナハシメ玉へ。トアリ。スナハチ尋求ルニ、今ノ石山ノ所ヲエタリ。観音ヲツクリテ祈ルニ、ミチノ国ヨリハジメテ金出来ヨシヲ申テタテマツレリ。

「志賀郡の河のほとりに翁が釣りをする石があるから、如意輪観音をつくりそこに据えて祈れ」と蔵王権現は告げた。その結果石山が見いだされ、観音を造って祈るとみちのくから金が出たというのである。『三宝絵』は石山を補陀落山と呼んではいないが、石の山の上の観音というイメージには、補陀落山観音の姿が投影されていることは間違いないだろう。

さて、さらに時代の下がる「石山寺縁起」(石山寺蔵、重要文化財、正中年間〔一三二四〜二六〕)の詞書ではよりイメージ豊かに、観音像と土地が描写されている。石山寺の風景を描写することばを見てみよう。

まず、蔵王権現による良弁僧正への夢告には、「近江国志賀の郡、水海の岸の南に一の山あり。大聖垂迹の地なり」とある。水海の南の山は、大聖つまり観音の垂迹の地であるというのだ。良弁は夢告に従いその山を訪ねると巌上で釣りをする老翁に出会う。良弁がここに霊所はあるかと問うと、老翁は「この山の上に大なる巌あり。八葉の蓮花の如し。紫雲つねに棚引きて瑞光しきりに輝く。観音利生の砌、地形勝絶の境なり」と答えた。さらに、古老の伝える言葉によれば、「山の半腹に八葉の巌石あり。奇雲なびき下りて帯をなせり。誠に大聖垂跡の勝地なりといへり。見れば前に池あり。八功徳池の流を受けて弘誓の深き法《のり》を教へ、後に山あり補堕(陀)落山のかたちを表すものなり」と言った。

ここにあらわされる石山寺の風景は、次の四点の内容にまとめられる。

①水海の南の山
②観音垂迹の地、観音利生の砌
③山上または山腹に八葉の巌がある。
④前に八功徳池の流れを受けた池がある

①は、すでに見たとおり『華厳経』がいう補陀落山の地理に対応する内容である。古老の伝えの中でも石山は補陀落山のかたちをあらわすと直截に述べられている。②は、奈良時代以来の補陀落山の意味、つまり極楽の観音が現世に下りてくる場所という内容をあらわしている。観音が下りてくるのは衆生を救済するためである。「利生の砌」とはその意味だ。③もまた石山が補陀落山であることを示している。『不空羂索神変真言経』「出世解脱壇像品」は、補陀落山は九つの嘴よりなり、中央の嘴は円く平らであると説明する。(10)八葉の巌というかたちはこれを踏まえている。補陀落山は八つの岩塊からなるというイメージがあるのだ。

そして、④は、石山寺が臨む琵琶湖を称える言葉である。ここに出てくる「八功徳池」とは、甘い・冷たい・輭《やわ》らかい・軽い・清浄・無臭(不臭)・飲むとき喉を損じない・飲み終わって腹を痛めない、という八つの功徳を持った

図4 「石山寺縁起」巻一

水（八功徳水）の池のことである。この八功徳池は、『華厳経』が描写する補陀落山の光景中に出ては来ないが、『不空羂索神変真言経』巻第一「母陀羅尼真言序品」には、補陀落山には無量の宝池・泉沼があり八功徳水がそこに満ちているという描写がある。[11]「石山寺縁起」の詞書はこれを踏まえて、補陀落山に八功徳池があるとしているのである。

　このように石山寺の風景は山と水に彩られた補陀落山の光景をイメージするものとして捉えられている。それを具体的に絵画化しているのが、「石山寺縁起」の風景だ。絵巻を繰っていくと琵琶湖の水景の先に山が列なっており、その先に、八葉蓮華を象った岩塊が表現されている（図4）。これが、経典の描写を踏まえた補陀落山の具体的イメージなのだった。

## 石山寺観音像の特色

　石山寺の観音像は天平宝字五年（七六一）に造られた。当初像はすでに失われたが、正倉院文書は、その制作過程を正確に教えてくれる。

　　造り奉る埝の観世音井（菩薩）一軀 高一丈六尺 儀御坐

宝字五年十一月十七日始め奉り、六年七月五日埝了んぬ
二月十五日舎利を御身に入れ奉る
七月八日始め奉り、八月十二日彩色了んぬ、
神王二柱並びに磯坐　各高六尺埝并彩色は廾と共に作し奉り了んぬ[12]

図5　観音菩薩坐像　石山寺

石山寺創建時の観音像は、「埝」つまり塑像の丈六像である。塑造作業は、天平宝字五年（七六一）十一月十七日に開始され、翌年の七月五日に終了した。この間の、二月十五日には舎利を御身に納入したという。七月八日からは彩色作業が始まり、八月十二日に終わった。両脇侍として、神王二軀が造られ塑造と彩色の作業は観音菩薩像と同時進行でおこなわれた。

この史料により、石山寺観音像には、この時代の他の観音像には見られない顕著な特色のあったことがわかる。その第一は、磯座に坐すことである。磯座とは磯にあるような岩を象った台座のことだろう。現在の再興像（図5）が岩座の上に蓮華座を置く形式となっているのに対し、この文書では、単に「礒御坐」となっている。ここから、当初像は直接岩を象った台座の上に坐っていたと考えられる。

もう一つの特色は舎利が納入されたことである。舎利は塑造作業が終了するかなり前の二月に納入されている。このことは、

この時期でなければ納められない場所に舎利が納められたことを意味しよう。つまり、像内の中心部に舎利は納められたと想定される。

この二つの特色はいずれも、これ以前の仏像においては知られていない。つまり、石山寺観音像は、はじめから特殊な仏像として造られたのだ。では、その意図とはなんだろうか。

まず磯座(岩座)の意味である。通常、観音像は蓮華座上に立つ。これは、観音の住所が極楽浄土であることに由来すると見て差し支えない。そうであれば、蓮華座ではなく岩座にすることの意味は、この観音の居場所が極楽ではなく、補陀落山であることを積極的にあらわそうとする点にあったことは間違いない。

では、舎利を籠めることの意味は何か。石山寺観音は塑像である。塑像の材料である土は、いわばどこにでもあるもので、吉野寺の放光仏の樟のように、それ自体が特別な意味を担った素材ではない。一方、舎利は「真身」と称されるように、(13)本質となる仏身に擬されるもので、それ自体がさまざまな奇跡を引き起こす。造像者たちは、舎利を像に納入することで、土の像をより高次な存在へと転換しようとしたと考えられるだろう。

このように考えることで、吉野寺の放光仏と石山寺の観音像とは、木彫像と塑像という素材の違いを超えて同じ意味を持った仏像と見なすことが可能となる。つまり、石山寺観音像もまた、霊験を求める精神が造った仏像と見るべきなのである。

そのような仏像が補陀落山に見立てられた石山寺に置かれた。石山寺は、補陀落山であることで、観音の降臨する現世の山となった。霊験を期待する精神が、この世の補陀落山としての山寺を求めたというべきだろう。石山寺は、古代の人々のイマジネーションが生み出した山寺なのだ。

## (2) 長谷寺と十一面観音像

### 霊験山寺の地形

石山寺と並ぶ、初期の霊験寺に、長谷寺、壺阪寺がある。『続日本後紀』承和十四年(八四七)十二月丙辰条には、「大和国城上郡長谷山寺、高市郡壺坂山寺は、元来の霊験の蘭若なり」とある。この両寺は古来の霊験寺として併称されていた。

その後、『三代実録』仁和元年(八八五)十月三日甲寅条には、「大和国霊験山寺は、長谷・壺坂の両精舎有り。並びに灯分の稲有りて、国司に付して出挙す。但し子嶋山寺に至りては、凡その霊験は彼両寺の亜なり」という記事がある。子嶋寺について述べる記事の中に、長谷寺と壺阪寺が引き合いに出されている。大和国の霊験山寺は長谷寺・壺阪寺だが、子嶋寺の霊験はこの両寺に次ぐというのだ。このように、大和国の霊験山寺といえば、まず長谷寺と壺阪寺があがっている。

この両寺は、今日、観音の霊験寺として著名だが、ここで注意するべきは、これらの記事中には観音についての呼称が見えないことだ。「東大寺桜会縁起」で確認したように、よき祈りがかなう場において霊験は起きるという考え方があったことを踏まえれば、まず霊験は、仏像に対してではなく、寺地に付随して意識されていたことをここから窺うことができる。

「桜会縁起」にあるとおり、霊験が起きる場所は「勝地」である。『続日本紀』天平十九年(七四七)十一月己卯条の国分寺の建立を督促する詔に、「国司、使と国師と与に、勝地を簡び定め、勤めて営繕を加ふべし」とあるように、勝地は選ばれるものである。とすれば、「勝地」を選ぶときの条件とは何だったのかが問題となる。

そこで、壺阪寺と長谷寺のある土地を見較べてみると、両者は基本的によく似た景観の中にあることに気付かされる(図6・図7)。両寺とも、稜線が両側に屏風状に広がって作る浅い湾が寺地であり、その中央の高所に観音を安置する本堂はある。

すでに比蘇寺の例に見たとおり、中国伝来の風水思想が、山寺の寺地を選ぶ場合の基準となっていた。来村多加史氏による古代日本の古墳の地形についての研究(14)によれば、古墳もまた、いくつかのバリエーションはあるものの基本的には風水思想によって選地されていることがわかる。来村氏の示す地形のバリエーションのうち、谷の奥の斜面に古墳が築かれる「谷奥部密着型」が、長谷寺・壺阪寺の地形には近い。長谷寺の地形は、この型の例である牽牛子塚

図6　壺阪寺景観

図7　長谷寺景観

図8　牽牛子塚古墳景観

古墳の地形（図8）とたいへんよく似ているのである。

古代日本においても、風水思想にもとづいて地形を読むという伝統があった。したがって、勝地は地形を読むという方法で選ばれたことは確かだろう。長谷寺と壺阪寺は、霊験の山寺として最初に史料に登場する寺である。その二寺に共通する景観こそが、当初日本で意識された理想的な山寺の地形を示していると考えられる。

### 長谷寺十一面観音像の素材とかたち

長谷寺の縁起には諸本があるが、十一世紀までのものには大きく二系統がある。(15)『三宝絵』（永観二年・九八四）巻下「長谷菩薩戒」と、『扶桑略記』（十一世紀末から十二世紀初めに成立）神亀四年三月三十日条が「縁起文」として引用するのがそれである。このうち、『三宝絵』所収の内容が最も古い。そのストーリーを確認しよう。

昔、大水が出て流出した大きな木が近江国高嶋郡の三尾が崎で祟りをなした。それを聞いた大和国葛城下郡の出雲の大水は、「願くばこの木をもって、十一面観音に造り奉らん」という願を発した。しかし、運んで行くべき縁故がないので、空しくもとの里に帰ったが、しばしばお告げが示されたので、人を伴って、再びかの木のもとに行った。木は大きく、人が少ないので、いたずらに見るだけで帰ろうとしたが、試みに綱を付けて引き動かすと、軽く引けた。道に遇う人は皆不思議に引きつけられ、力を加えて共に引いた。遂に木は当麻の里に至ったが、大水は死んだ。その後、八十年が経ち、再び祟りが起き、郡司や里長らは、大水の子宮丸を喚んでこの木を動かすように責めたが、宮丸ひとりでは遠ざけることはできない。そこで、郡里の人が共に、磯城上の長谷河の中に引き捨てた。

三十年が経ち、沙彌徳道がこの事を聞き、「この木は必ず霊験があるだろう。十一面観音にお造りしよう」と思い、養老四年に、今の長谷寺の峰に移した。徳道の力ではすぐに造ることは難しく、悲嘆して、七八年の間、この木に向って「礼拝威力、自然造仏」といって額ずいた。すると、元正天皇が思いがけず恩を下さり、藤原房前の大臣は自ら力を加えて、神亀四年に像を造り終った。高さは二丈六尺である。徳道は、神が北の峰を指して「あそこの土の下に大きな巌がある。掘り顕してこの観音を立て奉れ」と言った夢をみた。覚めて後に、方八尺で表面が平らな石を掘り出し、その上に像を立てた。

図９「長谷寺縁起絵巻」（六巻本）
本尊十一面観音像　長谷寺

ここには、霊験像が具える条件が象徴的に示されていると考えられる。出雲の大水が祟りをなす木の存在を知ったとき仏像を造ると発願したのは、光る樟を得たとき仏像を造ることを命じた欽明天皇の行為と共通し、霊験像を得るための条件がまず素材にあることを示している。

一般に、長谷観音とはどのような像かを説明するとき、右手に錫杖をとることと四角い盤石座に立つという特徴が強調される(図9)。しかしながら、上に見た、古い系統の『三宝絵』の草創説話で述べられるのは、四角い石の上に立てられたという特徴のみであり、錫杖への言及はまったく見えない。

すでに見たとおり、石山寺観音が岩座の上に坐るのは、補陀落山にいるという意味をあらわすためである。長谷観音の盤石座という台座もまた、同様の意味を担ったことは間違いなかろう。長谷観音もまた、補陀落山の観音という範疇にあるはずだ。

ただ、この台座の意味はその範囲に留まるだけではなさそうである。なぜなら、徳道に石を掘り出し立てるように指示したのが神であるからだ。この盤石座には、岩座であるということともに、神が準備した台座という意味も含まれていると考えられる。この神に名はないが、文脈から長谷の山に坐す神と見てよいだろう。そこから、より踏み込んで解釈するならば、長谷観音は単なる仏教的な現世ではなく、神の許しを得た土地に降り立った観音という意味を含んでいると考えることができる。盤石座は、長谷観音のそのような意味を象徴する荘厳具なのである。

一方、錫杖は、後世長谷観音の持物として定着したものである。錫杖とは本来、行道する僧侶が毒蛇や毒虫を追い払うために音を鳴らしながら使う杖である。つまり、錫杖を持つことは、歩くという意味を像に与えることにつながる。地蔵菩薩がこの杖を持つのは、六道世界のどこにでも地蔵は自在にあらわれると考えられたことが背景にある。それと同様に、自在に動いて衆生を救済して欲しいという観音への期待から、この持物は長谷観音に与えられることになったに違いない。

長谷寺十一面観音像は、平安時代初期の『日本霊異記』下巻三縁に「泊瀬上山寺十一面観音菩薩」として登場し、沙門弁宗の祈りに応え、弁宗が借用した銭を船親王が償うという霊験を示しているように、九世紀初頭には、霊験像と見られていたことが確認できる。長谷寺もまた、霊験を求める精神が生み出した山寺の古例なのである。

## 3 『法華経』と山寺

### (1) 最澄の入山

延暦四年(七八五)七月中旬、最澄は、世間の無常、人間の盛衰に限りあることを心に観じて、比叡山に入った。時に最澄二十二歳。山林の寂静の地で弘誓の心に向かい合おうとしたのだった。山中に小さな庵を結び、蝉声、蛍火に交わり修行に励んだという[16]。

奈良時代以来、山林修業は、『養老律令』「僧尼令」第十三条[17]に基づいて、三綱(寺院の管理組織)、僧綱(僧侶集団の管理組織)、玄蕃寮(所管の役所)、あるいは国郡の役所の裁可を経て許される決まりがあった。したがって、最澄が独断で山に入ることはありえなかった。正式な手続きを経て、最澄は入山し、国家の管理下で山林修行をおこなったことは確かである。

最澄の入山の動機は、それからまもなく書かれたと見られる「願文[18]」に赤裸々にあらわされている。最澄は自らを、「愚が中の極愚、狂が中の極狂、塵禿の有情、底下の最澄、上は諸仏に違し、中は皇法に背き、下は孝礼に闕ける」者とみなし、それゆえ、絶対に背くことのない五つの誓願を発している。

〈その一〉我は、六根が清浄となり悟りに相似する境地（六根相似）に到達しないうちは、山を出るまい。

〈その二〉理を照らす心を得ないうちは、才芸をおこなうまい。

〈その三〉浄戒を具足することを得ないうちは、檀主の法会に参加するまい。

〈その四〉六根相似に到達し、般若の心を得ないうちは、世間的な仕事に従事するまい。

〈その五〉現在世で我が修した功徳は、ひとり己が身にのみ受けるのではなく、あらゆる者に普く施し、悉く皆に無上の菩提を得させる。


最澄は、徹底的な自己反省の心から山に入り、六根（五つの感覚器官と思惟）を清め、理を知り、浄戒を具え、般若（最上の智慧）の心を持った菩薩となることを、切実なまでに誓ったのである。

### （２）最澄の思想と薬師如来像
### 最澄の自己意識と薬師如来像

このとき、最澄は、一軀の薬師如来像を造ったという。このことは、弟子仁忠の著した最澄の伝記『叡山大師伝』[19]には出ていないが、仁和二年（八八六）の太政官符[20]は、最澄が薬師仏像を造って東塔院に安置したと伝えている。最澄が入山したとき、まず帰依したのが薬師如来だったことは確かだろう。

「願文」に述べられた自己意識を踏まえれば、最澄がなぜ薬師如来に帰依したのかが推察できる。最澄は、徹底して自己否定をおこなっている。自分を負の状態にある者と見なしているのである。玄奘訳の『薬師瑠璃光如来本願功徳経』(以下、『本願薬師経』)[21]を確認すればわかるとおり、薬師の発した十二の大願は、特に負の状態にある者を積極的に救済しようとするものである。最澄の自己意識は、まさに薬師によって救済されるべき者のそれに相当する。

その上で最澄は、理を知り、浄戒を具え、般若の心を持つと誓っている。これは、薬師の大願のうち、第二願の「開暁を蒙る(知識を完全にさせる)」、第四願の「菩提道に安住させる」、第五願の「三聚戒を具させる」、第九願の「正見に導く」などに対応する祈願と見ることができるだろう。薬師如来こそが、最澄の自覚にふさわしい尊像と映ったことが想定されるのである。

## 最澄の戒律観と薬師如来像

最澄は願文の第三において、「浄戒を具足する」ことを誓っている。天応から延暦年間ころに書かれた、善珠の『本願薬師経鈔』[22]は、特に第五願を重視して、薬師如来の「懺悔の力」と「持戒の功」の効能について説明している。[23]最澄の薬師への期待は、善珠の薬師信仰と通じると言えるだろう。

最澄が、後年、大乗菩薩戒壇の設立に邁進したことはよく知られている。最澄は、鎮護国家の実をあげるには、純粋な大乗の僧を養成する必要があり、そのためには、南都でおこなわれているように、小乗の具足戒を受けた後に大乗菩薩戒を受けるのではだめで、最初から大乗菩薩戒を受戒させなければならないと考えていた。比叡山に新たな戒壇を設立しようとしたのはそのためである。最澄は、設立に反対する南都の僧侶への反論として、弘仁十一年(八二〇)二月二十九日、『顕戒論』を朝廷に奉った。この著作の中で、最澄が依拠しているのが、『梵網経』の大乗菩薩戒である。

それゆえ、最澄が入山当初に具足したいと願った「浄戒」もまた、『梵網経』の大乗菩薩戒であると考えられよう。

したがって、最澄が造った薬師如来像は、唐招提寺金堂において盧舎那仏の隣に安置され、持戒のための役割を担ったと考えられる薬師如来像と同様、『梵網経』の菩薩戒を授ける役割を担っていたことは、まず確かだといえるだろう。

最澄が比叡山に入ったのは、善珠が『本願薬師経鈔』を書き、唐招提寺金堂に薬師如来像が造られたのとほぼ同じ頃だ。自らを底下とみなし、その自己否定を転じて大乗の菩薩となろうとする最澄が、導き手となるべき尊像を薬師如来であると考えたのは、この時期の薬師への信仰が特に持戒と関わるものだったことと深く通じている。

**像法の時代を救う薬師如来**

永観二年(九八四)に、源為憲が書いた『三宝絵』によれば、最澄は、「「像法の時を救い給え」として手ずから根本中堂の薬師如来像を造り、「妙法の道を開かん」と誓って懇ろに天台の智者大師の跡を広めた」という(下巻「比叡の懺法」)。最澄自身が書いた文章の中に「像法」のために薬師如来像を造ったという言葉は見えないが、最澄が自らが生きている時代を、像法の終わりと認識していたことは最澄の著作である『守護国界章』[24]などに見えている。

『本願薬師経』を見ると、薬師如来に像法のときの救済を願ったという『三宝絵』の書きぶりには十分な理由のあることがわかる。なぜなら、『本願薬師経』は、そもそも、文殊菩薩が釈迦如来に、像法の時代の有情を救う方法を教えて欲しいと頼むところから始まる経典だからだ[25]。それに応えて釈迦は、薬師如来の存在を明かす。したがって、自らの時代を像法と意識していた最澄にとって、薬師如来はその時代の救済者としてふさわしい尊像でもあった。比叡山の薬師如来像のもう一つの意味は、確かにここにもあるのだ。

## (3)『法華経』と薬師如来像

### 禅行と薬師如来像

中国天台宗の開祖、天台大師智顗は、実践と修行の立場から『法華経』を解釈した『摩訶止観』において、禅行のための五種の条件(五縁)を示した。[26] それは、第一に「持戒清浄なれ」、第二に「衣食を具足せよ」、第三に「静処に閑居せよ」、第四に「諸の縁務をやめよ」、第五に「善知識に近づけ」の五つである。最澄の「世間的な仕事に従事しない」という第四の願文は、このうちの第四縁に対応したものであり、願文は、天台大師の五縁を踏まえていることがわかる。それゆえ、最澄は入山以前から、天台教学の学習をおこなっていたと考えられている。

『叡山大師伝』は、最澄は、「乱れた街」(憒市)を出離して、寂静の地を尋ね求めて比叡山に入ったと伝えている。これは、五縁のうちの第三「静処に閑居せよ」にちょうど対応している。願文にはっきりと書かれてはいないが、最澄が山に入ったのは、天台大師の第三縁に基づき禅行にふさわしい場所を求めてのことと想定される。[27]

最澄が薬師如来を造ったときの様子を、『扶桑略記』延暦七年(七八八)条は、やや詳しく描写している。それによれば、最澄は、「二十二歳の時、比叡山に根本中堂一乗止観院を建立した。後に寺号を延暦寺と改めた。匠を雇わないで、自ら等身の薬師如来像を造った。一彫りごとに涙を落とし、六道の衆生を顧みては幸いを祈った」という。

最澄が比叡山に建てた堂は「一乗止観院」であり、薬師如来像はそこに安置された。「一乗止観院」とはその名の通り、天台大師の『摩訶止観』に基づき、「止観」つまり禅行をおこなう堂である。したがって、この薬師如来像には、禅行のための「静処」に置かれた仏像というもう一つの意味があることがわかる。『摩訶止観』は、禅行のための三種類の好処のうち最上の場所を「深山遠谷」と述べている。比叡山は、最澄の真摯な精神が自ら求めた好処であり、「深山遠谷」に相当するものだったことは間違いない。薬師如来像は、そのような山寺に置かれた仏像なのである。つまり、この像は、山にあることでその意味を正しく発揮する、『法華経』に基づく禅行のための仏像だった。

一乗止観院法華講会

入山から十三年が経った延暦十七年(七九八)、最澄は比叡山において法華十講を始めたと伝えられている。これは、後の恒例行事、比叡山霜月会の始まりとされるできごとだ。そして、その三年後の延暦二十年十一月中旬に、最澄は、勝猷・奉基・寵忍・賢玉・光證・観敏・慈誥・安福・玄耀などの南都の十僧を一乗止観院に招待し、『法華経』についての講義をおこなわせた。

『三宝絵』によれば、霜月会は天台大師の忌日(十一月二十四日)にあわせておこなわれた行事である(下巻「比叡霜月会」)。延暦二十年十一月中旬に南都の大徳を招へいしたこともまた、天台大師の忌日を期して『法華経』への理解を深めようとする意図からだったに違いない。『摩訶止観』に基づく一乗止観院は、その会場としてまことにふさわしい。薬師如来像はこの堂に安置されていたのである。この光景は、「手ずから根本中堂の薬師如来像を造り、天台の智者大師の跡を広めた」という『三宝絵』の書きぶりをまさに体現していると言っていいだろう。一乗止観院の薬師如来像は、天台大師の創始した『法華経』に基づく実践と深く結びついた仏像だったのだ。

## (4) 薬師如来像の素材とかたち

霊木で造られた薬師如来像

さて、最澄の薬師如来像は木彫像である。木彫の薬師如来立像は、奈良時代後半に唐招提寺においてまずあらわれる。最澄の像は、その系譜を引く仏像と言ってもいいだろう。

木彫像にとって、素材となる材木には特別な意味がある。奈良時代から平安時代初期の木彫像がほぼすべてカヤ材で造られていたことは近年の研究によって明らかになった。[28] この現象は、早くに指摘されたとおり、[29] カヤが白檀の代用材という役割を果たしていたことに由来している。『十一面神呪心経儀疏』に見たとおり、白檀を特別視するのは、仏像に霊験を期待する意識からである。また、吉野寺の放光仏の例のように、樟を特別視する意識から、飛鳥時代の木彫像はほぼ樟で造られた。

最澄の薬師如来像の素材についても、比叡山の中では特別な信仰があったことが、『叡岳要記』や『山門堂舎記』などに見えている。『山門堂舎記』[30] によれば、最澄は、比叡山中の虚空蔵尾の「自倒の木」を伐り、根本の材を用いて薬師如来像を造った。像を安置し、誓願して利生を祈ったところ、像は頭を揺らし、生きた仏のように衆生を救済することを承知したという。

この話が事実かどうかということが、ここでの問題なのではない。特別な木で仏像を造ることによって霊験が起きたというストーリーが比叡山の中で語り継がれていることこそが、重要なのだ。木彫像にとってその素材が信仰とどのように結びつくのかという大切なことをこの伝承は伝えている。この物語が付随することで、最澄の薬師如来像は普遍的な意味での木彫像となったと言うことができる。

平安時代には、仏像のほとんどが木で造られるようになる。平安時代は木彫像の時代であり、その意味で比叡山の薬師如来像は、その嚆矢となる事例なのである。

## 最澄自刻像の意味合い

木彫像であるゆえに、最澄が像を自ら造ったという話が可能となった。けれども、最澄が事実自ら仏像を造ったかどうかは確かなことではない。仁和二年（八八六）の太政官符は、「薬師仏像を造りて東塔院に安んじ、釈迦仏像を作りて西塔院に置く」と述べ、最澄が作ったのが薬師如来像のみとはしていないからだ。この書きぶりは、最澄は両像の願主だったと伝えているに過ぎないとみるのが自然だ。そうであれば、最澄が自ら薬師如来像を造った可能性は低そうである。

とはいえ、一乗止観院の薬師如来像は、最澄自刻像と伝えられたことにこそ、重大な意味がある。このとき以前には見られなかった新しい仏像観がそこに含まれているからだ。

仏像の造り手とは、本来、かなえたい願いを抱いた者である。願主と呼ばれる彼らは、願いをかなえるために、造像を発願する。仏像を造ることは作善なので、その功徳として願いはかなう。法隆寺金堂釈迦三尊像の造り手は、上宮法王（聖徳太子）の冥福と彼ら自身の到彼岸（悟りに到ること）を願い造像をおこない、聖武天皇は、国家の災いが止み、平和が訪れることを願って、東大寺大仏を造った。もちろん、この場合の「造った」は、願主が自ら手を下したことを意味しない。法隆寺金堂像は願主の依頼を受けて止利仏師が製作したのであり、東大寺大仏は、聖武天皇の命を受け、国中連公麻呂を長官とする造東大寺司造仏所がその構想を実現した。奈良時代以前、願主と製作者が違うことは当然なのであり、それが一致する必要はなかった。

比叡山の薬師如来像の場合は、わざわざ「匠を雇わず」造られたと説明されている。この像は、最澄自身が造ったものでなければならなかったのだ。なぜなら、その一鑿一鑿に最澄の涙と衆生を思う心が籠もっているからである。祖師が自ら仏像を造ったとされたことの意味は、祖師を崇敬する者たちが、祖師の思いを仏像の表現に見るというあり方が生まれたことを示している。比叡山の薬師如来像は、そのように見なされた最初の例なのである。それゆえ、この像は、比叡山において最重要の仏像となったのだ。

これまで述べてきたように、比叡山の薬師如来像には、奈良時代から展開し、平安時代に一般的になる仏像の特色があらわれている。平安時代の幕開けを告げる仏像だった。

**比叡山薬師如来像のかたち**

この薬師如来像は、残念ながら現存しないが、『叡岳要記』[31]や『山門堂舎記』など、比叡山延暦寺の寺誌は、五尺五寸の木造の立像だったと伝えている。そして、当初は素地のままの素木像だったが、最澄の遺言により初代天台座主義真が、肉身を金色に、着衣を彩色にしたという。

また、その姿については、特に印相をめぐってこれまでしばしば問題にされてきた。『溪嵐拾葉集』[32]などの比叡山の事相書が述べるそのかたちは一定せず、左手を胸前に仰がせて置き、右手をそれに近づける智吉祥印とも、施無畏与願印ともされてきたからである。しかし、これについては、近年、津田徹英氏が、印相を詳しく記録している史料を新たに見出したことでほぼ決着した。[33]鎌倉時代に天台座主だった慈円が、

図10 中堂像 『覚禅鈔』巻三「薬師法」

図11　薬師如来立像　法界寺

根本中堂薬師如来像を実見した口述を慈賢が書き留めた『四帖秘訣』第二帖の「中堂事〈元久二年十月二日午刻叡山東塔在諸堂焼失事〉」がそれである。

　この史料によれば、像の印相は、「右手は親指を中指の背に近づけ、他の指は立て、左手はただ袖より差し出して、腕を身体につけ、掌を上に向け、五指を伸ばしてやや曲げ、指先を前方へ向けている」というものだった。これは、左手を下げる通常の施無畏与願印とは異なっている。それゆえ慈円にも奇異に見えたので詳しく語ったのだろう。『覚禅鈔』巻三「薬師法」に載る「中堂像」の図像[34](図10)は、右手の中指と親指を付けて立て、左手は前に突き出して仰向けていて、慈円が述べるとおりの形をしている。最澄の薬師如来像がこのような姿だったのは確かだと見られよう。

　比叡山の薬師如来像のかたちを伝える作例としてしばしば取り上げられてきたのが、法界寺の薬師如来像(図11)である。法界寺像は、日野資業が最澄作の仏像を胎内に納めて造ったという伝承を持つ薬師如来像だからだ。覆肩衣の上に袈裟を偏袒右肩に着けて立ち、肘を深く曲げて左手を突き出し、掌を仰向けて薬壺を載せ、右手は広げて前に向けている。右手の指を全部伸ばしているのが『四帖秘訣』のいうかたちとは違っているが、左手はそのとおりである。この像の姿も比叡山の薬師如来像と重なると見ていい。つまり、比叡山の薬師如来像の左手は薬壺を載せる手と同じかたちだったのだ。

## (5)一乗止観院薬師如来像の意味

以上のとおり、比叡山上にあらわれた、五尺五寸の木彫薬師如来像について、その特徴をいくつかの角度から振返った。まず最澄の思想との関わりから捉えられる意味を整理すると、次のようになる。

①負の自覚を持つ者がそこからの救済を願う対象
②『梵網経』の大乗菩薩戒を授ける仏
③像法の時代を救う仏

そして、四つ目として、次の点がある。

④『摩訶止観』の説く禅行のための好処である比叡山の「一乗止観院」に置かれた仏像。すなわち、『法華経』に基づく禅行のための仏像。

『法華経』自体が山中での修行を繰り返し説くとおり、山寺は、そもそも『法華経』と深く関わる場である。比叡山寺はそのような意味での典型的な山寺である。したがって、比叡山の薬師如来像の意味合いのうち、この『法華経』のための仏像という点が最も重要だと言っていいだろう。延暦二十年(八〇一)十一月、天台大師の忌日にあわせ『法華経』を講説する法会が薬師如来像の前で執りおこなわれたことも、この像の意味を確かに映している。

その後、比叡山の中で伝えられるうちに、この像には新たに次の意味が付加されていった。

①最澄が衆生を思い自ら刻んだ仏像
②比叡山虚空蔵尾の自倒霊木から造られた仏像

第一の点は、祖師が自ら造った仏像という新たな仏像観を体現している。それゆえ、この像は、祖師最澄と深く結びついた特別な仏像となった。第二の点は、飛鳥時代以来続く、木彫像への期待感と通じる普遍的な特色だ。特別な木材で作られたと語られることにより、この像は霊験像となっていった。

## おわりに

以上のとおり、三つの観点から、山寺と仏像について見てきた。これらの事例の背後にはいずれも、山を特別視する精神が存在している。稿中で用いた「勝地」という言葉が、その意味を端的にあらわすだろう。仏像は「勝地」に置かれる。しかしそれは、仏像にとって「勝地」が大事だからではない。人にとって大事だからである。人は仏像と関わろうとする意志を持っているゆえに、よい土地に仏像は置かれるのである。

山寺というテーマは、このように、そこにいる人間を見ないで語ることはできない。山寺と仏像という問題もまた、山寺にいる人間の問題として語られなければならないのだ。

仏像のある場所という問題に、筆者は長らく関心を寄せてきた。山寺は、仏像の場所のひとつの核心といっていい。その意味で、山寺をテーマとした本書に寄稿できたことを幸いに思う。

註

（1）なお、本稿の各節のうち1と2は、拙著『仏像—祈りと風景』（敬文舎、二〇一四年一月）の第1章と第2章で書いた内容の一部をまとめ直したものである。議論の詳細については、この拙著も参照いただきたい。

（2）『大正新修大蔵経』二〇巻一四一頁

（3）『大正新修大蔵経』三九巻一〇一一頁

（4）王其亨「清代陵寝地宮金井考」（『文物』一九八六—七）

（5）『東大寺要録』巻八、辻憲男「東大寺桜会縁起を読む」（『親和国文』33、一九九八年十二月）
（6）『大正新修大蔵経』九巻七一七～七一八頁
（7）『大正新修大蔵経』一二巻三四二頁
（8）福山敏男「奈良時代に於ける石山寺の造営」（『日本建築史の研究』桑名文星堂、一九四三年）
（9）馬淵和夫ほか『新日本古典文学大系31　三宝絵・注好選』（岩波書店、一九九七年）
（10）『大正新修大蔵経』二〇巻三〇四頁
（11）『大正新修大蔵経』二〇巻二一七頁
（12）『大日本古文書』一五巻二三六頁
（13）『広弘明集』巻十七「仏徳篇第三之三」所収、王邵「舎利感応記」（『大正新修大蔵経』五二巻二一三頁）
（14）来村多加史『風水と天皇陵』（講談社現代新書、二〇〇四年）
（15）大江篤「〈春日神〉造仏伝承の成立―〈稽文会・稽主勲〉造仏伝承の再生をめぐって―」（『御影史学論集』24、一九九九年十月）
（16）『叡山大師伝』弘仁十四年（八二三）（『伝教大師全集』第五巻　世界聖典刊行協会　一九八九年）
（17）『日本思想大系3　律令』（岩波書店、一九七七年）
（18）『日本思想大系4　最澄』（岩波書店、一九七四年）
（19）註16参照
（20）『類聚三代格』巻二、修法灌頂事
（21）『大正新修大蔵経』一四巻四〇五頁
（22）『増補改訂日本大蔵経』第九巻（日本大藏經編纂會、一九一五年）
（23）名畑崇「日本古代の戒律受容―善珠『本願薬師経鈔』をめぐって―」（『論集奈良仏教3　奈良時代の僧侶と社会』雄山閣、一九九四年）
（24）註18

(25)『大正新修大蔵経』一四巻四〇四頁
(26)『大正新修大蔵経』四六巻三五頁
(27) 田村晃祐『人物叢書　最澄』(吉川弘文館、一九八八年)
(28) 金子啓明・岩佐光晴・能城修一・藤井智之「日本古代における木彫像の樹種と用材観―七・八世紀を中心に―」(『Museum』五五五、一九九八年八月)、同「日本古代における木彫像の樹種と用材観Ⅱ―八・九世紀を中心に―」(『Museum』五八三、二〇〇三年四月)
(29) 鈴木喜博「栢木像と檀像彫刻」(『美術史』一〇七、一九七九年十一月)
(30)『群書類従』第二十四輯　釈家部
(31) 註30
(32)『大正新修大蔵経』七六巻八五二頁
(33) 津田徹英「書写山円教寺根本堂伝来 滋賀・舎那院蔵 薬師如来坐像をめぐって」(『仏教芸術』二五〇、二〇〇〇年五月)
(34)『大正新修大蔵経　図像部』四巻四一六頁

【図版出典】
1．国土地理院ホームページより、2．『文物』一九八六―七、4．『石山寺縁起』(日本絵巻大成18、中央公論社、一九七八年)、5．『観音のみてら　石山寺』展図録(奈良国立博物館、二〇〇二年)、9．『古寺巡礼奈良13　長谷寺』(淡交社、一九七五年一月)、10．『大正新修大蔵経　図像部』四巻、11．『古寺巡礼京都29　法界寺』(淡交社　一九七八年)

# 蔵王権現をめぐる諸問題

藤岡穣

## はじめに

蔵王権現は、金峯山を霊山と仰ぐ山岳信仰のなかで、金峯山に住まう霊尊として信仰を集めてきた。蔵王権現は、一般には、修験道の祖とされる役行者(六三四～七〇一)の金峯山での修行中に現れた尊像とされる。こうした説は平安時代末期に萌芽し、次第に脚色が加えられながら展開していった蔵王権現説話に基づくものであって、当然のことながら史実ではない。しかし、史実でないとしても、説話の成立自体が信仰の所産であり、信仰のなかで真実として受け入れられてきたことこそが肝要である。

筆者はこれまで、蔵王権現にまつわる言説を歴史的展開としてとらえることによって、蔵王権現がどのように成立し、展開してきたかを考察してきた。(1) 1．蔵王権現にまつわる言説とイメージは、その概要について項目を立てて整理したものである。2．蔵王権現をめぐるさらなる課題では、残された未解決の問題について雑感を述べるとともに、大峰山本堂で発見され、重要文化財指定を受けている二十六体の金銅製蔵王権現像の制作状況について、蛍光X線分析を含む調査結果に基づいて若干の考察を行いたい。(2)

## 1　蔵王権現にまつわる言説とイメージ

### (1) 蔵王権現の名称について(3)

「蔵王権現」の名称は、寛弘四年(一〇〇七)、藤原道長が金峯山(大峰山山上ヶ岳)の経塚に埋納した金銅製経筒の銘記「南無教主釈迦蔵王権現」を初出とする。ここでは釈迦が仮にとった姿とみなす点が注目されるが、その経筒に納めた長徳四年(九九八)書写の法華経奥書には「金剛蔵王」の名がみえ、蔵王権現が金剛蔵王、ひいては他の言説にみえる金剛蔵王菩薩あるいは蔵王菩薩と同体であることを証している。なお、この後、仁安三年(一一六八)造立の鳥取・三仏寺蔵王権現像の納入願文に「さう王権現」とあり、弘安六年(一二八三)の『沙石集』や南北朝時代の『太平記』においても「蔵王権現」の名称が用いられ、やがてその名が定着していく。

### (2) 蔵王権現の淵源(4)

承平七年(九三七)撰『醍醐寺根本僧正略伝』(以下、聖宝伝)によれば、聖宝(八三二〜九〇九)は金峯山に堂舎を建立し、如意輪観音と多聞天、金剛蔵王菩薩を安置したとされる。聖宝伝の内容は信憑性が高く、事実であった可能性が高い。一説に寛平七年(八九五)のこととされるが、『聖宝伝』の記載順序からも九世紀末のこととみられる。

金峯山の蔵王権現に関する言説は、次項に記すとおり基本的にフィクションであるが、そのなかにあって聖宝による金剛蔵王菩薩の造立安置は唯一ノンフィクションとみられる記事である。これこそが蔵王権現の淵源と思われるが、実はこの後間もなくその存在は伝説化されていく。逆に、聖宝によって安置された金剛蔵王菩薩は、如意輪観音、多聞天とともに以降の史料には一切見えず、その存在はむしろ秘匿されていったようである。

## （3）蔵王権現に関する言説の展開(5)

### ①中国から飛来

蔵王権現についての言説のうち成立年代が最も早いのは、醍醐天皇の第四皇子、重明親王の日記『吏部王記』である。その承平二年（九三二）二月十四日条に、貞崇（八六六～九四四）の説として、金峯山の金剛蔵王菩薩はもともと中国の金峯山に住み、山ごと海を渡ってきたこと、そして金峯山に住む龍を退治した霊力が記される。貞崇は聖宝より延喜二年（九〇二）に伝法灌頂を受け、聖宝に続いて醍醐天皇の護持僧とされた真言僧で、聖宝による金峯山の金剛蔵王菩薩造立を知っていたに違いないが、その貞崇が中国飛来説を語ったとする点が注目される。

### ②金峯山修行者の加護

十世紀半ば頃に成立したとみられる『日蔵夢記』には、天慶四年（九四一）に金峯山で修行し仮死状態となった道賢（九〇五～九六七?、後に日蔵と改名）の夢に蔵王菩薩が現れ、自ら釈迦の化身と名乗り、道賢を兜率天や地獄に案内し、あらゆる災禍の源が太政威徳天（菅原道真の怨霊）とその眷属にあることを教え、やがて道賢を蘇生させるという説話が語られる。夢に現れた蔵王菩薩は、太政威徳天さえ従える存在として、その霊威が強調されていることが注目される。

なお、この道賢に関わることとして、道賢が延長三年（九二五）に発願した銅製経筒が中国に伝わっている(6)。一九三九年に古美術コレクターの李泰棻が山西省の骨董商から購入したと伝えられ、一九六四年に中国歴史博物館の所蔵に帰することになったもので、「倭国椿谷椿山寺奉納三部経一巻為父母菩提敬白延長三乙酉年八月十三日道賢法師」

の銘がある。椿山寺とは今の吉野竹林寺のことで、道賢が剃髪した場所とも伝えられる。実は、後周・顕徳元年(九五四)成立とされる『釈氏六帖』に、日本僧寛輔からの伝聞として、金峯山の「金剛蔵王菩薩」は弥勒の化身であり、日本第一の霊威であると記されている。寛輔は、延長五年に中国商船に便乗して五台山参拝を目指した興福寺僧寛建一行の随員の一人であり、五台山への対抗意識から金峯山について語ったものである。寛建らの中国渡航は道賢の経筒発願から二年後にあたり、金峯山の霊威は道賢の経筒とともに中国に伝えられた可能性が高い。

長久年間(一〇四〇～四四)に鎮源が撰した『本朝法華験記』巻下「第九十三金峯山転乗法師」にも、蔵王権現による金峯山修行者の加護が伝えられる。金峯山住僧の転乗が法華経八巻の暗誦を志すも、第七、八巻の暗誦が遂げられず、それを蔵王大菩薩に祈願すると、夢に龍冠をかぶった夜叉形が現れて因縁を語り、ついに念願を遂げるという説話である。

**③大仏の鍍金**

永観二年(九八四)成立の『三宝絵』では、その巻下「東大寺千花会」に、東大寺大仏の鍍金のための金を金峯山の「蔵王」に願ったところ、金峯山の金は弥勒の出世時に用いるために護っており、代わりに石山寺に如意輪観音を造立し祈るよう告げられ、その加護によって陸奥国から金を得たとの霊験が語られる。一方では金峯山の修行者を加護する存在として語られる蔵王権現が、ここでは大仏造立に助力する、すなわち鎮護国家の尊像として位置付けられていることが注目される。そして、この伝承は保延六年(一一四〇)の『七大寺巡礼私記』では、良弁が蔵王権現に祈ったと脚色を増し、平安時代末期成立の『今昔物語集』では場面設定がより詳細になり、継承されていく。

**④金峯山における湧出**

聖宝によって金峯山に安置された尊像、そして金峯山に住んで修行者を加護し、あるいは埋蔵の金を護るという存在とされるのとは別に、蔵王権現が金峯山において湧出したという説話がある。『今昔物語集』にみえる、役行者が金峯山において修行していた時、その祈りに応じて姿を現したというのがその初見である。日蔵や転乗の夢に現れたのとは違い、この場合は蔵王菩薩が現実世界に湧出している点が注目される。

実は、『今昔物語集』成立よりも一世紀以上さかのぼる寛弘四年の道長の金峯山詣でにおいて、道長が埋納した法華経に「金剛蔵王之聖趾」とあってすでに蔵王権現の湧出譚が成立していた可能性がある。道長の曾孫二条師通が寛治四年(一〇九〇)に金峯山で埋経を行った際にも「蔵王大石」、すなわち蔵王権現がその上に湧出した石を拝したことが知られる。彼らが金峯山で礼拝したのは蔵王権現そのものではなくその聖跡であり、聖宝によって安置された蔵王権現はすでに伝説化され、その存在はむしろ秘匿されていたと考えられる。

ただし、蔵王権現の湧出が明確に役行者と結びつけられるのは『今昔物語集』からである。そして以降は、弘安六年(一二八三)成立の『沙石集』、さらには延元二年(一三三七)成立の『金峯山秘密伝』などにそれが引き継がれ、やがて蔵王権現の誕生説話の決定版となっていった。

### ⑤化身から権現へ

『三宝絵』において蔵王が弥勒の出世まで金峯山の金を護る存在として登場することとも関係するのか、『釈氏六帖』によれば中国に渡った寛輔は、金剛蔵王菩薩が弥勒の化身であると語っている。

一方、『日蔵夢記』では蔵王菩薩が仮死状態となった道賢の夢にまず禅僧として登場し、自ら執金剛神であると告げ、さらに「(南無)牟尼化身蔵王菩薩」とその正体を明かす。つまり、蔵王権現は釈迦の化身であり、執金剛神と同体であるという。

ところが、先述のとおり、道長の経筒には「南無教主釈迦蔵王権現」とあって、化身よりも一歩踏み込んで蔵王権現を釈迦の本地仏であるかのように記している。蔵王権現は、中世以前の史料では「金剛蔵王菩薩」ないしその省略形を名称として用いるのがむしろ一般的であり、「蔵王権現」の呼称がここで採用されたことは、蔵王権現の展開史のなかで大きな画期であったと考えられる。蔵王権現が他の在来の神々に多くみられるように鏡像、御正体として表されるようになることとも関連するに違いない。

## （4）多様な像容から定型の確立へ

### ①像容の多様性(7)

周知のとおり、蔵王権現の遺例には大峰山本堂付近で発見された多くの金銅像、鏡像、懸仏があり、金峯山における山岳信仰が移植され、金峯山に住む神霊たる蔵王権現を勧請した各地の霊山に造立された蔵王権現像がある。それらは怒髪で、右手を振り上げ、右足を蹴り上げた夜叉形を基本としながら、なかには左の手足を上げるものがあり、振り上げた手の持物は三鈷杵が最も多いが、独鈷杵、五鈷杵、法輪の例もあり、下ろした手は腰に当て剣印を結ぶのが一般的ながら、与願印や金剛鈴をとる例もある。三鈷冠、額の第三眼、獣皮の有無、火焔光背や盤石座、蓮華座、瑟々座の選択など、それらの組み合わせによって多くのバリエーションが生み出されている。

こうした多様性が生じたのは、蔵王権現が種々の言説をまとった、いわば伝説化された存在であり、厳密な儀軌によらない尊像であったからであろう。

### ②聖宝が造立した蔵王権現

聖宝が造立安置した蔵王権現の姿を伝える史料はなく、まずは十一世紀以降に盛んに造立された蔵王権現の姿をもって想像するしかない。すなわち、怒髪で、右手を振り上げ、右足を蹴り上げた夜叉形というイメージが基本となる。

ただし、如意輪観音を本尊とし、多聞天と蔵王権現を脇侍とする三尊像の構成、そして蔵王権現の姿については、天平宝字五～六年（七六一～二）に造立された石山寺の本尊ならびに脇侍の三尊像をプロトタイプとしていた可能性がある。承暦二年（一〇七八）の奥書をもつ『諸観音図像』には創建時以来の石山寺の三尊像を描いたとみられる白描図像（図1）が収められるが、脇侍像は本尊に対して内側の手を振り上げ、足を蹴り上げる姿で、現存像とは手足の構えが左右反対になるものの、片手片足を上げる姿が創建当初以来である可能性をしめしている。[8] また、特に蔵王権現については、修理によって見出された当初の心木の様態からもそうした姿であったことが確認されるからである。[9]

図1　二臂如意輪観音像（『諸観音図像』所収）

石山寺像は、創建時の事情を伝える『正倉院文書』には本尊は観音、脇侍は神王二柱と記される。しかし、本尊は『三宝絵』では、すなわち十世紀末には如意輪観音とみなされ、脇侍も『覚禅鈔』では、建久六年（一一九五）当時、金剛蔵王、執金剛神とみなされていた。それぞれの呼称がいつまで遡るのかは不明ながら、聖宝にとって石山寺は自身が座主を務めたとされる有縁の寺院であり、金峯山像の造立にあたり石山寺像を参照した可能性は十分にある。先述のとおり、『三宝絵』には、東大寺大仏鍍金のための金を金峯山の蔵王に祈ったところ、石山寺の地に如意輪観音を造立せよと告げられたとの説話が収録されている。穿った見方をすれば、こうした説話自体が聖宝によって創作された可能性もあるのではないだろうか。

なお、『覚禅鈔』巻九十六（金剛童子）には金剛童子は執金剛神と同体であり、執金剛神は観音の眷属で如意輪観音

図２　伝蔵王権現像　京都・広隆寺　九〜十世紀

の脇侍であること、金峯山の金剛蔵王法は金剛童子法を修すべきとの説が記されている。すなわち、執金剛神と金剛童子、金剛蔵王菩薩は互いに同体とみなされ、またいずれも如意輪観音の脇侍となることが理解される(10)。この説がいつどこで成立したかは不明ながら、すでに『日蔵夢記』では蔵王菩薩と執金剛神が同体とされており、金峯山像の造立の時点においてこうした認識があった可能性、あるいは金峯山像の造立によってこうした認識が生まれた可能性があるのかも知れない。

聖宝によって安置された金剛蔵王菩薩の像容を想像するにあたり、もう一点注意したい問題がある。広隆寺に伝来する伝蔵王権現像の存在である。広隆寺には十一世紀前半に遡るとみられる蔵王権現像のほか、様式から九世紀末ないし十世紀初頭に遡るとみられる蔵王権現と称している像が伝来する(図2)。焔髪を逆立て、右手を挙げて持物をとり、右足を蹴り上げ、左脚で一本立ちする像で、額には第三眼を表し、開口して忿怒相を顕わにする。ただし、通例の蔵王権現像とは異なり、明王のごとく柔軟な肉取りではなく、力士像のごとく筋骨隆々とした姿に表される。現状において、この広隆寺像が蔵王権現像か否かを判断することは難しいが、執金剛神像と密接な関係にあった蔵王権現の最初期の様相として、本像のような像容であった可能性は顧慮されるべきであろう。

### ③密教の影響(11)

聖宝によって造立された金剛蔵王菩薩は造立間もなくに秘匿され、その後、伝説化された蔵王権現の像容は多様な展開をみせた。そして、多様性をもたらした各要素については、山岳信仰が密教と密接に結びついたことにより、密教の図像や儀礼の影響を受けた可能性があるだろう。

先にとりあげた『諸観音図像』所収の観音の脇侍像は、一方は執金剛神にふさわしく金剛杵(独鈷杵)を持つが、一方は密教的な三鈷杵を持つ。また、ともに腰に当てる手は剣印を結び、額に第三眼を表し、虎皮を着けている。こう

図3　黄金剛童子像（『別尊雑記』所収）

した細部にいたるまで奈良時代の石山寺像に遡らせることができるかどうかは不明ながら、密教的な要素が強いことが注目される。

『覚禅鈔』には、蔵王権現と金剛童子を同体とする説（金剛蔵王法は金剛童子法との説）がみられたが、蔵王権現の姿のうち振り上げた手の持物を三鈷杵とする点、もう一方の手の与願印、足下の蓮華座は二臂の黄金剛童子像と共通する（図3）。この他、背後に火焔を表すのは五大尊や五大力菩薩などの密教尊の要素を採り入れたものと言えよう。

蔵王権現の図像の多様性は、このように同体とされる執金剛神や金剛童子、あるいは他の密教尊像の要素を取捨選択することで生み出されていることが理解される。

**④さまざまな言説と背景表現**

確実に蔵王権現と目される現存最古の作例は、長保三年（一〇〇一）銘の総持寺所蔵の線刻蔵王権現像（図4）であろ

図4　線刻蔵王権現像　東京・総持寺　長保三年(1001)(反転)

う。もと金峯山に伝来していたことが知られ、三目の忿怒相や右足を蹴り上げ、右手を振り上げて三鈷杵をとるのは、まさにこれ以降に展開した蔵王権現に通有の姿である。この像は多数の異類雑形の眷属をともなう点が独自とされる。しかしながら、実はその点も含めて、『本朝法華験記』「転乗法師伝」に登場する、夜叉形で装身具を身につけ、手に金剛杵を持ち、眷属が取り囲んでいたという蔵王権現を髣髴とさせることが注目される(12)。こうしたイメージの源泉としては、さらに『日蔵夢記』で道賢の前に現れた太政威徳天の、仁王のような姿であり、金剛力士のような、あるいは雷神や鬼や夜叉のような姿で、弓矢や矛、鎌や杖を持つ眷属を随えていたという言説があった可能性もあり、加えて魔を降伏するという

図5　蔵王権現鏡像　東京藝術大学　十一世紀

図6　蔵王権現像懸仏　京都国立博物館　十二世紀

蔵王権現の性格に鑑みれば、背景の眷属の表現には降魔成道の場面の魔衆のイメージが投影しているかも知れない。いずれにせよ、この鏡像ないし御正体のイメージは、聖宝安置の金剛蔵王菩薩というよりも、その後の言説のなかの蔵王権現のイメージが典拠となっていると考えられる。

鏡像や懸仏に表された蔵王権現を見ると、背景には蔵王権現が湧出した大峰山々上の光景とも思しき山岳ないし盤石、そして雲霞を表したものが多い(図5)。これも蔵王権現の湧出説話にイメージの源があるのだろう。また、瑟々座や火炎を表す作例については密教図像からの影響が認められる。この他、垂迹神にふさわしく鳥居を表した作例(図6)や、吉野の諸神を表して吉野曼荼羅を構成するものもある。いずれも蔵王権現にまつわる言説の展開のなかで生成された蔵王権現のイメージや性格が投影されたものであり、こうした背景表現によって蔵王権現のイメージは重層的に展開していったことが理解される。

⑤定型の確立

多様な展開を遂げた蔵王権現像も、修験道の体系化、組織化にともない、やがて定型が作り出され、像容に新たな意味づけがなされていった。その最たるものが延元二年(一三三七)頃、文観が後醍醐天皇に撰上したとされる『金峯山秘密伝』の説くところである。すなわち、同書「金剛蔵王尊像習事」によれば、一面三目二臂、青黒で忿怒相をし、三鈷冠をいただき、左手は剣印を結び腰に当て、右手は三鈷杵を高く振り上げ、左足は盤石、右足は空中を踏むとされる。実際の作例から集約的に定められたもので、蔵王権現の儀軌はここにいたって成立したと言える。

⑥三尊形式の成立[13]

金峯山寺蔵王堂本尊の蔵王権現は三尊形式をとる。中央が七・三メートル、左脇侍が六・一メートル、右脇侍五・九メートルを誇る巨大な三尊像である。それぞれが釈迦、千手観音、弥勒菩薩の変化身であり、過去、現在、未来の三世の守護尊とされるが、それは『金峯山秘密伝』などに、役行者が金峯山で修行中、釈迦、千手観音、弥勒が出現したが、濁世の人々を教化するには十分ではないと退けると蔵王権現が出現したと説かれることに由来するようである。ただし、現存像は天正二十年(一五九二)頃の蔵王堂再建時に造立されたものであるため、蔵王堂における三尊形式の造像がいつまで遡るかは不明である。

吉野は、金峯山信仰が盛んになると次第にそれと一体化し、大峰と吉野をそれぞれ山上、下山と称するようになったとみられる。金峯山寺あるいは蔵王堂の草創については不明な点が多いが、『金峯山草創期』によれば蔵王堂の行事の多くが白河院から鳥羽院の時代にかけての始修とされ、この頃に山上の蔵王堂にならぶ下山の蔵王堂として創建、整備された可能性が高く、また「武家年代記裏書」によれば、嘉禄元年（一二二五）に吉野山蔵王堂焼失とあり、少なくともそれ以前に蔵王堂が存在していたことが知られる。もっとも、蔵王堂において当初から三尊形式で蔵王権現が祭祀されたか否かは検討を要する。蔵王堂はその後、文永元年（一二六四）にも落雷により焼失し（『外記日記』他）、後嵯峨上皇（在位一二四六～一二七二）の勅願で「御体」が造立されたが（『金峯山草創期』）、これが蔵王権現三体であったか否かは不明である。一方、正平三年（一三四八）、高師直の襲来で焼失し（『太平記』他）、この時は翌正平四年以降に、南都の高間（高天）仏師によって蔵王権現三体が造立されたとみられるが（『大日本史料』六―一三所収「法隆寺記録」）、「法隆寺記録」によれば中尊は一丈八尺、脇侍は丈六と、現存像より一回り小さな像だったらしく、中尊を現在仏、脇侍を過去仏、未来仏の本地と述べている。いずれにしろ、これが三尊形式の蔵王権現に関する最初の確実な史料である。

三尊形式の創始については、その典拠となったテキストの成立時期についても考慮する必要がある。弘安六年（一二八三）の『沙石集』には、釈迦と弥勒に次いで蔵王権現が出現したとあるものの、いまだ千手は登場しない。千手を加えた三尊が登場するようになるのは『金峯山秘密伝』からであり、三尊形式の典拠となるテキストの成立も、伝本に照らす限り、鎌倉末期ないし南北朝初期のことであったとみられる。このことと蔵王堂の罹災と造像の記録を勘案すれば、蔵王堂における三尊形式の創始は、やはり正平四年以降の造立においてであった可能性が高いだろう。

# 2　蔵王権現をめぐるさらなる課題

## (1) 未解決の問題

### ①金剛蔵王菩薩とは何か

前節では、筆者がこれまで考察してきたことを整理してみたが、なお未解決の問題も少なくない。蔵王権現の起源を、ひとまずは聖宝が金峯山に安置した如意輪観音の脇侍「金剛蔵王菩薩」とみなし、その図像の源泉が石山寺神王像にあったと考えたものの、なぜ聖宝は金峯山に金剛蔵王菩薩という尊像を安置したのか、その金剛蔵王菩薩とは何か、という根本的な問いには答えられていない。

金剛蔵王菩薩の尊格は、『陀羅尼集経』巻七や胎蔵曼荼羅にその名がみえることが知られている。しかし、前者は身色を黄色とし、右脚を踏み下ろす二臂の菩薩であり、後者は虚空蔵院の最右端に位置し、千手観音と対して虚空蔵菩薩の智門を表す菩薩で、身色は青黒色、十六面または十二面で百八臂の姿をとるという。つまり、尊名は同じながら、図像的に共通するところはなく、相互の関係性を積極的に認めることはできない[14]。結局のところ、現時点において金剛蔵王菩薩の尊格について明確な解釈をあたえることはできない。あえて言うならば、執金剛神と同体であるゆえに「金剛」を冠し、弥勒の化身として「御嵩の金」を、あるいは釈迦の化身としてその「遺法」を護るがゆえに「蔵王」といい、これに「菩薩」の称号をあたえたというような成り立ちが想像され、聖宝によって構想されたと現時点では考えておきたい。

金剛蔵王菩薩の成立に関して、もう一つの問題となるのは、蔵王権現に関する言説のうち『法華験記』の転乗に関する説話である。転乗は説話の末尾に嘉承二年（八四九）に寂したとあり、その生前における蔵王権現の登場は実は聖宝による造立安置よりも先行する。この他、『吏部王記』に伝えられる観海法師の法華経書写の霊験譚についても貞観年中（八五九〜八七七）のこととされる。そもそも金峯山自体は、『日本霊異記』によれば、宝亀三年（七七二）に十禅師の一人とされた広達が聖武天皇の時代（七二四〜七四九）に修行した場所と伝えられ、[15] 空海も『三教指帰』において金峯山で修行したことを記し、『性霊集』には吉野から金峯山付近を経て（南へ一日）、西に向かって二日で高野山に至ったことを記している。すなわち、金峯山は奈良時代から山岳抖擻の修行が行われた場所であり、蔵王権現伝承の発生も九世紀前半にまで遡る可能性がある。だとすれば、聖宝が金剛蔵王菩薩を造立する時点ではすでに蔵王権現の伝承があり、聖宝による造立はそれらを踏まえたものであったと考えるべきなのかも知れない。これも未解決の重要な問題である。

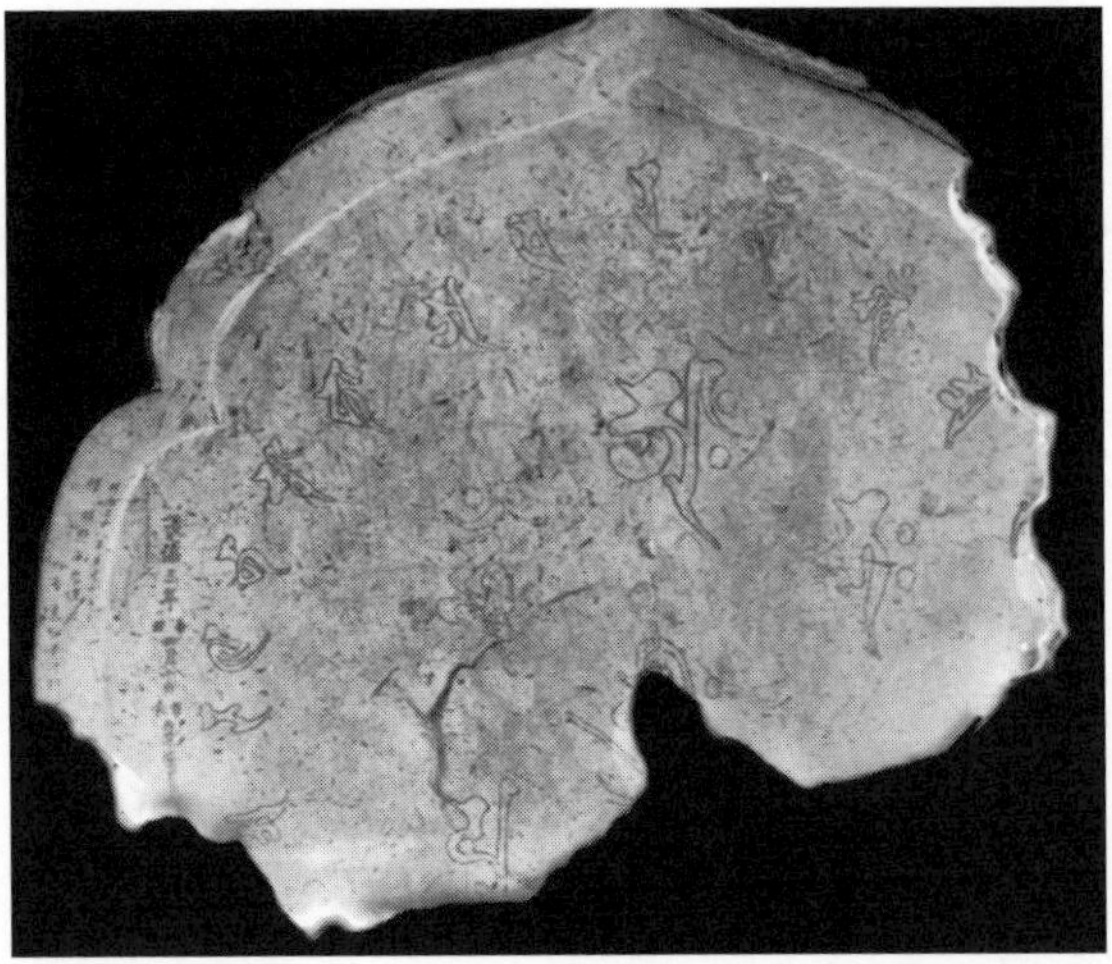

図7　線刻蔵王権現像（種子・真言面）
東京・総持寺　長保三年（1001）

### ②総持寺線刻蔵王権現像裏面の種子

総持寺線刻蔵王権現像は、表面の蔵王権現とその眷属のイメージ、裏面の長保三年（一〇〇一）の紀年銘もさることながら、裏面に刻まれた種子曼荼羅の存在も重要である（図7）。

鏡胎は三裂葉形で、現在欠損する下辺にはもと枘を作り出し、台座に立てて使用したとみられる。その裏面中央には、キリークを中心に周囲に六種子を配する種子曼荼羅を表し、その周囲の上方と左右に真言をいずれも梵字で表していたとの復元案が提示されている。[16] また、中央の種子曼荼羅の構成が阿弥陀と六観音を表す六字経曼荼羅に類することが指摘されている。[17]

上方の真言は胎蔵大日、左方の真言は聖観音の真言と特定できるが、アから始まる右方の真言は二文字目以下が失われており、特定が難しい。ただし、アから始まる真言には阿弥陀、阿閦、文殊、不空羂索、馬頭の真言があり、二文字目の下部に残る一画のはらいの形が文殊の真言の二文字目のラのそれに似ていることから、これを文殊の真言とする説が提起されている。一方、種子曼荼羅の方はどうだろうか。図8は、先行研究において比定されてきた種子と真言の配置をしめしたものである。[18] すなわち、中心のキリークは阿弥陀、上方のアークは胎蔵大日、右上のバクは釈

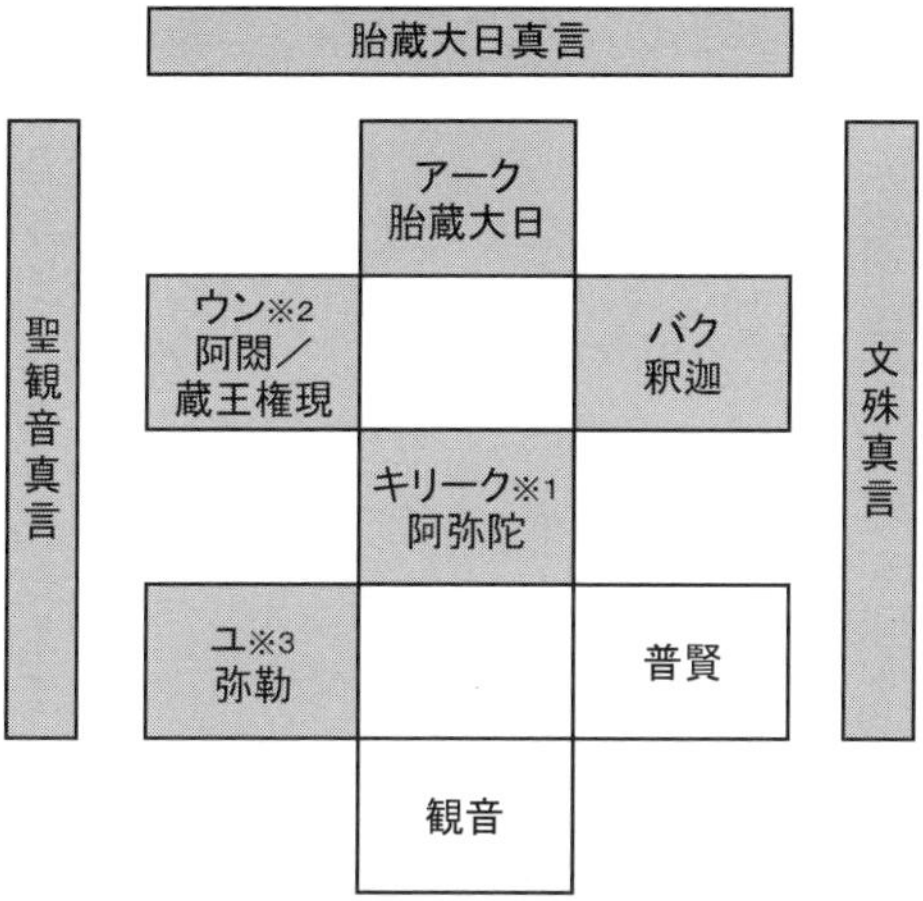


図8　同種子・真言配置図

※1　千手／如意輪／大威徳も該当

※2　金剛薩埵／金剛夜叉／軍荼利／烏枢沙摩／愛染／馬頭／青面金剛／訶利帝母／大勝金剛も該当

※3　普賢延命／孔雀も該当

真言、種子については、鳥居龍蔵「長保三年の銘のある金剛童子鏡に就いて」(『美術研究』16、1933年)の翻刻、釈解が基本となっている。その後、香取忠彦「総持寺の蔵王権現毛彫像について」(『MUSEUM』121、1961年)で文字配置も含め欠損部の復元案が提示された。また、太田雅子「総持寺所蔵銅板線刻蔵王権現像の再検討－刻字面の解釈を中心に－」(『密教図像』24、2005年)は種子のうち「ウン」を阿閦でなく蔵王権現とし、当時の貴族たちの信仰の傾向を踏まえ、欠字のある右辺の真言を文殊真言とみなし、かつ下方の種子を観音、右下の種子を普賢とみる案を提起している。

迦、左下のユは弥勒の種子に比定され、左上のウンについては阿閦説があったが、近年、蔵王権現との説が出されており、また欠損した二文字は、当時の信仰状況を勘案すると普賢の種子アン、観音の種子サがふさわしいとの見解がしめされている。

中心を阿弥陀の種子キリークとする点がまず問題になるが、表面には蔵王権現が表されていること、蔵王権現は金剛童子と同体とみなされていたこと、そして蔵王権現と像容が類似する黄金剛童子が『無量寿化身軌』によれば阿弥陀の化身とされることを踏まえれば説明がつく。[19]一方、周囲の種子については、蔵王権現が弥勒や釈迦の化身とみなされていたこと、蔵王権現が『法華経』持経者の守護尊的性格を有すること、蔵王権現が如意輪観音の脇侍として造立されたことなどを踏まえれば、それぞれに蔵王権現と密接な関係があることが理解され、胎蔵大日はそれら諸尊を統括するものとみればここに選択された理由として説明がつくように思われる。なお検討の余地はあるものの、近年、太田雅子氏によってしめされた復元案や解釈は、案外的を射ているように思われる。[20]

### ③蔵王権現の造立目的と儀礼

蔵王権現の遺例の数は少なくないが、その大半は金峯山(大峯山本堂付近)から発見された青銅製もしくは銅製のものである。それらは、礼拝の対象として永続的な祭祀を目的としたものではなく、金峯山に住まう神霊としての蔵王権現に対して奉納、奉賽することを目的としたものとの指摘がある。ただし、藤原道長や師通らの参詣に関する史料を見ても、これらの造像や祭祀に関する記述はなく、実際にどのような儀礼が行われていたかは不明である。[21]

一方、金峯山ではなく、全国各地の霊山にも、木彫像を中心として、蔵王権現像が伝えられていることが注目される。[22]これらは逆に金峯山の神霊である蔵王権現を勧請、分祀し、礼拝対象とすることを目的としていたと考えられる。ただし、たとえば三仏寺の場合、木彫の蔵王権現が一所に複数伝えられており、金峯山の蔵王権現像と同様に奉賽を目的とするなど何らかの特殊な事情があると思われるが、その信仰形態についてはやはり不明と言わざるを得ない。
複数の同尊像が一所に伝来する例は、必ずしも蔵王権現に限られない。たとえば、広隆寺には本尊吉祥薬師と同形の吉祥天とされる天部像が多数伝来している。鞍馬寺の毘沙門天、大将軍八神社の大将軍神などの例もある。こうした蔵王権現以外の尊格もあわせて、どのような信仰形態のなかでこれらが造立されたかを考察することが必要であろう。

筆者は以前、この問題に関連して、『日蔵夢記』の「太政天曰く(中略)但し今日我が為に上人一誓言を遺す。若し上人を信ずる人有らば、我が言を伝えよ。我が形像を作り、我が名号を称えよと。慇懃に祈請すること有らば、我必ず上人の祈に相応するのみ」という件に注目したことがある。これによれば、太政天は道賢に対して、自らの形像をつくり、名号を唱えるよう人々に伝えることを求めており、これを敷衍して蔵王権現の形像をつくり、名号を唱えることが山岳修行者たちによって喧伝されたのではないかと考えた。もっとも、形像を作り、名号を唱えるのは、蔵王権現に限られたことではなく、むしろどの尊格にも通用することかも知れない。いずれにしろ、こうした問題について理解を深めるためには、奉賽や形像を造顕すること自体が目的の、あるいは単発的な祈願のための造像という視点からの仏像研究が求められる。

## (2) 金峯山で発見された金銅製蔵王権現像

### ①蛍光X線分析を踏まえた制作技法の検討

金峯山(大峰山本堂付近)からは、平安時代後期から鎌倉時代にかけて制作された多数の蔵王権現像が出土し、また伝来してきた。鏡像や懸仏のほか、丸彫像もあるが、いずれも青銅ないし銅製であることが大きな特色である。先に

| 鍍金・彩色・青銅成分 | 像高 | 時代・備考 |
|---|---|---|
| 獣皮は鍍金のうえから墨描<br>箔鍍金か 鍍金は鋳張りにも認められる<br>【臀部】Cu81.8　Pb10.9　Sn5.4　As1.6　Fe0.4 | 34.5 | 平安 |
| 箔鍍金か<br>【左腕】Cu79　Pb8.9　Sn9.3　As1.3　Fe0.4 | 51.5（現状） | 平安 |
| 鍍金なし<br>【腹部】Cu79.3　Pb10.6　Sn8　As1.7　Fe0.4 | 33.8 | 1 と同笵 |
| 鍍金なし<br>【腹部】Cu81.7　Pb11　Sn5.9　As1.1　Fe0.2 | 34.6 | 1 と同笵 |
| アマルガム鍍金<br>【左頬】Cu70.4　Pb7.8　Sn9　As1　Fe0.2 | 35.6 | 平安 |
| アマルガム鍍金<br>頭髪に群青<br>【左前膊】Cu78.5　Pb13.5　Sn5.2　As2　Fe0.8 | 52.2 | 平安 |
| 鍍金なし<br>【左胸】Cu89.4　Pb4.8　Sn2.9　As1.5　Fe0.2 | 37.6 | 平安 |
| アマルガム鍍金<br>【裙裾】Cu81.2　Pb8.4　Sn7.7　As1.7　Fe1.1 | 47.9 | 平安 |
| 箔鍍金か<br>【左肩矧面】Cu84.5　Pb5.6　Sn3.5　As4.9　Fe1.2<br>【虎皮下端】虎皮下端の別製部は Cu96.4　As1.5　Fe1 | 57.6 | 平安 |
| 鍍金なし<br>【右肩矧面】Cu79.3　Pb10.6　Sn6.6　As3.2 | 37.1 | 平安 |
| 未計測 | 39.3 | 平安 |
| 鍍金なし<br>【右胸】Cu74.9　Pb13.5　Sn8.8　As2　Fe0.7 | 34.1 | 平安 |
| 鍍金なし<br>獣皮に斑文を墨描、衣縁に毛描き<br>【腰正面】Cu80.7　Pb8.8　Sn6.3　As2.6　Fe1.4 | 71.2 | 平安 |
| 鍍金なし<br>【左肩背面】Cu79.1　Pb13.6　Sn1　As6　Fe0.2 | 32.9 | 平安 |
| アマルガム鍍金<br>【腹部】Cu71　Pb11.9　Sn7.2　As2.1　Fe0.7 | 44.4 | 平安 |
| アマルガム鍍金<br>群青彩の頭髪に截金で毛筋<br>【左足裏】Cu70.4　Pb5.3　Sn10.1　As2.3　Fe0..2 | 23.0 | 平安 |
| 鍍金なし<br>【背中】Cu79.2　Pb11.7　Sn7.7　As1　Fe0.3 | 32.0 | 平安 |

付表　金峯山山頂出土金銅蔵王権現像の技法・成分等一覧

| No. | 技法種別・鋳張り | 鉄心・笄 | その他品質構造 |
|---|---|---|---|
| 1 | 前後割型 | 髻頂から左足裏にいたる鉄心<br>右手独鈷先から右肘、左腕にも鉄心 | |
| 2 | 前後割型 | 頭頂から左足にいたる鉄心<br>右腋下から左肩にいたる鉄心<br>腕や足の各所に左右に貫通する鉄笄 | 天衣や頭飾をとめた銅釘、釘孔が残る |
| 3 | 前後割型 | 頭頂から左足を貫通する鉄心<br>右手独鈷から左手首にいたる鉄心 | |
| 4 | 前後割型 | 頭頂から左足にいたる鉄心(末端は欠失)<br>左腰から右足先にいたる鉄心 | 左膝以下は鋳掛けか？ |
| 5 | 鋳張りの痕跡なし | 腕、左脛～足裏に鉄心・笄 | |
| 6 | 割型<br>焔髪、体側などに鋳鋳張り | 焔髪頂から裙裾にいたる鉄心<br>首、腰下に水平に鉄心・笄か | 両肩以下別鋳、蟻枘留め<br>髻背面、左胸、背中に鋳掛け |
| 7 | 前後割型か<br>明瞭な鋳張りの痕跡なし | 頭部から左足にいたる鉄心<br>両腋下、左大腿～右足裏に鉄心か | 両肩以下別鋳、蟻枘留め<br>両脚間にハバキ？ |
| 8 | 鋳張りの痕跡なし<br>失蠟法か | 髻頂～裙裾、肩断面、右膝、右足裏、左足枘下に鉄心 | 両肩以下別製、蟻枘留め<br>両脚間にハバキ？左膝外に釘孔 |
| 9 | 前後割型 | 焔髪頂から臀部、両肩、両腰、左右脚にそれぞれ鉄心<br>大腿部左右に鉄釘(臀部を塞ぐ部材を留めるためか) | 両肩以下別鋳、蟻枘留め<br>右足先も別鋳<br>虎皮下端は銅板製 |
| 10 | 前後割型<br>左足枘に鋳張り | 体幹、両肩に鉄心 | 両肩以下別鋳、蟻枘留め<br>膝外の裙翻転部は銅板製 |
| 11 | 鋳張りの痕跡なし | 焔髪頂から裙裾にいたる鉄心<br>胸と脚部に水平に鉄心か | |
| 12 | 鋳張りの痕跡なし | 腕、足、腰などの各所に鉄笄 | 両肩以下別鋳、蟻枘留め<br>左足枘側面に小孔(ピンを挿したか)<br>膝外の裙翻転部は別製鋲留め |
| 13 | 前後割型<br>左腕も割型 | 左膝、右足首内側に鉄心・笄が露出<br>右膝下に鉄(？)板を当て裏から鋳掛け | 両肩以下、耳前の焔髪は別製<br>左腕は差し込み矧ぎとし鋲留め<br>左踵を通る心棒で台座に立てたか<br>髻前面を鋳掛け、裙裾を鋳接ぐ |
| 14 | 前後割型 | 左肩、右腋、両大腿部外側、右足首内側に鉄心・笄が露出 | 裙裾、右脛下に孔(鉄心を除去した痕跡か) |
| 15 | 前後割型 | 髻頂、両腋、左大腿部、右膝に鉄心・笄が露出 | 両肩以下別鋳、蟻枘留め<br>両脚間の底部に角枘孔(鉄心を除去した痕跡か) |
| 16 | 鋳張りの痕跡なし | 頭頂から胸にいたる鉄心<br>胸部左右、右大腿から左膝下にいたる鉄心・笄 | 両肩以下別鋳、蟻枘留め<br>右足下の蓮華座は別製 |
| 17 | 前後割型か | ムク | 天衣末端のみ別製 |

| 鍍金・彩色・青銅成分 | 像高 | 時代・備考 |
|---|---|---|
| 鍍金なし<br>【左膝】Cu87.7　Pb8.1　Sn2.4　As1.5　Fe0.3 | 35.6 | 平安 |
| 鍍金なし<br>【胸】Cu83.5　Pb6.5　Sn3.7　As5.4　Fe0.6 | 16.9（現状） | 平安 |
| 鍍金なし<br>目や口に彩色、後頭部の毛筋墨描<br>【背中】Cu77.5　Pb11.4　Sn7.6　As2.7 | 35.5 | 平安 |
| アマルガム鍍金<br>獣皮を線刻で表す<br>【背面枘】Cu73.8　Pb14.2　Sn6.8　As1.3　F3.9 | 39.5 | 平安 |
| アマルガム鍍金<br>目や口に彩色<br>【左足枘】Cu69　Pb19.7　Sn9　As1.8　Fe0.6 | 40.0 | 11と同笵 |
| アマルガム鍍金<br>眉の毛筋を刻む<br>【左脛】Cu73.4　Pb7　Sn4.3　As0.9　Fe0.4 | 55.7 | 鎌倉 |
| アマルガム鍍金<br>頭髪に丹<br>条帛、裙、獣皮の文様を線刻、衣文の一部や指を鏨で仕上げる<br>【左肩矧面】Cu70.1　Pb18.8　Sn10.2　Fe0.2 | 38.2 | 鎌倉 |
| アマルガム鍍金（装身具鍍金なし）<br>頭髪は丹地に毛筋墨描<br>目や口に彩色<br>【左足枘】Cu81.1　Pb11　Sn5.3　As1.8　Fe0.8 | 36.8 | 鎌倉 |
| アマルガム鍍金<br>【裙裾】Cu84.7　Pb7.6　Sn5.2　As1.2<br>【虎皮】Cu97.2　Pb0.7　As0.8 | 34.1（現状） | 鎌倉 |

| No. | 技法種別・鋳張り | 鉄心・笄 | その他品質構造 |
|---|---|---|---|
| 18 | 前後割型の前方分のみ利用？ | ムク | 背面が平らな半肉彫り像 |
| 19 | 前後割型 | | |
| 20 | 鋳張りの痕跡なし | 左体側、右手、右脚の各所に鉄心・笄が露出 | 左肩以下別製、枘留め<br>耳後の焔髪別製 |
| 21 | 前後割型 | 髻頂から左足枘にいたる鉄心<br>両胸下、左大腿に右足にも鉄笄 | 両肩以下別製、蟻枘留め<br>後頭部は鋳掛けか |
| 22 | 鋳張りの痕跡なし | 首、胸部に水平に鉄心<br>手足の各所に鉄笄ないし孔 | |
| 23 | 上半身は前後割型 | 右肩以下に鉄心 | 腰の上下で別鋳、左肩以下別鋳<br>臀部を大きく鋳掛け |
| 24 | 前後割型 | 鉄心なし<br>各所に鉄笄 | 両肩以下別鋳、蟻枘留め<br>後頭部などに銅釘 |
| 25 | 鋳張りの痕跡なし | 各所に鉄笄 | 両肩以下別製、蟻枘留め<br>膝外の裙翻転部も別製<br>銅板製の装身具 |
| 26 | 鋳張りの痕跡なし | 髻頂に鉄心 | 獣皮、天衣、腰帯、装身具は銅板製 |

※ No.は毎日新聞社編『重要文化財』の掲載順にしたがって各像に番号を振り、本文中では「○号像」と記載した。

※ 像側面の全体ないし一部に鋳張り、もしくはその削平の痕跡が認められる場合には「前後割型」とした。現状において鋳張りの痕跡がないものも失蠟法による鋳造とは限らない。

※ 「笄」は、中型の体幹部を支持する4、5ミリ以上の幅をもつ鉄心に対して、腕や脚などの各部を横方向にわたる幅2、3ミリ以下の比較的短い鉄心をさす。これらの像では、鉄心、笄とも先端が、像表面に露出していることが多く、鋳造時には型持ないし笄の機能を果たしたと考えられる。

※ 青銅成分はDELTA Premium DP-6000（Olympus Innov-X社製）を使用し、Alloyモードでビーム1（管電圧40kV）を20秒間照射して計測した定量値をしめしている。Au（金）、Hg（水銀）をのぞく主要元素の比率を小数点以下2桁を四捨五入した数値である。

※ 鍍金については、本体の全ての計測部位においてAuが検出されない場合に「鍍金なし」とし、AuとともにHgが検出される場合には「アマルガム鍍金」と判断し、Hgが検出されない場合には「箔鍍金」としている。

※ 技法種別・鋳張り、鉄心・笄、その他品質構造の各項目については、山口隆介氏より多くの教示を得た。

述べたように、永続的な祭祀、礼拝を目的としないにもかかわらず、金銅製とされることについては、経塚に埋納する経塚遺品と同様、弥勒出世までの耐久性を求めたという理由が考えられる。

鏡像や懸仏の出来映えは精粗さまざまである。丸彫像についても同様で、なかには鋳造に際してできる鋳張りが残されたままのものがあり、一見すると未完成かと思われる。ところが、蛍光Ｘ線分析により成分を調査してみると、鋳張りはあっても鍍金がほどこされている場合もあり、単純に未完成とは言えないことがわかる。以下、本堂およびその床下から発見されたという重要文化財指定の金銅製丸彫り像二十六点を中心に、その作風や制作技法から考えられることを述べてみたい（付表参照）。

金銅製丸彫りの蔵王権現像は、単純な前後二分割の割型鋳造とみられるものもあるが、前後二分割では抜き勾配を設けることができない複雑な像容の作例も多く、そうした作例についてはこれまでは失蠟法による鋳造とみられてきた(23)。しかしながら、よく見ると割型の痕跡とみられる鋳張りが側面を中心に各所に認められるものが多い。また、凹凸を控えめにした衣の表現、両腕、焔髪や衣の一端をあえて別製とし、失蠟法による鋳造であれば必要のない手間をかけていることに注目するならば、いずれも割型鋳造とみる方が理解しやすい。現状において鋳張りやその痕跡が認められない作例については、丁寧に鋳張りの削平を行った結果とみてよいと思われる。

破損箇所などからの内部観察、鉄錆の析出や磁石反応によって、ほとんどの作例が鉄心ないし鉄笄を体幹や四肢の支持体として用いていることが知られる。また、両肩以下を別鋳とし、本体に蟻枘で留める仕様をもつものが多い。平安後期以降の金銅仏によくみられる木彫像を翻案したような技法であるが、それはおそらく木仏師による原型制作を前提とするのだろう。その鋳造技法は「分割鋳造法」とも称されるものであり、鋳造工程はおよそ以下のように想定される。

i木彫による原型制作。

ii鋳物土で鋳型（外型）を制作。

iii鋳型（外型）の分割。※前後二分割を基本としながら、細部は適宜に分割。

iv鋳型（外型）に中型土を鉄心・鉄釘とともに籠める。※鉄心の多くは鋳型（外型）に接するように設置。

v鋳型（外型）を再び分割して中型を抜き取り、中型の表面を薄く削り取る。

vi鋳型（外型）を組み上げる。※鉄心・鉄釘の多くは外型に接し型持ちの役割も果たす。

vii鋳込み
viii仕上げ
　a鋳造欠陥の補修（鋳張りの削平、湯回りが悪い部分の鋳掛けや嵌金など）。

　b部分的に別鋳したパーツを鋳接ぐ。

　c鋳肌を研磨し、細部をタガネで仕上げる。

ix鍍金

ほとんどが中型を設けているが、銅厚が概して薄い。古代の小金銅仏のように、中型制作↓蠟付け↓外型制作↓脱蠟↓鋳込み、という手順では、このように仕上げるのは難しく、この点からもやはり割型鋳造、削り中型を基本とした可能性が高いと思われる。

これらは多様な作風をしめしているが、青銅成分や仕上げ方についても多様である。青銅成分は、銅と鉛を主成分とするが、錫や砒素を一定量含むものもあり、若干の鉄を含むものもある。しかも、それぞれの割合は一定しない。また、鍍金のあるもの（十四点）と無いもの（十一点）があり、鍍金についてはアマルガム法によるものが大半（十一点）

図9　蔵王権現像(金峯山山頂出土品のうち)
奈良・大峯山寺　十一世紀

ながら、水銀が検出されず、箔鍍金とみられるもの(三点)も含まれる。

一号像(図9)は、鋳張りが残存するものの、その鋳張りまで含めて鍍金がほどこされている。ただし、鍍金は箔鍍金とみられ、鋳張りを残すこともあわせ、完成が急がれたことがうかがえる。また、鋳造に失敗し湯(溶銅)が回りきらなかった部分について、通常であれば鋳掛けや嵌金によって丁寧に繕うところを、銅板で塞いだだけの措置で済ませたとみられる作例(九号像の臀部など)もある。鍍金は、計測部位によってその有無にバラツキがあり、もとより全面に丁寧に施されていなかった可能性もあると思われる。無論、全面を丁寧に鏨で浚い、磨き、なかには頭髪に截金を施したり、虎皮の文様を線刻で表したりする作例もあるが、総じて仕上げは簡略である。ただし、大きな傾向として、鎌倉時代の作例は比較的仕上げが丁寧になっている。

なお、一号像は、三号像、四号像と同笵関係にあり、十一号像と二十二号像もそれぞれ同笵関係にある。一、三、四号像を比べると、一号像が最も形が明瞭で、四号像は最も像容が崩れている。踏み返し関係にある可能性もあるが、一号像に鋳張りが残ること、前後二分割の単純な鋳型とみられることから、同一の鋳型(外型)を用い、次第に型崩れした可能性が高いように思われる。

## ②小金銅仏としての特性

平安後期~鎌倉前期の金銅仏については、現存遺品は限られているものの、史料から当時の金銅仏制作を考察された三橋正氏の研究によって、[24]鋳物師を私邸に招き、その門外において一日で鋳造する簡易な制作が行われていたこと、ことに四十九日法会など制作に時間をかけられない場合に金銅仏を本尊とする事例が多いといった実態が明らかにされている。また、小金銅仏の場合、寺院という宗教施設に安置せず、ほとんど個人的な祈願の対象として作られ、一回の法会の場でしか供養の対象とならなかったこと、あるいはその可搬性を生かして、祈願あるごとに持ち出し、場所を移して法会の本尊としたことが指摘される。

金峯山の蔵王権現についても、その簡易な仕上げに着目するなら、こうした小金銅仏の性格を基本的には共有していると言えるだろう。ただし、三橋氏がとりあげた事例の多くが銀仏であり、一日での鋳造というからにはムクの像だったと想像されるのに対して、金峯山寺像は木型から鋳型を起こし、かつ中型を設けており、一日で造立されたとは考えられない。その造像経緯を想像するうえでむしろ注目されるのは、三橋氏が平安後期の金銅仏造立の事例の一つとしてとりあげている藤原頼長による銅体如意輪観音像の造立に関する『台記』天養元年(一一四四)の次の記事である。

・三月廿九日条
今朝、如意輪像の鋳模を作る。又今夜、如意輪供を始む覚仁。会合事を祈請す。
・四月廿三日条
如意輪像銅六寸を奉る。
・六月十日条
実範聖人を請い、銅像如意輪を供養せしむ。願成就に依り、鋳奉る所也。本尊と為すべし。

この記事のうち、「鋳模」とは鋳型、より具体的には木型原型のことかと思われ[25]、これをもって如意輪供を行い、祈願が成就したことにより約一月後に銅像を作り(始め)、さらに一月余りを経て供養が行われたということであろう。

金峯山寺像の場合、もし金峯山詣でにあたって造立が祈願され、山上に運ばれたとすれば、潔斎から登山までの短期間での造立が求められ、その結果、簡易な仕上げのままに奉賽された可能性があるだろう。ただし、鍍金のない作例が多いこと、鍍金されていてもそれが粗雑とみられるのは供養の一回性に起因することかも知れない。

## おわりに

蔵王権現は金峯山の霊尊として、金峯山を舞台に、あるいは金峯山信仰を分かち持った全国各地の霊山において信仰を集め、造像されてきた。そのピークは、現存作例から見る限り、平安後期から鎌倉初期にかけてとみられ、以降は吉野・金峯山寺本尊像、京都・神童寺像、大阪・大門寺の三尊像などいくつかの例外はあるものの、概して造像が下火となっていった。少なくとも金峯山で発見された蔵王権現像には、鎌倉後期に降る作例は認められない。

一方、中世から近世を通じて盛んに造立されたのは、山岳信仰の祖師としての役行者像であった。『今昔物語集』を嚆矢とする役行者が蔵王権現を祈りだしたとの説話が成立したことにより、役行者の験力が強調されていく一方、蔵王権現についての言説は、役行者が末法濁世にふさわしい仏を願うと釈迦、続いて千手観音、弥勒が現れたがそれらを斥け、その結果湧出したのが蔵王権現であるといった『金峯山秘密伝』に典型的に見えるような内容に固定化していった。また、蔵王権現が吉野諸神の中尊として位置付けられたことにより、山上(大峰山)ではなく下山(吉野)が蔵王権現信仰の舞台の中心となったことで、修験の儀礼のなかでの位置付けに変化が起こった可能性もあるだろう。いずれにしろ、役行者と主客が逆転したように蔵王権現への関心が薄れていったように見受けられる。蔵王権現の実像がとらえにくいのは、その故もあるだろう。

今回、蔵王権現について再考を試みようとしたが難航し、残念ながら新たな切り口を見いだすことができなかった。ただし、強いて言えば、これまでは実態としては聖宝による安置像、イメージソースとしては石山寺神王像に蔵王権現の淵源を求めてきたが、先学の諸研究にあらためて触れてみると、金剛童子像の存在が意外に大きいように思われた。というのも、田邊三郎助氏が注目された『後二条師通記』寛治六年(一〇九二)十月廿八日条裏書、すなわち朱書で「金峯山祈」と題した一文中にみえる「今月廿九日、金剛童子百躰を顕し奉る」との記事は[26]、実は蔵王権現を金剛童子とも称していた可能性をしめしていると思われるからである。だとすれば、総持寺線刻蔵王権現像のキリークを中心とした種子の構成についてもより納得がいくだろう。田邊氏はさらに、『小右記』治安元年(一〇二一)三月廿九日条にみえる藤原道長が無量寿院で行った後一条天皇の病気平癒のための百余体の丈六絵像の供養において、最後に丈六の金剛童子像が加えられていることにも注目されている。蔵王権現と金剛童子との関係については、図像の類似だけではなく、こうした事例も含めて再考する必要があるように思われるが、今後の課題としたい。

註

（1）拙稿「蔵王権現―その成立と展開―」（『増補吉野町史』二〇〇四年）、「蔵王権現の信仰とイメージ」（泉武夫責任編集『日本美術全集　第十一巻　テーマ巻②　信仰と美術』小学館、二〇一五年）。なお、これらの執筆にあたっては多くの先行研究を参照した。以下に蔵王権現の研究に関する主要文献をあげる。
①鳥居龍藏「長保三年の銘のある金剛童子鏡に就いて」（『美術研究』一六、一九三三年）。
②石田茂作、矢島恭介『金峯山経塚遺物の研究』（『帝室博物館学報』八、一九三七年）。
③香取忠彦「総持寺の蔵王権現毛彫像について」（『MUSEUM』一二一、一九六一年）。
④猪川和子「蔵王権現像と金剛童子像」（『美術研究』二五二、一九六八年）。
⑤田邊三郎助「総持寺・蔵王権現鏡像の周辺―鏡像から御正躰へ―」（『MUSEUM』三九二、一九八三年）。
⑥有賀祥隆「鋳銅刻画蔵王権現雑攷」（『国華』一〇九四、一九八六年）。
⑦田邊三郎助「山の仏教とその造形」（図説日本の仏教六『神仏習合と修験』一九八九年、新潮社）。
⑧太田雅子「西新井大師総持寺所蔵・銅板線刻蔵王権現像」（『美術史ジャーナル』二、二〇〇四年）。
⑨太田雅子「総持寺所蔵銅板線刻蔵王権現像の再検討―刻字面の解釈を中心に―」（『密教図像』二四、二〇〇五年）。

（2）調査は大峯山護持院よりご許可をいただき、二〇一四年八月七日、二〇一五年三月十七日の二回にわたり奈良国立博物館のご協力を得て実施した。記して感謝申し上げる。なお、調査は、閔丙贊、朴鶴洙、権江美(以上、韓国国立中央博物館)、李鎭榮、鏡山智子、丹村祥子(以上、大阪大学大学院生)の各氏とともに行った。

（3）蔵王権現の名称については前掲註1④、⑥参照。

（4）聖宝による金剛蔵王菩薩造立については前掲註1④、⑥参照。

（5）蔵王権現に言及する平安時代の文献については、前掲註1の⑥においてほぼ網羅されている。前掲註1拙稿では、そうした蔵王権現に関わる言説の史的展開を跡づけることを試みた。

（6）道賢発願の経筒に関しては『アジア遊学』二二(二〇〇〇年)の特集「論争　道賢銘経筒の真贋―天神伝説の新展開」所収論文参照。

(7) 蔵王権現の像容の多様性については前掲註1②に詳しく、二十三種類に分類されている。
(8) 蔵王権現と二臂如意輪観音図像中の執金剛神、あるいは石山寺との関係については前掲註1④、⑥、⑦で言及されている。
(9) 石山寺の蔵王権現の心木については、岩田茂樹「石山寺の彫像―本尊二臂丈六観音像を中心に―」(奈良国立博物館『特別展「観音のみてら石山寺」目録』所載、二〇〇二年)を参照。ただし、岩田氏は当初像が右脚を挙げていたか否かについては慎重な見解を示されている。
(10) 前掲註1④参照。
(11) 蔵王権現の像容と金剛童子像をはじめとする密教図像との関係については、前掲註1①、④、⑥参照。
(12) 前掲註1⑥参照。
(13) 拙稿「大門寺の彫刻」(茨木市史編さん委員会『新修茨木市史　第九巻　史料編　美術工芸』所収、二〇〇八年、茨木市)。
(14) 前掲註1④、⑥参照。
(15) 前掲註1⑦参照。
(16) 前掲註1③。
(17) 前掲註1⑧、⑨。
(18) 前掲註1①、⑨参照。
(19) 前掲註1①、④、⑥参照。
(20) 前掲註1⑨。
(21) 前掲註1②参照。
(22) 前掲註1④および拙稿参照。
(23) 天川村史編集委員会『天川村史』(一九八一年)ほか。
(24) 三橋正「平安貴族の造仏信仰の展開―小金銅仏のゆくえ―」(『佛教文化学会紀要』四/五、一九九六年、同『平安時

代の信仰と宗教儀礼』所収、続群書類従完成会、二〇〇〇年)。
(25)　大河内智之「大師と聖地を結ぶ神々―高野山をめぐる神仏交渉史―」(『特別展高野山開創と丹生都比売神社―大師と聖地を結ぶ神々―』カタログ、二〇一五年、和歌山県立博物館)は、和歌山・三谷薬師堂伝来の丹生高野山四所明神のうち二体の木造女神像が、個人蔵の金銅製女神像と同形同大であり、前者が後者の木型原型であった可能性を指摘している。鎌倉時代初期における金銅像の制作事情を伝える好例として注目される。
(26)　前掲註1⑤。

【図版出典】
1.『大正新修大蔵経』図像第十二巻、2.4.6.大阪市立美術館『役行者と修験道の世界』カタログ、3.『大正新修大蔵経』図像第四巻、5.奈良国立博物館『垂迹美術』(角川書店)

# 礼堂・板敷・夢見——平安時代初期の仏堂と参詣作法——

藤井　恵介

## はじめに——研究の現状——

近年、山寺についての研究が進んできた。それを推進する大きなきっかけは、一九九〇年代から、平安期と推定される山寺の遺跡が次々と発見され、調査の結果が報告されるようになったことである。従来、八世紀の平城京、九世紀の平安京に所在した大寺院については、発掘調査も進み、研究も積み重ねられてきたが、京外の寺院については、文献以外の情報がほとんどなかったのである。

これらの成果は、『仏教芸術』二六五号(二〇〇二年)、三一五号(二〇一一年)、『季刊考古学』一二一号(二〇一二年)などで特集号も編集され、調査、研究の概況を知ることができる。今後も、調査の進展に伴い、研究は徐々に進展してゆくだろう。

建築史という研究分野においても、山寺について無関心であったわけではない。古くは福山敏男氏による先駆的な研究があり、その後も山岸常人氏、浅川滋男氏、筆者らによって少しずつ進展している。また、浅川滋男氏らによってそれを総括するシンポジウムも開催された[箱崎・中島・浅川 二〇一三]。

仏堂建築の歴史においては、平安時代初期が大きな転換点であったことが確認される。奈良時代の大寺院にはなかった「礼堂」が成立する。寺院の中心建築の前方に孫庇を伸ばす、あるいは細長い建築を置くという方法で礼堂が設けられるようになったのである。懸造の礼堂を持つ石山寺、長谷寺、清水寺についての福山氏の研究があり、さらに井上充夫氏の先駆的な研究がある［井上 一九六九］。また、懸造という形態についても、松崎照明氏の研究が公表されている［松崎 一九八九・一九九一］。

これらの研究は、現存する平安時代の遺構がないので、後の再建建築を詳細に観察する、あるいは文献に依って復元的に検討する、という方法に頼っていた。ところが、近年の調査で同時代の建築の遺跡が発見されつつあって、それもかなりの数に上がるようなのである。なかでも、山岸氏らが調査した大知波峠廃寺跡（静岡県湖西市）では、一挙に六棟もの孫庇や広い庇をもつ仏堂が発見されるにいたった［山岸 一九九六・一九九七］。また、須田勉氏の整理によれば、関東においても礼堂付の仏堂がかなりの数で発見されるという［須田 二〇〇六］。この新しい発見は、情報不足に悩んでいた建築史研究の情況を、大きく突破できる可能性を拓いたものと言えよう。

山寺については、礼堂の問題に限らず、立地、堂塔の配置、時期、社会的な背景など、多様な論点があって、それに対する分析が求められている。しかしながら、本稿では、多様な課題のうち、平安時代における「礼堂」の成立という問題に限定して、建築の実態、その宗教的な意味について検討することにして、責を塞ぐことにしたい。

## 1　中世密教寺院の本堂建築

建築史という研究分野では、鎌倉・室町両時代において地方に所在する天台宗・真言宗の寺院は、建築遺構の宝庫であると認識されている。そこに存在する本堂、塔（五重塔・三重塔・多宝塔他）、門（楼門・二重門・四脚門他）は、中世を代表する建築群である。

中世では禅宗（臨済宗）も鎌倉、京都を中心に大規模な寺院を多数建設したが、鎌倉、京都は後に戦乱に巻き込まれたので、中世の禅宗建築は数えるほどしか遺っていない。禅宗の建築は地方に点在しているという状況である。また、いわゆる鎌倉新仏教の宗派に属する寺院の建築では、中世のものは数棟のみしか遺されていない［伊藤 一九六一、藤井 一九九九］。

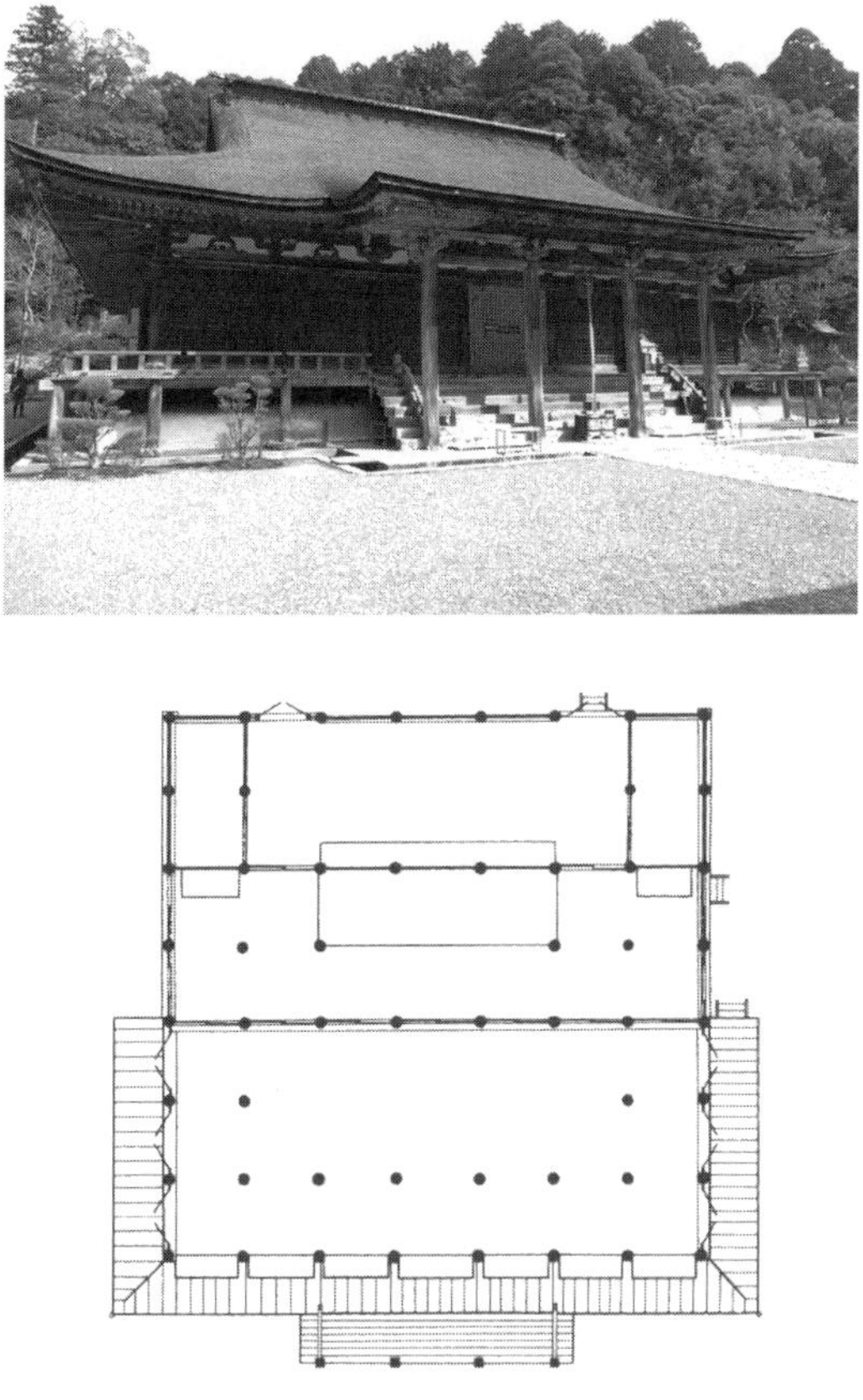

図1　西明寺本堂　現況と平面図
（滋賀県・鎌倉時代創建、南北朝時代に拡張）

天台宗・真言宗寺院に現存するこれらの建築は、現在にまで五〇〇～八〇〇年ほどの寿命を保ってきた。一方、それ以前の平安時代の地方寺院の建築は数えるほどしか遺っていない。その理由は、地方の有力寺院が、中世以来現在まで廃絶せずに良く継続したこと、そして建築が頑丈であって本質的に長い寿命をもつように仕組まれていたことに求められる。地方の有力な密教寺院は、その地域の有

力者を檀越として、相当な経済力をもったから、立派な本堂、塔、門を建設することができたのである。(1)

この中世密教寺院において本尊を安置する中心というべき仏堂は、多くは本堂（時に金堂）と呼称される建築である。この本堂建築は、技術の高さ、技法の豊かなバリエーションなどから、高く評価されていて、中世を代表する一群の建築であると認識されている。関口欣也氏の整理によると約九〇棟が現存する［関口 一九七五］（図1）。

この本堂建築は、正面が普通は柱間五間（五間堂と呼ぶ）であり、一回り大きい七間のもの（七間堂）もある。古代建築のように奥行が四間という建築構造上の限界は解消されていて奥行も大きく、平面全体では正方形に近い形となる。内部は大きく内陣・外陣という二つの部分に分けられていて、表側の外陣が「礼堂」と呼ばれることもある。しかも内陣と外陣の間には例外なく透格子がはめられていて、外陣と内陣という二つの空間は明確に区分されていた。床は内陣・外陣ともに板敷であり、希に内陣が土間であることがある。日本全国のすべての本堂建築がこの形式をもつのであって、天台宗、真言宗の双方に共通し、両宗の本堂を区別することはほぼ不可能である。

それでは、これらの中世の本堂建築の前身建築について、どのようなことが知られているのだろうか。多くの中世寺院の起源は、行基・最澄・空海・円仁などを開基と伝えるのだが、信頼すべき古代史料を所蔵しないので、その前身建築についてもほとんど全く知ることができない。また、現存の建築遺構そのものから前身建築（古代からみると展開過程となる）を知ることができるのは当麻寺曼荼羅堂と大神神社摂社大直禰子神社社殿だけに限られる（前者については後述）［奈良県教委 一九八九、黒田 一九九四］。本堂建築の解体修理時にも発掘調査などが実施された例はないから、前身建築についての資料はほぼ存在しないと言ってよい。

それゆえ、建築史学において平安時代史研究の一つの課題は、この中世本堂建築において実現していた外陣（礼堂）の起源、すなわちその成立過程を明らかにしようとする方向へと向かったのである。

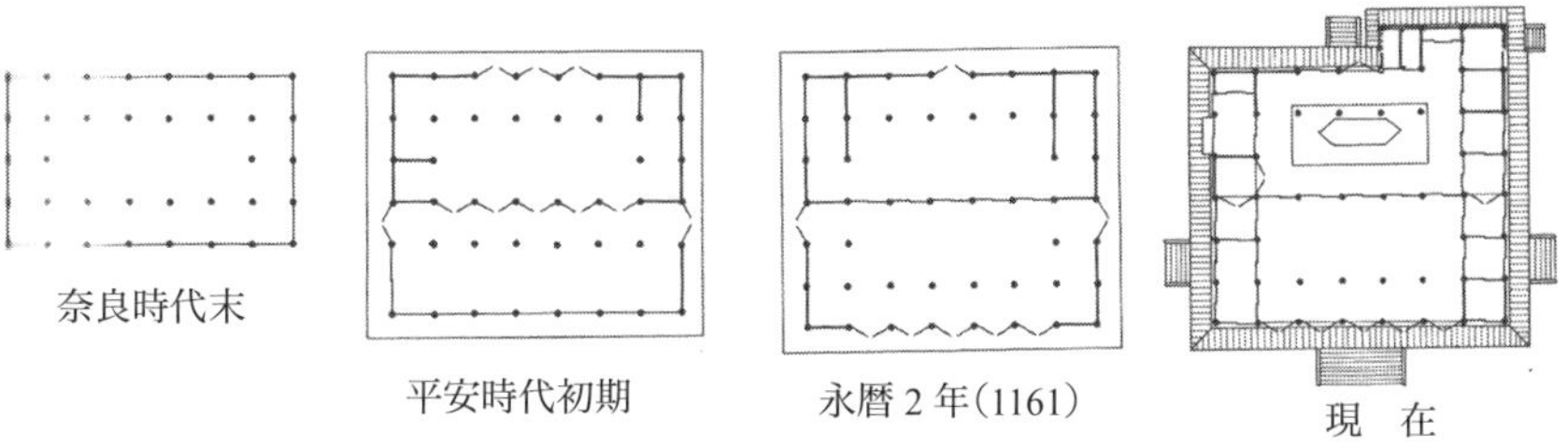


図2　当麻寺本堂変遷図

## 2　礼堂成立過程の研究

奈良時代の寺院建築において「礼堂」という名称の建築は存在しない。平安時代になると「礼堂」という語が登場し、それが金堂の前に付設されるようになることは、相当前から認識されていた。

そのことに関して本格的に論じたのは福山敏男氏である。福山氏は清水寺・長谷寺・石山寺に設けられた礼堂が平安時代から存在していたことを論証しようとした［福山 一九三九］。当時、これらの仏堂の礼堂は、江戸時代に再建されたもので、それがいつまで遡るか不明であったからである。福山氏は、平安時代の日記文学、記録などから、上記の三つの寺院の本堂と礼堂の形態を復元的に検討し、そこでの参籠の実態などを明らかにした。

その後、昭和三十二～三十五年に実施された当麻寺本堂（曼荼羅堂）の解体修理において重要な知見が得られた。解体後の精密な部材の痕跡調査から、奈良時代末に建立された堂が、二度の大改造を経て拡充されて現在の形が成立したことが明らかにされた（図2）［奈良県教委 一九六〇、岡田 二〇〇五］。一度目の大改造は平安時代初期で、前方に庇を葺き下した礼堂（前庇）が付設された。二度目の大改造は約三百年後の永暦二年（一一六一）であり、創建時の仏堂中心部以外を解体し、構造体の全体も再構成して、大きな屋根を全体に架けるようにした。この結果、このときに中世に広く普及する中世の本堂形式が成立したこと

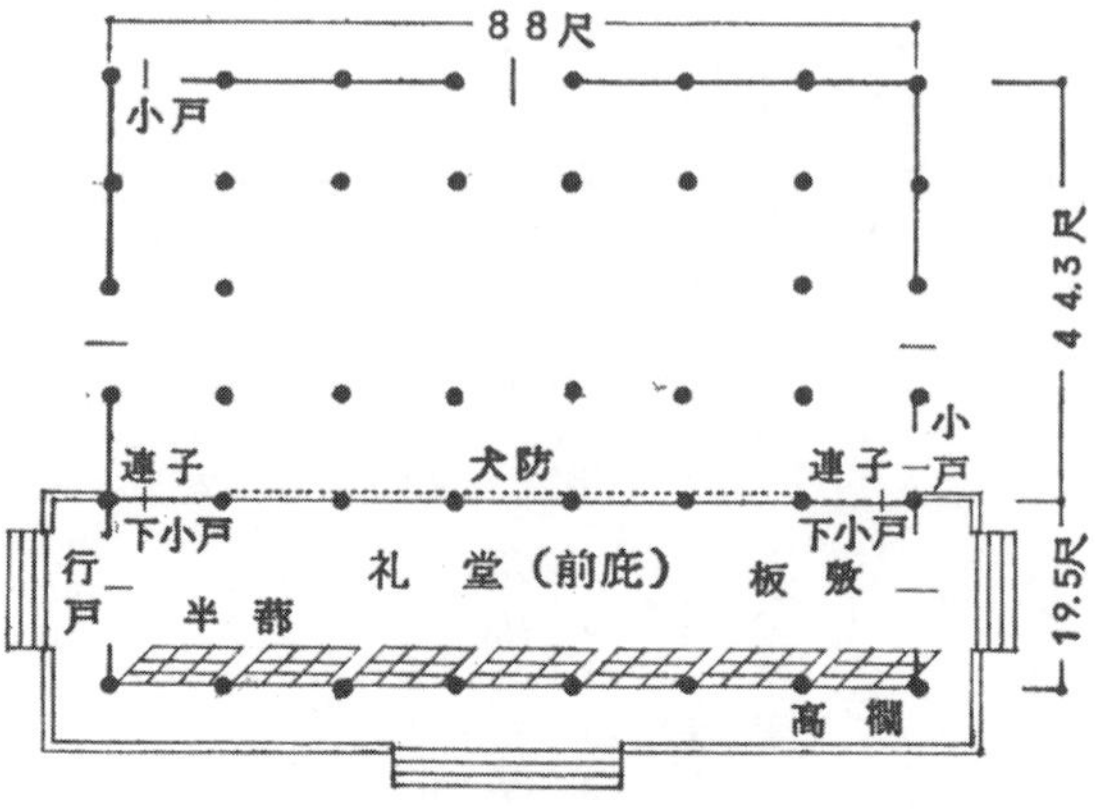


図3　広隆寺金堂復元平面

が判明した。平安時代の四百年の間に、礼堂のない古代的仏堂が中世的仏堂へと段階的に改造されていったことが実証されたのである。

礼堂のもつ重要性を早くから検討していたのは井上充夫氏である。氏は戦前期から空間の発達史として日本建築史を概観する方法を開発していた。文書、記録、日記において、平安時代初期から登場する礼堂について、仏堂の内部空間の重要な質的転換点として認識したのである。

氏の作成した九世紀半ばの広隆寺金堂の復元図（図3）〔井上 一九六九〕をみると、金堂自体は土間であって八世紀の仏堂と同様の姿を維持している。しかし、前方に接して礼堂が設けられていて、そこは板敷である。金堂と礼堂の間には「犬防」が設営されている。恐らく低い透けた隔壁なのだろう。もっとも、金堂と礼堂の間は扉で閉鎖できるようになっていた[2]から、犬防は扉を開放した時に金堂と礼堂を隔てる装置だった。要するに、礼堂と金堂の間を自由に行き来はできないのだが、礼堂から金堂内部は覗くことができる。すなわち仏像や僧侶の儀礼は拝むことができる、という状態となっていたのである。

その研究の全体をまとめた『日本建築の空間』〔井上 一九六九〕では、礼堂の持つ意味について、結論を次のように要約する。

「いずれにせよ、礼堂が礼拝者のための空間であることは、文字からして議論の余地はない。仏の専有空間である正堂の近くに人間専用の内部空間が成立したことは、まことに画期的なできごとであった。人びとはここで、気象条件にさまたげられることなく礼拝し、読経し、参籠することさえできるようになった。」（一六四頁）

井上氏は、建築の空間論から発想して、この平安時代初期の礼堂の成立を「人間専用の内部空間の成立」の画期として捉えたのであった。また、仏堂内部で開催された法会の分析も同時に試みていたから、仏堂の機能論的な理解への道も開いたのである。

次に中世の本堂建築の礼堂の機能について詳細な検討を加えた山岸常人氏は、『中世寺院社会と仏堂』［山岸 一九九〇］において、礼堂の機能は、金堂前方の回廊に囲まれた前庭と中門で実施されていた庭儀の法会を吸収することにあった、と結論している（六〇～六三頁）。

筆者も平安時代初期から各寺院に採用され始める礼堂について、何度か論じてきた。そこで取り上げたのは、貞観寺、醍醐寺、仁和寺といった平安時代初期に創立した大寺院において、中心堂が金堂でなく「本堂」という新しい呼称に転換すること、その前方に「礼堂」が付設されかつ講堂、食堂が存在しないこと、したがって講堂、食堂の機能（法会・集会の開催）が部分的に礼堂に移ったと推定されること、などを指摘した［藤井 一九九四］。

また、山岸氏の報告によると、大知波峠廃寺では平安時代前期の礼堂的な庇・孫庇を持つ仏堂が六棟も発見された（図4）。これは遺跡の発見であるから、文献とは異なった新しい直接的な知見をもたらした。母屋と庇からなる古代的な仏堂の前方に孫庇を伸ばしたもの三棟、前方の庇の奥行を大きくしたもの一棟、母屋だけの仏堂の前方に庇を付設したもの二棟、という内訳である。山岸氏は、前方の庇の奥行を大きくした一棟については、野小屋の設けられた可能性を指摘していて、そうであればその最も早い例となる。(3) また、仏堂内部はすべて土間だが、二棟については孫庇が板敷であることが確かであり、他の仏堂も正面側の庇、孫庇が板敷であった可能性が高いとしている［山岸 一九九九

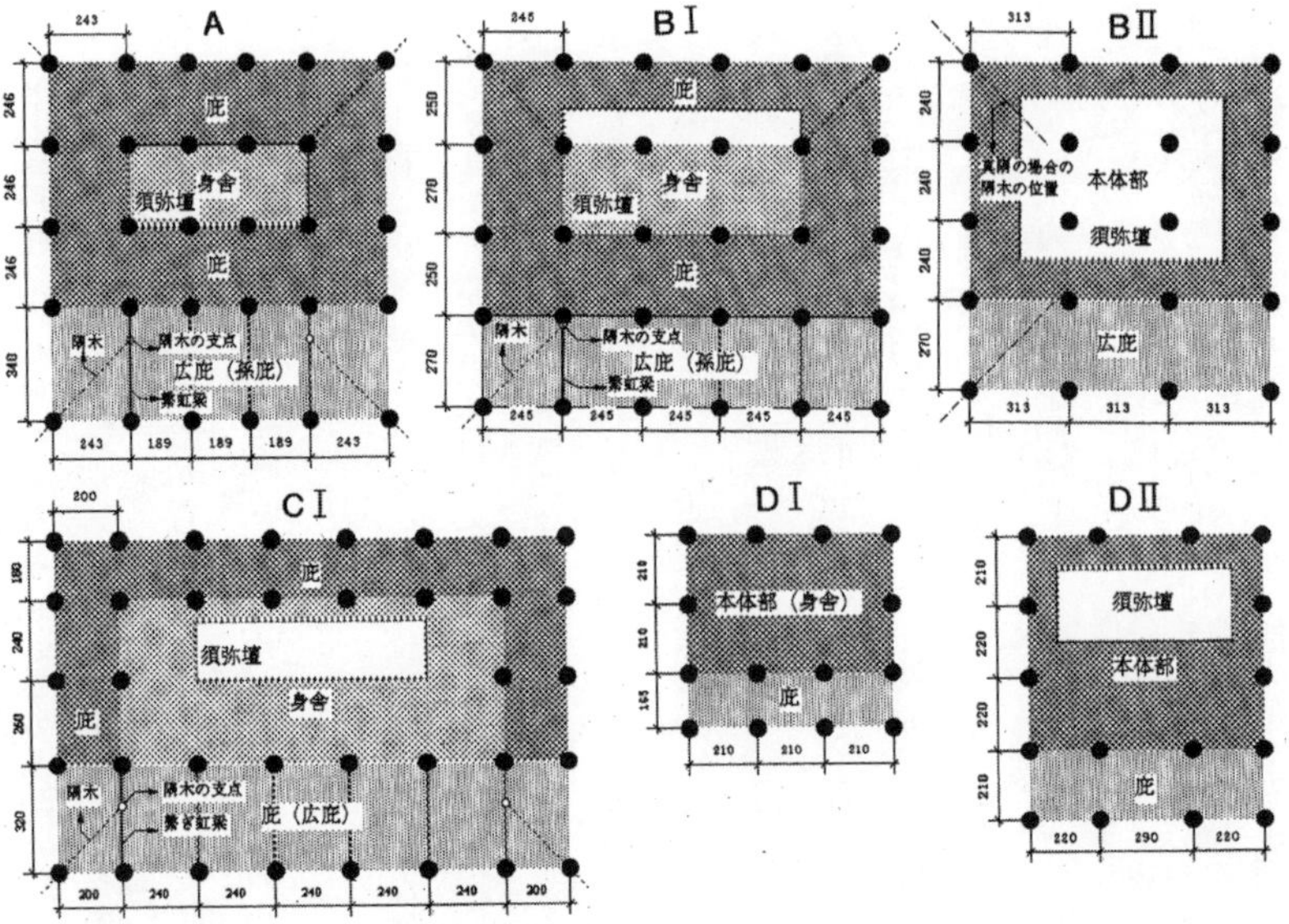


図４　大知波峠廃寺の仏堂群

六・一九九七］。

近年では、清水擴氏が平安時代の文献史料を博捜して、三十六棟余の礼堂付仏堂の形態を検討している［清水 二〇〇九］。礼堂の形について、別棟の礼堂、庇礼堂などを整理して、可能な限りその平面を復元している。礼堂の形態については、従来の研究でかなり明らかにされて来たと言ってよい。

以上のような経過を経て、礼堂への理解は進んできたのだが、しかし、井上氏が、「人びとはここで、気象条件にさまたげられることなく礼拝し、読経し、参籠することさえできるようになった」という、礼堂の使用法、新しい機能の成立した意味については、必ずしも十分な議論が深まったとはいえないであろう。

## 3　礼堂のもつ機能と意味

以上で述べてきたように、文献や遺構・遺跡からわかる仏堂建築の姿は、平安時代初期を画期として、大きな変化を遂げたのである。

平地の国家的な大寺院においては、礼堂という前室を設けた。その時、講堂が確認されないから、講堂の機能――多様な講法系・僧団に関わる儀式の開催――が礼堂に移った、と筆者は推定したことがある［藤井 一九九四］。しかし、それだけでは仏堂全体の動向を把握したことにはならない。例えば、広隆寺において九世紀段階で、講堂が存在するのに金堂にも礼堂が設けられたことがあげられる。さらに講堂にも礼堂が設けられていた（後述）。国家的な大寺院において礼堂が設けられたことと、広隆寺の金堂や講堂においての礼堂は同じ機能と意味をもつのだろうか。多分そうではなくて、礼堂の成立に関してさらに広い動機を探すことが必要なのだろうと思う。

近年、平安時代の日記文学を検討して、京の周辺寺院への参詣の実態を検討してみた［藤井 二〇一三］。参詣の記事が頻出するのは『更級日記』である。同書の著者は菅原道真の五世後の菅原孝標の娘であって、日記は自身の一生の生活を回想的に点描したものである。成立は十一世紀後半であるから、語られる内容はその時期のものである。それゆえ、当時の貴族の女性の生活実態を反映したものと推定される。寺院への参詣（同書では「物詣」という）についての結果は以下の通りである。

まず注意したいのは、物詣した寺院の数が必ずしも多くなかったことである。太秦（広隆寺）（二回）、清水寺（二回）、長谷寺（二回、代理一回）、関寺（一回）、鞍馬寺（一回）、石山寺（一回）に限られていた(4)。神社では物詣すべきとして稲荷社、伊勢神宮が上げられるのみである。

物詣すると、日帰りではなく参籠するのであって、その期間は多くが三日間であった。三日が参籠の単位であったらしい(5)。

参籠において期待されたことは、夢見を得ること、であった。夢見の内容については、詳細に語られている。しかし、成就したい具体的な願があって、参籠して一心に礼拝、勤行を行い、仏・神から何らかの啓示を受けた、というわけではない。もう少し漠然としていて、夢見の内容から今後の人生においての何らかの教示を期待する、といった程度である。

参籠の場所は、本尊の前方、礼堂であったようだ。清水寺の礼堂は登場するが[(6)]、他の寺院での参籠場所は明記されない。

夢見のないときは、往復の旅での出来事や風景がこまやかに語られる。

寺院への物詣の目的は、仏の前で夢見を得ること、であったことは確かである。そしてほとんどの場合、特定の目的が明記されないから、物詣という行為が自己目的化していたようなのである。すなわち、物詣は同時代における俗人の慣習であったとみることができる。

次に、十二世紀に成立した『今昔物語集　本朝部』から、補足的に寺院への参詣の実態を探ってみる。

参詣した寺院は以下の通りである。殖槻寺(一件)、清水寺(三件)、石山寺(二件)、長谷寺(二件)、六角堂(一件)、笠置寺(一件)、愛宕山(一件)、鳥部寺(一件)である[(7)]。『更級日記』と同様に、清水寺、石山寺、長谷寺は最も参詣に値する寺院であった。

参詣の目的は『更級日記』の場合と比べると、もう少し明確であって、貧困の救済を求めるものが六件、病気の平癒が二件であった[(8)]。仏の霊験にすがるという、常識的に推定されているパターンである。

参籠場所は、笠置寺参詣時は礼堂であったことが判明するが[(9)]、他の寺院においては明記されない。

共通しているのは、その実現を夢見の中に求めていることが多いことである[(10)]。また、夢見が明記されなくとも通夜をしていることが分かる場合がある[(11)]。これは、通夜をすることによってまどろみ、夢見を期待していると判断できよう。

『今昔物語集』では『更級日記』とは異なり、参詣の動機は仏への願掛けが多かった。『更級日記』の著者は貴族の娘であるから、生活はほどほどに豊かであって、切実な願掛けの必要はなかったのだろう。

両書において共通するのは、参詣の時の作法であって、多くが参詣に際して通夜を行ったことである。そして夢見を期待した。

このことは、平安期の貴族から庶民に共通の参詣の作法として、広く共有されていたことと判断できよう。

ここで、再度確認したいのは、礼堂の板敷である。

すでに紹介したように、九世紀の広隆寺金堂の礼堂は板敷であった。広隆寺は金堂のほかに、講法堂・塔院堂・般若院堂・寺東院堂があり、さらに新堂院に二棟の仏堂があった。これらの前庇、礼堂、その内部の板敷の様子は、以下の通りである（『広隆寺資財帳』前掲、『広隆寺交替実録帳』平安遺文一の一七五）〔藤井二〇一三〕。

| （堂名） | （規模） | （前庇・礼堂） | （堂の内部） |
|---|---|---|---|
| 金堂 | 五間四面 | 前庇 | 前庇は板敷 |
| 講法堂 | 五間四面 | 前庇 | |
| 塔院　堂 | 三間 | ナシ | |
| 般若院　堂 | 三間四面 | 前庇 | |
| 寺東院　堂 | 五間四面 | 前礼堂 | 四面庇が板敷 |
| 新堂院　堂 | 五間四面 | 前礼堂 | 礼堂は板敷 |
| 〃　堂 | 五間四面 | 前庇 | |

　ここで確認される、大きな特徴は塔院の堂を除いて、すべての堂に「前庇」か「前礼堂」が付設されていたことである。しかも、金堂、新堂院堂のそれは板敷であり、寺東院では四面庇が板敷であった。

先に紹介した大知波峠廃寺でも類似の現象が見られた。六棟の仏堂の前方に孫庇が付くか、寸法の大きな庇とされていた。二棟のそれは板敷であり、他の四棟も板敷であった可能性が指摘されていた〔山岸一九九六・一九九七〕。

板敷が意味するところを検討しよう。先ほど『更級日記』、『今昔物語集』から導かれた寺院参詣に特徴的な作法は、通夜を行い、夢見を期待することであった。板敷であるということは、その上に長時間にわたって滞在できることを意味する。そこに座して祈ることも可能だし、さらに横臥してまどろんで夢見を得ることも可能である。筆者は、元来土間であった仏堂に、板敷の礼堂を付設させるようになった意味をそこに求めたい〔藤井二〇一三〕。

　さて、ここまで検討してくると、以下のことが推定できよう。

　仏と人々の関係は、この時期大きな転換があったのではないか。礼堂の板敷が、仏との直接的な関係を取り持つ装置と見做すことができるのであれば、その成立以前と以後では大きな断絶があったと推定されるのである。広隆寺と大知波峠廃寺で確認されたのは、一寺院内で多くの仏堂において礼堂もしくはそれに類する施設が出現したことである。もともと、奈良時代の大寺院においては、主要な仏堂の金堂・講堂・食堂は、それぞれ本尊安置、講経法会の開催、食作法の開催、といった機能を分担していた。ところが、平安初期になると、金堂と同時に講堂などにも孫庇・礼堂が付設されたのである。従来の単純な仏堂の機能分担論では解決できない問題であったのである。

## 4　霊験仏と参詣・礼堂

ここで、広隆寺金堂内部に安置された仏像群を検討してみよう。仏像は以下のように記される（『広隆寺交替実録帳』前掲）。

霊験薬師仏檀像一軀居高三尺在内殿懸鎌子一具、　今按全、
金色弥勒菩薩像一軀居高二尺八寸所謂太子本御願形、
金色阿弥陀仏像一軀居高四尺　今按大破、
同仏脇士菩薩像二軀居高三尺八寸　今按大破、
不空羂索菩薩檀像一軀立高一丈七寸
金色弥勒菩薩像一軀居高二尺八寸今按在薬師仏殿之内、
　已上仏菩薩像、本自所奉安置、

これに引き続いて、平安時代初期に施入された仏像には、以下が列挙される。

十一面卌手観世音菩薩檀像一軀立高八尺
聖観音菩薩像一軀居高三尺三寸　今按在般若堂、
薬師仏檀像一軀居高三尺　今按在北堂
観世音菩薩檀像一軀立高五尺
同菩薩檀像一軀立高四尺二寸　今按在塔院

十一面観世音菩薩檀像一軀立高五尺五寸
聖僧一軀居高三尺一寸

注目されるのは、冒頭に「霊験薬師仏」が記載されることであり、さらにこの仏像は鍵（鏁子《さし》）付きの厨子に納められていた。金堂の元来の安置仏は金色阿弥陀仏とその脇士菩薩像二体と推定されるのであって、この九世紀後期においては大破していた。尊重されるべき仏像がもともとの阿弥陀三尊像から、霊験薬師像檀像へと転換していたらしいのである。

少なくとも広隆寺の九世紀においては、阿弥陀三尊像という古来の形式でなく、「霊験薬師仏」というより直接的な信仰対象の重視へと寺院側の認識も変化していたのである。

さらに、広隆寺には、井上正氏によれば「霊像」と見做しうる「檀像」〔井上正 一九八六・一九八七〕が続々と施入されていた。これらは、寺内の各所に分散して安置されていたようだが、それぞれが別個に独立して信仰対象となっていたのであるならば、それぞれの仏堂にも参詣者が参集していた可能性もある。

このような現象が推定できるならば、大知波峠廃寺において六棟の仏堂が礼堂に類する施設を持ったことも十分に理解できよう。

## おわりに

以上、平安時代の仏堂における、礼堂の具体像、成立過程、その意味について推定を重ねながら論じてきた。本稿において、礼堂の意味を論じた結論は、以下の通りである。

①貴賤を問わず俗人による寺院の参詣が行われていたこと。
②参詣の目的は、仏に近いところで夢見を得ることであった。
③参詣の作法は、仏堂内部で通夜、要するに長時間滞在してまどろむことだった。
④この作法は、平安時代初期に板敷の礼堂が成立したことと不可分の関係にある。
⑤恐らく、奈良時代とは異なり、仏と俗人の間に直接的な関係が取り結ばれた、と推定できる。
⑥以上より、礼堂の有無は俗人の広範な信仰の成立を証明することになるだろう。[12]

ここで述べてきたことは、大寺院の礼堂についての過去の検討結果と矛盾するものではない。大寺院においては、仏教者あるいは施主側の論理で伽藍、建築が建設されたことは想像に難くない。本稿においては、全く逆の俗人側からみた、仏との関係の取り結び方を検討したのである。俗人の側の信仰に寺院が対応した結果が礼堂の成立ということになる。

それでは、本書の主題である山寺と本論文で検討した礼堂はいかなる関係にあるのか、最後に述べて結びとしたい。『更級日記』や『今昔物語集』から窺える参詣すべき寺院は、山寺もあり、そうでない寺院もあった。俗人側からは山寺ゆえの特殊な期待もないようである。むしろ、願掛けに値する「霊験仏」がどこに所在するのか、ということがその前提となるだろう。「霊験仏」の成立する事情は、深く考察されるべきである。俗人は、ひたすら霊験仏の前で「夢見」を期待しているのが実態であった。

それゆえ、山寺の山寺たる特質を論じるためには、仏教者側の論理が最優先に検討されるべきではないか。

註

(1)　各寺院に住房や院家などもあったのだが、ほとんどが廃絶してしまい、中世に遡る院家に関わる建築遺構は遺っていない。
(2)　金堂には扉が「八具」あった(『広隆寺資財帳』平安遺文1の一六八号)。金堂の正面に五具、左右背面に一具ずつあったと推定される[清水擴 二〇〇九]。
(3)　現在知られている最も古い例は、法隆寺大講堂で正暦元年(九九〇)の建立である。
(4)　該当箇所を西下経一校注『更級日記』(岩波文庫、一九六三)の頁数で示す。太秦(広隆寺)三七頁・六三頁。清水寺三九頁・四五頁。長谷寺三九頁・五九頁・六一頁。関寺五四頁。鞍馬寺六〇頁。石山寺五四頁。
(5)　三九頁・五九頁他。
(6)　四五頁。
(7)　該当箇所を池上惇一編『今昔物語集　本朝部』(岩波文庫本、二〇〇一)の巻、頁で示す。殖槻寺上巻三三七頁。清水寺上巻三六八頁・四〇三頁・四一一頁。石山寺上巻三六八頁・三八九頁。長谷寺上巻三九一頁・三九九頁。六角堂上巻四〇六頁。笠置寺中巻一八頁。愛宕山中巻五七頁。鳥部寺下巻三六五頁。
(8)　貧困の救済上巻三三七頁・三四三頁・三九一頁・三九九頁・四〇三頁・四一一頁。病気の平癒上巻一七〇頁・三八九頁。
(9)　中巻一八頁。
(10)　上巻三六八頁・三九一頁・三九九頁・四〇三頁・四〇六頁・四一一頁・四四一頁。
(11)　上巻三八九頁・中巻四四一頁。
(12)　従来の理解から礼堂の本格的な成立を平安時代初期にみているのだが、須田氏の研究[須田 二〇〇六]などから、礼堂の存在が奈良時代に遡る可能性もあり得ると思われる。礼堂の出現の時期は、今後の考古学的な発見がその鍵を握っていると思われる。

## 参考文献


伊藤延男　一九六一年『中世和様建築の研究』彰国社
井上充夫　一九六九年『日本建築の空間』鹿島出版会
井上　正　一九八六年「古密教系彫像研究序説—檀像を中心に—」『論叢仏教美術史—町田甲一先生古稀記念論集』吉川弘文館
井上　正　一九八七年『檀像』（日本の美術二五三）至文堂
岡田英男　二〇〇五年『日本建築の構造と技法』上　思文閣出版
奥田　勲　一九七八年『明恵　遍歴と夢』東京大学出版会
河東　仁　二〇〇二年『日本の夢信仰—宗教学から見た日本精神史—』玉川大学出版部
黒田龍二　一九九四年「大御輪寺の祭祀と建築」『大美和』八七号（同　一九九九年『中世寺社信仰の場』思文閣出版、に収録）
清水　擴　二〇〇九年「付論二・礼堂考」『延暦寺の建築史的研究』中央公論美術出版
須田　勉　二〇〇六年「古代村落寺院とその信仰」国士舘大学考古学会編『古代の信仰と社会』六一書房
関口欣也　一九七五年『日本建築史基礎資料集成7　仏堂Ⅳ』中央公論美術出版
奈良県教育委員会　一九六〇年『国宝当麻寺本堂修理工事報告書』
奈良県教育委員会　一九八九年『重要文化財大神神社摂社大直禰子神社社殿修理工事報告書』
箱崎和久・中島俊博・浅川滋男　二〇一三年「山林寺院の研究動向—建築史学の立場から—」『鳥取環境大学紀要』第一一号
福山敏男　一九三六年「初期天台真言寺院の建築」『仏教考古学講座』三　雄山閣（同　一九八六年『寺院建築の研究』下、中央公論美術出版、に収録）
福山敏男　一九三九年「清水寺・長谷寺・石山寺の礼堂」『建築史』一の三（同　一九四三年『日本建築史の研究』桑名文星堂、に収録）
藤井恵介　一九八六年「九世紀の真言密教伽藍」『論叢仏教美術史—町田甲一先生古稀記念論集』吉川弘文館（［藤井　一九九八］に収録）
藤井恵介　一九九〇年a「平安初期礼堂試論」『日本建築学会大会学術講演梗概集』日本建築学会
藤井恵介　一九九〇年b「平安期の仁和寺『本堂』について」『東京大学工学部紀要A』東京大学工学部
藤井恵介　一九九四年「醍醐寺における布薩と仏堂」佐藤道子編『中世寺院と法会』法藏館（［藤井　一九九八］に収録）
藤井恵介　一九九八年『密教建築空間論』中央公論美術出版
藤井恵介　一九九九年「Ⅱ中世、序説・寺院建築」『新建築学大系2　日本建築史』彰国社
藤井恵介　二〇一三年「夢見と仏堂—その礼堂の発生に関する試論—」『空間史学叢書1　痕跡と叙述』岩田書院

松崎照明　一九八九年「『懸造』という名称について―懸造建築の研究　その1」『日本建築学会計画系論文集』四〇六号
松崎照明　一九九一年「古代・中世の懸造について―懸造建築の研究　その2」『日本建築学会計画系論文集』四一九号
山岸常人　一九九〇年『中世寺院社会と仏堂』塙書房
山岸常人　一九九六年「大知波峠廃寺跡の礎石建物の構造と性格」『大知波峠廃寺跡確認調査報告書』湖西市教育委員会
山岸常人　一九九七年「大知波峠廃寺の仏堂遺構の特質」『日本建築学会大会学術講演梗概集』

## 執筆者一覧

久保智康　奥付上掲載

大西貴夫（おおにし たかお）　一九七〇年生れ、奈良県教育委員会主査 橿原考古学研究所併任。［主な著書論文］「岡寺式軒瓦に関する一考察」（『山岳信仰と考古学』）、「古代の山寺の多様性について—大和国の山寺集成—」（『王権と武器と信仰』）、「古代の山寺の実像—南法華寺を例に—」（『山岳信仰と考古学』Ⅱ）

時枝　務（ときえだ つとむ）　一九五八年生れ、立正大学教授。［主な著書］『修験道の考古学的研究』（雄山閣）、『山岳考古学—山岳遺跡研究の動向と課題』（ニューサイエンス社）、『霊場の考古学』（高志書院）

井上一稔（いのうえ かずとし）　一九五六年生れ、同志社大学文学部教授。［主な著書論文］『日本の美術三一二　如意輪観音像・馬頭観音像』（至文堂）、「向源寺蔵　木造十一面観音菩薩立像」（『国華』一四〇七）、「京都大原野・勝持寺本尊薬師如来坐像考—慈円・薬師行法との関係—」（『仏教芸術』三三二）

上川通夫（かみかわ みちお）　一九六〇年生れ、愛知県立大学日本文化学部教授。［主な著書］『日本中世仏教形成史論』（校倉書房）、『日本中世仏教と東アジア世界』（塙書房）、『平安京と中世仏教』（吉川弘文館）

菊地大樹（きくち ひろき）　一九六八年生れ、東京大学大学院情報学環兼史料編纂所・准教授。［主な著書論文］『中世仏教の原形と展開』（吉川弘文館）、『鎌倉仏教への道』（講談社）、「日本中世における宗教的救済言説の生成と流布」（『歴史学研究』九三二）

長岡龍作（ながおか りゅうさく）　一九六〇年生れ、東北大学文学研究科教授。［主な著書］『日本美術全集2　法隆寺と奈良の寺院』（責任編集・小学館）、『日本の仏像』（中公新書）、『仏像—祈りと風景』（敬文舎）

藤岡　穣（ふじおか ゆたか）　一九六二年生れ、大阪大学文学研究科教授。［主な著書論文］『聖徳太子信仰の美術』（共著・東方出版）、「蔵王権現—その成立と展開—」（『増補吉野町史』）

藤井恵介（ふじい けいすけ）　一九五三年生れ、東京大学工学系研究科教授。［主な著書］『密教建築空間論』（中央公論美術出版）、『醍醐寺大観』（岩波書店）、『関野貞アジア踏査』（東京大学出版会）

【編者略歴】
久保智康（くぼ ともやす）
1958年生まれ
京都国立博物館名誉館員・叡山学院教授
専攻：考古学・美術史

〔主な著書論文〕
『東アジアをめぐる金属工芸　中世・国際交流の新視点』（編著・勉誠出版）
「出雲鰐淵寺の神と仏―鏡像・懸仏の尊格をめぐって―」（『叡山学院研究紀要』35号）
「宗教空間としての山寺と社―古代出雲を例に―」（『季刊考古学』121号）
「古代出雲の山寺と社」『大出雲展』（特別展覧会図録）京都国立博物館

日本の古代山寺

2016年9月20日第1刷発行

編　者　久保智康
発行者　濱　久年
発行所　高志書院

〒101-0051 東京都千代田区神田神保町2-28-201
TEL03(5275)5591　FAX03(5275)5592
振替口座　00140-5-170436
http://www.koshi-s.jp

印刷・製本／亜細亜印刷株式会社
ISBN978-4-86215-162-9